权威·前沿·原创

皮书系列为
"十二五""十三五"国家重点图书出版规划项目

BLUE BOOK

智 库 成 果 出 版 与 传 播 平 台

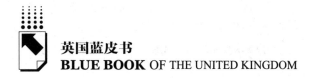

英国蓝皮书

BLUE BOOK OF THE UNITED KINGDOM

英国发展报告（2020~2021）

ANNUAL REPORT ON DEVELOPMENT OF THE UNITED KINGDOM
(2020-2021)

北京外国语大学区域与全球治理高等研究院
北京外国语大学英国研究中心
中国欧洲学会英国研究分会

主　编　王展鹏
副主编　徐瑞珂

社会科学文献出版社
SOCIAL SCIENCES ACADEMIC PRESS（CHINA）

图书在版编目（CIP）数据

英国发展报告. 2020~2021 / 王展鹏主编. －－北京：
社会科学文献出版社，2021.12
　（英国蓝皮书）
　ISBN 978－7－5201－9473－0

　Ⅰ.①英…　Ⅱ.①王…　Ⅲ.①经济发展－研究报告－
英国－2020－2021　Ⅳ.①F156.14

中国版本图书馆 CIP 数据核字（2021）第 260732 号

英国蓝皮书
英国发展报告（2020~2021）

主　　编 / 王展鹏
副 主 编 / 徐瑞珂

出 版 人 / 王利民
责任编辑 / 仇　扬
责任印制 / 王京美

出　　版 / 社会科学文献出版社·当代世界出版分社 （010）59367004
　　　　　 地址：北京市北三环中路甲 29 号院华龙大厦　邮编：100029
　　　　　 网址：www.ssap.com.cn
发　　行 / 市场营销中心（010）59367081　59367083
印　　装 / 天津千鹤文化传播有限公司

规　　格 / 开　本：787mm×1092mm　1/16
　　　　　 印　张：23.25　字　数：350 千字
版　　次 / 2021 年 12 月第 1 版　2021 年 12 月第 1 次印刷
书　　号 / ISBN 978－7－5201－9473－0
定　　价 / 168.00 元

本报告是北京外国语大学2021年度"双一流"建设重大标志性科研项目——国别区域研究发展报告(2020~2021)(《英国发展报告》)成果（项目批准号：2021SYLZD015），研究和出版还得到了教育部区域和国别研究培育基地经费的资助

北京外国语大学区域与全球治理高等研究院
"区域和国别研究蓝皮书系列"

主要编撰者简介

王展鹏　法学博士，北京外国语大学英语学院教授、博士生导师、英语学院副院长、教育部国别与区域研究培育基地英国研究中心主任、国别与区域研究备案中心爱尔兰研究中心主任；北京外国语大学校学术委员会委员、学位委员会委员；中国欧洲学会理事、英国研究分会副会长、爱尔兰研究学术网络协调人；《欧洲研究》《加拿大爱尔兰研究》《中国斯拉夫研究》等国内外学术刊物编委或学术委员会成员；社会科学文献出版社皮书研究院高级研究员。近年来，主要从事欧洲一体化研究和英国/爱尔兰问题研究，在《欧洲研究》《武汉大学学报》《教学与研究》《国际论坛》等刊物发表中英文学术论文60多篇；著有《英国发展报告》（主编，社会科学文献出版社，2013、2015、2016、2017、2018、2019、2020）、《解析英国及其国际地位的演变》（主编之一，世界知识出版社，2013）、《中爱关系：跨文化视角》（主编，世界知识出版社，2011）、《跨国民主及其限度：欧盟制宪进程研究》（人民出版社，2010）、《认识爱尔兰：历史遗产与当代经验》（主编之一，外语教学与研究出版社，2009）、《国家权力与世界市场：国际政治经济学》（译著，北京大学出版社，2008）、《爱尔兰人与中国》（合译，人民出版社，2010）、《关贸总协定法律及实务指南》（合译，上海人民出版社，2004）等，主编、参编英语教材及工具书十余部（册）。

摘　要

在脱欧结局尘埃落定和新冠肺炎疫情迁延不愈的双重作用下，2020 年 7 月至 2021 年 7 月，英国内政与外交政策经历进一步转型。在这一年里，约翰逊政府动作频频，不断对英国内政与外交政策进行重大调整，深刻影响了英国经济、政治、外交、安全和社会文化领域的未来走向。随着《欧盟—英国贸易与合作协定》在 2020 年 12 月底签署，英国在 2021 年 1 月 1 日正式进入"后脱欧时代"，成为英国国家发展的关键转折点。然而，在"后脱欧时代"，约翰逊政府在内外政策上并非一帆风顺。在脱欧后遗症与疫情反复的双重挤压下，英国的旧问题与新矛盾交互叠加，令约翰逊政府疲于应付。

在国内政治层面，英国脱欧与新冠肺炎疫情仍旧在很大程度上左右着英国国内政治生态。2020 年下半年，英国遭遇第二波疫情，约翰逊政府被迫实施新一轮全国性封锁，其应对疫情的能力广受反对党和公众诟病。2021 年上半年，新冠疫苗的大规模接种曾使英国疫情逐渐好转，但 2021 年 7 月的全面解封政策再次引发巨大的国内争议，首相约翰逊的支持率创历史新低。尽管如此，占据议会稳定多数席位的英国保守党执政地位依然牢固，保守党"一党独大"的政治格局有可能在未来几年得以延续，工党取代保守党执政的希望不大。在中央与地方关系上，约翰逊政府与苏格兰、威尔士、北爱尔兰等地方权力下放政府在脱欧、抗疫等问题上龃龉不断，地方民族分离主义的威胁远未解除。

在外交与安全层面，约翰逊政府继续推进"全球英国"战略，并发布

2021年《竞争时代中的全球英国：安全、防务、发展与外交政策综合评估》，对"后脱欧时代"的英国外交和安全政策进行了深度调整，其一大变化是约翰逊政府首次提出了英国向印太地区"倾斜"的政策框架。由于实力与雄心严重不匹配，脱欧后的英国在推进"全球英国"战略的进程中注定会不断遭遇挫折。约翰逊政府对英美特殊关系的过度看重和依赖限制了英国在国际舞台上纵横捭阖的广度和力度，导致英欧关系的相对疏远和中英关系出现转向。美欧之间和英欧之间的双重"信任赤字"促使英国在美欧之间进一步靠拢美国，疏离欧盟。英国配合美国遏制中国的一些错误做法导致中英关系在低谷中徘徊。中英关系不但在政治和安全领域面临诸多困难，而且在贸易、投资和人文交流领域也受到干扰。约翰逊政府在外交上的机会主义倾向很可能导致英国在中美欧之间沦为一个无足轻重的掮客角色，同时又错失与中国、欧盟等主要力量建立良性互动关系的时机。

在经济层面，英国经济依然受到新冠肺炎疫情和英国脱欧的负面影响，在过去一年里喜忧参半。从积极方面看，从2020年第三季度至2021年第二季度，新冠肺炎疫情对英国经济的负面影响逐渐减小，英国经济呈现较强的复苏势头，在一些方面的表现甚至好于美国、德国、法国等其他发达经济体。为应对疫情，约翰逊政府综合运用财政、货币和就业政策工具，刺激消费和投资，扩大就业。令人担忧的是，脱欧对英国经济的负面影响呈现长期化趋势，拖累英国经济，使未来十年英国经济增长面临放缓风险。为提振英国经济，约翰逊政府提出了推动英国产业升级的新路径，不但在产业政策中突出基础设施、技能、创新等要素，而且将"拉动地区平衡发展"、实现"净零"和推动"全球英国"的国内和国际战略目标相结合。此外，为了促进经济实现绿色复苏，英国政府提出了推进绿色工业革命的十点计划和工业去碳化战略。

在社会、教育和文化层面，新冠肺炎疫情对英国社会、教育和文化的影响依然明显。其多重负面影响体现为：英国国民健康服务体系高负荷运转，英国公司停工停产数量增加，失业率居高不下，文化娱乐和休闲旅游长期低迷，从而加剧了英国社会的整体性焦虑。除教学模式的转变外，新冠肺炎疫情也加速了数字时代英国高校测试与评估方式的更新与优化，促使政府加大科研经费投入以确保国家的全球高科技领先地位。英国电影业和传媒业在过去一年依然受到新冠肺炎疫情的严重影响，市场总票房和观影人次更加惨淡，报纸和杂志的销量以及平面媒体、广播电视的广告收入均呈现下跌趋势。

目　录

I　总报告

II　分报告

III　经济社会篇

皮书数据库阅读 **使用指南**

总 报 告
General Report

B.1

2020～2021年英国总体形势报告

"2020～2021英国总体形势报告"课题组*

摘　要： 自2020年下半年以来，英欧贸易协定谈判、"后脱欧时代"的最终开启与新冠肺炎疫情的波折反复仍是理解英国政治、经济、社会生活走势的主要线索。《欧盟—英国贸易与合作协定》使脱欧的基本法律框架得以确定，但英欧关系仍面临一些悬而未决的问题和挑战。2020年因疫情暂时搁置的内外政策议题，在2021年后呈现调整加快之势。英国政府提出了一系列产业政策、地区政策改革方案，但在可行性上面临质疑，扩张性政策遭遇财政上的制约，国民健康服务体系的历史欠账因疫情进一步显现。脱欧给英国产业链、供应链、劳动力供给带来的压力随着经济放开逐步暴露出来，加剧了民众对约翰逊政府的不信任。在对外政策方面，英国政府积极

---

* 本报告由"2020～2021英国总体形势报告"课题组集体完成。王展鹏负责报告设计和统筹；各部分撰稿人分别依次为王展鹏、李靖堃、李罡、曲兵、杨芳。

推动"全球英国"战略的实施，出台了《竞争时代中的全球英国》综合评估报告。脱欧后，英国与欧盟战略关系的协调未达到预期的紧密程度，对外战略过度倚重美国的弊端也逐渐显现。英国对华政策转向的趋势进一步强化，中英关系在低谷徘徊。如何平衡国内政治、地缘政治和务实经济合作的关系成为英国对华决策面临的挑战。

关键词： 后脱欧时代　新冠肺炎疫情　政治形势　经济社会形势　对外政策

2020 年 12 月 30 日，英国议会以 521 票赞成、73 票反对的压倒性优势通过了英欧双方在过渡期结束前最后一刻签署的《贸易与合作协定》（The Trade and Cooperation Agreement，TCA）。2021 年 1 月 1 日，英国结束过渡期正式脱离欧盟。2021 年 4 月，欧洲议会完成了该协定的最后批准程序，英国脱欧的结局基本尘埃落定。在英国的"脱欧元年"，脱欧的影响与迁延不愈的新冠肺炎疫情相互叠加，诸多旧问题与新矛盾不断显现。

"后脱欧时代" 新冠肺炎疫情的持续冲击与英国内外政策调整*

王展鹏**

（一） 新冠肺炎疫情下英国脱欧结局及其对英欧关系的影响

1.《贸易与合作协定》达成，英国脱欧结局落幕

2020 年 1 月 31 日，英国完成法理上的脱欧，进入为期 11 个月的过渡

---

* 本报告为北京外国语大学"双一流"建设 2019 年度科研项目"冷战后的英国外交"（YY19ZZB009）阶段性成果。

** 王展鹏，博士，北京外国语大学英语学院英国研究中心教授，主要研究领域为英国政治与外交、爱尔兰研究、欧洲一体化。

期。双方在 2020 年 3 月开启了未来贸易关系谈判，历时 9 个多月，以避免双方贸易关系回到世界贸易组织（WTO）框架下的硬脱欧状态。在谈判过程中，英欧双方围绕公平竞争环境、争端解决机制和渔业等问题展开激烈争论。在过渡期结束前，分歧仍看似难以弥合，双方几度表示为无贸易协议脱欧做好准备。2020 年 9 月，英国政府以保证脱欧后贸易空间的统一为由，公布了饱受争议的《内部市场法案》（UK Internal Market Bill）。苏格兰、威尔士等权力下放地区的经济、贸易权力受到潜在影响，因而，该法案遭到这些地区的反对，尤其是该法案中涉及北爱尔兰的条款被认为与 2019 年 12 月英欧双方达成的脱欧协议不符。欧盟为此要求约翰逊政府撤回交付议会表决的法案，否则将采取法律行动。9 月底，英国议会下院通过《内部市场法案》，但上院议员审议该法案时反对英国政府违反《脱欧协议》和《北爱尔兰议定书》下条约义务的做法，多次要求政府做出修改，英国政府最终删除了北爱尔兰相关问题的争议条款，完成了《内部市场法》的立法工作。①

英欧双方最终于 2020 年圣诞节前达成了关于未来贸易关系的《贸易与合作协定》。该协定包括自由贸易协定、公民安全领域的紧密伙伴关系、总体治理框架。其中，自由贸易协定不仅包括货物和服务贸易的内容，还广泛涵盖符合双方利益的其他领域，如投资、竞争、国家援助、税收透明度、航空和公路运输、能源和可持续性、渔业、数据保护和社会保障协调。根据协议，双方继续享受对方给予的零关税、零配额的贸易待遇。应英国的要求，该协定不涉及外交政策、外部安全和国防方面的合作，协定也未能涵盖金融服务领域的一些重要安排。此外，英国数据保护制度、卫生和植物检疫制度的规定也未被纳入其中。在渔业问题方面，欧盟将在 5 年半内减少英国水域捕捞业产值的 1/4；在公平竞争方面，支持独立的第三方仲裁，而不必完全遵从欧盟司法体系。这些表明欧盟在将英国充分纳入其监管体系问题上做出

---

① The UK Government, "The United Kingdom Internal Market Act 2020", https：//www. legislation. gov. uk/ uksi/2020/1621/made.

了一定让步。①

《贸易与合作协定》的正式批准标志着英欧关系新阶段的开始,在历经波折后最终完成了"后脱欧"安排的基本法律框架。英国和欧盟在最后时刻的妥协表明了双方维持紧密伙伴关系的政治意愿。但从总体看,英国脱欧安排更像是一个加强版的自贸区协定,英欧之间仍存在诸多悬而未决的深层次问题,与特雷莎·梅政府2018年底与欧盟达成的《政治宣言》相比,英国与欧盟之间的疏离感更显浓重。约翰逊政府不愿因英欧之间紧密的伙伴关系招致党内疑欧派的反对,影响脱欧的合法性。尽管如此,英国47年的欧共体/欧盟成员国经历形成的相互依赖,决定着英欧关系未来的磨合将是一个漫长、复杂的过程。

2. "后脱欧时代"的英欧关系仍面临众多复杂挑战

在英欧关系方面,新冠肺炎疫情既掩盖了双方关系中的一些深层次问题,也激化了一些矛盾,"后脱欧时代"的英欧关系仍面临众多近忧远虑的复杂挑战。

第一,现有脱欧法律安排未能根本解决未来服务业贸易问题,对英国经济影响巨大。《贸易与合作协定》确保了英欧双方贸易和服务的零关税与最惠国待遇安排,但英国由于并未留在欧盟统一大市场内部,无法自动获得成员国享有的服务业准入权。针对英国的一些规制性安排上的限制,如从业人员资格认证、短期商务旅行限制问题都未能解决。这对英国 GDP 占比超过80%的服务业有一定影响。②

第二,金融业准入的解决方案也尚未明朗。伦敦国际金融中心失去了自动进入欧盟市场运作的权利,英国金融机构未享有进入欧盟市场的"金融护照",临时性准入能否持续仍存变数。加之英欧金融监管体系存在一定差

① UK/EU and EAEC: Trade and Cooperation Agreement [TS No. 8/2021], April 2021, https://www. gov. uk/government/publications/ukeu – and – eaec – trade – and – cooperation – agreement – ts – no82021.

② Sarah Hall, "Brexit and Services Sector", 28 December 2020, UK in a Changing Europe, https://ukandeu. ac. uk/the – brexit – deal – and – services/.

异，欧盟也希望借此机会摆脱对英国金融市场的依赖，法兰克福、阿姆斯特丹、巴黎、卢森堡、都柏林等城市都有意借此增强自身的竞争力，迁出英国的金融机构数量超出预期。①

第三，英国国家统计局2021年6月公布的数据显示，2021年初，英欧货物贸易额大幅下滑：与2020年第四季度相比，2021年第一季度英国与欧盟国家间的货物贸易总额下降20.3%；而与非欧盟国家间的贸易额则只下降不到0.4%②；虽然其中有英国疫情反弹导致重新封锁的影响，但仍从一个侧面显示了脱欧的经济影响超出预期。

第四，在捕鱼权等问题上，英欧对《脱欧协议》的理解仍然存在分歧，需进一步磨合。例如，2021年4月，英属泽西岛当局变更捕捞许可发放条件，对进入泽西岛海域的法国渔船实施捕捞天数等限制，引发法国渔民抗议。5月6日，英法分别派出巡逻船前往泽西岛附近海域，争端升级。约翰逊发表声明称，根据《脱欧协议》，泽西岛政府有权管理其水域的渔业，法国则称泽西岛政府的做法违反《脱欧协议》，并威胁切断对泽西岛的电力供应。欧盟委员会表示根据《贸易与合作协定》，任何拟实施的管理规定都应事先告知另一方，英国未遵守相关条款。经谈判，英欧双方于6月4日就2021年度下半年双边捕鱼份额达成一致。③

第五，北爱尔兰内部各派别在地区未来问题上分歧加大，《脱欧协议》《北爱尔兰议定书》的执行面临困难，成为未来英欧关系发展的潜在不稳定因素。特别是受疫情影响，英国按原计划执行《北爱尔兰议定书》面临内外部条件的制约，因而多次提出延长过渡期的要求，这加深了英欧之间和北爱尔兰地区内部的矛盾。

---

① Sarah Hall and Martin Heneghan, "Brexit and Financial Services: Five Years On", 24 June 2021, UK in a Changing Europe, https://ukandeu.ac.uk/brexit-financial-services/.

② Office for National Statistics, "The Impacts of EU Exit and the Coronavirus on UK Trade in Goods", 25 May 2021, https://www.ons.gov.uk/businessindustryandtrade/internationaltrade/articles/theimpactsofeuexitandthecoronavirusonuktradeingoods/2021-05-25.

③ Daniel Boffey, "Expainer: What's Behind the UK's Fishing Sispute with France", 6 May 2021, https://www.irishtimes.com/news/world/uk/explainer-what-s-behind-the-uk-s-fishing-dispute-with-france-1.4557228.

第六，疫情延缓了英欧双方进行进一步谈判解决诸多悬而未决问题的步调，双方在政治、安全领域维持紧密合作关系的构想大多尚未落实。虽然拜登当选美国总统后，跨大西洋关系在英国和欧盟层面都有所加强，但程度仍存在明显不同，英国希望通过进一步依附美国缓解脱欧后英国在英美欧三角关系中力量不对称性加大的影响，与欧盟追求一定程度的战略自主的做法矛盾加剧，也给未来英欧政治、安全合作带来不确定性。

2021年上半年，欧盟与英国围绕阿斯利康疫苗的纷争也显示了双方关系的复杂性和脆弱性。2021年初，英国阿斯利康制药公司称，由于产量无法达到预期，将削减向欧盟提供的新冠疫苗初始交付量，引发欧盟不满。欧盟委员会及意大利等成员国要求在欧盟境内生产疫苗的公司在向欧盟外出口疫苗时须得到欧盟成员国许可，还称将动用《脱欧协议》中《北爱尔兰议定书》的第16条，对北爱尔兰地区边界实行出口限制。双方就这一问题的矛盾还引发多次法律诉讼。

（二）双重挑战下的英国国内政策调整

新冠肺炎疫情的起伏不定与脱欧的影响相互叠加。自2020年下半年以来，第二波疫情对英国造成严重打击，迫使其再次实施"全面封锁"，英国应对疫情的能力和表现受到来自国内外的广泛质疑。2021年初，英国在疫苗研发和大规模接种方面有良好表现，疫情防控情况有所好转。2021年3月后，英国政府逐步推行解封计划，到7月，基本解除了各种强制限制性措施。尽管2021年夏季由于德尔塔变异病毒和大型活动的举办，疫情出现反复，英国政府仍坚持推进解封计划。

完成脱欧后，英国政治在很大程度上恢复了常态，保守党在议会中具有稳定多数席位，政党政治的天平明显向保守党倾斜。但新冠肺炎疫情迁延起伏导致保守党政府推动国家治理变革的能力减弱，英国民众对国家政治制度改革的呼声加大。[1] 脱欧产生的政治和社会分裂的土壤仍然存在。

---

① 《欧美民众盼改变政治制度》，《参考消息》2021年4月4日。

一旦未来英国经济因脱欧受到重大冲击，英国民众中一半左右的留欧派仍可能质疑脱欧结果。

自2020年初以来，新冠肺炎疫情一方面加剧了脱欧带来的经济社会冲击，另一方面也转移了民众对脱欧影响的注意力，但随着2021年下半年疫情与脱欧影响相互叠加的趋势日益显著，英国国内关于脱欧利弊得失的争论重新浮现，也引发了民众对约翰逊政府执政能力的质疑。根据舆观（YouGov）民调"约翰逊是否称职"这一问题的调查结果，自2020年下半年以来，"认为约翰逊不称职"的受访者比例一直超过"认为约翰逊称职"的受访者，2021年6月后，这一比例迅速攀升，超过50%。① 虽然在野党工党利用这一机会攻击保守党的政策，但2021年5月英国地方选举的结果表明，斯塔默取代科尔宾后，工党回归中间传统的尝试并不成功，也未得到选民的认可。

从经济上看，2020年下半年以来的经济形势喜忧参半：在2020年第二季度探底后出现回升，特别是2021年第二季度，英国在放松管制、疫情反复的情况下，经济出现企稳、增长的迹象，但不确定性犹存。2020年，英国经济下滑9.9%，成为近300年来最严重的经济衰退。② 根据经合组织（OECD）数据，2020年下半年英国经济低位反弹，但在2021年第一季度这一势头被打断，环比收缩1.6%；2021年第二季度GDP环比增长4.8%，增速在二十国集团中位居第一，但因此前基数较低，仍未恢复到疫情之前的水平，与2019年第四季度相比，下降4.8%。③ 不仅如此，各产业间发展不平衡：服务业、建筑业和劳动力市场恢复较好，但金融业和汽车业出现了衰退

① YouGov, "Is Boris Johnson Incompetent?", https：//yougov. co. uk/topics/politics/trackers/is - boris - johnson - incompetent.

② Elliot Smith, "UK Suffers Worst Annual Economic Slump Since the Great Frost of 1709, A 9. 9% Decline", CNBC, 12 February 2021, https：//www. cnbc. com/2021/02/12/uk - economy - shrank - by - 9point9percent - in - 2020 - its - largest - contraction - on - record. html.

③ OECD, "G20 GDP Growth Slows to 0. 4% In the Second Quarter of 2021, But Large Differences Exist Across Countries", 15 September 2021, https：//www. oecd. org/sdd/na/g20 - gdp - growth - Q2 - 2021. pdf.

迹象。一方面，新冠肺炎疫情的影响加大了判断脱欧对英国经济社会影响的难度；另一方面，一些经济体，特别是美国，为应对疫情采取的宽松货币政策和财政刺激导致通胀，能源和原材料价格大幅上涨，这一因素与脱欧后人员流动受到限制的影响相互叠加，导致英国供应链面临考验，给英国脱欧后经济的平稳发展带来隐忧。

保守党政府为应对脱欧和疫情的双重挑战、摆脱执政能力不足的质疑，除积极布局解封、推动经济社会恢复外，还在国内政策方面进行了一系列调整，主要包括以下三个方面。

第一，保守党政府以产业政策为突破口，通过国家战略推动经济社会转型。①受新自由主义传统的影响，英国政府通过国家战略干预经济社会活动的程度较低。但约翰逊领导的保守党政府执政以来，其政策取向改变了人们对其属于保守党右翼的认知。2020 年 6 月 30 日，约翰逊在关于应对疫情的演讲中提出通过绿色、创新和数字战略实现国家升级的战略。② 2021 年 3 月，英国政府出台《更好复苏：我们的增长计划》。该文件进一步明确了政府关于产业政策的三个关键词，即基础设施、技能、创新，同时将其与"拉动地区平衡发展"（Levelling Up）、实现"净零"、推动"全球英国"的国内和国际战略目标结合起来，提出了产业升级的路径。③

第二，在英国转型发展战略中，保守党政府反复强调的一个概念是"拉动地区平衡发展"，并将其看作解决国家面临的诸多问题的切入点。在

---

① 田德文：《修正新自由主义：英国政府新战略研究》，《欧洲研究》2020 年第 6 期，第 114 页。

② The UK Government，"PM Economy Speech"，30 June 2020，https：//www. gov. uk/government/speeches/pm－economy－speech－30－june－2020.

③ The UK Government，"Build Back Better：Our Plan for Growth"，3 March 2021，https：//www. gov. uk/government/publications/build－back－better－our－plan－for－growth；Industrial Strategy Council，"Industrial Strategy Council Annual Report 2020"，19 February 2020，https：//industrialstrategycouncil. org/industrial－strategy－council－annual－report－2020；Maeve Campbell，"The UK's Green Revolution Plan is 'Nowhere near Enough'，Say Critics"，18 November 2020，https：//www. euronews. com/green/2020/11/18/the－uk－s－green－revolution－plan－is－nowhere－near－enough－say－critics.

约翰逊看来，"拉动地区平衡发展"既可以缩小英国地区间的发展差距，也可以实现产业升级和转型发展。① 这一战略最初是保守党在 2019 年 12 月的竞选宣言中正式提出的，但随后因疫情暴发遭到搁置。2021 年 7 月 15 日，约翰逊在演讲中雄心勃勃地重申这一"拉动地区平衡发展"计划，旨在消除南北差距，并将它比作罗斯福"新政"，其实施将彻底改变英国。该战略主要内容包括加大成年人培训力度、推动终生教育、支持科研、扩大住房建设，并通过绿色新政创造就业、驱动投资。

第三，疫情期间，国民健康服务体系直接遭受冲击，暴露了诸多弊端，保守党政府也通过新的立法努力做出了回应。2021 年 2 月，英国卫生和社会保障部提出了新的《卫生与保健法》立法建议，旨在改革英格兰国民健康服务体系②，并于 7 月将法律草案提交议会审议。其基本思想是弱化国民健康服务体系的市场取向，加大地方政府（医疗卫生部门）的参与力度，在各地区建立一体化的保健体系（Integrated Care System），改变国民健康服务体系、医院和全科医生、地方政府在卫生服务问题上各自为战的局面，促进医疗、保健、心理健康等方面的融合，减少繁文缛节，引入数字化等新技术，提高服务质量、效率、公平和可持续性。同时，保守党政府承诺逐步增加医生和护士数量。工党等反对党对这一改革的成效持怀疑态度，认为地方政府、医院等过多利益相关方的介入降低了国民健康服务体系的公益性。③

尽管约翰逊政府提出了雄心勃勃的政策调整计划，但新冠肺炎疫情走势仍具有很大的不确定性，世界主要国家在疫情期间采取的宽松货币政策的影

---

① The UK Government, "Boris Johnson Gave a Speech on his Vision to Level up the United Kingdom," 15 July 2021, https：//www.gov.uk/government/speeches/the－prime－ministers－levelling－up－speech－15－july－2021.

② Department of Health and Social Care, "Blueprint Launched for NHS and Social Care Reform Following Pandemic", 11 February 2021, https：//www.gov.uk/government/news/blueprint－launched－for－nhs－and－social－care－reform－following－pandemic.

③ Department of Health and Social Care, "Health and Care Bill Introduced to Parliament", 6 July 2021, https：//www.gov.uk/government/news/health－and－care－bill－introduced－to－parliament.

响开始显现，通货膨胀、能源短缺的中长期影响也引发担忧，英国面临平衡预算赤字、维持经济增长、保护就业之间的巨大矛盾：放弃财政宽松政策将导致严重的就业问题，进而加剧经济衰退。但若长期坚持该政策，财政上则越来越难以为继，重启因脱欧搁置的地区发展和民生项目，如北方振兴计划、高铁等，也面临资金等方面的困难。重新整合后提出的"拉动地区平衡发展"计划大多还处在指导原则和项目设想阶段。质疑者认为，这是约翰逊在无法兑现社会保障改革承诺、启动增税等不受欢迎政策的情况下，为2024年大选开出的空头支票，其实现的可能性有限。英国政治两极分化严重，保守党虽有明显的议会多数席位，但内部派别林立，也难以形成推动这一计划所需的共识。[①] 此外，这些战略规划文件虽然表现出加强国家干预经济活动的意愿，但其在具体实施上并未提出切实可行的路线图，仍带有依靠市场自发实现的"新自由主义"的印记。

此外，2020年下半年以来，英国政府与苏格兰、威尔士、北爱尔兰等地方权力下放政府在脱欧、抗疫等问题上龃龉不断。2021年苏格兰议会选举中，民族党再次获胜，明确提出到2023年疫情稳定后举行二次独立公投的时间表，但当地支持独立民众人数有一定回落，英国政府和苏格兰地方政府的博弈呈胶着状态。北爱尔兰统一公投的支持率也未进一步上升，短期内公投的可能性不大，但新芬党影响力继续加大，北爱尔兰民主统一党的支持率下降，《北爱尔兰议定书》的执行也面临诸多困难，进而加剧了北爱尔兰地区不稳定的风险。

（三）双重挑战下的英国对外政策调整

2021年3月，英国政府发布了《竞争时代中的全球英国：安全、防务、发展与外交政策综合评估》（以下简称"2021年综合评估报告"）。该评估报告是在当前国际大变局和英国脱欧带来深刻影响背景下发布的，具有以下

---

① Peter Foster and George Parker, "Levelling up: Boris Johnson's Battle to Turn Slogans into Effective Policies", 26 September 2021, https://ww w. ft. com/content/709b8db1 - 7ec6 - 4c10 - b25e - f6a0272642d7.

几个显著特征。

首先,2021年综合评估报告关注英国所处国际环境发生的重大变化:中国国力和"激进政策"显著增强,印太地区逐渐上升为全球最重要的地缘政治经济因素;技术革命所带来的机遇和挑战并存;气候问题等超越国界的挑战更加严峻。①

其次,2021年综合评估报告从安全、经贸关系等方面提出了英国应对这些变化的策略:面对世界发生的重大变化,英国要"充分利用更大的独立性带来的自由,例如,达成新的自贸协定的能力",并"调整自身以应对外部世界的变化"。② 报告提出了"制度竞争"问题,涉及价值观和制度间的竞争,将维护西方民主制度和国际秩序作为其未来十年的重要目标之一,以扭转所谓"基于规则的国际秩序"失灵问题。③ 在经贸关系领域,英国与66个非欧盟国家达成了自贸协定,并申请加入《全面与进步跨太平洋伙伴关系协定》(CPTPP)。与此同时,报告关注印太地区日益增长的重要性,提出了"印太倾斜"的战略取向。

再次,2021年综合评估报告与此前历次战略报告的一个明显区别是将国内发展、产业转型等问题纳入其中,凸显了统筹国际和国内战略的意图。科技投入、数字产业、网络安全等问题既是国家安全的内在组成部分,也构成了应对未来挑战的解决方案,成为英国在未来五到十年的政策重点。网络安全、网络产业的规则制定和服务提供也是国际系统性竞争中的重要方面。为此,英国在科技创新、科技成果商业化、科技人才引进、科技创新项目可行性评估和知识产权保护等方面也将加大投入

---

① The UK Government, "Global Britain in a Competitive Age: The Integrated Review of Security, Defence, Development and Foreign Policy," 16 March 2021, p. 24, https://assets.publishing.service.gov.uk/government/uploads/system/uploads/attachment_data/file/975077/Global_Britain_in_a_Competitive_Age-_the_Integrated_Review_of_Security_Defence__Development_and_Foreign_Policy.pdf.

② The UK Government, "Global Britain in a Competitive Age: The Integrated Review of Security, Defence, Development and Foreign Policy", 16 March 2021, p. 11.

③ The UK Government, "Global Britain in a Competitive Age: The Integrated Review of Security, Defence, Development and Foreign Policy", 16 March 2021, p. 12.

和合作力度。①

最后，2021 年综合评估报告弱化了欧盟在英国对外关系中的重要性，特别强调了脱欧给英国带来的独立性，宣称英国可以获得更广阔的自由、开放的国际市场。英国强调其在一系列国际组织中的角色，如七国集团（G7）、联合国安理会常任理事国、"五眼联盟"等。尽管英国将欧洲—大西洋地区视为影响国防安全的最重要区域，并且与欧盟在反恐、防止有组织犯罪、科技创新及竞争等主要安全议题上仍有合作空间，但在综合评估报告的"安全问题与行动"部分，英国避免将欧盟作为一个整体提及，取而代之的是宣称自己将以"独立的伙伴"这一身份在必要的情况下与欧盟展开合作。②

英国政府还宣布大幅增加军费开支，在大力发展英国海上防务优势领域的同时，将传统安全与数字技术、绿色发展相结合。英国以维持全球大国地位为核心的积极对外战略的雏形已见端倪。

在"后脱欧时代"，约翰逊政府希望倚重英美特殊关系，以对冲脱欧对英国国内政治和国际地位产生的不利影响的态势明显，在美国事实上要求英国在中美之间做出选择的情况下，短期来看，英国明显倒向美方。拜登上台后，发出从特朗普的"美国优先"转变为"恢复美国领导力"的信号，希望重建与欧洲盟国的联盟关系。在跨大西洋关系有所恢复的背景下，英国希望加强与美国的关系，充当一些国际议程的设定者，以避免国际影响力进一步衰落。英国政府 2021 年综合评估报告将英美关系界定为"最有价值、最为重要"的盟友关系，强调英美双边关系对北约、"五眼联盟"的重要性，强调深化双方在安全与情报等传统领域的合作。③ 英国利用 2021 年主办七国集团峰会之机在遏制中国、维护西方主导的国际秩序方面积极回应美国诉

① The UK Government, "Global Britain in a Competitive Age: The Integrated Review of Security, Defence, Development and Foreign Policy", 16 March 2021, pp. 35 – 42.

② The UK Government, "Global Britain in a Competitive Age: The Integrated Review of Security, Defence, Development and Foreign Policy", 16 March 2021, pp. 71 – 72.

③ The UK Government, "Global Britain in a Competitive Age: The Integrated Review of Security, Defence, Development and Foreign Policy", 16 March 2021, p. 20.

求，将其作为落实"全球英国"战略的途径。

2021年6月10日，英国首相约翰逊与美国总统拜登签署了《新大西洋宪章》。英美领导人希望借用80年前二战期间的《大西洋宪章》的遗产，为自身在未来国际秩序中的领导角色寻求合法性。他们宣称将深化双方在价值观与民主、国际机制与规则的维护、主权与和平争端解决、科技创新、安全与防务、经贸发展、气候变化和卫生与健康等方面的合作。① 但有评论者指出，这一"大西洋宪章2.0版"仅仅重复了英美间已有的相关领域合作，象征性意义大于实际价值，对复杂变化的国际形势下的新挑战并未给出答案，恰恰反映了英美无法再同二战后一样联手主导世界的现实。②

2020年下半年以来，英国对华政策转向的趋势不断强化，中英关系在低谷徘徊。约翰逊政府在疫情防控、5G建设、中英贸易投资、人权、新疆、香港等问题上不断挑战中方的底线。虽然英国国内主张对华务实合作的声音受到压制，但对华务实派认为，中国快速发展是大势所趋，中美关系对于当前全球领导力缺失的世界至关重要。欧盟和英国可以促成中美之间富有成效的对话。在这一问题上，英国应该以自己的方式推进对华关系，避免走向新冷战。③ 中国英国商会主席毛士真（St. John Moore）表示，在英国推进"全球英国"的过程中，"中国必须扮演重要角色"。他同时强调，"面对分歧，'脱钩'不是解决方案，沟通和对话至关重要"。在此背景下，英国政府在对华政策上经济利益和政治考量的博弈仍在继续。2021年1月上旬，英国首相约翰逊表示，"我不希望这个国家

---

① The White House, "The New Atlantic Charter", 10 June 2021, https://www.whitehouse.gov/briefing-room/statements-releases/2021/06/10/the-new-atlantic-charter/.

② Ash Jain and Daniel Fried, "Fast Thinking: The World Has a New Atlantic Charter", *Atlantic Council*, 10 June 2021, https://www.atlanticcouncil.org/content-series/fastthinking/the-world-has-a-new-atlantic-charter-biden-johnson-united-kingdom-states/.

③ 《英国前首相布莱尔：无论谁当选美国总统，中美摩擦都将持续，但我们要让摩擦不失控》，观察者网，2020年11月8日，https://www.guancha.cn/tonyblair/2020_11_08_570713.shtml。

或政府陷入盲目反华状态",并称在对待与中国的关系上,英国"需要找到一个平衡点"。①

在未来大国关系博弈中,英国目前将依附美国作为其维持大国地位的手段,彰显其西方核心国家的身份,但从长远看,这一战略能给英国带来的现实好处有限。拜登上台后,欧盟一方面对美方提议的建立西方国家联盟做出了较为积极的回应;但另一方面仍坚持战略自主和欧洲主权,尽量避免在对待中国的问题上全面"选边站队",倒向美国一方。无论是对美国还是中国而言,英国在国家实力上的局限性是显而易见的,英国的政治冒险和投机很可能导致其在中美欧之间沦为一个无足轻重的掮客角色,同时又错失与中国、欧盟等主要力量建立良性互动关系的时机。②

正如英国学者莱布尔(Janet Laible)所说,特朗普之后,"英美特殊关系可能重回世界舞台,但这一舞台本身已发生了根本改变"。③ 2021年8月,美国匆忙从阿富汗撤军,再次给英美特殊关系蒙上了阴影,也凸显了英国依附美国提高自身国际影响力的困境。布莱尔认为拜登的政策非常愚蠢,可能导致英国落入全球大国"第二梯队"。④

但从长远来说,从历史和逻辑看,与中国对抗不符合英国的利益,随着中英两国相对国际地位的进一步变化和经贸关系的发展,英国在对华政策上将不得不平衡政治和经济的关系,在一定程度上向务实、稳健的传统回调。

---

① 万淑艳:《中国英国商会主席毛士真:脱欧后的英国会更加"向东看"吗?》,中国新闻网,2021年6月23日,https://baijiahao.baidu.com/s? id = 1703352179173249114&wfr = spider&for = pc。

② 王展鹏:《百年大变局下英国对华政策的演变》,《欧洲研究》2020年第6期,第48页。

③ Janet Laible, "UK – US Relations", in *Brexit and Beyond*, UK in a Changing Europe, 19 January 2021, https://ukandeu.ac.uk/wp – content/uploads/2021/01/Brexit – and – Beyond – report – compressed.pdf.

④ Edward Malnick, Patrick Sawer, and Dominic Nicholls, "Tony Blair Slams Joe Biden's 'Imbecilic' Retreat from Afghanistan", *The Telegraph*, 21 August 2021, https://www.telegraph.co.uk/politics/2021/08/21/tony – blair – slams – joe – bidens – imbecilic – afghan – retreat/.

英国政治形势[*]

李靖堃[**]

2020年下半年至2021年上半年，新冠肺炎疫情仍然是影响英国政治走向的一个重要因素，不仅在一定程度上成为民意的"晴雨表"，还凸显了英国政府在社会治理方面长期存在的一些缺陷，特别是积重难返的种族不平等问题。与此同时，新冠肺炎疫情与脱欧因素继续影响着英国的政党政治。2021年5月的地方选举以及议会补选结果表明，英国政党政治格局总体稳定，继续保持"右"强"左"弱的局面，保守党的优势地位十分明显，而工党仍面临多重困境。英国绿党的表现令人瞩目，但很难对传统政党形成挑战。苏格兰民族党在地方选举中再次获胜，寻求继续推动独立公投，但民意摇摆不定，苏格兰独立前景并不明朗。

（一）新冠肺炎疫情继续影响英国政治

2020年下半年以来，新冠肺炎疫情继续深刻影响英国政治的走向，不仅在很大程度上是英国民意的"晴雨表"，也是考量保守党政府治理能力的重要指标。

1. 新冠肺炎疫情成为民意"晴雨表"，疫情形势影响民众对政府和执政党的支持程度

英国一度是新冠肺炎感染率和死亡率最高的欧洲国家之一，截至2021年7月31日，累计死亡人数将近13万人。[①] 新冠肺炎疫情甚至被视为二战以来英国遭受的最严重"灾难"，"健康/医疗"也因此成为民众最关心的事

---

[*] 本报告由国家社会科学基金资助，项目批准号为20VGQ010。

[**] 李靖堃，法学博士，中国社会科学院欧洲研究所研究员、欧洲政治研究室主任，主要研究领域为欧盟政治、英国政治与外交。

① UK Government, "Deaths in United Kingdom", 8 August 2021, https://coronavirus. data. gov. uk/details/deaths.

项。根据 2021 年 6 月的一项民调,在回答"什么是当前英国面临的最重要问题"时,有 50% 的受访者认为是"健康/医疗",47% 的人认为经济最重要,接下来分别是环境和移民(均为 28%),只有 22% 的人认为"脱欧"最重要;而在 2019 年 9 月,有 71% 的人认为"脱欧"最重要。① 这也说明,随着英国脱欧尘埃落定,民众对脱欧的关注程度已大大减退,而与新冠肺炎疫情相关的医疗、经济等事项则日益受到更多关注。

在此情况下,新冠肺炎疫情日益成为民众对政府信任程度的"晴雨表",民众对政府的支持程度与新冠肺炎疫情形势呈现密切的相关性。2020年 5 月之前,保守党一直保持着较高的民众支持率,但在那之后,由于疫情形势恶化,民众对保守党政府的支持率不断下降,支持政府抗疫措施的比例首次低于反对者的比例,保守党相较于工党的领先优势也不断缩水。到秋冬季节,由于疫情形势再度严峻,保守党的民众支持率甚至一度落后于工党。2020 年 12 月国王学院(King's College)与益普索·莫里(Ipsos Mori)的联合民调显示,有 57% 的英国民众不相信政府能够控制疫情。这也是 2020 年4 月以来持此观点的民众比例首次超过半数。② 部分支持脱欧的民众甚至转变立场,转而支持工党。③ 与此同时,民众对首相约翰逊的信任度也开始下跌,例如,2020 年 10 月的一次民调显示,只有 36% 的受访者支持约翰逊,反对者的比例则为 44%。④

2020 年 12 月,英国启动大规模疫苗接种计划,截至 2021 年 7 月底,其

---

① Statista Research Department, "Most Important Issues Facing Britain 2019 – 2021", *Statista*, 10 September 2021, https：//www. statista. com/statistics/886366/issues – facing – britain/.

② "Covid – 19：Majority of British Public Do Not Trust Government to Manage Pandemic-Survey", *Sky News*, 6 December 2020, https：//news. sky. com/story/covid – 19 – majority – of – british – public – do – not – trust – government – to – manage – pandemic – survey – 12152793.

③ Michael Savage, "Keir Starmer Winning Tory Leave Votes for Labour-Poll", *The Guardian*, 12 December 2020, https：//www. theguardian. com/politics/2020/dec/12/keir – starmer – winning – over – tory – leave – voters – to – labour – poll.

④ Andrew Woodcock, "Coronavirus：Poll Shows Lack of Trust in Boris Johnson as Britons Feel the Financial Pinch from Pandemic", *Independent*, 20 October 2020, https：//www. independent. co. uk/ news/uk/politics/bmg – poll – coronavirus – boris – johnson – matt – hancock – b1078965. html.

疫苗接种比例远高于欧盟平均值。① 从 2021 年 1 月开始，英国疫情形势逐渐好转，保守党政府和约翰逊本人支持率下滑的趋势也得到扭转。2021 年 4月，即英国地方选举之前不久，保守党的支持率持续攀升，一度超过工党 9个百分点，而对约翰逊本人的支持率更是高出斯塔默 13 个百分点。这也是2020 年 7 月以来保守党和工党以及约翰逊和斯塔默个人之间的最大差距。此外，有 44% 的被调查者认同政府应对疫情的措施，反对者的比例为 36%，这也是 2020 年 5 月以来认同政府措施的比例首次超过反对者。②

但从 2021 年 4 月开始，由于放松防疫限制，再加上德尔塔变异病毒的扩散，英国疫情形势再次严峻，民众对保守党的支持率也随之下降，2021年 5 月底，保守党支持率只领先工党 6 个百分点；同时，对约翰逊本人以及政府抗疫措施的支持率也有所下降。③ 2021 年 6 月之后，英国的疫情形势进一步恶化，7 月 15 日单日新增确诊病例超过 6 万例。④ 英格兰 7 月 19 日全面"解封"，这之后的疫情形势走向如何，特别是新冠肺炎疫情将如何影响英国政治的未来走向，需要我们进一步关注。

2. 新冠肺炎疫情凸显保守党政府治理能力缺陷，暴露种族不平等问题

新冠肺炎疫情不仅是一次公共卫生危机，也暴露出英国在政治治理和社会治理等诸多方面的缺陷，其中，种族不平等问题尤为突出。

2020 年 11 月，英国议会上院公共服务委员会针对公共服务部门的疫情

① Euronews，"COVID Vaccine：Who in Europe Is Leading the Race to Herd Immunity?"，*Euronews*，6 August 2021，https：//www.euronews.com/2021/08/06/covid－19－vaccinations－in－europe－which－countries－are－leading－the－way.

② Michael Savage，"Vaccine Boost Pushes Tories' Approval Rating on Covid into Positive Territory"，*The Guardian*，11 April 2021，https：//www.theguardian.com/politics/2021/apr/11/vaccine－boost－pushes－tories－approval－rating－on－covid－into－positive－territory.

③ Michael Savage，"Tory Poll Lead Shrink Following Cumming's Broadside Against Johnson"，*The Guardian*，30 May 2021，https：//www.theguardian.com/politics/2021/may/30/tory－poll－lead－shrinks－following－cummings－broadside－against－johnson.

④ The UK Government，"Cases in United Kingdom"，8 August 2021，https：//coronavirus.data.gov.uk/details/cases.

应对情况发布了首份全面分析报告①，指出英国政府在治理能力方面存在一些突出问题。国家审计局 2021 年 5 月发布的评估报告也认为，新冠肺炎疫情暴露了英国政府在社会治理上已存在长达数十年的缺陷以及整个社会的分歧。② 上述两份报告认为，在政治治理方面，主要问题在于中央政府和地方政府之间缺乏足够的协调和沟通。第一，权力过于集中于中央政府，中央政府对地方机构的重视不够，没有将地方政府视为平等伙伴，向地方机构下放的权力过少，地方机构甚至被边缘化。特别是地方医疗服务机构长期经费不足，以致无法有效应对疫情。报告认为应赋予地方机构更多决策责任，而且中央政府应与地方机构共享信息。第二，不仅在中央政府与地方政府之间，中央政府的各部门之间的政策协调性也不足，政府部门发布的政策与信息缺乏透明度，沟通过程也不够清晰和及时，资源分配不够合理。由于不存在整体性的沟通战略，因此地方机构从不同政府部门收到的信息往往意见相左，导致行动混乱。还有学者认为，在应对疫情的过程中，不仅英国的四个地区之间在防控措施方面存在实质性差异，即使在英格兰，不同城镇、郡县的防控措施也不相同，导致了地方政府对中央政府的不满，这也是保守党政府可能面临的一个长期性危机。③

社会治理方面的问题则主要包括两个方面。第一，公共医疗服务部门应对疫情的弹性和灵活性不足，特别是预防性医疗服务长期以来资金欠缺、成年人照护服务较为薄弱、医疗服务与社会照顾之间的融合度较低。第二，社会不平等情况严重，贫困人口、少数族裔以及儿童的新冠肺炎确诊率与死亡率均高于平均水平，尤其是种族不平等问题日益扩大，成为英国当前面临的最大挑战之一。

① House of Lords, "A Critical Juncture for Public Services: Lessons from Covid – 19", 13 November 2020, https: //committees. parliament. uk/publications/3438/documents/32865/default/.

② National Audit Office, "Initial Learning from the Government's Response to the COVID – 19 Pandemic", 13 May 2021, https: //www. nao. org. uk/wp – content/uploads/2021/05/Initial – learning – from – the – governments – response – to – the – COVID – 19 – pandemic. pdf.

③ John M. Roberts, "Covid – 19 and British Unity", Atlantic Council, 15 October 2020, https: // www. atlanticcouncil. org/blogs/new – atlanticist/covid – 19 – and – british – unity/.

　　种族不平等在英国长期存在，新冠肺炎疫情只不过将这一问题"暴露在了阳光之下"。英国政府的官方数据表明，在新冠肺炎疫情中，少数族裔的感染率和死亡率均远超白人，其中，黑人感染新冠肺炎的比例最高，黑人女性的感染率是白人女性的2倍多，黑人男性的感染率则是白人男性的将近3倍。[1] 少数族裔的死亡率是白人的2倍，其中，在第一波疫情中（2020年1月至2020年11月），黑人的死亡率最高，男性和女性的死亡率分别是白人男性和女性的3.7倍和2.6倍；而在第二波疫情中（2020年12月之后），孟加拉裔的死亡率最高，男性和女性的死亡率分别是白人男性和女性的5.0倍和4.1倍。[2] 英国国家统计局认为，导致这一问题的根本原因在于少数族裔在社会经济方面长期处于不平等地位，而不仅仅是在医疗待遇方面遭受不平等。[3]

　　然而，受英国政府委托的"种族和民族不平等委员会"于2021年3月31日发表的评估报告却指出，没有证据表明英国存在制度性或结构性种族主义，甚至还提出，英国足以成为"以白人为主的社会的典范"。[4] 该报告受到了英国国内各界和国际社会的广泛批评。工党发言人玛莎·德科尔多瓦（Marsha de Cordova）认为，该报告"美化奴隶贸易"，并且"宣称制度性种

① Public Heath England, "Disparities in the Risk and Outcomes of COVID – 19", August 2020, https：// assets. publishing. service. gov. uk/government/uploads/system/uploads/attachment _ data/file/908434/ Disparities_ in_ the_ risk_ and_ outcomes_ of_ COVID_ August_ 2020_ update. pdf.

② Office of National Statistics, "Updating Ethnic Contrasts in Deaths Involving the Coronavirus (COVID – 19), England：24 January 2020 to 31 March 2021", 26 May 2021, https：//www. ons. gov. uk/ peoplepopulationandcommunity/birthsdeathsandmarriages/deaths/articles/updatingethniccontrastsindeath sinvolvingthecoronaviruscovid19englandandwales/24january2020to31march2021.

③ Office of National Statistics, "Updating Ethnic Contrasts in Deaths Involving the Coronavirus (COVID – 19), England and Wales：Deaths Occurring 2 March to 28 July 2020", 16 October 2020, https：// www. ons. gov. uk/peoplepopulationandcommunity/birthsdeathsandmarriages/deaths/articles/updatingethn iccontrastsindeathsinvolvingthecoronaviruscovid19englandandwales/ deathsoccurring2marchto28july2020.

④ Commission on Race and Ethnic Disparities, "Commission on Race and Ethnic Disparities：The Report", 31 March 2021, https：//assets. publishing. service. gov. uk/government/uploads/system/ uploads/attachment_ data/file/974507/20210331_ –_ CRED_ Report_ –_ FINAL_ –_ Web_ Accessible. pdf.

族主义（在英国）不存在，但事实却相反"。① 工党议员戴维·拉米（David Lammy）则指出，这份报告的结论"是对这个国家经历制度性种族主义的所有人的侮辱"。② 伦敦大学玛丽王后学院的两位学者认为，该报告没有将种族主义作为导致医疗不平等的主要因素，而且不承认存在结构性种族主义，这与大多数研究的结论不符。③ 联合国人权委员会高级专员也对该报告提出了批评，认为其进一步扭曲并篡改了历史，而且有可能进一步激发种族主义和种族歧视。④

英国历届政府多年来一直未能从根本上重视和解决种族不平等问题，有些政策甚至在固化种族歧视和种族不平等。新冠肺炎疫情暴露出的医疗不平等问题仅是英国种族不平等问题的一个缩影。

（二）英国地方选举、政党政治延续"右"强"左"弱格局

2021年5月6日，英国举行地方选举，参加选举的包括145个英格兰地方议会的约5000名议员、苏格兰议会的129名议员、威尔士议会的60名议员和伦敦等13个城市的市长。这是英国正式退出欧盟之后的首次地方选举（2020年5月的地方选举由于新冠肺炎疫情暴发而被推迟），因而成为"后脱欧"和"后疫情"这一特定背景下对保守党政府执政能力和民众信任程度的一次"测试"；同时，它是斯塔默当选工党领袖后的首次地方选举，因此，也是对工党与斯塔默本人的一次"检验"。此次地方选举由此被赋予了不同于往常的"特殊"意义。特别是，保守党能否继续保持优势地位，而

---

① Sophia Sleigh, "Racial Inequality Report Chairman Hits back at Claims Section 'Glorifies' Slave Trade", 1 April 2021, https：//www. standard. co. uk/news/politics/commission－on－race－and－ethnic－disparities－report－slavery－marsha－de－cordova－b927301. html.

② 《英国政府这份国内种族主义问题报告连自己人都看不下去了》，新华社，2021年4月2日，http：//home. xinhua－news. com/rss/newsdetaillink/ef72ae3e9da50362/1617328694506。

③ Vanessa Apea and Yize Wan, "Yes, There Is Structural Racism in the UK－Covid－19 Outcomes Prove It", 6 April 2021, https：//theconversation. com/yes－there－is－structural－racism－in－the－uk－covid－19－outcomes－prove－it－158337.

④ United Nations, "Rights Experts Condemn UK Racism Report Attempting to 'Normalize White Supremacy'", 21 April 2021, https：//news. un. org/en/story/2021/04/1090032.

工党在新领袖的领导下能否"收复"在2019年大选中失去的一些"领地"，尤其是英格兰北部的"红墙"地区何去何从，这些问题成为此次地方选举的最主要"看点"。

此次地方选举结果主要呈现出以下一些特点。

第一，保守党延续了2019年大选的明显优势，特别是在英格兰的多个郡取得前所未有的进展。保守党控制的地方议会数量增加了14个，议席数增加了200多个，并且主要来自原来由工党控制的郡议会，特别是，保守党自1919年以来首次获得杜伦（Durham）郡议会的控制权。另外，保守党还赢得了同一天举行的哈特尔浦（Hartlepool）议会下院议员补选，而该选区自1974年设立以来一直被掌握在工党手中，这也是二战结束以后英国执政党第二次在下院补选中获胜（第一次是1982年撒切尔夫人执政时期）。

一般情况下，选民往往将地方选举和下院议员补选作为"激励"或"惩罚"执政党的一种手段，如在2019年地方议会选举中，保守党和工党均惨败。但此次地方选举则不同于以往，执政党保守党表现强势。其原因表现在以下三个方面。首先，尽管脱欧不再是英国民众最关心的事项，但脱欧立场仍然影响着选民对政党的选择偏好，保守党在支持脱欧的地区仍然有很高的支持率。而且，英国政府在最后时刻与欧盟达成脱欧协议，顺利脱欧，成为保守党的"加分项"之一。其次，尽管新冠肺炎疫情前期，保守党由于应对措施不力而"失分"不少，但后期采取的一些政策挽回了部分选民，特别是启动大规模疫苗接种计划效果明显，其疫苗接种率高于欧盟，让民众重拾信心。最后，保守党政府开始实施"拉动地区平衡发展"（Levelling up）计划，旨在提高英格兰东北部地区的经济发展水平，从而获得了该地区选民的支持。如果英国的经济形势能够如预期一样在2021年得到改善，那么保守党的执政地位则很难受到威胁。

当然，保守党也并非全无"隐忧"，问题主要来自其内部，特别是在疫情防控政策上存在分歧。部分保守党议员认为应将发展经济放在优先地位，反对采取严格的防控措施。2020年11月，50名保守党议员发起成立了"新冠复兴小组"（Covid Recovery Group），他们认为严格的封锁措施限制经济

发展，并且侵犯民众自由，与保守党强调个人自由的理念格格不入。该小组要求政府全面分析封锁措施造成的经济和医疗成本，并赋予议会评估权，一旦无法证明防控措施更具成本收益，则应将其废除，同时要求政府不只是听取科学顾问的单方面建议，而且要求由"具有竞争性的、多学科专家小组"对科学顾问进行质询。① 以损害地方经济为由，保守党后座议员已经不止一次投票反对政府的提案：2020 年 10 月，在就是否继续延长晚 10 点宵禁措施进行表决时，有 42 名保守党议员投了反对票；在 2020 年 12 月初就一项三级防控措施进行表决时，有 54 名保守党后座议员投了反对票。如果工党也投反对票，则该项方案将被否决。这被认为是约翰逊在 2019 年大选后经历的"最大规模的反叛"。② 而在 2021 年 3 月就是否延长《新冠肺炎法》进行表决时，又有 35 名保守党后座议员投了反对票，他们不仅反对封锁措施本身，而且对该法中赋予首相的过多权力表示担忧，认为其与自由民主原则相悖。③ 保守党内部之所以对于疫情防控措施表现出如此激烈的矛盾，根本原因仍然在于其信奉的新自由主义本身存在一些固有悖论。

第二，工党未能扭转颓势，依旧面临多重困境。在此次地方选举中，工党控制的英格兰地方议会数量减少了 8 个，议席数减少 300 多个，特别是有史以来首次失去了对谢菲尔德市议会和杜伦郡议会的控制权，而且丢掉了哈特浦尔的下议院议席。当然，工党还是保住了伦敦、利物浦和曼彻斯特等大城市的市长职位，在威尔士议会仍然拥有超过半数议席。

工党在选举后迅速进行了重组，但仅靠人员的变更并不能从根本上解决

① Christopher Hope, "Headache for PM as Dozens of Conservatives MPs Set up Covid Recovery Group to Fight Lockdowns", *Telegraph*, 10 November 2020, https：//www. telegraph. co. uk/news/2020/11/10/headache - pm - dozens - conservative - mps - set - covid - recovery - group/.

② Steven Swinford, "Coronavirus：Johnson Hit by Biggest Rebel Vote Yet as Tough Tier Rules Passed", *The Times*, 2 December 2020, https：//www. thetimes. co. uk/article/coronavirus - johnson - hit - by - biggest - rebel - vote - yet - as - tough - tier - rules - passed - b7w723fg2.

③ Andrew Sparrow, "UK Covid：MPs Vote to Extend Emergency Powers for Six Months", *The Guardian*, 26 March 2021, https：//www. theguardian. com/politics/live/2021/mar/25/uk - covid - coronavirus - live - news - updates - pubs - status? page = with：block - 605cc4698f08ef6f2f13fbdb # block - 605cc4698f08ef6f2f13fbdb.

其当前面临的多重困境。首先，斯塔默当选工党领袖一年多以来，工党的定位仍不明确，"身份"属性依旧含糊不清。继2019年大选后，工党在英格兰东北部和北部的传统"阵地"再次遭受损失，但保住了几个大城市的控制权，有人甚至因此质疑"工党是否还能被称为'工人阶级'的代言人"。英格兰北部一名地方议会领导人指出，工党看上去更像是一个代表大城市的、中产阶级的政党。① 这种不明确的定位造成民众的认知混乱。在有支持工党的英国企业家参加的一次视频会议上，一位著名专栏作家指出，工党在伦敦的成功是一把"双刃剑"，这可能强化人们的认知，认为工党不再是北方城镇传统选民的代言人。② 斯塔默本人也承认，工党"失去了工人阶级的信任"。③

其次，工党内部分歧仍然没有得到弥合。自科尔宾2015年当选工党领袖以来，工党内部左派和中间派之间的分歧就十分严重，该问题并没有因为科尔宾卸任而得到解决，工党成员中仍有很多人支持科尔宾的理念。斯塔默上任后很长时间内将工作重点放在弥合党内分歧、消除负面因素方面，但效果似乎并不明显。2020年10月，英国平等与人权委员会认定工党在反犹太种族主义方面存在"严重失败"，相关歧视行为违反了平等法。科尔宾随后发表声明，声称问题的严重程度由于政治原因而被"夸大"。④ 斯塔默随后暂停科尔宾的党员身份，并将其从党鞭名单中除名。虽然科尔宾的党员身份很快得以恢复，但他仍然不能以工党议员的身份开展活动。此举引起科尔宾支持者的强烈不满，甚至威胁要退出工党。在这种情况下，工党的内部裂痕非但没有消除，反而有扩大的可能。在2021年地方选举结束后，斯塔默由于工党表现不佳而备受左派的指责。内部分歧的存在导致工党很难明确自身

---

① Iain Watson & Bex Bailey, "Elections 2021: Labour Insiders on Starmer, What Went Wrong and How to Fix It", *BBC*, 7 May 2021, https://www.bbc.com/news/uk-politics-57024995.

② Iain Watson & Bex Bailey, "Elections 2021: Labour Insiders on Starmer, What Went Wrong and How to Fix It", *BBC*, 7 May 2021, https://www.bbc.com/news/uk-politics-57024995.

③ Jamie Dettmer, "Europe's Social Democratic Parties Struggle for Electoral Relevancy", *Newsbreak*, 10 May 2021, https://www.newsbreak.com/amp/samsung-daily/n/0ZiATTmA.

④ Emily Ashton, "UK Labour Suspends Jeremy Corbyn after Anti-Semitism Probe", *Bloomberg*, 29 October 2020, https://www.bloomberg.com/news/articles/2020-10-29/u-k-labour-party-broke-equalities-law-antisemitism-probe-finds.

定位、出台统一的政策纲领。

最后，斯塔默作为领袖的个人魅力不足，可见度较低。斯塔默不仅缺乏工党前领袖布莱尔那样的领袖魅力，即使与保守党领袖约翰逊相比，其可见度也要低得多，特别是他一直没有形成鲜明的、具有系统性的立场、意识形态和主张，而新冠肺炎疫情又在很大程度上限制了其有效发挥反对党领袖的机会。这样一种状况导致斯塔默本人在民众中的认可度较低，且随着上任时间越长，民众对他的评价越趋向负面。舆观（YouGov）的民调显示，2020年6月，对斯塔默的评价总体上还是正面的：48%的受访者认为斯塔默表现良好，21%的人给出的是负面评价，有32%的人回答"不知道"；但到了2021年5月，有65%的人对斯塔默的评价是负面的，只有17%是正面的。之后虽略有好转，但到2021年7月，仍有59%的受访者对斯塔默的评价是负面的，只有21%是正面的。①

第三，绿党的表现令人瞩目，但不足以对保守党和工党的地位形成威胁。在此次地方选举中，自由民主党等"第三党"的表现均难以令人满意（苏格兰民族党虽然表现强势，但它的选区仅限于苏格兰），绿党是唯一的亮点，它在英格兰和威尔士的议席增加了99个，地方议员的数量增至445名，取得了创纪录的成绩。在英格兰，无论是当选的绿党议员数量还是有绿党议员的议会数量都创历史新高，特别是在布里斯托市议会，绿党赢得24个议席，与该市议会第一大党工党的议席数量相同；在伦敦市长选举中，绿党联合领导人（co-leader）希恩·贝里（Sian Berry）在第一轮选举中获得20万张选票，即将近8%的比例，另外还有3名绿党成员当选伦敦市议会议员。在威尔士，绿党也获得了有史以来最高的得票率。绿党领导人乔纳森·巴特利（Jonathan Bartley）在选举结束后声称，绿党即将成为英国政治中的重要力量。②

绿党在英格兰和威尔士的良好表现主要得益于以下两个原因。第一，气

---

① YouGov, "Keir Starmer Approval Rating", https：//yougov. co. uk/topics/politics/trackers/keir - starmer - approval - rating.

② Josh Martin, "Will the Greens Become England's Third Largest Party?", *Politics Home*, 13 May 2021, https：//www. politicshome. com/thehouse/article/will - the - greens - become - englands - third - largest - party.

候变化问题近年来备受关注，而英国于2021年11月主办第二十六届联合国气候变化大会，使气候问题日益成为人们关注的焦点问题，绿党的可见度也因之得到提升。在新冠肺炎疫情背景下，绿党在竞选中适时提出通过"绿色复兴"振兴经济的理念，该理念赢得了部分选民的支持。第二，部分传统左翼选民既对工党和自由民主党等中左政党感到失望，又由于保守党等右翼政党的价值理念与自己不同而不愿支持保守党，因而转向支持绿党。正是出于这一原因，绿党在被认为是工党传统票仓的一些地方赢得了议席，例如布里斯托的选区劳伦斯希尔区，它是英格兰西南部最贫困的地区之一。

近年来，除了英国之外，在欧洲其他国家特别是德国和法国，都出现了不同程度的绿党兴起现象，绿党也有可能成为能够发挥真正影响的政治力量。但不同于欧洲大陆实行多党制的国家，英国的简单多数选举制导致小党很难在全国性议会选举中获得更多议席，选民的支持难以转换成选票和席位。英国绿党自2010年赢得首个议会下院议席以来，一直未能取得更大突破，这就是一个很好的例证。更重要的是，与英国其他更为传统的政党不同，绿党根基尚浅，不存在传统的支持群体，没有稳定的选民基础，无法形成核心票区，因此很难对保守党和工党的地位构成挑战。当然，也不能排除在某些特定时候，绿党能够在某些领域发挥重要作用，但若要成为具有长久性影响的重要政治力量，绿党还有漫长的道路要走。

（三）苏格兰民族党力量稳定，但苏格兰独立前景并不明朗

苏格兰民族党在英国脱欧后加快了推动独立的步伐。2021年1月24日，苏格兰民族党发布了第二次独立公投"11点计划"，承诺若在地方议会选举中获得多数议席，则将通过公投法案，并在疫情结束后举行公投。[①] 2021年3月22日，苏格兰政府发布独立公投法案，承诺将在下届苏格兰政

---

① Chelsea Rocks, "Scottish Independence Referendum: SNP 'Roadmap' to Second Referendum Explained—and Does It Need Westminster Approval?", *Scotsman*, 25 January 2021, https://www.scotsman.com/news/uk-news/scottish-independence-referendum-snp-roadmap-second-referendum-explained-and-does-it-need-westminster-approval-3112258.

府任期的"前半段"举行公投，但须考虑到疫情形势，并且公投必须在"安全情况下"举行。①

在2021年5月的苏格兰议会选举中，苏格兰民族党获得64个议席、48%的得票率，创下历史最高纪录，这也是该党连续四次成为苏格兰议会第一大党，但距多数议席仍差1个（苏格兰议会共129个议席）。不过，同样支持独立的苏格兰绿党获得了8个议席，这样，在苏格兰议会中支持独立的政党所占议席数已经超过一半。在2021年5月8日的胜选演说中，斯特金再次承诺推动独立，并且指出："约翰逊无法再找到符合民主价值观的借口，来拒绝苏格兰第二次独立公投。"②

然而，尽管支持独立的政党在苏格兰议会中占多数，但苏格兰独立公投前景仍不明朗，甚至相较于英国2020年初刚刚退出欧盟之时更加不确定。首先，关于第二次公投的时间。如前所述，苏格兰民族党多次重申："在危机结束之后，也只有在危机结束之后，苏格兰人民将有权决定他们的未来"，但首要任务是"应对疫情，确保人民安全"③，然而，对疫情何时结束、结束的标志是什么都不确定。其次，英国政府明确反对公投，至少反对在近期举行公投。约翰逊明确指出："在当前背景下举行公投是不负责任和草率的。"④ 尽管苏格兰政府认为举行某种形式的公投属于其下放权力范畴，但英国政府坚持认为，1998年的《苏格兰法》规定公投是英国议会的"保留事项"，不经英国议会同意就举行公投将违反宪法，在这种情况下举行的

---

① Scottish Government, "Draft Independence Referendum Bill", 22 March 2021, https://www.gov.scot/publications/draft – independence – referendum – bill/.

② "Scottish Election 2021: Nicola Sturgeon Celebrates 'Historic' SNP Election Win", *BBC*, 9 May 2021, https://www.bbc.com/news/uk – scotland – scotland – politics – 57038039.

③ Nicola Sturgeon, "Scottish Election 2021: After Covid Crisis, Voters Should Be Able to Choose between a Bright Future as an Independent Country or Tory Austerity in UK", *Scotsman*, 4 May 2021, https://www.scotsman.com/news/opinion/columnists/scottish – election – 2021 – after – covid – crisis – voters – should – be – able – to – choose – between – a – bright – future – as – an – independent – country – or – tory – austerity – in – uk – nicola – sturgeon – 3222924.

④ Schams Elwazer and Duarte Mendonca, "Scottish National Party Promise Independence Referendum after Election Win", *CNN*, 11 May 2021, https://edition.cnn.com/2021/05/09/uk/uk – elections – scotland – independence – gbr – intl/index.html.

公投不具有法律约束力。① 这一争议最终能否以及如何解决，目前仍是未知数。最后，也是最重要的一点是，苏格兰民众对独立的立场摇摆不定。在脱欧与新冠肺炎疫情的双重影响下，支持苏格兰独立的民众比例曾一度呈现上升趋势。在 2020 年 6 月之后的民调中，支持独立的比例曾多次超过半数（54%~58%），特别是在 19~24 岁的青年人中，有 79% 以上表示支持独立。②但是，2021 年初以来，支持苏格兰独立的民众比例却在不断下降，至2021 年 6 月已经跌至一年半以来的新低。有民调显示，支持苏格兰留在英国的民众超出支持苏格兰独立的民众 4 个百分点，有评论认为这意味着支持独立的情绪在"降温"。③ 其中最主要的原因是部分苏格兰民众对疫情后的经济复苏没有信心，而这抑制了其支持独立的意愿。由于在苏格兰议会中支持独立的政党占多数议席，苏格兰议会通过第二次独立公投法案的可能性很大，但受多重因素限制，近期内举行公投的可能性并不大，其独立前景仍然无法预料。

英国经济形势及经济支持政策

李罡*

（一）英国疫情发展和防疫措施回顾

英国疫情于 2020 年 3 月初全面暴发，英国政府最初采取所谓的"群

---

① David Torrance, "Scottish Independence Referendum: Legal Issue", The UK Parliament, 30 July 2021, https://researchbriefings. files. parliament. uk/documents/CBP - 9104/CBP - 9104. pdf.

② John Curtice, "Why Are More Scots Supporting Independence?", *BBC*, 14 October 2020, https://www. bbc. com/news/uk - scotland - scotland - politics - 54542712.

③ Gina Davidson, "Poll Shows Drop for Scottish Independence Support as Sir John Curtice Claims Results Shows 'Cooling' over UK Split", *Scotsman*, 27 June 2021, https://www. scotsman. com/news/politics/poll - shows - drop - for - scottish - independence - support - as - sir - john - curtice - claims - results - shows - cooling - over - uk - split - 3287969.

* 李罡，经济学博士，温州大学商学院副教授，主要研究方向为英国经济、中欧经贸关系、中德文化交流。

体免疫"的消极防疫措施，有其内在的原因和考量。第一，英国政府最初对新冠肺炎病毒的传染力及其对人类的危害认识不足。第二，英国政府担心极端的隔离措施会令本已面临脱欧冲击的英国经济雪上加霜。第三，英国政府担心本国公共卫生医疗体系难以承受大规模收治新冠患者的压力。第四，英国希望通过群体免疫一劳永逸地战胜病毒。随着英国疫情的急剧恶化，英国开始逐步修正之前的消极防疫措施，从群体免疫路线转向积极抗疫，采取了封锁①、加大检测力度、加强疫苗接种②、积极救治病患等抗疫措施。然而，急于实施解封计划③和变异新冠病毒德尔塔毒株的快速蔓延使英国疫情更加复杂严峻，大大降低了抗疫措施的有效性，疫情形势仍然不容乐观。根据英国国家统计局发布的数据，2021 年 8 月 15 日，英国全国新增新冠确诊病例 26750 例，新增死亡病例 61 例。截至当日，英国累计确诊新冠病例 6267437 例，累计死亡 154202 例。④ 目前，英国新冠肺炎发病率为

---

① 2020 年 3 月 23 日，英国为抗击新冠肺炎疫情实施第一次全国性封锁措施。政府规定：关闭一切"非必需品商店"；禁止两人以上的聚会；除购物和锻炼之外，禁止人们离家外出；有条件的人都必须在家工作。从 2020 年 11 月 5 日起，英国英格兰地区实施第二次全面封锁，除售卖生活必需品的超市外，餐饮、娱乐等非生活必需设施、机构一律暂停营业。但与 2020 年 3 月的第一次全面封锁不同，此次封锁期间英国的小学、大学等校园继续保持开放。

② 截至 2021 年 8 月 14 日，英国满 18 岁的成年人接种新冠疫苗第一剂人数累计 47302445 人，接种率已达 89.4%；完成两次接种的人数累计 40577198 人，接种率达 76.7%。

③ 2020 年 5 月 11 日，英国政府发布了全文 60 页的解封细则，详细规定了第一次解封的"三步走"计划。第一阶段：从 2020 年 5 月 13 日开始，以逐步复工为重点，民众如果必须要上班，可以上班；但只要能在家工作，就应该在家工作。从事食品生产、建筑、制造、物流、配送和实验室科学研究工作的人员可以复工。民众每天可以随心所欲地在户外锻炼，但仍然不能使用操场、健身房等设施。政府首次建议民众在公共交通工具等封闭空间里戴口罩。第二阶段：6 月 1 日开始，非必要的商店逐步开放，小学生也逐步返校。第三阶段：在 7 月前开始，重新开放一些服务性行业和其他公共场所，如美发店、美容院、教堂和电影院。但在这些场所内，同样要遵守相隔两米的社交规则。在病例数持续上升、疫情仍未得到有效控制的情况下，英国政府于 2021 年 7 月 19 日开启了全面解封计划，几乎解除了所有的防疫限制措施。取消了在室内公共场所戴口罩的规定，不再限制社交聚集人数；除一些特定场所外，不再要求保持 1 米以上社交距离；所有经营场所可恢复营业。全面解封表明英国的防疫策略正在从积极的"封疫防守"再度转向"与新冠病毒长期共存"的群体免疫策略。

④ The UK Government, "Coronavirus（COVID - 19）in the UK", 15 August 2021, https://coronavirus. data. gov. uk/.

每10万居民中有293.3名感染者，远高于每10万居民中有50名感染者的警戒阈值。

（二）疫情对英国宏观经济的负面影响

受全球金融危机和欧债危机的冲击，英国经济曾在2008年和2009年连续两年衰退，分别下滑0.3%和4.1%。[①] 此后，英国经济平稳复苏，个别年份的经济增长率达到或超过危机前的水平。[②] 而全球新冠肺炎疫情对英国经济造成严重冲击，导致英国再度陷入衰退，复苏中断。2020年，英国实际GDP增长率下滑9.8%，遭遇300年来最严重的衰退（见图1）。

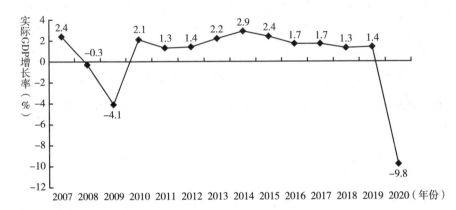

图1 2007～2020年英国实际GDP增长率变化趋势

资料来源：英国国家统计局，https://www.ons.gov.uk/economy/grossdomesticproductgdp。

2020年蔓延的全球疫情、隔离限制措施和脱欧等多种不利因素相互交织，导致英国国内消费疲弱、企业投资停滞、出口下滑，拉动经济的"三驾马车"全面倒退，宏观经济陷入严重衰退。具体来看，导致英国经济严重下滑的不利因素包括：第一，居民消费信心不足，国内需求疲弱。受失业率高企[③]、家庭

---

① 受全球金融危机冲击，2009年英国经济下滑4.1%，创二战以来的最大降幅。
② 2014年英国经济增长率达到2.9%，超过危机前2007年2.4%的经济增长水平。2015年经济增长速度与危机前的2007年持平。
③ 2020年英国失业率上升至4.5%，比2019年上升0.7个百分点。英国财政部预测，未来三年英国就业形势严峻，失业率将在5%以上。

负债比重①的影响，英国家庭可支配收入减少。2020 年英国家庭实际可支配收入比 2019 年下降 0.6%，预计 2021 年仍难改下降趋势。② 可支配收入的下降给国内消费需求带来负面影响。2020 年，英国家庭消费支出下降 10.6%。2021 年第一季度英国家庭消费支出下降 4.6%。③ 第二，企业投资停滞。受防疫隔离措施、经济不景气等因素影响，英国企业投资增长停滞。2020 年英国总固定资本投资大幅下滑，下降幅度为 8.8%。2021 年前两个季度，英国总固定资本投资有所改善，但仍呈下滑趋势，下滑幅度分别为 1.7% 和 0.5%。④ 第三，贸易环境恶化，进出口贸易大幅下降。疫情和各国封锁政策严重冲击了全球供应链，加之国际需求疲弱，英国对外贸易形势严峻。2020 年，英国货物和服务出口总额下滑 16.7%，货物和服务进口总额下降 18.1%。⑤ 英国贸易失衡问题长期存在，自 1985 年以来，英国经常项目持续处于逆差状态。2020 年，英国经常项目逆差占 GDP 的比重达到 3.7%，比 2019 年提高 0.6 个百分点。据英国政府预测，未来几年英国贸易失衡问题将进一步加剧。2021 年和 2022 年，经常项目赤字占 GDP 的比重将超过 6%。⑥

（三）英国经济面临的突出风险与挑战

疫情对英国经济造成了严重冲击，从中长期来看，英国经济还面临着生

---

① 自 2001 年以来，英国家庭债务占收入的比重一直在 100% 以上，2007 年、2008 年两年，英国家庭债务占收入的比重均接近 150%。从 2009 年开始，随着英国经济形势的好转，英国家庭债务—收入比持续呈下降趋势。受疫情冲击，2020 年英国经济陷入严重衰退，英国家庭债务—收入比提高至 129.5%，比 2019 年提高了近 2 个百分点。

② HM Treasury, "Budget 2021: Protecting the Jobs and Livelihoods of the British People", 3 March 2021, p. 92, https://assets.publishing.service.gov.uk/government/uploads/system/uploads/attachment_data/file/966868/BUDGET_2021_-_web.pdf.

③ Office for National Statistics, "GDP First Quarterly Estimate, UK: April to June", 12 August 2021, https://www.ons.gov.uk/economy/grossdomesticproductgdp/bulletins/gdpfirstquarterlyestimateuk/latest.

④ Office for National Statistics, "GDP First Quarterly Estimate, UK: April to June", 12 August 2021.

⑤ HM Treasury, "Budget 2021: Protecting the Jobs and Livelihoods of the British People", 3 March 2021, p. 92.

⑥ HM Treasury, "Budget 2021: Protecting the Jobs and Livelihoods of the British People", 3 March 2021, p. 92.

产率增长缓慢、财政压力加大、脱欧消极影响、产业发展不平衡等突出风险和不利因素。

1. "生产率之谜"成为制约英国经济增长的不利因素

劳动生产率是衡量一国经济增长效率的一项重要指标。劳动生产率越高，相同时间内生产的产品和提供的服务就越多。近年来，劳动生产率增速缓慢成为制约英国经济长期发展的不利因素。2000年，英国劳动生产率增长3.6%。受全球金融危机和欧债危机冲击，英国劳动生产率增长速度放缓，甚至出现倒退。2008年、2009年、2012年英国劳动生产率年度增速为负数。2013～2020年劳动生产率几乎处于停滞状态，年度增长率低于1%。根据英国财政部的预测，2021年英国劳动生产率增速将再次出现倒退。（见图2）

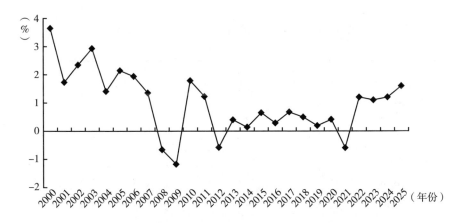

图2 2000～2025年英国劳动生产率变化趋势

注：2020～2025年数据为《2021/2022年度英国预算案》预测数据。

资料来源：作者根据英国国家统计局数据、《2021/2022年度英国预算案》数据绘制，https：//www. gov. uk/government/publications/budget－2021－documents/budget－2021－html。

2. 公共债务和财政赤字持续攀升，财政可持续性面临挑战

自欧债危机爆发以来，英国政府债务总额及其占GDP的比重持续上升。2009年，英国政府债务总额达9621.3亿英镑，占GDP的比重为65.7%，首次超过《欧盟稳定与增长公约》规定的60%的上限。此后，英国政府债

务总额持续上升。疫情之下，为了刺激经济的增长，英国政府不断扩大债务规模和增加公共支出，政府债务居高不下，财政失衡问题也更加严重。2020年，英国政府债务占 GDP 比重超过 100%，达到 104.5%。据《经济学人》预测，相较 2020 年，2021～2022 年英国政府债务总额占 GDP 的比重居高不下。欧债危机爆发后，英国政府按照欧盟财政纪律的要求，实行财政紧缩政策，财政赤字问题有所缓解。2017～2019 年英国财政赤字占 GDP 的比重均在 3% 以下。受疫情影响，2020 年，英国政府财政赤字占 GDP 的比重急剧上升到 12.2%（见表 1）。为应对疫情冲击，英国政府在扩大公共支出的同时，还采取了延迟缴税和减税的政策，以此来刺激私人消费和投资、提振经济。此外，受疫情冲击的英国企业赢利能力下降，缴纳税款减少。在收入减少、支出增加的情况下，英国财政赤字必然出现大幅度的增加。

表 1 2012～2022 年英国政府财政状况变化趋势

单位：%

年份	公共债务占 GDP 的比重	财政赤字占 GDP 的比重
2012	83.2	8.1
2013	84.2	5.5
2014	86.1	5.5
2015	86.7	4.5
2016	86.8	3.3
2017	86.3	2.4
2018	85.8	2.2
2019	85.3	2.3
2020	104.5	12.2
2021	107.6	10.8
2022	106.7	7.7

注：2021 年、2022 年数据为《经济学人》智库 EIU 国家报告预测数据；表中财政状况数据为自然年度数据。

资料来源：英国国家统计局、《经济学人》智库 EIU 国家报告。

3. 脱欧与疫情叠加冲击英国对外贸易

英国经济的外向型特点明显，出口在经济增长中发挥着重要作用。英国与欧盟经济联系紧密，脱欧叠加疫情冲击，对英国与欧盟的贸易产生明显的消极影响，英欧双方进出口贸易额均出现下滑。2020年，英国向欧盟出口商品和劳务总额为1456.7亿英镑，比2019年下降14%；英国从欧盟进口商品和劳务总额为2285.6亿英镑，比2019年下降15%（见图3）。

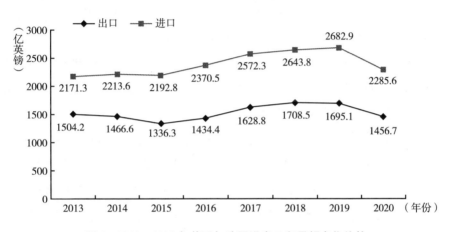

图3　2013～2020年英国与欧盟进出口贸易额变化趋势

资料来源：作者根据英国税务与海关总署（HMRC）数据绘制。

4. 服务业为主的产业结构缺乏韧性

英国经济结构的特点是服务业在经济总量中占很大比重，金融、法律、教育、旅游、住宿餐饮、批发零售贸易和房地产等服务业之和占英国GDP的80%，建筑业占14%，而制造业仅占6%。在新冠肺炎疫情冲击下，旅游、住宿餐饮等服务业部门受到的冲击最为严重。2020年，英国服务业部门产值下滑9%，其中住宿餐饮部门产值急剧下滑42.5%，教育部门下滑16.4%。[①] 疫情冲击下，英国政府也在反思英国产业结构弱点，在2021/2022财政年度预算案中增加了在绿色能源、科技研发、基础

---

① Office for National Statistics, "GDP First Quarterly Estimate, UK: April to June 2021", 12 August 2021, https://www.ons.gov.uk/economy/grossdomesticproductgdp/bulletins/gdpfirstquarterlyestimateuk/latest.

设施等领域的投入，以期推动英国经济结构调整，提高制造业在经济中的比重，增强英国经济在全球气候变化、流行疾病、地缘冲突中的抗风险能力和韧性。

（四）英国刺激经济增长的政策组合

为应对疫情，英国政府综合运用财政、货币和就业政策工具，刺激消费和投资，扩大就业，提振英国经济。英国政府采取的主要政策措施如下。

1. 继续加强经济纾困，帮助企业解决融资困难的问题

新冠肺炎疫情暴发后，英国经济受到冲击，一些企业，特别是中小企业资金困难，为帮助企业获得必要的融资、渡过难关，英国政府先后出台了五项帮助企业获得融资的贷款计划。

（1）冠状病毒中小企业业务中断贷款计划（Coronavirus Business Interruption Loan Scheme，CBILS）旨在向疫情期间遭受冲击的中小企业（营业额不超过 4500 万英镑）提供贷款支持。满足条件的中小企业可获得最多 500 万英镑的贷款，政府为其承担为期 12 个月的利息费用，并提供 80% 的担保。冠状病毒中小企业业务中断贷款计划在帮助中小企业获得融资方面起到了一定作用，截至该计划结束（2021 年 3 月 31 日），已向英国企业提供 9.2 万笔贷款，贷款金额累计 220 亿英镑。

（2）冠状病毒大中型企业业务中断贷款计划（Coronavirus Large Business Interruption Loan Scheme，CLBILS）旨在为因疫情冲击而遭受现金流中断的符合条件的中型和大型企业提供贷款支持。根据该计划，营业额为 4500 万~2.5 亿英镑的中型企业最高可获得 2500 万英镑的融资支持，营业额超过 2.5 亿英镑的大型企业可获得最高 5000 万英镑的融资支持，政府为企业贷款提供 80% 的担保。该计划已于 2021 年 3 月 31 日结束，共向符合条件的企业提供 705 笔贷款支持，贷款金额总计 53 亿英镑。

（3）反弹贷款计划（Bounce Back Loans）旨在为疫情中遭受融资困难的小微企业提供融资支持。贷款额为 2000~5 万英镑，上限为企业营业额的 25%，政府为贷方提供 100% 的担保。借款人在前 12 个月无须还款，前 12

个月的利息由政府承担。截至该计划结束（2021年3月31日），已向符合条件的小企业提供18万笔贷款支持，贷款金额总计50亿英镑。

（4）未来基金（Future Fund）是英国政府在疫情暴发之初为英国企业提供的另一项融资支持计划。截至2021年2月21日，未来基金已向1140多家英国企业提供了超过11亿英镑的可转换贷款。单笔贷款金额从12.5万英镑到500万英镑不等。该计划已于2021年3月31日结束。

（5）冠状病毒大企业融资计划（COVID Corporate Financing Facility，CCFF）是疫情暴发后英国面向大企业的融资支持计划。自2020年3月该计划实施以来，该计划已向一些存在短期现金流问题的英国大企业提供了超过340亿英镑的贷款支持，这些企业为英国提供近250万个工作岗位。

在财政部2021/2022财政年度预算案中，英国政府又公布了两项重要的贷款支持计划。

（1）复苏贷款计划（Recovery Loan Scheme，RLS）。从2021年4月6日起，复苏贷款计划将为咖啡店、餐馆、美发店和健身房等商家提供2.5万英镑到1000万英镑不等的贷款支持，政府为贷款提供80%的担保，以支持上述非必要的零售和户外服务行业重新开业，保护英国就业。复苏贷款计划的资金储备为750亿英镑，向所有符合条件的企业开放，那些已经获得有关新冠贷款支持的企业仍可申请该项贷款，该计划将持续到2021年12月31日。

（2）重新开业资助计划（Restart Grants）。符合条件的非必需零售行业的企业可以从当地政府获得最高6000英镑的一次性现金补助。酒店、住宿、休闲、个人护理和健身行业的合格企业可以从当地政府获得最高1.8万英镑的一次性现金补助。该项计划将使英国政府耗资250亿英镑。

2. 降税减费，减轻企业负担

英国税务局为了帮助企业渡过难关，出台了增值税税款延迟支付政策。在2020年3月20日至6月30日产生增值税纳税义务的企业，可申请延迟缴纳税款。税金最晚可以延期到2021年3月31日缴纳，在此之前，不会产生额外的滞纳金罚款。据英国税务局统计，2020年3～6月，大约有60万家

公司企业推迟缴纳增值税,相当于向这些企业注入了340亿英镑的现金,缓解了疫情中企业的资金负担。在冬季经济计划(The Winter Economy Plan)中,英国政府公布了增值税延期的新支付计划。按照新计划,企业延期支付增值税计划延长至2021年3月31日。该项税收减免政策直接涉及15万家公司和240万个就业岗位。

对于遭受疫情冲击严重的旅游和酒店业,英国制订了专门的增值税减免计划,将旅游和酒店业提供的商品和服务的增值税税率临时下调至5%,下调税率适用期限延长至2021年9月30日。之后,适用12.5%的临时税率(标准税率为20%),适用期限至2022年3月31日。

2021年4月1日至6月30日,政府继续为符合条件的英国零售、酒店和休闲产业部门提供100%的营业房产税(Business Rate)减免。2021年7月1日至2022年3月31日,上述产业部门的营业房产税减免66%。

此外,英国政府还对疫情中受冲击较严重的航空、文化体育等产业部门提供了减税和补贴支持政策,帮助相关企业和公司渡过难关。

3. 创新贸易政策,化解脱欧对英国对外贸易的冲击

欧盟统计局公布的最新数据显示,受英国脱欧和疫情等因素影响,2021年前两个月,欧盟对英国出口货物同比下降了20.2%,从英国进口货物下降47%,为历史最大降幅。英国目前是欧盟第三大货物贸易伙伴。2021年4月28日,欧洲议会宣布以660票赞成、5票反对和32票弃权的结果通过《欧盟—英国贸易与合作协定》,为英国脱欧后双方贸易关系提供了行动框架和法律依据。

为缓解脱欧对英国贸易的冲击,促进英国对外贸易的平稳发展,提振英国经济,英国政府早在2020年初即制订了在港口、机场等区域建立自由港的计划。在自由港从事贸易和加工制造的企业可享受诸多的税收优惠政策。进入自由港的货物只有离开自由港进入国内市场才缴纳关税;如果不离开自由港直接再出口,则无须缴纳关税。在自由港内进口原材料并加工成最终产品时,仅对最终产品征收关税,进口原材料则无须缴纳关税。英格兰地区的东米德兰机场(East Midlands Airport)、费利克斯托港和哈里奇国际港

（Felixstowe & Harwich）①、亨伯（Humber）港、利物浦城区（Liverpool City Region）、普利茅斯（Plymouth）和南德文郡（South Devon）、索伦特（Solent）、提赛德（Teesside）和泰晤士河（Thames）地区在自由港竞标中中标。在完成相关治理框架安排后，上述自由港将从2021年底开始运营。

4.刺激私人投资和基础设施投资，带动英国经济复苏

英国脱欧和疫情加大了企业投资和经营的不确定性。为提升企业的投资意愿，英国2021/2022财年预算案提出了企业税收超额抵扣政策（Super-deduction），以刺激私人投资，促进经济增长。税收超额抵扣政策从2021年4月1日新财年开始执行，企业在进行资产设备投资时，可获得相当于投资额130%的税收抵扣额。例如，某企业投入1000万英镑的资金用于购买机械设备，则其当年的应税收入可扣减1300万英镑。超额抵扣政策将使英国公司每投资1英镑就可以减少高达25便士的税收，政府以期通过减轻税负的方式提升企业的投资意愿。

英国加大基础设施投资，提高企业的创新水平和生产率，促进经济的复苏与增长。英国在利兹建立首家基础设施银行，拥有120亿英镑的资本，目标是为投资再生能源、交通、城市更新、数字连接等基础设施项目的私营企业和地方政府提供融资，促进英国经济绿色和均衡发展。

5.实施宽松货币政策，提振英国经济

疫情暴发后，英国央行采取降低银行利率和扩大量化宽松规模的宽松货币政策，以刺激消费和投资，提振宏观经济。2020年3月19日，英国央行货币政策委员会将银行基准利率降至0.1%。目前，英国央行主要利率处于历史最低点。疫情暴发后，英国央行已连续三次扩大量化宽松规模②，量化宽松规模达到8950亿英镑，其中8750亿英镑用于购买政府债券，200亿英镑购买公司债券。

---

① 费利克斯托港和哈里奇国际港联合竞标英国的自由港。

② 2020年3月，英国央行将量化宽松规模提高至6450亿英镑，2020年6月，英国央行将量化宽松规模扩容1000亿英镑至7450亿英镑。为应对疫情对经济的冲击，2020年11月，英格兰银行再次扩大量化宽松规模至8950亿英镑。

6. 采取多种措施，创造就业岗位，扩大就业

受疫情冲击，英国就业形势严峻，失业人数增加。2020年，英国失业人数达到150万，比2019年增加20万人。根据英国国家统计局数据，2021年英国失业人口将增加至190万人，2022年将突破200万人。解决就业问题，保持就业稳定，是英国宏观经济政策的重中之重。英国政府采取多种就业支持政策促进就业。以下是英格兰地区采取的促进年轻人就业的两项措施。

（1）政府提供补贴，为年轻人提供高质量的实习机会。2021/2022学年，政府为英格兰地区提供1.26亿英镑，用于给16～24岁青少年提供高质量实习和培训岗位的雇主提供补贴。为年轻人提供实习岗位的雇主可按1000英镑/人次的标准获得补贴。

（2）为雇用新学徒的雇主支付补贴。2021年4月1日至9月30日，雇用新学徒的雇主可按3000英镑/人次的标准获得补贴。之前的补贴标准为1500英镑/人次（雇用24岁及以下学徒的雇主按2000英镑/人次的标准获得补贴）。

2021年第二季度，英国经济表现不俗，经济增幅达4.8%，摆脱了第一季度经济下滑的状态。[①] 第二季度英国经济的反弹，一方面是因为英国采取的经济刺激措施逐渐发挥效用，另一方面与英国全面解封的短期效应密切相关。全面解封后，批发零售贸易、住宿餐饮、教育等服务业部门成为拉动英国第二季度经济增长的主要因素[②]，对经济增长分别贡献1.73个百分点、1.49个百分点、1.23个百分点。从国别来看，2021年第二季度，英国的经济表现优于欧洲主要国家德国、法国、西班牙。[③] 英国预算责任办公室（OBR）乐观预测2021年、2022年英国经济将分别增长4%和7.3%，此后

---

① 2021年第一季度，英国经济下滑1.6%，OECD，"G20 GDP Growth Slows to 0.4% in the Second Quarter Of 2021, But Large Differences Exist Across Countries"，15 September 2021，https：//www.oecd.org/sdd/na/g20 - gdp - growth - Q2 - 2021.pdf.

② 受全面解封影响，2021年第二季度，英国住宿餐饮部门产值增加最为迅猛，比第一季度增长87.8%，批发零售贸易部门产值增长12.8%，教育服务部门产值增长1.8%。第二季度英国个人消费支出增长7.3%。

③ 2021年第二季度，德国、法国、西班牙经济环比增长分别为1.5%、0.9%、2.8%。

三年大致保持在1.6%左右。① 然而，应该看到，在疫情尚未得到全面控制的情况下，英国政府即强制全面解封，面临很大风险，一旦疫情进一步恶化，英国经济将再度遭受打击。综合考虑脱欧、生产率增长缓慢、地区发展不平衡、经济结构性问题等多重不利因素，英国经济的复苏之路不会平坦。

英国外交："全球英国"说易行难

曲 兵*

"全球英国"是英国政府在脱欧公投后不久提出的构想，但它一直被诟病为缺乏实质内涵的口号。这固然与英国政要并未思考好脱欧后的路如何走有关，同时也因英国脱欧尚未完成，无力进行全球外交布局。可以说，脱欧催生了"全球英国"，而"完成脱欧"才能真正推行"全球英国"。因此，整个2020年，英国外交的首要任务就是争取与欧盟达成未来关系协议。约翰逊政府反复与欧盟博弈，终于在圣诞节前夜与欧盟达成《欧盟—英国贸易与合作协定》，从而保证了英国脱欧不脱轨。

2021年，约翰逊首相雄心勃勃，以自由贸易、气候变化等议题为抓手，借助担任七国集团（G7）和《联合国气候变化框架公约》第二十六次缔约方大会（COP26）主席的机会，不断充实"全球英国"的内涵，试图维系甚至扩大英国的全球影响力。"全球英国"说易行难，英国领导人的光鲜说辞难掩"全球英国"受到的种种制约，阿富汗危机更是显示英国脱欧后"走自己的路"何其艰难。

（一）完成脱欧

2020年2月1日，英国正式退出欧盟并进入脱欧过渡期。3月，英欧启动以自由贸易协定为核心的未来关系谈判。双方经过多轮谈判，仍在公平竞

---

① Delphine Strauss, "OBR Paints Brighter Picture for UK Economy", *Financial Times*, 4 March 2021, https://www.ft.com/content/ec9b58a5-fa69-422d-91bf-7cbc0799926d.

* 曲兵，博士，中国现代国际关系研究院欧洲研究所副研究员，主要研究领域为英国政治和外交。

争环境、捕鱼权、争端解决安排三大领域争执不下。2020 年 9 月初，约翰逊首相发表强硬言论，称 10 月 15 日是谈判的最后期限，若届时达不成协议，英国就退出谈判，并坚称"无协议脱欧"对英国而言"是个好结果"。

2020 年 9 月 8 日，英国北爱尔兰事务大臣布兰登·刘易斯（Brandon Lewis）在议会下院表示，英国政府准备修改《脱欧协议》（Withdrawal Agreement）① 中有关北爱尔兰的内容，"以一种非常具体和有限的方式违反国际法"。② 次日，英国政府向议会下院提交《内部市场法案》。英国政府发言人称法案旨在确保脱欧后英国国内贸易的顺畅，但欧盟称英国此举严重违反已经达成的《脱欧协议》和国际法，如果英国不废除法案中的相关条款，欧盟将对其采取法律行动。约翰逊首相强硬以对，称欧盟将对《北爱尔兰议定书》进行极端或不合理的解读，在爱尔兰海设置全面的贸易边界，《内部市场法案》只是为了构筑一个"法律安全网"。

受到英国"主权优先"离心力的干扰，英欧双方未能在 2020 年 10 月中旬的欧盟峰会前就未来关系协议达成一致。英国谈判团队一再强调，不会出卖英国主权以达成协议，如果欧盟不让步，英国就准备在无协议情况下结束脱欧过渡期。英国的"硬脱欧派"认为，如果英国采取足够强硬的立场，欧盟就将会做出妥协。而欧盟为维系单一市场的完整性并防止其他国家效仿英国脱欧，也将谈判的"压路机"挂至最高档。经过多场"加时赛"，英国和欧盟于 2020 年 12 月 24 日达成《欧盟—英国贸易与合作协定》。这个协定看似为英国脱欧画上了句号，实际上并未有效解决英欧之间的突出矛盾。比如，该协定在很大程度上将英国最看重的金融服务业排除在外，《北爱尔兰议定书》的落实细节也较为模糊。因此，该协定并非英欧关系的定论，英国脱欧属于"未完待续"状态。

约翰逊急于完成脱欧，采取的模式是先不惜一切代价退出，然后再处理

---

① 英国和欧盟于 2019 年 10 月达成《脱欧协议》，其中涉及脱欧过渡期、"分手费"、公民权利和北爱尔兰边界等。

② Lisa O'Carroll, "Government Admits New Brexit bill 'will Break International Law'", *The Guardian*, 8 September 2020, https：//www.theguardian.com/politics/2020/sep/08/government - admits - new - brexit - bill - will - break - international - law.

后果。一旦英国正式脱欧，相关"后遗症"就立刻暴露出来。2021年上半年，由于缺乏互信，英欧之间的分歧有增无减，斗争焦点是实践中如何执行《北爱尔兰议定书》。

作为《脱欧协议》的一部分，《北爱尔兰议定书》避免了北爱尔兰和爱尔兰共和国之间出现"硬边界"，但要求北爱尔兰更多遵守欧盟的关税和监管规则，这意味着大不列颠岛（英格兰、威尔士和苏格兰）向北爱尔兰出口的货物要在北爱尔兰港口接受海关检查。2020年12月上旬，英国政府与欧盟委员会达成临时性协议：自2021年1月1日起，大不列颠对北爱尔兰的食品和农产品出口获得3个月的宽限期，在此期间无须填写"出口卫生证明"。2021年3月，英国政府单方面宣布将宽限期延长至9月底，引发欧盟不满。欧盟委员会要求英国迅速采取补救行动，恢复遵守议定书的有关条款，否则将对英国采取法律行动。英方则向欧盟委员会提出，需要对《北爱尔兰议定书》做出"重大修改"，包括剥夺欧洲法院在监督议定书方面的权力。欧盟拒绝重新谈判议定书，而是在议定书框架内寻求创造性的解决方案。北爱尔兰边界问题剪不断、理还乱，金融、数据监管等诸多问题悬而未决，脱欧将始终是英国外交的一块"心病"。

（二）"全球英国"再出发

脱欧后的英国仍希望成为具有影响力的全球大国，这是昔日帝国的外交和心理惯性使然。英国脱欧摆脱了欧盟的束缚，但也失去了欧盟的支撑，英国如何立足于世？这先要解决定位问题。2021年3月发布的《竞争时代中的全球英国：安全、防务、发展与外交政策综合评估》（以下简称"2021年综合评估报告"）可谓英国寻求自身定位的路线图。结合英国外交实践，我们发现英国对自身至少有如下几重定位。

一是"自由贸易的捍卫者"。自由贸易是"全球英国"战略的重要支柱，英国政府的明确目标是在三年内（到2022年底）与覆盖英国80%贸易的国家和地区达成自由贸易协定。英国国际贸易大臣特拉斯曾指出："我们的雄心是通过与世界上主要国家达成一系列先进、高标准的贸易协议，并加

入一些领先的诸边协议，使英国成为全球服务、数字和先进制造业贸易的枢纽。"① 截至 2021 年 6 月初，英国已经与 67 个国家及欧盟达成贸易协议。英媒评论说，贸易让"全球英国"走上了正轨。② 英国的志向并不局限于贸易协定，它还大力推动 WTO 改革，制定"与时代机遇和挑战相符的规则手册"，尤其注重在全球范围内推动数字贸易规则。

二是"向善的力量"。英国外交呈现较强的道德色彩，更突出价值观因素，如自视为"民主国家的灯塔"、"向善的力量"（a force for good）。英国国防大臣华莱士对议员们说："无论我们的价值观和权利在哪里受到威胁，无论是在我们的后院，还是远离我们的海岸，我们都必须捍卫它们。"③ 英国政府宣称"对香港负有道义责任"，决定为香港英国国民（海外）护照持有人"提供一条获得未来（英国）公民身份的途径"；声称新疆存在所谓"强迫劳动"等"大规模侵犯人权问题"，对新疆政府官员进行制裁；首次针对腐败行为对俄罗斯、南非、南苏丹及拉美国家的多名个体进行反腐败制裁。此外，英国政府高调设定减排目标，向全球教育伙伴关系组织（GPE）、"新冠肺炎疫苗实施计划"（COVAX）投入大笔援助资金。

三是"能解决问题的国家"。"2021 年综合评估报告"提出英国要成为一个"具有全球视野的解决问题和分担负担的国家"。④ 在美国精力内倾、

---

① "Secretary of State for International Trade Speech at DLA Piper", 8 June 2021, https：// www. gov. uk/government/speeches/secretary－of－state－for－international－trade－speech－at－ dla－piper.

② Toby Orr, "Global Britain's Trade Policy is Silencing the Doubters", *The Telegraph*, 4 January 2021, https：//www.telegraph. co. uk/business/2021/01/04/global－britains－trade－policy－ silencing－doubters/.

③ Helen Warrell and George Parker, "Challenging China：Brexit Britain Experiments with Battleship Diplomacy", *Financial Times*, 19 May 2021, https：//www.ft. com/content/3de612af－20cf－ 49c2－b8f3－7159dd0c7fae.

④ The UK Government, "Global Britain in a Competitive Age：The Integrated Review of Security, Defence, Development and Foreign Policy", March 2021, p.6, https：//assets. publishing. service. gov. uk/ government/uploads/system/uploads/attachment _ data/file/975077/Global _ Britain _ in _ a _ Competitive_ Age－_ the_ Integrated_ Review_ of_ Security _ _ Defence _ _ Development _ and_ Foreign_ Policy. pdf.

国际领导力出现空缺之际，英国"挺身而出"，承担部分"国际义务"。2020年9月，在美国"断供"世界卫生组织后，英国宣布未来4年向该组织提供3.4亿英镑资金。2021年6月，英国海军准将史蒂夫·穆尔豪斯（Steve Moorhouse）说，在美国专心从阿富汗撤军之际，清除"伊斯兰国"组织在伊拉克残余的大部分任务将由英国执行。

四是"外交经纪人"（diplomatic broker）。英国善于"出点子"，但无法独自去落实。它更多利用自己的"召集力"，在国际事务中扮演"外交经纪人"的角色。2021年，英国同时担任七国集团（G7）和第26届联合国气候变化大会（COP26）的主席国，这为其展示"全球领导力"提供了平台和契机。约翰逊政府尤其看重"气候外交"，多方游说，力促各国在COP26上达成新减排协议。他呼吁美国、中国、印度等碳排放大国做出更大减排承诺，又动员发达国家为发展中国家降低脱碳成本出钱出力。

（三）"向印太倾斜"

"2021年综合评估报告"报告刻意淡化了欧盟在英国对外战略中的地位，提出英国外交要"向印太倾斜"（Tilt to Indo-Pacific）。印太地区是世界经济和地缘政治的重心，有大国雄心的英国必然要参与其中。外交大臣拉布（Dominic Raab）解释说，21世纪的地缘政治板块已经发生变化，英国的繁荣和安全有赖于深化与西方以外地区的关系。他说："我们不能只依赖昔日重要的基线联盟（baseline alliances），无论是'五眼'、北约、美国还是欧洲朋友。这不是要冲淡我们对它们的关注，但我们需要在此基础上更进一步。"①

一是深化贸易合作。除了美国，印太地区是英国最着力"公关"的地区。2020年10月，英国与日本签署《全面经济伙伴关系协定》（CEPA）。2021年5月，英国与印度签订《增强的贸易伙伴关系协定》，提出在2030年之前将两国贸易额翻番，计划2021年底之前启动自由贸易协定谈判。

---

① Lucy Fisher, "Post-Brexit Britain Deepens Ties with Southeast Asia", *The Telegraph*, 4 August 2021, https：//www. telegraph. co. uk/politics/2021/08/04/post－brexit－britain－deepens－ties－southeast－asia/.

2021 年 6 月，英国启动加入《全面与进步跨太平洋伙伴关系协定》（CPTPP）的谈判，英方预计 2022 年底可完成谈判。同月，英国和澳大利亚宣布就自贸协定达成一致，有望 2021 年底前签署。

二是加强安全合作。2021 年，英国皇家海军的航母战斗群不远万里，访问印太地区 40 多个国家，与印度、日本、韩国等举行一系列联合演习。国防大臣华莱士说："当我们的航母战斗群起航时，'全球英国'的旗帜将高高飘扬。这投射了我们的影响力，彰显了我们的力量，拉近了我们与朋友的关系，也重申了我们对解决当前和未来安全挑战的承诺。"①

三是深耕外交关系。2021 年 8 月，英国成为东盟的"对话伙伴"（Dialogue Partner）。外交大臣拉布称这是英国"向印太倾斜"的重要里程碑，是英国外交"战略拼图"中的关键一块。担任外交大臣两年来，他已六次访问东盟地区，并就"对话伙伴关系"进行谈判。②

需要指出的是，由于英国实力和资源有限，它是向印太"倾斜"而非战略重心"转移"。它虚实结合，既想迎合美国的印太战略，又欲与欧盟的印太战略相竞争。

（四）道阻且长

第一，"全球英国"与"升级议程"存在张力。在 2019 年 12 月的大选中，约翰逊首相取得压倒性胜利基于两个承诺："完成脱欧"与"拉动地区平衡发展"（levelling up）。他已实现第一个承诺，正在全力解决第二个目标。支持"拉动地区平衡发展"的多是希望对处于全球化困境的社区实行保护主义的英格兰北方议员，而"全球英国"的拥趸是支持自由贸易、主张放松监管的南方议员。中下层民众更关心保住自己的工作，而不是英国与

---

① The UK Government，"Record Size and Scope of Carrier Strike Group Deployment Announced"，26 April 2021，https：//www. gov. uk/government/news/record – size – and – scope – of – carrier – strike – group – deployment – announced.

② Lucy Fisher，"Post-Brexit Britain Deepens Ties with Southeast Asia"，*The Telegraph*，4 August 2021，https：//www. telegraph. co. uk/politics/2021/08/04/post – brexit – britain – deepens – ties – southeast – asia/.

其他国家达成了多少贸易协议。"全球英国"派宣扬英国将与澳大利亚和新西兰等国达成自由贸易协议，而"拉平议程"派则担心这些国家竞争力极强的农产品以零关税逐步进入英国，对英国农民造成巨大冲击。

第二，忽视欧洲的代价巨大。约翰逊首相认为，从长远来看，放松与经济增长缓慢的欧洲大陆的联系，将目光转向大西洋对岸和亚洲，是确保英国未来繁荣的最佳方式。然而，他忽略了一个简单的事实——欧盟目前是而且将继续是英国最大的贸易伙伴。英国近年来将大部分注意力放在了脱离欧盟上，而不是与欧盟建立新的战略伙伴关系，拒绝将外交和防务纳入未来关系谈判。"2021年综合评估报告"中涉欧部分的重点仍是英国与欧盟成员国的双边关系，就好像这些国家并未在欧盟框架内运作一样。[1] 尽管华盛顿对英国进军印太地区表示欢迎，但美国官员也私下表示，他们希望看到英国与其欧洲盟友更紧密地合作。

第三，"蛋糕主义"（cakeism）遭受考验。"蛋糕主义"一词在过去一直用于讨论英国脱欧问题。约翰逊担任外交大臣时提出，英国脱欧可以"have our cake and eat it"，意思是英国既要享有作为成员国的所有利益，又要避免脱欧引发的各种问题。它的一般含义是指相信有可能享有两种令人满意但又相互排斥的方案带来的利益。[2] 英国自以为可以左右逢源，但实际上根本做不到"鱼和熊掌兼得"。

一是"人权外交"徒有虚名。英国想当"人权卫士"，又不愿放弃经济利益。2020年，英国政府在宣布制裁20名涉嫌谋杀记者卡舒吉的沙特人的第二天，就恢复了对沙特的武器销售。[3] 外交大臣拉布在一次内部视频会议

---

[1] Ian Bond, "Can the UK Be Secure If Europe Is Not? The UK's（Un）integrated Review", 28 April 2021, https：//cer. eu/insights/can – uk – be – secure – if – europe – not – uks – unintegrated – review.

[2] 宋芳：《欧盟在中美之间的艰难选择——基于"蛋糕主义"视角的分析》，《国际展望》2021年第3期，第76～95页。

[3] Larisa Brown, "The Murder of Jamal Khashoggi Leaves Britain Torn Between Its Ally and Its Arms Trade", *The Sunday Times*, 27 February 2021, https：//www. thetimes. co. uk/article/the – murder – of – jamal – khashoggi – leaves – britain – torn – between – its – ally – and – its – arms – trade – mtz8ckhzq.

上表示，如果英国坚持只与符合《欧洲人权公约》标准的国家打交道，就会错失与未来"增长市场"（growth markets）的贸易机会。①

二是"双轨外交"推行不畅。英国将中国视为"制度性对手"（a systemic challenge），又表示"要在利益一致的领域保留合作的空间"。② 它一方面在价值观等问题上坚持强硬立场，另一方面希望继续与中国做生意。约翰逊首相发出自相矛盾的信号，唐宁街似乎有意分割经济外交与政治外交。可惜这种英式"分割"，无法让中国接受。③ 中英关系急转直下，双边经贸合作陷入停滞。

三是"桥梁外交"迷失方向。20 世纪的苏伊士运河危机后，英国将自身角色设定为欧洲和美国之间的桥梁，致力于与欧美都保持密切关系。脱欧后，与欧洲的疏远使大西洋主义成为英国外交的必然选择。一名英国高级军官表示："本届政府已经把所有的鸡蛋——以及搅拌器和碗——都放进了美国的篮子里"④，但这种一厢情愿没有换来美国的"青睐"。阿富汗撤军过程的混乱与失败再次暴露出美国自私自利、抛弃盟友的一面。专栏作家菲利普·斯蒂芬斯如此形容英国外交的尴尬处境："柏林、巴黎、罗马和布鲁塞尔极度不信任他，华盛顿则明显忽视他，约翰逊首相发现自己站在一座不知通向哪里的桥上，胡乱地挥舞着双臂。"⑤

---

① Andrew Woodcock, "Dominic Raab Tells UK Officials to Trade with Countries Which Fail to Meet Human Rights Standards in Leaked Video", 17 March 2021, https：//www. independent. co. uk/news/uk/politics/dominic – raab – trade – human – rights – b1818126. html.

② The UK Government, "Global Britain in a Competitive Age: The Integrated Review of Security, Defence, Development and Foreign Policy", March 2021, p. 62, https：//assets. publishing. service. gov. uk/government/uploads/system/uploads/attachment _ data/file/975077/Global _ Britain _ in _ a _ Competitive_ Age – _ the_ Integrated_ Review_ of_ Security _ _ Defence_ _ Development_ and_ Foreign_ Policy. pdf.

③ 于洁：《"全球不列颠"的外交两难简析：2021 年英国综合战略和防务评估报告》，《人大国际安全与战略简报》，2021 年 4 月 15 日，http：//sis. ruc. edu. cn/upload/editor/1/1618903627840. pdf.

④ George Parker and Aime Williams, "Johnson to Host Emergency G7 Talks on Afghanistan with Role Sought for China and Russia", *Financial Times*, 23 August 2021, https：//www. ft. com/content/3073164b – 43c5 – 45ec – bda5 – f62f7107a747.

⑤ Philip Stephens, "Kabul Retreat Leaves the UK on a Bridge to Nowhere", *Financial Times*, 26 August 2021, https：//www. ft. com/content/62bd638f – 8986 – 4187 – ab06 – 9f7fd1330e1c.

大变局之下的中英关系

杨　芳[*]

本年度中英关系最大的特点是变化凸显，主要体现在环境巨变、形势突变与政策渐变。在百年未有之大变局与大疫情、英国正式脱欧的大事件叠加的背景之下，中英关系陡然生变，约翰逊政府的对华政策定位也发生一定变化。但依然不能忽视的是，变幻莫测的危局之下，中英经贸合作水平达到了前所未有的高度，英国对华政策摇摆不定，但仍然希望加强"后疫情"复苏与气候变化等领域的对华合作。

（一）变局与危局

本年度中英关系的明显变化主要体现为两国关系的竞争性上升，斗争与摩擦增多。

第一，"竞争对手"成为中英关系的新标签。2021年3月，英国政府发布了近年来最为重要的外交战略文件《竞争时代中的全球英国：安全、防务、发展与外交政策综合评估》，首次将中国明确定义为"制度性竞争对象"（a systemic competitor）。[①] 报告将"制度性竞争"列为未来全球发展的重要趋势之一，认为国家之间以及与非国家行为者之间的竞争加剧将表现在：对国际规则和规范的竞争日益激烈；形成相互竞争的地缘政治、经济影响和价值观集团等。英国政府认为，中国日益增强的实力和在国际舞台上展示的自信是21世纪20年代最重要的地缘政治因素。中国经济、人口的规模、技术进步以及在全球舞台上投射其影响力的雄心将对全球产生深远的影响。[②]

---

[*] 杨芳，博士，中国现代国际关系研究院欧洲所副研究员，研究领域为英国与爱尔兰国别问题。

[①] 此处参考中国外交部、新华社等对"中欧制度性对手"（systemic rivals）名词的译法。

[②] The UK Government, "Global Britain in a Competitive Age: The Integrated Review of Security, Defence, Development and Foreign Policy", 16 March 2021, https://www.gov.uk/ （转下页注）

在这份被称作冷战结束以来最全面的"综合评估"中,美国仍然被视为英国最重要的双边关系对象,北约、"五眼联盟"则是"关键联盟"。英国将与这些国家和组织加强在安全和情报等传统政策领域的合作,并寻求在可以共同产生更大影响的领域加强合作。与之相比,在对华政策定位上,英国则强调将采取更多措施来适应中国日益增长的影响,增强应对中国的能力,更好地了解中国,提高应对中国对英国及其盟友的安全、繁荣和价值观构成的制度性挑战的能力。该评估报告主张将继续寻求与中国建立积极的贸易和投资关系,同时捍卫自己的国家安全和价值观,并与中国合作应对气候变化等跨国挑战。①

英国军情六处前局长亚历克斯·扬格(Alex Younger)在《泰晤士报》上撰文,用"竞争"诠释了中英关系或者说英国对华政策的新困境。他指出:"我拒绝承认我们正处于不可避免的新冷战轨道上……但不应回避的事实是我们处于激烈的竞争中,在某些情况下甚至处于至关重要的竞争中。谁输了,谁对自己未来的掌控力就会下降。中国很清楚这一点,从西方的角度来看则是前景堪忧。"② 英国"国际关系协会"(BISA)2021 年 6 月的讨论则认为,与中美、中欧的"制度性竞争"相比,中英关系的"制度性竞争"更多还是在"价值观体系上",即英国不但不接受中国提出的理念,而且认为它是一种"威胁"。③

(接上页注②) government/publications/global – britain – in – a – competitive – age – the – integrated – review – of – security – defence – development – and – foreign – policy/global – britain – in – a – competitive – age – the – integrated – review – of – security – defence – development – and – foreign – policy.

① The UK Government, "Global Britain in a Competitive Age: The Integrated Review of Security, Defence, Development and Foreign Policy", 16 March 2021.

② John Humphrys, "Britain and China: a Two-Faced New Policy?", *YouGov*, 19 March 2021, https://yougov. co. uk/topics/politics/articles – reports/2021/03/19/john – humphrys – britain – and – china – two – faced – new – poli.

③ BISA, "The China-Factor: Sino-British Relations and the Conundrum of Economic and Security Interests", 4 June 2021, https://www. bisa. ac. uk/articles/china – factor – sino – british – relations – and – conundrum – economic – and – security – interests.

　　第二，英国国内的"恐华症"（Sinophobia）① 持续发酵。2020 年以来，中英关系的氛围发生变化，这在英国国内更为明显。牛津大学近代中国历史与政治学教授拉纳·米特（Rana Mitter）就指出，2020 年，英国对华立场发生了深刻变化。皇家国际事务研究所资深中国问题专家蒂姆·萨默斯（Tim Summers）在向英国议会下院提交的书面证词中则表示，英国对华政策之所以发生转变主要是由于领导人个人偏好改变，2017 年、2019 年大选后当选的议员们态度转变，以及类似于"香港观察""中国研究小组"等关注中国议题的压力集团日益增多、影响力增大，从而在英国形成了对华政策争论增多的局面。② 英国首相约翰逊本人甚至对英国陷入"恐华症"有所担忧。2021 年 1 月 13 日，约翰逊在议会辩论中明确表示反对英国或英国政府陷入"不假思索的恐华症"③，以回应英国议会下院部分议员不断炒作"中国议题"，反对中英走近，甚至阻挠中英贸易投资关系正常发展的做法。综合来看，在这一年中，这种"恐华症"在英国不但确实存在，而且在不断发酵。

　　这首先表现为反华议题的持续扩散。随着英国正式脱欧，在英国外交的重新定位过程中，以"中国研究小组""英国议会下院外交委员会"的一些成员为代表，以近年来少见的频率大肆炒作所谓的新疆、人权、香港问题以及英国的产业链、供应链对华依赖危及英国国家安全，甚至是中国对英国高校的"渗透"与影响等问题，竭力推动英国主流政治以及大众舆论的"恐华""反华"情绪蔓延，对中英关系产生了直接负面影响。例如，在这一年中，所谓的"新疆问题"成为英国对华鹰派揪住不放的核心问题，并将其与中英贸易、投资等合作挂钩。英国议会外交委员会与商务、能源和工业战

---

① 根据《牛津词典》，"恐华症"是指对中国、中国人及其语言和文化的恐惧与反感。在《柯林斯词典》的词条中，"恐华症"也指害怕中国制造的商品或标有中国制造的商品。

② Tim Summers, "Written Evidence（TRC0007）: The UK's Security and Trade Relationship with China", 23 March 2021, The UK Parliament, https：//committees. parliament. uk/writtenevidence/25114/pdf/.

③ "UK Must Be Vigilant about China Role in Infrastructure, Says PM", *Reuters*, 14 January 2021, https：//www. reuters. com/article/us－britain－china－johnson－idUSKBN29I2KI.

略委员会专门启动了针对新疆问题的系列调查与质询，通过听证会和书面证词等形式，要求英国政府公开明确立场，并调查所谓来自中国供应链的风险并做出政策回应。外交委员会主席图根哈特（Tom Tugendhat）还专门致信外交大臣拉布（Dominic Raab），要求英国政府与加拿大、美国等盟友一致行动。① 2021年1月12日，英国外交部发布英国涉疆出口审查与处罚以及限制等多项措施，并呼吁联合国等国际机构及非政府组织参与调查相关问题。② 2月，外交大臣拉布在联合国人权理事会发表书面声明，要求联合国干预新疆、西藏事务。③

英国"恐华症"的第二个表现是对中国的深层焦虑上升。2020年11月，英国皇家联合军种国防研究所（RUSI）副研究员查尔斯·伯顿（Charles Parton）撰文分析了"中英关系的未来"，作为一名对华鹰派，他强调重视中英价值观差异，并提出要用"价值观战争"来应对中国快速发展带来的挑战，甚至宣称这场"价值观战争"已经渗透到了经济、贸易、文化、教育、媒体、法律交流等各个领域。④ 对此，英国议会跨党派中国小组副主席马克·洛根（Mark Logan）议员则表示，无论是对华为还是孔子学院，如果英国一切的对华反应都是出于担心害怕，则表明对西方制定议程的能力完全缺乏信心。⑤ 中英关系氛围的变化还体现在英国社会公众的对华看

① The UK Parliament, "Correspondence with Foreign Secretary on Genocide", 8 December 2020, https：//committees. parliament. uk/publications/4063/documents/40561/default/.

② The UK Government, "UK Government Announces Business Measures over Xinjiang Human Rights Abuses", 12 January 2021, https：//www. gov. uk/government/news/uk – government – announces – business – measures – over – xinjiang – human – rights – abuses.

③ The UK Government, "United Nations Human Rights Council, 46th Session: Foreign Secretary's Statement", 22 February 2021, https：//www. gov. uk/government/speeches/foreign – secretary – addresses – the – un – human – rights – council.

④ China Research Group, "The Future of UK Relations with China: Not Cold War, But A Values War; Not Decoupling, But Some Divergence", 2 November 2020, https：//chinaresearchgroup. org/ research/values – war.

⑤ Annabelle Timsit, "Mark Logan, the MP Leading a New Guard of China Watchers", *Quartz*, 18 May 2021, https：//qz. com/2007293/mark – logan – the – mp – leading – a – new – guard – of – china – watchers/.

法转向上。2021 年 2 月，智库"英国外交政策小组"（BFPG）发布的一份基于民调的研究报告《2021 年英国外交政策公众舆论和全球英国年度调查》① 显示，41% 的受访者认为中国的快速发展是对英国安全的"严重威胁"。② 该机构认为，疫情、脱欧等改变了英国公众的对华态度，而作为中国在欧洲最亲密的盟友之一，英国过去在困难时刻往往愿意与中国站在一起。2015 年，英国不顾美国的反对，成为第一个加入中国主导的亚洲基础设施投资银行的西方国家。但在此后不久，随着英国脱欧进程的演进，中英两国的情况发生了根本性的变化，英国的对华态度随之改变。③

第三，中英关系成为美国等西方国家在国际舞台上针对中国的重要战场。大变局之中的中英关系已不是简单的双边关系，用常规的多边外交互动也难以诠释，而更像是以美国为首的西方国家影响、改变其他国家对华政策的重要演练场。如前文所述，英国国内的亲美远华派是主要的内部推动力，而就中英关系的外部环境与影响因素来说，本年度的一个新的特点是"首先是美国但并不只是美国"在影响甚至是干预中英关系。与近年来相同的是，美国仍然是影响英国对华决策走向强硬的最重要外部因素。但不只是美国，美国之外的其他国家，比如澳大利亚、日本也都在积极影响英国国内的对华政策。典型的形式是以顾问、专家的身份参与英国智库活动，以发布研究报告、参加议会听证会乃至担任约翰逊政府顾问等形式，直接对英国政府游说，影响其对华政策。例如，2020 年 9 月，澳大利亚前总理托尼·阿博特（Tony Abbott）担任英国贸易总署顾问，他公开反对有中企背景的安世半导体收购英国著名的芯片制造商新港晶圆，称西方国家向中国出售科技企

---

① 该调查是"英国外交政策小组"（BFPG）与其研究合作伙伴"民调"（Opinium Research）于 2021 年 1 月 6～7 日进行的，样本为 2002 名英国成年人，"英国外交政策小组"称民调结果加权后具有全国代表性，详见 BFPG，"2021 Annual Survey of UK Public Opinion on Foreign Policy and Global Britain"，16 February 2021，https：//bfpg. co. uk/2021/02/2021 - annual - survey/。

② BFPG，"2021 Annual Survey of UK Public Opinion on Foreign Policy and Global Britain"，16 February 2021.

③ BFPG，"2021 Annual Survey of UK Public Opinion on Foreign Policy and Global Britain"，16 February 2021.

业"最不明智",他还利用其特殊身份,积极活跃于英国智库、媒体,鼓吹所谓的"中国威胁""中国挑战"。2021 年 7 月,他在英国智库"政策交流中心"宣称中国是"本世纪重大的经济与安全挑战",敦促英国不要将关键企业出售给中国人,甚至不要与中国进行高等教育合作。① "政策交流中心"还成立了由一个加拿大前总理史蒂芬·哈珀(Stephen Harper)主持,由来自美国、澳大利亚、日本、韩国等前政要组成的"印太委员会",以推动约翰逊政府出台英国的印太战略。2020 年 11 月,该委员会发表了研究报告《非常英式的倾斜:制定新的英国印太地区战略》,该报告由日本前首相安倍作序,呼吁英国在审视自身在世界上的角色时,将战略政策的重心转向印太地区。报告要求约翰逊在英国国家安全委员会内下设印太委员会,并在外交部设立印太特使一职;用扩大贸易、共享技术、安全合作、外交接触和促进良政与发展等渠道,与志同道合的伙伴合作,并将密切英美在印太地区的合作作为优先重点。② 中英关系的这一现象令人深思,其中自然有约翰逊政府自动发起民主国家联盟、企图借传统盟友力量平衡中英关系的考虑,但也反映出刚刚脱欧之后英国政治与保守党决策层的脆弱性,更容易受到外来因素的影响。可以说,脱欧之后的英国正处于内外政策的调整期,各种声音、各种力量都在积极施加影响,中英关系的发展遭遇了前所未有的内外压力。

第四,本年度两国关系的一个重要的变化是中英双方围绕重要议题进行了近年来少有的激烈交锋。这在香港和新疆问题上表现得最为明显。自2021 年 1 月 31 日起,英国政府正式开放在港英国国民(海外)护照(BNO)持有者移民路径申请。对此,中方多次表明严正立场,抨击英方违背承诺、一意孤行、干涉香港事务和中国内政。由于英方违反承诺在先,中国外交部新闻发言人表示,中方将考虑不承认英国国民(海外)护照作为

---

① Patrick Daly, "UK Warned to Cool Links with China over 'New Cold War' Fears", *Evening Standard*, 27 July 2021, https://www.standard.co.uk/news/uk/tony-abbott-china-beijing-policy-exchange-uk-government-b947881.html.

② Policy Exchange, "A Very British Tilt, Towards a New UK strategy in the Indo-Pacific Region", 22 November 2020, https://policyexchange.org.uk/wp-content/uploads/A-Very-British-Tilt.pdf.

有效旅行证件，并保留采取进一步措施的权力。① 2021 年 3 月，英方基于谎言和虚假信息，以所谓"新疆人权"问题为借口对中国有关个人和实体实施单边制裁，公然违反国际法和国际关系基本准则，粗暴干涉中国内政，严重损害中英关系。对此，中国外交部召见英国驻华大使提出严正抗议，表示坚决反对和强烈谴责，并决定对恶意传播谎言和虚假信息的英方 9 名人员和 4 家实体实施制裁，禁止有关人员及其直系家属入境（包括香港、澳门），冻结其在华财产，禁止中国公民及机构同其交易。②

（二）不变与新机

虽然，中英关系遭遇了新的挑战，"竞争性"上升，在各自关切的重大问题上的斗争加剧；但问题不是中英关系的全部，中英经贸与财经领域的合作受疫情、脱欧以及双边关系发展氛围变化的影响不大，在很多领域甚至逆势上扬。而在应对气候变化以及美国撤离阿富汗引发的乱局等挑战上，情况表明，中英多边领域的合作互有所需，仍然存在很大的发展空间。

2021 年是中英经贸关系的一个标志性年份，双边贸易额再度刷新历史纪录。2021 年第一季度，中国取代德国成为英国最大进口市场，英国国家统计局表示，自 2018 年初以来，英国从中国商品进口增长了 66%，到 2021 年第一季度达到 169 亿英镑。同期，来自德国的进口下降了 1/4，降至 125 亿英镑。而自 1997 年以来，除了 2000 年和 2001 年的两个季度，德国一直是英国最大的进口市场。欧盟作为一个整体目前仍是英国最大的贸易伙伴，但数据显示，受脱欧与疫情影响，与三年前相比，2021 年初的英国与欧盟

---

① 中国驻英国使馆：《外交部发言人就英国国民（海外）护照事答记者问》，2020 年 10 月 24 日，http：//www. chinese – embassy. org. uk/chn/zygx/t1826367. htm。

② 中国驻英国使馆：《外交部发言人宣布中方对英国有关人员和实体实施制裁》，2021 年 3 月 26 日，http：//www. chinese – embassy. org. uk/chn/zygx/t1864368. htm。

的贸易额减少了近1/4。①

英国国际贸易部 2021 年 8 月 19 日发布的数据显示，截至 2021 年第一季度，中英货物与服务贸易总额为 846 亿英镑。英国对华出口为 219 亿英镑，其中 78.9% 是货物商品，价值 172.8 亿英镑；21.1% 是服务，价值 46.2 亿英镑。英国从中国进口为 627 亿英镑。其中，96.7% 是商品货物，价值 606 亿英镑；服务贸易占 3.3%，价值 21 亿英镑。中国是英国的第三大贸易伙伴，占英国贸易总量的 7.5%。中国是英国的第三大货物贸易伙伴，占英国货物贸易的 10.8%；第 15 大服务贸易伙伴，占英国服务贸易的 1.7%。中国是英国第七大出口市场，占英国出口总额的 4%；第五大货物出口市场，占英国货物贸易的 5.8%；第 13 大服务出口市场，占英国服务出口的 1.8%；第 17 大服务进口市场，占 1.4%。中国是英国第二大进口市场，占英国进口总量的 10.9%；最大的货物进口市场，占英国货物进口的 14.3%。从地区来看，对华出口较多的是西米德兰、东部和苏格兰地区，从中国进口商品最多的则是东南部地区。②

英国对华进口三年间增加了 66%，从原来的 102 亿英镑增长到了 169 亿英镑。而对同期其他英国主要的贸易伙伴进口额则呈现下降趋势：德国从 170 亿英镑降至 125 亿英镑，美国是从 91 亿英镑降至 76 亿英镑，荷兰是从 103 亿英镑降至 71 亿英镑，法国则是从 71 亿英镑降至 52 亿英镑。③

在金融领域，2021 年 8 月发布的《伦敦人民币业务季报》显示，在外汇、债券以及结算等多个领域，伦敦人民币离岸市场发展强劲。自 2020 年第二季度以来，伦敦市场的人民币外汇一直在稳步上升。2021 年第一季度，伦敦证券交易所新挂牌发行点心债券 12 只，总发行规模 55.8 亿元人民币，全年新发

① Richard Partington, "China Replaces Germany as UK's biggest Import Market", *The Guardian*, 25 May 2021, https：//www.theguardian.com/business/2021/may/25/uk – trade – with – eu – falls – by – 23 – in – first – quarter – as – brexit – and – covid – hit.

② The UK Government, "Trade and Investment Fact Sheets：China", 7 October 2021, https：// assets. publishing. service. gov. uk/government/uploads/system/uploads/attachment_ data/file/1011238/ china – trade – and – investment – factsheet – 2021 – 08 – 19. pdf.

③ Richard Partington, "China Replaces Germany as UK's Biggest Import Market", *The Guardian*, 25 May 2021, https：//www.theguardian.com/business/2021/may/25/uk – trade – with – eu – falls – by – 23 – in – first – quarter – as – brexit – and – covid – hit.

点心债券 17.3 亿元人民币，同比增长 45.1%。同期，伦敦离岸人民币存款余额总额增至 718 亿元人民币，同比增长 11.21%。中英跨境人民币交易额达到 4937 亿元人民币，同比增长 53.18%。根据环球银行金融电信协会（Society for Worldwide Interbank Financial Telecommunication，SWIFT）的数据，截至 2021 年 3 月，人民币为全球第五大支付货币，其份额增至 2.49%，较 2020 年 12 月增长 0.61%。英国仍是仅次于中国香港的全球第二大人民币离岸支付中心，占全球人民币支付份额的 7.13%，较 2020 年 12 月增加 0.99 个百分点。英国已成为全球最大的人民币外汇交易中心，占比约 38.18%，较 2020 年 12 月增加 0.69 个百分点。2021 年第一季度，伦敦人民币平均日交易量升至 967.6 亿英镑，季度环比增长 9.01%，同比增长 34.26%。①

除了经贸领域的继续务实发展之外，中英关系的另外一个不变体现在英国国内重视对华合作的诉求依然存在。与不断抛出的尖锐问题和种种对华忧虑相比，英国国内呼吁对华保持接触与开展务实合作的声音明显弱势。但实际上这种声音一直存在，约翰逊政府对华政策的摇摆不定与两面性也仍是英国对华政策的最主要特征。2021 年 7 月 1 日，财政大臣里希·苏纳克（Rishi Sunak）在伦敦金融城的演讲中，呼吁"发展成熟而平衡的对华关系"。② 如资深前外交官、中英贸易委员会主席考珀·科尔斯（Cowper Coles）所言，英国作为七国集团和二十国集团的成员、世界第五大或第六大经济体，若不与可能正在成为最大经济体的第二大经济体接触，就不算是一个负责任的国家。比传统上仅仅关注贸易实利更进一步的是，科尔斯还指出，今天的中国不仅仅购买英国的商品，还拥有许多未来的技术。在电池、自动驾驶或高铁等领域，中国不但赶上了西方，而且超过了西方。英国可以从中国技术中获益，这是让美国担心的事情之一；但它也因此而变得重要，

---

① The UK Government, "London RMB Business Quarterly", August 2021, https：//www. cityoflondon. gov. uk/assets/Business/London－RMB－Business－Quarterly－Issue－10－Aug2021accessible－V2. pdf.

② Philip Aldrick, "Rishi Sunak Calls for City of London to Forge Closer Ties with Beijing", 1 July 2021, https：//www. thetimes. co. uk/article/rishi－sunak－calls－for－city－of－london－to－forge－closer－ties－with－beijing－n2x3qj9jq.

英国只需要以一种明智的方式来进行管理。① 不只是商界，即使是目前最为活跃的英国议会，对中国的看法也是多元的。作为保守党内唯一一位在北爱尔兰出生和长大的现任议员，英国议会跨党派中国小组副主席马克·洛根（Mark Logan）从北爱尔兰包容不同教派歧见的历史经验与教训出发，对任何极端做法持高度警惕的立场，主张在包括争议在内的广泛议题上保持对华接触，强调现在比以往任何时候都需要更多地通过外交机制寻求解决方案。②

中英在多边应对全球性挑战等问题上也仍然存在合作的空间。例如，在气候问题上，中英分别担任《生物多样性公约》缔约方大会第 15 次会议（COP15）主席国和《联合国气候变化框架公约》第 26 次缔约方会议（COP26）主办方，推动两次大会取得成功，完成《巴黎协定》实施细则谈判，确保全球气候治理继续走上正轨符合双方共同的利益。

气候领域之外，在全球卫生、反恐等领域的多边互动也仍然是中英关系的重要组成部分。美英等国仓促从阿富汗撤军之后，英国国内再度激烈辩论"全球英国"战略以及"英美特殊关系"的意义，公开质疑跨大西洋关系是否仍然有效。③ 英国皇家联合军种国防研究所报告认为，在阿富汗问题上，英国与中国和俄罗斯在具体问题上存在分歧，但有达成基本共识的可能。④ 2021 年 8 月 19 日，王毅应约同英国首席大臣兼外交发展大臣拉布通电话，就阿富汗局势及中英关系交换意见。王毅表示，近期中英关系在低谷中出现

① Annabelle Timsit, "Sherard Cowper-Coles, the Former Diplomat Going to Bat for British Businesses in China", *Quartz*, 23 August 2021, https：//qz.com/2037120/sherard－cowper－coles－the－ex－diplomat－representing－hsbc/.

② Annabelle Timsit, "Mark Logan, the MP Leading a New Guard of China Watchers", *Quartz*, 18 May 2021, https：//qz.com/2007293/mark－logan－the－mp－leading－a－new－guard－of－china－watchers/.

③ "The Afghanistan Debacle Has Weakened Ties Between Britain and America", *The Economist*, 28 August 2021, https：//www.economist.com/britain/2021/08/28/the－afghanistan－debacle－has－weakened－ties－between－britain－and－america.

④ Raffaello Pantucci, "Enlisting China and Russia in Managing Afghanistan", RUSI, 24 August 2021, https：//rusi.org/explore－our－research/publications/commentary/enlisting－china－and－russia－managing－afghanistan.

积极迹象。中方愿同英方继续在疫苗、治疗、溯源等方面加强沟通。拉布则表示英方愿同中方发展积极的双边关系，在经济金融、卫生等领域深化互利合作，并就阿富汗问题加强协调。①

综上所述，2020～2021年，大变局之中的中英关系发生了深刻变化，英国对华政策的"竞争"意识上升，忧虑、担心增多，双边关系的斗争性增强。但问题仍然不是中英关系的全部，务实合作取得切实进展，多边合作仍有潜力。脱欧之后，不只是约翰逊政府单方面试图利用传统盟友的力量平衡对华关系，以美国为首的西方国家也在更加公开和积极地干预英国的对华决策。同样，脱欧初期，约翰逊政府不只在对华政策上摇摆不定，其总体对外战略路线图亦并不清晰。正如科尔斯所言，中英关系的确处于困难时期，但"中国非常重要，你不必同意它所做的一切，但在历史发展进程中，为了英国人民和中国人民的利益，与中国接触总是要好得多"。②

---

① 外交部：《王毅应约同英国首席大臣兼外交发展大臣拉布通电话》，2021年8月19日，https：//www.fmprc.gov.cn/web/wjbzhd/t1900582.shtml。
② Annabelle Timsit, "Sherard Cowper-Coles, the Former Diplomat Going to Bat for British Businesses in China", *Quartz*, 23 August 2021, https：//qz.com/2037120/sherard – cowper – coles – the – ex – diplomat – representing – hsbc/.

分 报 告

Reports on UK Trends

B.2

英国政党政治形势

孙稼宝　王展鹏*

摘　要： 2020～2021年度，保守党在疫情防控和英欧贸易协议谈判双重
压力下继续执政，尽管一些政策造成民众不满和党内分歧，
但和欧盟贸易与合作协定的达成以及疫苗红利仍为其赢得更
多地方议会席位。工党虽就疫情、经济与脱欧议题对政府政
策提出了批评，但仍未形成独特鲜明的执政路线。工党有意
模糊与保守党在意识形态上的区别，在一定程度上导致其在
地方选举中失利。苏格兰民族党再次将独立公投提上日程，
在地区议会选举后很有可能与绿党联手，加大推动二次公投
的力度。在脱欧的现实背景下，自由民主党开始弱化其留欧
立场，在英格兰地区选举中表现不俗。绿党在苏格兰地区以

---

* 孙稼宝，北京外国语大学英语学院英国研究中心博士生，主要研究领域为英国政治；王展
鹏，博士，北京外国语大学英语学院英国研究中心、爱尔兰研究中心教授，主要研究领域为
英国政治与外交、爱尔兰研究、欧洲一体化。

结成政党联盟为筹码，试图影响苏格兰民族党政府政策，以实现其气候政策主张。

关键词： 保守党政府　工党　苏格兰民族党　自由民主党　绿党　政党政治

2020 年下半年，受新冠肺炎疫情的持续影响，执政党保守党与其他党派主要围绕疫情防控和经济恢复制定政策，各党派在自身理念和组织架构等方面的调整和规划被迫搁置。进入 2021 年，随着疫情在一定程度上得到控制以及 5 月地方选举临近，英国各政党开始将党内议题提上日程，但此后脱欧影响进一步显现，疫情出现反复，英国政党政治也愈加复杂。

一　保守党政府：疫情与脱欧双重挑战

英国保守党政府继续在应对疫情与脱欧的双重挑战中艰难执政。随着疫情出现反复，保守党政府不得不多次调整疫情防控政策，在国家经济恢复和人民生命安全两者之间寻求平衡，首相鲍里斯·约翰逊（Boris Johnson）的防疫政策在一定程度上也导致了党内分歧。与此同时，在英国与欧盟贸易与合作协定谈判的最后阶段，尽管在金融、渔业等领域存在分歧，双方在2020 年底脱欧过渡期结束前匆忙达成了协议，但相关实质性问题仍亟待解决，给保守党政府带来了更多挑战。尽管保守党的一些政策招致部分民众不满，然而随着 2021 年上半年疫苗接种的顺利展开，民众对保守党的支持率有所回升。保守党在 2021 年 5 月的英国地方选举中表现良好，赢得了更多的地方议会席位。但 2021 年 7 月，"解封"后疫情再次反复，民众对约翰逊政府执政能力的质疑再度升温。

（一）疫情防控

2020 年下半年，随着疫情在一定程度上得到控制，保守党政府宣布英

国进入抗疫新阶段，将工作重心逐步转移到民生、就业与经济恢复上来。一方面，英国政府继续通过"自由职业收入支持计划"（Self-Employment Income Support Scheme）、"疫情稳定就业计划"（Coronavirus Job Retention Scheme）等项目稳定就业①，随后又进一步提出经济复苏战略"新政"（New Deal），将就业、技能及基础设施投资置于后疫情经济复苏的核心地位，从而"更快、更大胆地实现经济恢复"。② 另一方面，为刺激消费、提振经济，保守党政府开始逐步解除疫情封锁，宣布考虑重新开放理发店、娱乐设施、景点等营业场所，并下调增值税，推出"出门吃饭、拯救餐饮"计划（Eat Out to Help Out Scheme），以期复苏受疫情重创的餐饮行业。③

然而，进入冬季后英国疫情愈加严峻，迎来第二个疫情高峰。保守党政府不得不收紧防控措施，限制聚众人数不得超过6人、延迟开放高风险公共场所，并对旅游、餐饮业商户做出更为严格的规定，如"酒吧、餐厅只能进行餐桌服务，且必须于晚上10点前关门"。④ 与此同时，为应对疫情反弹对经济和就业造成的影响，保守党政府推出了"冬季经济计划"（Winter Economy Plan）。该计划将通过给予企业员工2/3的工资补贴、延迟企业还贷时间、降低税收等措施缓解疫情对企业和员工造成的压力。⑤

随着疫情再次加剧，有关疫情防控与经济恢复取舍的讨论导致保守党内部出现分歧。首相约翰逊于2020年底采取了新的防疫策略，决定以"分级

① The Conservative Party, "How We're Protecting Jobs, Businesses and Livelihoods as We Begin to Kickstart Our Economy", 3 June 2020, https：//www. conservatives. com/news/kickstarting – our – economy – after – coronavirus.

② The Conservative Party, "Boris Johnson Unveils a New Deal for Britain", 30 June 2020, https：// www. conservatives. com/news/boris – johnson – unveils – a – new – deal – for – britain.

③ The Conservative Party, "Over 100 million Meals Served Thanks to Eat out to Help Out Scheme", 4 September 2020, https：//www. conservatives. com/news/100 – million – eat – out – to – help – out.

④ The Conservative Party, "Prime Minister's Statement on Coronavirus in Full", 23 September 2020, https：//www. conservatives. com/news/prime – ministers – statement – new – coronavirus – guidance.

⑤ The Conservative Party, "Chancellor of the Exchequer, Rishi Sunak on the Winter Economy Plan", 24 September 2020, https：//www. conservatives. com/news/chancellor – of – the – exchequer – rishi – sunak – on – the – winter – economy – plan.

体系"（Tier System）① 代替此前的全国范围封锁。约翰逊表示，"该体系与封锁相比将给予民众更多自由，公共场所如商店、理发店、健身房和教堂等也将重新开放"。② 但从实际操作来看，该体系下的大部分地区实行严格的封锁限制，例如，99%的英格兰居民仍需遵守严格的防疫规定。因此，一些保守党议员担心该体系不但会限制民众的自由，而且会造成巨大的经济损失。③ 尽管"分级体系"以291票获得议会通过，但有50多名保守党议员投了反对票，这被认为是约翰逊首相执政一年来最大规模的后座议员反叛行动。④

2021年上半年，保守党政府在全国范围内成功地开展了疫苗接种，后又顺利实施了解封路线图——被视为抗疫过程中的闪光点。2021年1月，英国政府率先开展第一轮、第二轮疫苗接种。不仅如此，英国疫苗接种率和民众接种意愿居世界前列。据《金融时报》统计，2021年1~6月，英国疫苗接种率（按每100名居民接种剂量计）居世界前列，高于美国且远超欧盟。⑤

（二）脱欧后贸易协议谈判

2020年下半年，保守党政府在抗疫的同时继续推进与欧盟的脱欧协议谈判，并最终于年底过渡期结束之前达成了贸易协议。在此过程中，保守党

---

① 其中包括中风险（Tier 1：Medium Alert）、高风险（Tier 2：High Alert）以及极高风险（Tier 3：Very High Alert）。

② The Conservative Party, "The Prime Minister's Statement on New Coronavirus Regulations", 1 December 2020, https：//www. conservatives. com/news/prime - minister - december - coronavirus - regulations.

③ Luke Hurst, "England will Exit Lockdown and Move to a New Multi-tiered System of Restrictions", *Euronews*, 26 November 2020, https：//www. euronews. com/2020/11/26/england - will - exit - lockdown - and - move - to - a - new - multi - tiered - system - of - restrictions.

④ "Boris Johnson Suffers Large Tory Revolt over New Coronavirus Restrictions", *Euronews*, 1 December 2020, https：//www. euronews. com/2020/12/01/boris - johnson - tries - to - head - off - tory - revolt - over - new - coronavirus - restrictions.

⑤ "Covid - 19 Vaccine Tracker：The Global Race to Vaccinate", *Financial Times*, https：//ig. ft. com/ coronavirus - vaccine - tracker/？ areas = gbr&areas = isr&areas = usa&areas = eue&areas = can&areas = chn&areas = ind&cumulative = 1&doses = total&populationAdjusted = 1.

政府表示"英国将不会就国家主权和国家自主做半点让步",若双方无法达成自贸协议,则希望"与欧盟达成类似于和澳大利亚之间的贸易协议,英国对其法律、规定以及捕鱼海域有绝对控制权"。①

谈判期间,为增加谈判筹码,保守党政府推出了《内部市场法案》(Internal Market Bill)。该争议性法案不仅导致保守党政府和地方政府之间出现分歧,而且阻碍了英欧贸易谈判的顺利进行。基于该法案,自2021年1月1日起,欧盟层面70多个政策领域的职权将直接转化为苏格兰、威尔士和北爱尔兰政府的职权,从而为英国境内贸易扫除障碍。英国商务国务大臣夏尔玛(Alok Sharma)表示:"该法案能够保证在过渡期结束后,英国境内公司可以自由贸易,从而保护英国高度统一的市场。"② 尽管保守党政府表示该法案只在英欧无法达成贸易协定的情形下才会发挥实质作用,但该法案仍在英国和欧盟间引发了诸多争议。一方面,该法案有关北爱尔兰贸易的条款被北爱尔兰政府和欧盟视为违反《脱欧协议》且违反国际法。③ 另一方面,苏格兰政府认为该法案是中央政府的"夺权"行为,其对于商贸领域的立法严重损害了地方政府的自主权。④ 由于存在诸多争议,保守党政府不得不修改法案,并撤回与北爱尔兰相关的条款,最终法案得以通过。此外,该法案也造成了保守党内部的潜在分歧。在该法案下议院一读程序中,有2名保守党议员投反对票、30多名保守党议员弃权;三读尽管顺利通过,但仍然有20多名保守党议员投弃权票。尽管该弃权行为是由于相关议员未出

① The UK Government, "Prime Minister's Words on EU Negotiations: 7 September 2020", 7 September 2020, https://www.gov.uk/government/speeches/prime-ministers-words-on-eu-negotiations-7-september-2020.

② The Conservative Party, "We Are Reclaiming Our Sovereignty with the UK Internal Market Bill", 9 September 2020, https://www.conservatives.com/news/internal-market-bill.

③ European Commission, "Withdrawal Agreement: European Commission Sends Letter of Formal Notice to the United Kingdom for Breach of its Obligations", 1 October 2020, https://ec.europa.eu/commission/presscorner/detail/en/ip_20_1798.

④ Tommy Sheppard, "UK's Internal Market Bill is an Explicit Attack on Scottish Devolution-Tommy Sheppard MSP", *The Scotsman*, 10 September 2020, https://www.scotsman.com/news/opinion/columnists/uks-internal-market-bill-explicit-attack-scottish-devolution-tommy-sheppard-msp-2967633.

席议会表决，但仍有猜测认为是保守党内部分歧所致。①

尽管谈判期间出现插曲，英欧在公平竞争、治理以及渔业等问题上存在的分歧也未充分解决，保守党政府仍于脱欧过渡期结束之前与欧盟匆忙达成《贸易与合作协定》。保守党政府表示该协定能够使英国重新控制其法律、边境、资金、贸易和渔场，从而实现政治和经济的完全独立。② 尽管该贸易协定避免了无协议脱欧的局面，但其内容更多涉及商品贸易自由，服务贸易以及人员流动等方面的许多问题并未得到解决。③ 因此，在协定达成后，解决相关领域的实质性问题仍继续给保守党政府带来挑战。以北爱尔兰边界问题为例，该贸易协定并未解决爱尔兰和北爱尔兰之间农产品贸易标准问题。2021 年 2 月，保守党政府向欧盟请求延长农产品贸易的宽限期，但被欧盟以违反《北爱尔兰议定书》相关规定为由拒绝。④ 除此之外，英欧双方仍需要每年通过谈判确定捕鱼配额。⑤

（三）保守党执政理念的调整与地方选举表现

作为执政党，在应对疫情与脱欧挑战的同时，保守党自身执政理念也经历了一定程度的变化：对内加强经济干预，对外继续推行"全球英国"政策，并在脱欧谈判中展现出维护主权的强硬姿态。在 2020 年 10 月初召开的

---

① Peter Walker and Owen Bowcott, "Brexit: Internal Market Bill Passed by Commons Despite Tory concerns", *The Guardian*, 30 September 2020, https: //www. theguardian. com/politics/2020/ sep/29/internal – market – bill – passed – by – commons – despite – tory – concerns.

② The Conservative Party, "Deal Done: We have Taken back Control with our UK – EU Trade Deal", 30 December 2020, https: //www. conservatives. com/news/uk – eu – trade – deal – secured.

③ Real Instituto Elcano, "Key Aspects of the EU – UK Trade and Cooperation Agreement", 26 February 2021, http: //www. realinstitutoelcano. org/wps/portal/rielcano_ en/contenido? WCM_ GLOBAL_ CONTEXT = /elcano/elcano_ in/zonas_ in/ari26 – 2021 – feas – anchuelo – key – aspects – of – the – eu – uk – trade – and – cooperation – agreement.

④ "Brexit: EU Says UK's Unilateral Move to Extend NI Protocol Grace Period 'Breaks International Law'", *The Journal*, 3 March 2021, https: //www. thejournal. ie/british – government – grace – period – agrifoods – northern – ireland –5371013 – Mar2021/.

⑤ The UK Government, "UK and EU Agreement on Catch Levels for 2021", 11 June 2021, https: // www. gov. uk/government/news/uk – and – eu – agreement – on – catch – levels – for –2021.

党代会上，首相约翰逊表示将"更好地恢复"（build back better）作为保守党当下阶段的理念核心，即在抗击疫情方面，将在拯救生命的同时，最大限度地保证公民自由；在经济方面，在投入资金改善民生、稳定就业的同时，将通过一系列政府干预措施（加大基础设施投资、降低投资利率等）来恢复经济；在欧盟方面，将全力与欧盟达成新的自由贸易协定，将确保对有关法律和规定拥有完全自由权，否则将以澳大利亚式协定与欧盟进行贸易。①

就保守党党内议程而言，约翰逊政府在2020年执政之初就承诺"拉动地区平衡发展，实现国家团结"，且提出两步走战略：首先完成脱欧，其次促进区域平衡发展。但在疫情严峻的情况下，应对疫情危机成为保守党的首要任务，其拉动平衡发展议程也随之搁置；直到2020年下半年才开始从整体上推进该议程，并在经济恢复计划中体现出促进地区平衡发展的理念，例如，约翰逊在党代会期间宣布计划将构建更好的交通运输网络以联系英国的四个地区。②

在其他政策领域，外交大臣拉布在保守党党代会上表示，英国脱欧后将以"全球英国"的姿态重树其在世界中的地位。③ 内政大臣帕特尔（Priti Patel）表示将推动立法，改革英国难民体系。④ 财政大臣苏纳克（Rishi Sunak）则表示，保守党政府的唯一工作重心是"为尽可能多的人创造并扩大机遇"。首先，政府将通过"就业计划"、"英国新计划"以及"冬季经济计划"改革人才供应模式，扩大住房、学校以及医院建设，加快基础设施建设；其次，将为人才就业、创业创造便利条件；最后，将广纳建议、直

---

① The Conservative Party, "Conservative Party Conference 2020: Day 2", 4 October 2020, https://www. conservatives. com/news/conservative – party – conference – 2020 – day – 2.

② The Conservative Party, "Conservative Party Conference 2020: Day 1," 3 October 2020, https://www. conservatives. com/news/conservative – party – conference – 2020 – day – 1.

③ The Conservative Party, "Conservative Party Conference 2020: Day 1", 3 October 2020, https://www. conservatives. com/news/conservative – party – conference – 2020 – day – 1.

④ The Conservative Party, "Conservative Party Conference 2020: Day 2", 4 October 2020, https://www. conservatives. com/news/conservative – party – conference – 2020 – day – 2.

面经济中面临的挑战。①

2020 年下半年以来，后疫情时代的经济政策也成为导致保守党内部分歧的重要原因。有关"撒切尔主义"道路和投资导向的政府干预道路的讨论，成为该时期保守党内的争论焦点。② 一些保守党人士和评论家认为，鲍里斯·约翰逊领导下的保守党的经济路线——如疫情前提出的拉动地区平衡发展战略以及财政大臣苏纳克应对疫情提出的刺激计划——是对"撒切尔主义"道路的背离。③ 据报道，保守党政府的一些"高级大臣"、"超过一半的内阁成员"以及部分"高级别议员"均反对约翰逊政府的干预政策，例如，提高保险费率以支付国民健康服务体系（NHS）和社会护理的开支。因此，"疫情后保守党该遵循何种经济路线"成为党内争议的焦点。一些人认为保守党应继续采取自由主义经济政策。对此，《星期日电讯报》（*Sunday Telegraph*）主编表示，"保守党不应增加税收，而是应减少公共支出"。由撒切尔夫人创建的智库"政策研究中心"（Center for Policy Studies）主任科尔维尔（Robert Colvile）批评约翰逊"对大政府盲目自信"并且"过度指导和干预经济活动"。④

就选举规划而言，2019 年大选中保守党在工党腹地"红墙选区"（Red Wall）⑤ 赢得 40 多个席位，帮助约翰逊以绝对优势赢得大选。因此，保守党决定继续在该选区加大宣传力度，并兑现其对所有"蓝墙席位"（Blue Wall Seats）地区⑥的承诺。在党代会召开期间，保守党宣布在利兹建立伦敦

---

① The Conservative Party, "Conservative Party Conference 2020：Day 1", 3 October 2020, https：// www. conservatives. com/news/conservative – party – conference – 2020 – day – 1.

② Tom Hoctor, "The Economic Response to COVID – 19 and the Conservative Party's Failure to Depart from Thatcherite Orthodoxy", LSE, 1 September 2020, https：//blogs. lse. ac. uk/politicsandpolicy/covid19 – economic – response – conservatives/.

③ Tom Hoctor, "The Economic Response to COVID – 19 and the Conservative Party's Failure to Depart from Thatcherite Orthodoxy", LSE, 1 September 2020, https：//blogs. lse. ac. uk/politicsandpolicy/covid19 – economic – response – conservatives/.

④ Polly Toynbee, "The Pandemic has Opened up a Deep Rift Within the Conservatives. It will Grow", *The Guardian*, 26 July 2021, https：//www. theguardian. com/commentisfree/2021/jul/26/ pandemic – conservatives – britain – public – spending – tax – cutting – party.

⑤ 米德兰、北英格兰以及东北威尔士选区。

⑥ 保守党赢得席位的选区。

以外的第二个保守党竞选总部。与此同时，保守党还发起了"蓝墙基金"（Blue Wall Fund），以帮助保守党议员竞选参政，并致力于解决英国存在的地区不平衡问题，帮助落后地区迎头赶上。①

根据政客新闻网（Politico）的民调结果，进入 2020 年下半年，随着英国第二波疫情暴发，保守党的支持率一度走低，在 2020 年 10 月甚至被工党短暂反超。进入 2021 年后，随着英国一轮、二轮疫苗接种的顺利展开，在"疫苗红利"的帮助下，保守党的支持率才逐渐回升并拉大了与工党之间的差距。② 但2021 年 7 月后，该差距再度缩小。过去一年在疫情和脱欧的双重考验下，尽管防疫政策引起民众不满，保守党仍在 2021 年 5 月的地方选举中表现良好。与上次选举相比，保守党从其他党派手中赢得了 13 个地方议会的多数，增加了 235 名地方议员，并且首次夺得工党腹地达勒姆郡选区和哈特尔普尔郡选区的议会多数。但在市长竞选中，保守党的表现不敌工党，伦敦市长再次由工党议员萨迪克·汗（Sadiq Khan）赢得。③

本次选举是 2019 年英国大选以来的首次地方议会选举，可被视为民众对保守党疫情防控和脱欧两方面工作满意度的一次"信任投票"。就疫情防控而言，尽管疫情初期保守党防疫不力导致支持率一度下滑，但 2021 年初疫苗接种顺利展开，"疫苗红利"一度为保守党政府重新赢得了民意；就脱欧而言，此次保守党成为支持脱欧选区的最大赢家（如曾经是工党腹地的哈特尔普尔郡选区），甚至从独立党选民手中赢得了更多的选票。④ 2020 年

---

① The Conservative Party, "We have Launched Our Blue Wall Fund", 3 October 2020, https://www. conservatives. com/news/we－have－launched－our－blue－wall－fund.

② "National Parliament Voting Intention", Politico, https://www. politico. eu/europe－poll－of－polls/united－kingdom/.

③ "England Local Elections 2021", BBC, https://www. bbc. com/news/topics/c481drqqzv7t/england－local－elections－2021#england－pcc.

④ David Mercer and Carmen Aguilar-Garcia, "Election Results: What the Data Reveals about Labour's Performance-and the Reasons for It", Sky News, 8 May 2021, https://news. sky. com/story/election－results－what－the－data－reveals－about－labours－performance－and－the－reasons－for－it－12297591.

底，保守党政府与欧盟达成贸易协议，避免出现无协议脱欧的局面，也在一定程度上为其赢得了更多民意。

二 工党

作为反对党，工党过去一年主要对保守党政府的疫情防控和经济恢复政策提出批评，其他政策领域也有涉及，例如，脱欧后的贸易协议、社会治安、气候变化等。疫情背景下，尽管工党也就英国经济发展和社会治理提出了自己的政策主张，但理念含糊不清，且与保守党政府的政策大同小异。在党魁凯尔·斯塔默（Keir Starmer）领导下，工党在过去一年仍未形成清晰的路线规划以及政党定位，而且在2021年5月的地方选举中再度失利。

（一）政策批评

在疫情防控方面，从英国迎来第二次疫情高峰，到年底采用更严格的疫情分级体系，再到逐步解封，工党在各个时间节点都对保守党的政策展开了批评，指出了保守党政府在防控过程中存在封锁滞后，追踪、检测和隔离体系不完善，解封政策不明晰等诸多问题。值得注意的是，尽管工党履行了反对党的职责，但并未在议会层面反对保守党政府所提出的重大防疫措施。以约翰逊政府颇具争议的疫情分级制度为例，2020年10月，随着疫情高峰再次来临，在约翰逊首相宣布实施三级疫情制度（Three-tier System）后，凯尔·斯塔默指出，保守党政府应听从紧急情况科学咨询小组（Scientific Advisory Group for Emergencies，SAGE）的建议，实施为期三周的"熔断性"全国封锁，并表示"保守党政府罔顾科学依据，将会造成大规模疫情的灾难性后果"。[1] 尽管对保守党政府的封锁滞后失望，但在下院有关疫情分级制度的讨论中，斯塔默却表示，"为控制病毒蔓延，工党不应反对该疫情分

---

[1] "British Opposition Leader Calls for Three-week 'Circuit Breaker' Lockdown", *VOA*, 13 October 2020，https：//www.voanews.com/covid－19－pandemic/british－opposition－leader－calls－three－week－circuit－breaker－lockdown.

级制度，因而选择投弃权票。选择弃权是为了表达工党对保守党政府对餐饮行业支持力度不够的不满"。①

保守党疫情期间的就业、经济和民生政策也是工党加大批评力度的主要领域。与此同时，工党也提出了自己的理念，但与保守党大同小异，仅仅是从专业治理角度的微调。在稳定就业方面，工党呼吁保守党政府"不可采取'一刀切'政策终止对某些行业的薪资补助计划"。工党影子财政大臣提出了"恢复就业、培训员工、重振商业"的三步走计划，包括由政府补贴员工休假工时、失业员工再就业培训以及延缓企业债务偿还等措施。② 在提振经济方面，工党提出了"发展韧性经济的负责任框架"（Responsible Framework for a Resilient Economy），旨在促进疫后经济恢复。工党表示应有效使用所有经济政策杠杆：由英格兰银行独立制定货币政策；以负责任的态度通过财政政策来保证公共开支的有效性；提高经济发展韧性，尤其是在应对危机期间；提高英国的经济竞争力。工党还表示将"坚决遵守经费用之于民"的承诺，要求国家审计办公室对政府开支进行年度评估，由财政部执行审计办公室的建议。③ 在保障民生方面，工党批评保守党政府经济恢复期间上调税率、削减公共服务，并提出提高国民健康服务体系工作人员工资、避免文化娱乐行业裁员、保证疫情期间人民身体和心理健康等诸多政策。

除疫情防控和经济恢复外，工党在保守党政府与欧盟贸易协议谈判过程中也起到了批评和监督作用。工党不断要求约翰逊政府尽快与欧盟达成实质

① Jessica Elgot, Peter Walker and Rajeev Syal, "Labour to Abstain in Vote on Covid Tiers as Tories Threaten to Rebel", *The Guardian*, 30 November 2020, https：//www. theguardian. com/world/2020/nov/30/labour－to－abstain－in－vote－on－covid－tiers－as－tories－threaten－to－rebel.

② The Labour Party, "Recover, Retrain, Rebuild: Shadow Chancellor Sets out Steps to a Better More Secure Future for Britain", 20 September 2020, https：//labour. org. uk/press/recover－retrain－rebuild－shadow－chancellor－sets－out－steps－to－a－better－more－secure－future－for－britain/.

③ The Labour Party, "'A Responsible Framework for a Resilient Economy'－Shadow Chancellor Sets out Labour's Path to Recovery and a Better, More Secure Future for Britain", 12 January 2021, https：//labour. org. uk/press/a－responsible－framework－for－a－resilient－economy－shadow－chancellor－sets－out－labours－path－to－recovery－and－a－better－more－secure－future－for－britain/.

性贸易协议，积极听取社会各界的建议，避免出现无协议脱欧的局面。对于保守党政府颇具争议性的《内部市场法案》，工党采取了与欧盟以及英国地方政府一致的立场，指出"该法案违反《北爱尔兰议定书》，违反国际法，破坏了政府公信力以及英国国际伙伴关系"。① 不仅如此，工党还试图阻止议会通过该法案。党魁凯尔·斯塔默提出了阻止该法案进入二读程序的修正案，但被否决。② 在该法案下院二读期间，工党也投了反对票。③ 对于保守党政府与欧盟最终达成的脱欧后贸易安排协议，尽管存在诸多不满，工党也未在议会阻止该协议通过。2020 年 12 月 24 日，斯塔默表示，"该协议过于单薄，没有为英国制造业、金融服务业、创意产业以及工人权利等提供充分保障。尽管如此，工党不希望英国面临无协议脱欧的局面，因此投了赞成票"。④

（二）政策理念与地方选举表现

新冠肺炎疫情对英国政治造成冲击的一个显著表现是，政策资源与政策的关注焦点都向抗击疫情和经济恢复领域倾斜。因此，工党在过去一年也无暇就其路线进行正式调整。与前任杰里米·科尔宾（Jeremy Corbyn）不同，新任党魁凯尔·斯塔默尚未明确阐释工党的意识形态，而在一定程度上试图采取"意识形态沉默"（ideological quietism）⑤，在国家面临疫情和脱欧重大挑战、工党内部存在分歧的背景下，避免针对保守党政府挑起严重的意识形

① The Labour Party, "Keir Starmer's Article in the Sunday Telegraph", 13 September 2020, https：//labour. org. uk/press/keir - starmers - article - in - the - sunday - telegraph/.

② The UK Parliament, "Sir Keir Starmer's Reasoned Amendment to the Second Reading of the United Kingdom Internal Market Bill", 14 September 2020, https：//votes. parliament. uk/Votes/Commons/Division/835.

③ The UK Parliament, "United Kingdom Internal Market Bill：Second Reading", 14 September 2020, https：//votes. parliament. uk/Votes/Commons/Division/836.

④ The Labour Party, "Full Text of Keir Starmer's Response to the UK-EU Trade Deal", 24 December 2020, https：//labour. org. uk/press/full - text - of - keir - starmers - response - to - the - uk - eu - trade - deal/.

⑤ Eunice Goes, "The Labour Party Under Keir Starmer：'Thanks, But no "ism"s Please！'", The Political Quarterly, Vol. 92, No. 2, 2021, pp. 176 - 183.

态论战，更多地从社会治理、经济发展、社会公平等技术性政策领域批评保守党政府，进而提出工党的方案。

首先，所谓的"意识形态沉默"体现为斯塔默对工党社会主义身份和激进主义的弱化。在宣布竞选工党党魁之初，斯塔默并未为其政策贴上"社会主义"的标签，在诸多演讲中基本未提及这一问题。他仅仅通过提及工党的关键活动或成就来委婉地传达与"社会主义"相近的理念。同样，在经济恢复议题上，尽管斯塔默批评保守党的相关政策过于市场导向，认为政府应通过加大投资力度实现经济复苏，但其基本路线与保守党政府仍大同小异，同样注重运用经济杠杆提振经济。另外，尽管工党在疫情期间就一系列社会平等问题（收入差距、区域发展、种族问题等）对保守党的政策进行了批评，但仍在"效率和公平"这一大框架下进行，并未表现出过多的社会主义和激进主义色彩。

其次，"意识形态沉默"还体现在斯塔默避免与保守党出现意识形态分歧上。在竞选党魁之初，斯塔默就明确表示自己"是唯一能够联合党内各种倾向人士的候选人"，而且还表示要"统一工党，促进多元化"。① 这就要求凯尔·斯塔默路线的个人色彩不可过于鲜明，不能与保守党意识形态主张大相径庭，否则会导致工党党内分裂。因此，斯塔默领导下的工党对保守党政府的批评仍集中于其领导力以及技术官僚的竞争力上，而非原则或意识形态分歧。以防疫为例，凯尔·斯塔默在社交媒体上对保守党政府的批判通常集中于以下方面——疫情检测及追踪的失败、防护用品和医务人员短缺及对一线工作者资金支持力度不够。工党提出的方案也不过是对现有政策的"技术微调"。②

值得注意的是，尽管在过去一年很少提及路线与意识形态之争，但斯塔

① Keir Starmer, "My Pledges to You", https://keirstarmer.com/plans/10-pledges/; quoted from Eunice Goes, "The Labour Party Under Keir Starmer: 'Thanks, But no "ism"s Please!'", *The Political Quarterly*, Vol. 92, No. 2, 2021, pp. 176–183.

② Eunice Goes, "The Labour Party Under Keir Starmer: 'Thanks, But no "ism"s Please!'", *The Political Quarterly*, Vol. 92, No. 2, 2021, pp. 176–183.

默并未完全放弃构建工党理念和工党形象的努力。2020 年 9 月，斯塔默表示工党将是代表"机遇、家庭和安全"的政党，而且将家庭和价值观置于核心地位。① 在其 2021 年 2 月题为《基于安全和机遇的英国新篇章》的讲话中，斯塔默表示，"保守党理念已经失败"，而且"动摇了社会根基"；工党致力于打造更为安全和繁荣的社会、构建政企"新型伙伴关系"和解决不平等问题；面向未来，发展更为安全和繁荣的经济。② 2021 年 3 月，在为 2021 年 5 月地方选举造势时，斯塔默则表示"选择工党就是在支持医护人员、重建社会保障、奖励关键劳动力"。③

尽管新冠肺炎疫情和脱欧是工党重建领导力的重要窗口期④，但从 2021 年 5 月的地方选举来看，工党并未抓住该机遇。在英格兰地区，工党失去了 8 个地方议会多数地位和 327 个地方议员席位。不仅如此，在此次地方选举中，工党还在其腹地"红墙选区"节节败退。自 1974 年哈特尔普尔郡选区席位创建以来，工党首次在该选区失去议会多数席位，而且在 100 年以来第一次失去达勒姆选区议会多数席位。从选民构成看，工党此次未能成功吸引"较为年长、观点保守以及疑欧的选民"，而且失去了部分"年轻、多元以及受教育程度高的选民"。因此，工党在保持旧选民、吸引新选民上面临着严峻挑战。⑤

---

① The Labour Party, "My Promise to Britain: Labour will be the Party of Opportunity, Family and Security-Starmer", 22 September 2020, https: //labour. org. uk/press/my－promise－to－britain－labour－will－be－the－party－of－opportunity－family－and－security－starmer/.

② The Labour Party, "'No Return to Business as Usual': Starmer Sets out 'a New Chapter for Britain' Based on Security and Opportunity", 17 February 2021, https: //labour. org. uk/press/no－return－to－business－as－usual－starmer－sets－out－a－new－chapter－for－britain－based－on－security－and－opportunity/.

③ The Labour Party, "Keir Starmer Launches Labour's 2021 National Election Campaign", 10 March 2021, https: //labour. org. uk/press/keir－starmer－launches－labours－2021－national－election－campaign/.

④ Eunice Goes, "The Labour Party Under Keir Starmer: 'Thanks, But no "ism"s Please!'", *The Political Quarterly*, Vol. 92, No. 2, 2021, pp. 176－183.

⑤ David Mercer and Carmen Aguilar-Garcia, "Election Results: What the Data Reveals about Labour's Performance-and the Reasons for It", *Sky News*, 8 May 2021, https: //news. sky. com/story/election－results－what－the－data－reveals－about－labours－performance－and－the－reasons－for－it－12297591.

相较议员选举，工党在此次市长选举中表现较好，夺得英格兰地区的 11 个市长职位，其中工党议员萨迪克·汗连任伦敦市长一职。① 可以看出，工党在英格兰大城市地区仍然势头强劲，大城市可能成为工党的新政治腹地。②

工党在此次地方选举中的失败，首先可归因于新冠肺炎疫情以及脱欧对英国政治的冲击。一方面，民众的注意力集中于疫情防控，并未给工党足够的平台去阐释其政策和政党发展的理念；而作为在野党，工党无法通过国家政策给予民众切实的福利，保守党则在后期通过推进疫苗接种一度重新赢得了民意。另一方面，工党"红墙选区"中的一些脱欧支持者在此次选举中转而支持保守党，导致工党政治腹地进一步分裂。其次，如上文所述，凯尔·斯塔默并未像杰里米·科尔宾那样旗帜鲜明地提出路线和宏观经济政策取向，而且有意淡化工党的社会主义内核。因此，一些科尔宾支持者也通过选票表达了对斯塔默的不满。③

三 其他政党

作为苏格兰地方政府执政党，在疫情防控方面，苏格兰民族党政府在城市封锁、防护习惯以及人员追踪等政策上采取了比保守党中央政府更为严格的防疫政策，取得了较大成效，因而赢得了更多民众的支持，且进一步造成了苏格兰地方政府与中央政府间的分裂。以苏格兰地区为例，根据 2021 年 5 月的民调数据，72% 的民众在新冠肺炎疫情防控问题上不相信首相约翰逊，66% 的民众选择在疫情议题上相信苏格兰民族党党魁斯特金（Nicola Sturgeon）④，超过 78%

① "England Local Elections 2021", *BBC*, https://www.bbc.com/news/topics/c481drqqzv7t/england–local–elections–2021#england–pcc.

② "Election 2021: The Six Key Takeaways in Maps and Charts", *BBC*, 10 May 2021, https://www.bbc.com/news/uk–politics–57031010.

③ The Telegraph, "What the Local Election Results Tell Us About the Future of Labour-Analysis", *YouTube*, 7 May 2021, https://youtu.be/vTds9ZwOwv4.

④ King's College London, "Scotland Most Negative About UK's Covid Response and Boris Johnson's Handling of Pandemic", 6 May 2021, https://www.kcl.ac.uk/news/scotland–most–negative–about–uks–covid–response–and–boris–johnsons–handling–of–pandemic.

的民众认为苏格兰政府防疫有力，仅有 34% 的民众认为中央政府防疫有力。①

在英欧贸易协议谈判过程中，苏格兰民族党对保守党政府推出的《内部市场法案》态度强硬。尽管此前苏格兰议会否决了该法案，但英国中央政府仍试图在议会通过该法案。对此，苏格兰民族党表示"该法案不仅违反国际法，而且强行剥夺苏格兰的民主权力，威胁权力下放进程"，因此在法案二读时投了反对票。② 借此机会，苏格兰民族党指出"只有独立才能真正保护苏格兰议会"，并推出了《延续法案》（Continuity Bill），旨在使苏格兰法律与欧盟法一致。对此，保守党则做出强烈反应，称"这是将其职权拱手让给欧盟，利用该法案煽动民族情绪，推动其分裂议程"。③

随着疫情逐渐得到控制，苏格兰民族党也将独立公投再次提上议程。2021 年 1 月，苏格兰地方政府宪法大臣迈克尔·罗素（Michael Russell）公布了举行二次公投的路线图，其中包含"十一点计划"。根据该路线图，如果苏格兰民族党在 5 月苏格兰议会选举中赢得多数，将会再次请求英国政府依照"第 30 节法令"举行公投；如果英国政府拒绝该请求，苏格兰民族党将在苏格兰议会提出《独立公投法案》，从法律上对英国政府进行约束。④ 根据该路线图，2021 年 3 月，苏格兰民族党政府推出《独立公投法案（草案）》，为二次公投提供法律蓝本，而且将独立公投作为其 5 月议会选举的核心宣传议题。

在 2021 年 5 月的地方选举中，苏格兰民族党尽管最终以一席之差未能

① Emily Gray and Ciaran Mulholland, "Four in Five Scots Say Nicola Sturgeon has Handled the Coronavirus Outbreak Well", *Ipsos Mori*, 26 May 2020, https: //www. ipsos. com/ipsos - mori/en - uk/four - five - scots - say - nicola - sturgeon - has - handled - coronavirus - outbreak - well.

② The Scottish Nationalist Party, "Westminster Power Grab: Explained", 8 December 2020, https: //www. snp. org/westminster - power - grab/.

③ The Conservative Party, "We Are Reclaiming Our Sovereignty with the UK Internal Market Bill", 9 September 2020, https: //www. conservatives. com/news/internal - market - bill.

④ The Scottish Government, "The Road to a Referendum that Is Beyond Legal Challenge", 24 January 2021, https: //mcusercontent. com/4fae14f57a18ee08253ffc251/files/18ebe54b - 8867 - 439f - 91aa - 0ea911c369e9/Roadmap_ to_ Referendum_ . pdf.

获得苏格兰议会绝对多数，但斯特金仍宣称选举结果显示该党取得了"压倒性胜利"，并表示如果疫情得到控制，将在其前半任期举行二次独立公投，而且不排除在 2022 年初完成立法的可能。根据苏格兰议会目前的席位分配（苏格兰民族党 64 席、保守党 21 席、工党 22 席、绿党 8 席、自由民主党 4 席），若与同样支持独立的绿党联合，苏格兰民族党有可能获得支持二次公投决议的议会多数。[①] 根据苏格兰民族党提出的"十一点计划"，若该党与其他支持独立的政党联合形成议会多数，将会向英国政府请求二次公投。对此，首相鲍里斯·约翰逊表示"将会阻止任何形式的投票"。[②] 然而，2021 年以来，苏格兰民意支持独立的比例出现下滑，在大多数民调中已不占多数，未来苏格兰独立公投进程的前景更加扑朔迷离。

此前主张留欧的自由民主党开始接受现实并弱化其立场。在 2020 年 9 月召开的党代会上，自由民主党表示将会继续提高英国在欧盟成员国中的地位，但仅将此作为一个"长期目标"。自由民主党联合政策委员会一致同意在英国与欧盟 27 国未来关系上将"不排除任何一种选择"，如果未来将通过公投或者大选使英国回归欧盟，该决定也应"获得民众的许可"，而且是在"市场、贸易环境以及谈判条款"允许的情况下。[③] 与此同时，自由民主党转而在英欧贸易协议谈判过程中施加影响，避免出现无协议脱欧的局面。自由民主党认为保守党政府提出的《内部市场法案》违反国际法，而且"有损英国的国际形象，不利于英国与欧盟和美国任何一方达成贸易协议"。[④] 有

---

① George Parker and Mure Dickie, "Scotland Election Result Sets up New Referendum Showdown", 10 May 2021, *Financial Times*, https://www.ft.com/content/7e8cb01f‐1c8c‐4d17‐bb04‐04eff5640b36.

② Michael Holden, "Explainer: Can Scotland Hold Another Independence Referendum?", *Reuters*, 8 May 2021, https://www.reuters.com/world/uk/can‐scotland‐hold‐another‐independence‐referendum‐2021‐05‐08/.

③ Andrew Woodcock, "Brexit: Lib Dems to Drop Commitment to UK Membership of the EU", *Independent*, 21 September 2020, https://www.independent.co.uk/news/uk/politics/brexit‐liberal‐democrats‐eu‐uk‐membership‐virtual‐conference‐b512647.html.

④ Peter Walker, "Lib Dems Vote to Push for Renewed EU Membership in Long Term", *The Guardian*, 27 September 2020, https://www.theguardian.com/politics/2020/sep/27/lib‐dems‐vote‐to‐push‐for‐renewed‐eu‐membership‐in‐long‐term.

观点认为，自由民主党立场弱化反映了其新任党魁艾德·戴维（Ed Davey）试图改变其脱欧进程中形成的单一议题留欧政党的形象，同时试图留住各党派的亲欧盟友。① 然而，上述转变也引起了该党部分议员的不满，认为其立场没有任何实质性内容。在疫情防控问题上，自由民主党主张对保守党政府抗疫不力进行公开质询，艾德·戴维表示，"此次疫情是英国自二战以来遭受的最大灾难以及最严重的创伤，因此，要依法对英国政府进行最为严格、最独立的质询"。此外，自由民主党对保守党政府提出批评和建议的问题还包括提高对国民健康服务体系和社会护理支持度，支持残疾人，有效应对新冠肺炎疫情长期影响等。②

为应对 2021 年 5 月的地方选举，自由民主党力图将该党塑造成地方社区、小型企业以及环境保护的代言人。在竞选活动中，党魁艾德·戴维指出，"民众支持自由民主党，意味着呼吁保守党政府削减对小型企业的税收，以及加大对绿色、清洁社区的投入"。③ 在 5 月举行的地方选举中，自由民主党在英格兰选区颇有卷土重来之势，以 1 个席位的优势取代工党成为斯托克波特选区的最大政党，而且在剑桥郡增加了 5 个席位，导致保守党失去对该选区的控制。值得注意的是，虽然主张留欧，但得益于过去一年对该立场的弱化，自由民主党在此次选举中在脱欧选区桑德兰郡意外多赢得了 4 个席位，成为该选区第三大党。④

苏格兰绿党除坚持传统的绿色经济和环境保护议题外，在苏格兰独立公

① Andrew Woodcock, "Brexit: Lib Dems to Drop Commitment to UK Membership of the EU", *Independent*, 21 September 2020, https://www.independent.co.uk/news/uk/politics/brexit - liberal - democrats - eu - uk - membership - virtual - conference - b512647.html.

② The Liberal Democratic Party, "Fixing the Government's Response to the Covid - 19 Pandemic", 21 March 2021, https://www.libdems.org.uk/s21 - covid - motion.

③ Local Government Association, "Liberal Democrats Launch Their May Election Campaign", https://www.local.gov.uk/lga - libdem - group/our - press - releases/liberal - democrats - launch - their - may - election - campaign.

④ Helen Pidd, "Lib Dems and Greens Make Gains in English Local Elections", *The Guardian*, 7 May 2021, https://www.theguardian.com/politics/2021/may/07/lib - dems - and - greens - make - gains - in - english - local - elections.

投议题上也扮演了潜在的重要角色。借此优势地位，苏格兰绿党通过影响苏格兰民族党相关决策来塑造苏格兰地区的政治走向，并推行本党的政治议程。在 2021 年 5 月苏格兰议会选举之前，苏格兰绿党联合党魁帕特里克·哈维（Patrick Harvie）委婉地表达了"将和苏格兰民族党对话并组建联合政府"的意愿。① 然而，该党背后的意图是通过该筹码促进苏格兰民族党政府采取力度更大的气候政策。尼古拉·斯特金的气候政策一直是绿党的攻击对象，帕特里克·哈维表示，"绿党当然愿意进行对话，但苏格兰民族党还有很多环境问题亟待解决，例如，从使用化石能源向清洁能源的转变以及土地改革议程等"。② 主张留欧的绿党在 5 月举行的地方选举中同样有良好表现，在英格兰地区新增 88 名地方议员，在苏格兰议会选举中增加了 2 个席位。值得注意的是，在此次选举中，绿党在德比郡、诺森伯兰郡、斯托克波特以及黑斯廷斯 4 个选区首次有议员当选，在泰恩塞德选区首次打破工党垄断赢得 2 个席位，在萨福克郡从保守党、工党和自由民主党手中夺得 6 个席位。对此，绿党联合党魁乔纳森·巴特利（Jonathan Bartley）表示，"绿色政治正在崛起，只有绿党才能为英国人民规划明确的未来图景，其中包括绿色就业、舒适住房、社会治安、地区经济发展以及更为美好的社区"。③

2020 年下半年以来，新冠肺炎疫情、疫后经济恢复以及英欧关系的未来是英国各党派共同面临的挑战，也是英国民众衡量其表现的重要依据。英国主要政党能否有效回应这些挑战，成为其谋取在未来英国政治版图中地位的关键。2020 年疫情初期，搁置内外部纷争、共同抗疫的阶段过后，重启经济、应对脱欧的影响成为各党自身理念和政策取向发展的新的关键变量，

① Libby Brooks, "Scottish Greens 'Willing to Have Conversation' on Coalition with SNP", *The Guardian*, 14 April 2021, https：//www. theguardian. com/politics/2021/apr/14/scottish – greens – willing – to – have – conversation – on – coalition – with – snp – election – manifesto.

② Libby Brooks, "Scottish Greens 'Willing to Have Conversation' on Coalition with SNP", *The Guardian*, 14 April 2021, https：//www. theguardian. com/politics/2021/apr/14/scottish – greens – willing – to – have – conversation – on – coalition – with – snp – election – manifesto.

③ Helen Pidd, "Lib Dems and Greens Make Gains in English Local Elections", *The Guardian*, 7 May 2021, https：//www. theguardian. com/politics/2021/may/07/lib – dems – and – greens – make – gains – in – english – local – elections.

与各政党自身发展固有逻辑相互作用，使英国政党政治的调整和变革在2021 年逐步孕育与展开。

约翰逊政府对新自由主义传统的改造面临党内保守派的反弹和内外部经济环境的制约。工党同样面临在科尔宾主义和第三条道路之间的艰难选择，难以确立新的纲领，如何避免自身的选民基础进一步流失、尽快走出四次大选失败的阴影仍困难重重。自由民主党传统全国性第三党的地位面临绿党的竞争，两党都面临核心议题和更广泛的政策主张有效平衡的问题。苏格兰民族党的二次独立公投的诉求并未因地方选举的胜利而变得一帆风顺，与英国政府的博弈仍在继续。尽管目前保守党在英国政治中仍保持"一党独大"的地位，但鉴于英国内外政策面临的诸多复杂挑战，加之2021 年夏季以来疫情反复导致民众对该党治理能力的质疑，保守党仍需在疫情防控、经济恢复、对外关系等传统议题以及社区建设、绿色经济等新兴议题上做出有效应对，规避因疫情、脱欧、国际变局等因素而可能出现的外部系统性风险和政策应对失误，避免使国家陷入可能的政治、经济、社会危机。对于英国其他政党尤其是工党而言，过去一年英国所暴露的国家治理弊端或许将成为明确其未来理念和政策取向的突破口，如何将党派自身议题与主张更好地融入"后脱欧""后疫情"时代的国家治理中，或许将成为其政党发展乃至走出选举困境的关键。

B.3
英国经济形势与展望*

杨成玉**

摘　要：　从2020年第三季度以来，新冠肺炎疫情对英国经济的负面
影响逐渐减小，英国经济呈现出较强的复苏势头，在一些
指标上的表现甚至好于美国、德国、法国等其他发达经济
体。消费和投资对拉动经济增长的动能强劲，投资稍显不
足，服务业、建筑业和劳动力市场基本接近或正在接近疫
情前水平，但原本具有较强竞争优势的金融业和汽车业出
现了明显的衰退迹象。长期来看，未来英国经济的增长动
力主要取决于经济复苏效率、核心产业竞争力以及对外关
系的走向。脱欧的负面影响或将长期化，英国经济仍然存
在较大不确定性。

关键词：　英国　经济形势　新冠肺炎疫情　经济复苏　英国脱欧

一　英国经济形势

英国经历新冠肺炎疫情的波折反复，对经济造成较大影响。虽然英国与
欧盟间的贸易与合作协定谈判完成，并于2021年5月1日生效，但英欧经

---

　*　本报告由国家社会科学基金资助,项目批准号为20VGQ010。
　**　杨成玉,经济学博士,中国社会科学院欧洲研究所副研究员,研究领域为欧洲经济、中欧经
贸关系。

贸关系依旧扑朔迷离，难以构成短期拉动英国经济的利好因素。但自 2020 年第三季度以来，英国经济呈现一定的上升势头，主要经济指标表现平稳，部分指标甚至已经恢复至疫情前的水平。

（一）宏观经济呈现复苏态势，表现好于其他主要发达经济体

根据英国国家统计局的数据，从 2020 年第三季度至 2021 年第二季度，英国国内生产总值季度同比增速依次为 16.9%、1.3%、-1.6% 和 4.8%。[①] 新冠肺炎疫情造成英国经济在 2020 年第二季度出现严重的衰退（-19.5%）后，从 2020 年第三季度开始，英国经济呈现强势复苏的喜人势头。在 2020 年第三季度的强势复苏时期，居民消费和投资同比分别增长了 19.7% 和 19%。然而，在经历第三季度报复性复苏后，卷土重来的疫情再次拖累了经济增长的基本面。2020 年第四季度，居民消费出现了大幅衰退（-1.7%），投资增长萎缩（4.4%），造成经济增长速度明显放缓（1.3%）。2021 年第一季度，疫情呈现扩大之势，居民消费和投资均出现不同程度的衰退，分别萎缩 4.6% 和 1.7%，造成该季度经济增速下滑 1.6%。2021 年第二季度，伴随居民消费的回暖（同比增长 7.3%），虽然投资表现不佳（同比增长 -0.5%），但英国经济还是实现了 4.8% 的同比增长。ING 集团在 2021 年 3 月发布的《英国经济形势》报告中认为，2021 年第一季度英国国内生产总值比新冠肺炎疫情前下降了 8.7%，彻底恢复还需数年时间，市场普遍将经济下行视为受到疫情和脱欧的双重影响。[②] 但结合 2021 年第二季度的指标看，英国经济并非第一季度表现得那么"悲观"。[③]

---

① Office for National Statistics, "GDP First Quarterly Estimate, UK: April to June 2021", 12 August 2021, https://www.ons.gov.uk/economy/grossdomesticproductgdp/bulletins/gdpfirstquarterlyestimateuk/apriltojune2021.

② ING, "Brexit: Five Charts Show the Impact on the UK Economy This Year", 8 March 2021, https://think.ing.com/articles/measuring-the-brexit-effect-its-complicated/.

③ Rebecca Christie, "How Will COVID-19 Impact Brexit? The Collision of Two Giant Policy Imperatives", *Bruegel*, 19 May 2021, https://www.bruegel.org/2020/05/how-will-covid-19-impact-brexit-the-collision-of-two-giant-policy-imperatives/.

为进一步比较新冠肺炎疫情对英国经济的影响和疫情前后英国经济的差异，以2019年第四季度英国国内生产总值为基准，可绘制出2009年第一季度以来的英国经济季度增长趋势。如图1所示，从2009年第一季度起，英国宏观经济增长整体呈现出上行趋势，新冠肺炎疫情造成英国国内生产总值指数从2019年第四季度的100衰退至2020年第二季度的78.2，随后还是呈现上行趋势，到2021年第二季度复苏至95.6。目前，英国的国内生产总值水平比2019年底新冠肺炎疫情之前的水平低4.4%。

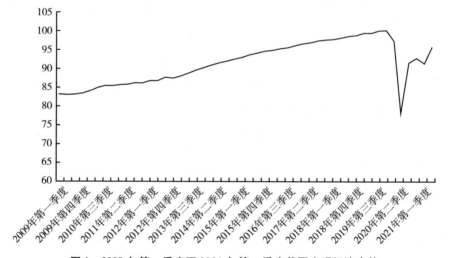

图1 2009年第一季度至2021年第二季度英国宏观经济走势

注：以2019年第四季度的国内生产总值为基准，设置为100。

资料来源：英国国家统计局网站，"GDP First Quarterly Estimate"，https://www.ons.gov.uk/economy/grossdomesticproductgdp/bulletins/gdpfirstquarterlyestimateuk/apriltojune2021。

从与主要发达经济体的横向对比看，2021年第二季度英国经济的表现显示出一定的乐观形势。2021年第二季度，美国、法国、德国、西班牙分别实现1.6%、0.9%、1.5%、2.8%的经济增速，略逊于同期英国的4.8%。

（二）消费、净出口复苏势头强劲，投资动能持续不足

拉动经济增长的动力被归纳为消费、投资和净出口"三驾马车"。在消费方面，2021年第二季度居民消费同比增长了7.3%，在同期投资衰退

0.5%的背景下，成为拉动经济增长的最大动力。目前英国居民消费水平与疫情前相比（2019年第四季度）低了约7%。对居民消费增长贡献最大的是餐饮和酒店、交通行业。随着封禁措施的取消和经济的逐步开放，这些部门都表现出强劲的复苏势头。2021年第二季度政府消费在教育和医疗的推动下增长了6.1%，教育服务消费增长了27.1%，卫生服务消费增长了5.1%。在投资方面，尽管商业投资在2021年第二季度增长了2.4%，但政府投资下降了9.7%，导致2021年第二季度固定资本形成总额下降了0.5%。英格兰银行的调查显示，2021年第二季度英国企业的整体不确定性已经得到了大幅降低。2021年6月，认为其企业面临的整体不确定性水平较高或非常高的企业比例为50%，是2020年2月以来的最低水平；有25%的企业认为疫情仍然是最大不确定性来源，低于5月的32%。在净出口方面，2021年第二季度英国货物贸易出现了进一步反弹趋势，而服务贸易仍然低迷。货物出口增长了9.6%，其中化学品、机械和运输设备的增长显著；服务出口则下降了4.7%，特别是金融（减少12亿英镑）、旅游（减少4亿英镑）和保险（减少4亿英镑）。货物进口增长了10%，而服务进口下降了3.8%。从进出口贸易的相对增量比较不难发现，2020年第四季度和2021年第二季度，英国进出口均实现了增长，且进口的增幅要大于出口（见图2）。①

（三）服务业、建筑业复苏进程好于制造业，但金融业、汽车业形势依然严峻

服务业在英国经济结构中占有举足轻重的地位。根据英国国家统计局的服务业产出数据②，2021年第一季度服务业产出收缩了2.1%，而从2021年第二季度开始，服务业产出实现了5.7%的同比增长。目前，服务业产出比2019年第四季度的疫情前水平仅低3.5%。其中，批发和零售业、住宿和餐

---

① UN Comtrade, https：//comtrade. un. org/data/, 1 September 2021.

② Office for National Statistics, "GDP First Quarterly Estimate, UK：April to June 2021", 12 August 2021, https：//www. ons. gov. uk/economy/grossdomesticproductgdp/bulletins/gdpfirstquarterlyestimateuk/apriltojune 2021.

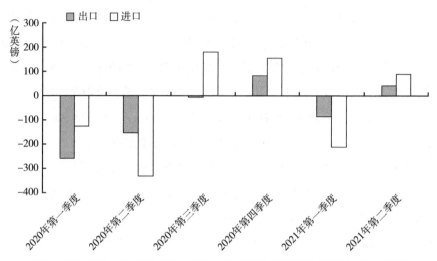

图2 2020年第一季度至2021年第二季度英国进出口贸易的相对季度增量

注：相对于上个季度的变化值。

资料来源：英国国家统计局网站，"GDP First Quarterly Estimate"，https：//www. ons. gov. uk/ economy/grossdomesticproductgdp/bulletins/gdpfirstquarterlyestimateuk/apriltojune2021。

饮、教育为服务业产出增长提供了最大的季度贡献。得益于室内服务业的重新经营、欧洲杯和非必需品零售商店的重新开放，英国住宿和餐饮服务活动在2021年第二季度增长了1.49%，批发和零售贸易增长了1.73%。伴随学校重新开放和在校学生的出勤率提高，2021年第二季度，教育产出增加了1.23%。值得注意的是，金融保险业是同期英国唯一衰退的服务业部门，在服务业整体复苏的背景下，英国金融保险业不升反降了0.16%（见表1）。

表1 2021年上半年英国服务业增长形势

单位：%

服务业部门	时 间	
	2021年第一季度	2021年第二季度
批发和零售	−0.80	1.73
住宿和餐饮	−0.38	1.49
教 育	−1.06	1.23
其他服务	−0.29	0.35
医疗卫生	0.22	0.29
行政服务	0.06	0.23

服务业部门	时　间	
	2021 年第一季度	2021 年第二季度
科学技术	0.07	0.21
艺　术	− 0.04	0.16
物流运输	− 0.08	0.14
信息技术	0.03	0.11
人力资源	0.03	0.04
金融保险	0.08	− 0.16

资料来源：英国国家统计局网站，"GDP First Quarterly Estimate"，https：//www. ons. gov. uk/ economy/grossdomesticproductgdp/bulletins/gdpfirstquarterlyestimateuk/apriltojune2021。

在制造业产出方面，2021 年第二季度的制造业产出同比增长了 0.5%，但相对于 2021 年第一季度还是下降了 0.5%。其中，食品、饮料、机械设备均增长了 1.8%，但值得注意的是同期运输设备制造的产出有所下降。受芯片短缺的影响，2021 年第二季度英国汽车的产量下降了 16.7%，为连续第二个季度下降。这主要是因为全球半导体短缺影响了整个供应链，新车生产受到较大影响，主要表现为这一阶段汽车制造的产出比疫情前的水平低了 24.6%。从 2021 年第二季度英国汽车"出口下降、进口上升"的形势看，英国开始转向通过进口以满足国内市场对汽车的上升需求。建筑业也是英国的优势部门之一，对上下游产业具有明显的带动作用，也是反映英国经济未来前景的"晴雨表"。2021 年第二季度，英国建筑业产出同比增长 3.3%，其中新开工项目同比增长 3.7%，在基础设施领域也同比增长 1.7%。2021 年第二季度的建筑业产出与疫情前的 2019 年第四季度相比仅仅低了 0.6%，说明当前英国建筑业基本已经恢复到疫情前水平。

（四）劳动力市场持续复苏，通胀率基本与疫情前持平

新冠肺炎疫情对英国劳动力市场的冲击正在减退，劳动力市场出现了持续复苏的迹象。2021 年 7 月，英国薪资雇员人数增加了 18.2 万人，达到 2890 万人，仅比疫情前的水平少 20.1 万。自疫情以来，就业率普遍下降，而失业

率上升。从 2020 年下半年开始，就业数据显示出复苏的迹象。2021 年第二季度，英国就业率达到了 75.1%，失业率下降了 0.2 个百分点，达到 4.7%。随着政府对疫情限制的放松，社会总工作时间增加，该季度的裁员率有所下降，已经恢复到疫情前的水平。然而，劳动力缺少的困难开始显现。2021 年 5~7 月，英国面临约 95.3 万个职位空缺，创下历史新高，与上一季度相比增加了 29 万个，比疫情前多了 16.8 万个。[1] 与此同时，"水涨船高"，"招工难"还进一步反馈于平均薪酬水平，2021 年 4~6 月，英国平均薪酬增长了 8.8%。

根据包括业主住房成本在内的消费者价格指数（CPIH），2021 年 7 月，消费者价格指数环比上升了 2.1%，相比于 2021 年 6 月的环比增长率（2.4%）有所下降。CPIH 的最大上行贡献来自交通（贡献 0.85 个百分点），而服装和鞋类、娱乐产品和服务降幅最大。更能反映生活消费的消费者价格指数（CPI）在 2021 年 7 月上升了 2%。[2] 整体上看，英国克服了疫情对供应链造成的不利影响，物价水平基本得到控制，通胀水平稳定。事实上，从近年整体通胀水平看，英国物价水平一直维持在一个平稳区间，整体控制得当。

二 英国经济的影响因素及前景分析

英格兰银行、英国国家统计局、ING 集团、布鲁盖尔智库等机构普遍将经济下行视为受到疫情和脱欧双重影响的结果。[3] 结合本文第一部分的分析

---

① Office for National Statistics, "People in Work", https://www.ons.gov.uk/employmentandlabourmarket/peopleinwork.

② Office for National Statistics, "UK Economy Latest", https://www.ons.gov.uk/economy/economicoutputandproductivity/output/articles/ukeconomylatest/2021-01-25.

③ ING, "Brexit: Five Charts Show the Impact on the UK Economy This Year", 8 March 2021, https://think.ing.com/articles/measuring-the-brexit-effect-its-complicated/; ANDRÉ SAPIR, "The Double Irony of the New UK-EU Trade Relationship", *Bruegel*, 12 January 2021, https://www.bruegel.org/2021/01/the-double-irony-of-the-new-uk-eu-trade-relationship/; The London Economic, "Brexit: Bank of England Boss Warns EU over 'Serious Escalation' in Financial Services Grab", 24 February 2021, https://www.thelondoneconomic.com/business-economics/brexit-bank-of-england-boss-warns-eu-over-serious-escalation-in-financial-services-grab-222169/.

可知，尽管疫情对英国经济造成严重影响，自 2021 年初以来，英国经济的主要指标仍均处于回归常态的轨道。然而，脱欧对英国经济的影响呈现长期化的态势。从中长期角度看，脱欧对英国经济的影响主要体现在如下几个方面。

（一）英国宏观经济增长放缓下行

受制于对脱欧进程和未来前景的不确定性，英国经济受到脱欧的影响较大，从 2016 年英国脱欧公投以来，商业投资减少了 11%。英国经济增长从 2015 年的 2.4% 放缓到 2019 年的 1%。在完全与欧盟开展自由贸易的条件下，英国政府估计脱欧将使英国经济增长在 15 年内下降 6.7%。[1] 伦敦经济学院的经济表现中心（The Centre for Economic Performance of the London School of Economics）分析认为，到 2030 年脱欧将拖累英国经济增长 4~6 个百分点。英国国家研究所经济评论（NIER）使用引力模型来估计，将英欧贸易规模和贸易安排作为关键因素，分析将英国脱欧对英国经济增长的损失定在 1.5% 到 3.7% 之间。[2] 剑桥大学分析认为，一旦英国停止在欧盟规则下运作，并开始遵循世界贸易组织（WTO）的贸易规则，英国的 GDP 将大幅下降，未来 10 年内英国 GDP 将下降 4.9%。[3] 与此同时，美欧学者普遍认为英国脱欧不会对欧盟经济产生实质性负面影响。[4]

英国学者普遍认为新的英欧协定条款为英国带来了实质性的经济损失。第一，英国和欧盟之间的交通明显减少。英法边境货物贸易数量急剧下降，英国从欧盟地区的进口总值下降了 20%，出口总值下降了 24%，英国港口

---

[1] The UK Government, "Brexit Deal: Potential Economic Impact", 18 October 2019, https://commonslibrary. parliament. uk/brexit/brexit – deal – potential – economic – impact/.

[2] Angus Armstrong, "The Economic Impact of Brexit: the Benefit of Hindsight", UK in A Changing Europe, 25 January 2021, https://ukandeu. ac. uk/economic – impact – of – brexit/.

[3] Remain Voter, "The Impact of Brexit to UK Economy", 27 June 2020, https://remainvoter. com/the – impact – of – brexit – to – uk – economy/.

[4] Romesh Vaitilingam, "How Will Brexit Affect Future Growth of the UK and EU Economies?", Chicago Booth Review, 27 January 2021, https://review. chicagobooth. edu/economics/2021/article/how – will – brexit – affect – future – growth – uk – and – eu – economies.

的货船访问量也出现明显下降。第二，制造业产出明显下降。正式脱欧以来的第一季度，英国制造业产量下降了8%，其中汽车制造业下降最为严重。第三，企业准备程度低。英国企业界的"脱欧效应"明显，英欧贸易被新的原产地规则要求所困扰，该规则规定一件商品必须有足够的国内生产成分以获得免关税入境的资格。农业方面的问题更为严重，新的兽医管控限制措施和部分产品的进入壁垒造成了重大问题。根据1月英国国家统计局的双周商业调查，仅有大约1/10的制造商认为他们在12月已经做好了充分准备。

（二）英国内部对欧政策出现分歧

一方面，北爱尔兰边界问题尚未彻底解决。虽然英欧之间的贸易与合作协定避免了在爱尔兰与北爱尔兰之间产生硬边界，但重新引发了北爱尔兰天主教的爱尔兰民族主义者和亲英国的新教徒之间的冲突风险。另一方面，苏格兰对脱欧还抱有顾虑。2021年1月24日，苏格兰政府发布了反思英国脱欧的文件《英国脱欧公投，5年后——迄今为止我们知道什么?》（The Brexit Vote, 5 Years on – What Do We Know So Far?），总结了5年来脱欧给苏格兰地区经济、贸易、教育、科技等诸多领域带来的负面影响，反对英国脱欧，认为留在欧盟对苏格兰和英国都是最好的，呼吁苏格兰必须就独立问题举行公投或申请加入欧盟。[1]

（三）英国国际金融中心地位被动摇

目前，许多金融企业已经将总部迁往欧盟地区，伦敦金融中心地位动摇。巴克莱银行将5000名客户转移到其爱尔兰子公司，高盛、摩根大通和摩根士丹利流失了10%的客户。美国银行也将100名银行家转移到其都柏林办事处，并将400人转移到巴黎的经纪机构，国际金融机构已不再将伦敦作为进入欧盟的"入口"。自20世纪80年代撒切尔主政时期开创的辉煌时

---

① Scottish Government, "The Brexit Vote, 5 Years on – What Do We Know So Far?", 24 January 2021, https：//www.gov.scot/publications/brexit – vote – 5 – years – know – far/.

代落幕。当时英国主动开放市场，允许外资厂商在英设厂，从而向外国企业打开了通向欧洲的大门。英国充满弹性的劳动力成本、进取而富有建设性的工会政策以及英语的优势地位共同造就了那个时代。

英欧之前也并未就合并交易等业务达成一致，协定中关于服务贸易的内容也是模棱两可，未来服务贸易壁垒将对英国金融服务业造成重大打击。与此同时，法国、德国也正在极力争取替代英国金融中心的地位。金融业相对投资的变化将在一定程度上反映未来英国经济的走势。根据对英国金融机构净投资的监测，从 2018 年开始，英国金融机构净投资均为负值。在脱欧背景下，金融机构"用脚投票"，持续减少在英国的投资，脱欧也削弱了金融机构在英投资动力，投资持续流失进一步削弱了英国金融国际竞争力。

脱欧公投至今，海外对英国投资的衰退比例高达 11%。① 英镑汇率下行，从脱欧公投时的 1.48 美元跌至 2021 年 1 月的 1.39 美元，同时，汇率波动剧烈，不利于英国国际贸易和金融市场稳定。此外，汇率下行进一步抬高了货物和服务贸易的进口价格，提高了英国国内生产成本。英镑购买力的下降也对英国国内消费市场形成抑制，脱欧公投至今，英国的消费价格上升了 1.7%，这导致每个英国家庭每年增加 404 英镑的支出。

（四）对外贸易谈判举步维艰

自 2016 年英国全民公投表决离开欧盟以来，英欧脱欧谈判历经一场旷日持久的拉锯战，但在最终达成共识后，英国还是以一种更加独立的姿态主导内部治理和参与全球经济。对外而言，脱欧后的英国在"量身裁衣"制定符合自身利益的经济政策时不再需要看布鲁塞尔的"脸色"。其财政政策不再需要符合欧盟标准，货币政策也无须考虑与欧央行进行协调。英国脱欧后，贸易政策更加独立，英国参与全球范围自贸区谈判将有更大的主动权和灵活性。在国际贸易层面，英国脱离了一个束缚较多的市场，自由地拥抱全

---

① Mike Hope, "The Economic Impact of Brexit on London", GLA Economics, 6 October 2019, https：//www. london. gov. uk/sites/default/files/brexit – analysis – final. pdf.

球市场。对内而言，英国脱欧后，将通过扩张性财政政策向市场释放更多的动力，货币政策的制定也将更符合自身贸易与汇率利益的协调发展。总之，英国试图打造一种新型贸易模式，一方面，重视在主要贸易伙伴（英国的主要贸易伙伴依然是欧盟、美国、中国，三者占据英国七成以上贸易份额）与自身利益诉求之间寻找平衡；另一方面，结合"灵活的"贸易政策，发挥政策灵活性，尝试与发展中经济体推进贸易投资便利化，为经济全球化注入英国"活力"。

脱欧公投以来，英国积极对脱欧后未来的贸易体系展开布局。

在亚太方向，2018年初，英国联合环太平洋十一国举行非正式会谈，商讨成立太平洋旗舰贸易集团的可能性。2021年2月，英国首相约翰逊正式申请加入CPTPP，开始建立"全球英国"的新伙伴关系。就英美关系而言，美国是英国第二大贸易伙伴，占英国贸易总量的15%。虽然《英美贸易协定》谈判也进入尾声，并在数字经济和服务贸易领域有望树立全球"高标准"示范作用，但从2020年5月英美首轮贸易谈判以来，双方在食品安全标准、药物定价管制、原产地规则等方面存在的分歧较大，贸易协定的达成还需时日。

此外，保留和维持欧盟与第三国签订的贸易协定或伙伴关系，也是英国贸易政策的优先选项。英国已与瑞士、近半欧盟成员国、南非、韩国以及日本签署了贸易协定，与加拿大、挪威之间的协定还在谈判过程中。

在最为关键的对欧方向，英国与欧盟的贸易与合作协定谈判于2020年3月2日启动，直到2020年12月24日结束，避免了"无协议脱欧"的危险境地。该协定对英欧之间的贸易与合作安排进行了明确规定。协定以自贸协定为基础，覆盖公平竞争环境、捕鱼权及争端处理等敏感议题。英国不再是欧盟的关税同盟和单一市场的一部分，协定结束了英欧之间的贸易自由流动，仅保留部分符合适当原产地规则的货物贸易实行零关税和零配额。居住在英国的欧洲公民必须确保取得英国政府的居留批准。此外，英国必须在2057年前兑现财政承诺，向欧盟支付250亿英镑的剩余款项。协定进一步规定英欧保持执法和刑事司法事务方面的合作。此外，英欧建立了联合伙伴关系理事会（Joint Partnership Council），确保协定得到正确的解释和执行，包括争端解决、法律执行和仲裁规则。2021 年 1 月 1 日协定开始临时生效，并于 4 月 29 日通过欧盟最终审批程序，从 5 月 1 日起正式生效。由于协定存在外交、安全与防务等重要政策领域的缺失，并未完全达到欧盟方面的预期，欧盟对协定的落实前景也表示担忧。

结合近一年来的主要经济指标看，英国经济呈现较强的复苏势头，整体表现甚至好于美国、德国、法国等其他发达经济体。拉动经济的消费和投资增长动能强劲，其中投资稍显不足，服务业、建筑业和劳动力市场基本接近或正在接近疫情前水平，但原本具有较强竞争优势的金融业和汽车业领域出现了明显的衰退迹象。未来，英欧金融业还将面临监管壁垒和国际市场愈加激烈的竞争。[①] 长期来看，未来英国经济的增长动力还是取决于经济复苏效率、核心产业竞争力以及对外关系的走向，依然存在较大不确定性。

---

① Alexander Lehmann，"UK Banks in International Markets"，*Bruegel*，25 June 2021，https：// www. bruegel. org/2021/06/uk – banks – in – international – markets/.

B.4

英国外交形势

徐瑞珂*

摘　要：　约翰逊政府在外交上继续积极推进其"全球英国"战略，在 2021年3月的综合评估报告中明确了"全球英国"外交战略的 具体目标和实施手段。2020年7月至2021年7月，约翰逊政府的 "全球英国"外交取得了一定进展。英美特殊关系明显改 善，拜登上台使英美特殊关系得到加强；紧密的协调与合作 虽然是后脱欧时代英欧关系的主基调，但双方寻找新的关系 定位过程仍一波三折；为推进英国向印太地区"倾斜"，约 翰逊政府进一步强化了与印太地区盟友及伙伴的合作关系， 尤其是与日本、印度和澳大利亚的防务合作取得明显进展。 遗憾的是，中英关系在过去一年继续下滑，短期内难以回归 "黄金时代"。

关键词：　"全球英国"　后脱欧时代　印太地区　英美特殊关系　中英 关系

　　2020 年 7 月至 2021 年 7 月，约翰逊（Boris Johnson）政府在新冠肺炎 疫情和英国脱欧的双重压力下继续推行"全球英国"外交战略，并出台了 一系列具体政策，致力于实现后脱欧时代英国的大国雄心。但复杂的国际环

---

　　* 徐瑞珂，博士，北京外国语大学英语学院英国研究中心副教授，主要研究领域为英美特殊关 系、英国外交、中国的中东政策。

境和乱象迭起的国内形势使约翰逊政府推行"全球英国"外交战略备受掣肘。

一　后脱欧时代的"全球英国"外交战略

对英国而言，2021年1月1日（英国彻底脱欧后的首日）是一个里程碑，英国由此正式进入了后脱欧时代。在后脱欧时代，约翰逊政府逐渐将原先模糊且备受质疑的"全球英国"理念提升为包含具体目标和实施手段的"全球英国"战略。2021年3月16日，约翰逊政府正式发布名为《竞争时代中的全球英国：安全、防务、发展与外交政策综合评估》报告（以下简称"《综合评估》报告"），系统阐述了"全球英国"外交战略的具体目标和实施手段。该报告列出了"全球英国"战略的4大目标和10个次级目标，并为实现这些目标，在财政预算层面出台了33项具体措施。首相约翰逊声称《综合评估》报告是自冷战结束以来英国最大规模的战略评估报告。相当数量的英国学者认同约翰逊的说法，对该报告的褒扬之声居多。[1]

"全球英国"外交战略主要有4个大目标。

第一，通过发展科技保持英国的战略优势，确保英国在未来10年保持

---

[1]　Sophia Gaston, "The Integrated Review of UK Foreign Policy: 10 Key Insights", *British Foreign Policy Group*, 16 March 2021, https: //bfpg. co. uk/2021/03/integrated – review – 10 – things/; Azeem Ibrahim, "The U. K. Still Knows How to Punch Above Its Weight", *Foreign Policy*, 4 May 2021, https: //foreignpolicy. com/2021/05/04/united – kingdom – integrated – review – cyber – space/; "Britain's Foreign And Defence Policy Shake – Up Focuses on Technology", *The Economist*, 18 March 2021, https: //www. economist. com/britain/2021/03/20/britains – foreign – and – defence – policy – shake – up – focuses – on – technology; Lawrence Freedman, "The U. K. Integrated Review: Defining What 'Global Britain' Actually Means", *World Politics Review*, 29 March 2021, https: //www. worldpoliticsreview. com/articles/29526/global – britain – and – uk – us – relations; Ben Judah, "Letter from Washington: How Did DC React to the Integrated Review", *Policy Exchange*, 26 March 2021, https: //policyexchange. org. uk/letter – from – washington – how – did – dc – react – to – the – integrated – review/; Malcolm Chalmers, "The Integrated Review: The UK as a Reluctant Middle Power", *RUSI Occasional Paper*, March 2021, p. 1, https: // static. rusi. org/rusi_ pub_ 281_ chalmers_ final_ web_ version_ 0_ 0. pdf.

英国蓝皮书

经济、政治和安全优势。在此大目标下，约翰逊政府设立了2个次级目标：
（1）提升英国的科技实力；（2）成为"负责任的、民主的"网络力量。① 为
了提升英国的民用和军用科技实力，约翰逊政府为清洁能源技术、企业、军
事、安全和情报以及网络研发投入了236.45亿英镑资金。为了使英国成为
所谓"负责任的、民主的"网络力量，英国国防部和政府通讯总部
（GCHQ）联合成立国家网络部队（National Cyber Force）。②

第二，塑造开放的未来国际秩序，确保其有利于开放社会、开放经济和民
主的蓬勃发展。在此大目标下，约翰逊政府设立了3个次级目标：（1）支持开
放社会，保护人权，让英国成为世界舞台上的"善的力量"（A Force for Good）；
（2）支持开放且具有韧性的世界经济，重塑全球贸易体系以促进自由、公平且
透明的贸易，把英国打造成全球服务、数字和数据中心；（3）作为一个有着全
球利益的欧洲国家，英国在继续巩固与美国和欧洲盟友关系的同时，将逐渐向
印太地区倾斜，在印太地区塑造开放的国际秩序。③ 为了实现这些目标，约翰
逊政府将加大财政投入以巩固英国的外交体系、国际贸易和文化软实力。在
国际贸易层面，约翰逊政府将继续贯彻独立的贸易政策，计划在2022年底使
英国与其他国家达成的自由贸易协定涵盖英国80%的国际贸易。在软实力层
面，约翰逊政府计划投入8.37亿英镑资金，继续支持英国文化协会（British
Council）和其他文化机构（博物馆、画廊和体育机构等）的工作。④

---

① The UK Government, "Global Britain in A Competitive Age: The Integrated Review of Security, Defence, Development, and Foreign Policy", 16 March 2021, pp. 35 - 42, https://assets.publishing. service.gov.uk/government/uploads/system/uploads/attachment_data/file/975077/Global_Britain_in_a_Competitive_Age-_the_Integrated_Review_of_Security__Defence__Development_and_Foreign_Policy.pdf.

② The UK Government, "Global Britain in a Competitive Age: The Integrated Review of Security, Defence, Development, and Foreign Policy", 16 March 2021, p. 101; Reuters staff, "What is Britain's National Cyber Force", 20 November 2020, https://www.reuters.com/article/britain - defence - hackers - factbox/what - is - britains - national - cyber - force - idINKBN27Z2JI.

③ The UK Government, "Global Britain in a Competitive Age: The Integrated Review of Security, Defence, Development, and Foreign Policy", 16 March 2021, pp. 44 - 67.

④ The UK Government, "Global Britain in a Competitive Age: The Integrated Review of Security, Defence, Development, and Foreign Policy", 16 March 2021, pp. 101 - 102.

第三，加强英国国内外安全和国防，巩固与盟友及伙伴的安全合作，以应对英国在物理世界和网络世界面临的安全挑战。在此大目标下，约翰逊政府设立了 3 个次级目标。（1）综合运用如下 3 种方式提高英国应对敌对国家威胁的能力：利用最新科技提升英国军事力量的现代化水平；以北约为轴心，增强英国与跨大西洋地区盟友在防务领域的协同工作能力；维持英国最低限度的核威慑能力。（2）通过建立一体化的危机处理机制，提高英国应对因失败国家动乱、极度贫困问题或跨国安全威胁而诱发的地区冲突的能力。（3）提高英国应对恐怖主义和有组织犯罪的能力，维护英国国土和边境安全。[1] 为了实现这些目标，约翰逊政府计划在防务、生化武器和核武器探测、稳定和安全基金、边境安全、反恐、反有组织犯罪、安全和情报机构、电信多元化这 8 个领域投入至少 274.87 亿英镑。有两项举措值得关注。其一，政府计划在未来 4 年内共增加约 241 亿英镑防务预算，为冷战结束以来英国军费的最大增幅。此举可确保英国继续成为军费开支最高的欧洲国家，在北约内仅次于美国。约翰逊政府之所以大幅增加防务预算，主要是为了加速英国军力现代化，主要表现为：成立一个研究人工智能的新机构、组建一支国家网络部队和一个新的太空司令部，更新英国核威慑力量，并使英国在 2025 年之前拥有 48 架 F - 35 隐形战斗机。[2] 其二，约翰逊政府于 2020年 11 月 30 日推出了电信市场多元化战略，并初步投入 2.5 亿英镑予以支持，计划建设国家电信实验室（National Telecoms Lab）。[3] 这是约翰逊政府在 2020 年 7 月 14 日禁止华为参与英国 5G 网络建设后采取的新举措，旨在

① The UK Government, "Global Britain in a Competitive Age: The Integrated Review of Security, Defence, Development, and Foreign Policy", 16 March 2021, pp. 69 - 85.

② The UK Government, "Global Britain in a Competitive Age: The Integrated Review of Security, Defence, Development, and Foreign Policy", 16 March 2021, pp. 102 - 103. Gareth Jennings, "UK Defence Command Paper: MoD Circumspect on Future F - 35 Numbers", Janes, 22 March 2021, https: //www. janes. com/defence - news/news - detail/uk - defence - command - paper - mod - circumspect - on - future - f - 35 - numbers.

③ The UK Government, "5G Supply Chain Diversification Strategy", 7 December 2020, https: // www. gov. uk/government/publications/5g - supply - chain - diversification - strategy/5g - supply - chain diversification - strategy.

促进英国电信市场多元化。在禁止华为后，约翰逊政府计划让日本电信企业NEC 参与英国 5G 网络建设。① 基于 2021 年 4 月 20 日英国电信市场多元化工作队提交的报告，约翰逊政府在 7 月 2 日决定立即采取措施加速发展开放式无线电接入网（Open RAN）技术，其中包括投入 3000 万英镑资助"未来无线电接入网竞争"（Future RAN Competition）项目。②

第四，塑造英国应对国内外危机的韧性，提高英国应对诸如新冠肺炎疫情、气候变化、自然灾害、网络安全威胁等重大危机的能力。在此大目标下，约翰逊政府设立了 2 个次级目标：（1）通过建立一个以英国中央和地方政府为主导、全社会参与的全国性韧性战略，提高英国应对疫情、自然灾害和网络攻击的韧性和能力；（2）积极应对全球气候变化和生物多样性危机，提高英国应对国际公共危机的韧性和能力。③ 为了实现这些目标，政府计划为新成立的情势中心（Situation Centre）和内阁办公室简报室（Cabinet Office Briefing Rooms），气候变化和生物多样性治理、卫生体系韧性（Health Resilience）和英国官方发展援助（ODA）项目提供大约 544.26亿英镑资金。④

二 英美特殊关系得到加强

2020 年 7 月以来，英美特殊关系一改萎靡不振的态势，重新获得了动

---

① Stuart Lau, "Britain Turns to Japanese Telecoms Firm NEC after Banning China's Huawei from 5G network", *South China Morning Post*, 30 November 2020, https://www.scmp.com/news/china/diplomacy/article/3111855/britain-turns-japanese-telecoms-firm-nec-after-banning-chinas.

② The UK Department for Digital, Cultural, Media & Sport, "Government Response to the Telecoms Diversification Taskforce", 2 July 2021, p.3, https://assets.publishing.service.gov.uk/government/uploads/system/uploads/attachment_data/file/998710/Government_response_to_the_Telecoms_Diversification_Taskforce__accessible_version_.pdf.

③ The UK Government, "Global Britain in a Competitive Age: The Integrated Review of Security, Defence, Development, and Foreign Policy", 16 March 2021, pp.87-95.

④ The UK Government, "Global Britain in a Competitive Age: The Integrated Review of Security, Defence, Development, and Foreign Policy", 16 March 2021, pp.104-105.

力。无论是在特朗普（Donald Trump）执政末期（2020 年 7 月至 2021 年 1 月），还是在拜登（Joe Biden）执政初期（2021 年 1～7 月），英美两国关系都是以合作与共识为主，摩擦较少，英美特殊关系较以往得到加强。尤其在2021 年 1 月拜登执政后，英美特殊关系进入了新的阶段，彻底脱欧的英国与拜登执政下的美国总体上建立了更为和谐的合作关系。

（一）特朗普执政末期英美特殊关系的改善

英美特殊关系之所以在特朗普执政末期出现明显改善迹象，一个重要原因是约翰逊政府的对华政策逐渐与特朗普政府趋同，其主要转折点是新冠肺炎疫情的暴发。由于英国和美国的新冠肺炎疫情均在 2020 年 3 月开始全面暴发，本文将疫情时代①界定为 2020 年 3 月之后的时期。在疫情时代，约翰逊政府对华政策出现转向，一改以往温和、友善的对华政策，对华日趋强硬。因而，约翰逊政府与特朗普政府在对华政策上逐渐趋同，为英美特殊关系的改善提供了机会。在中美战略竞争态势下，英美特殊关系与中英关系"黄金时代"矛盾加深。约翰逊政府为了维护与美国的特殊关系，在对话政策上朝令夕改，影响了中英关系的健康发展态势。

2020 年 3 月至 2021 年 1 月，约翰逊政府与特朗普政府在对华政策上的趋同和协调主要体现在涉港、涉疆、华为 5G 和新冠肺炎疫情溯源问题上。在涉港问题上，英美两国都批评中国政府颁布的《中华人民共和国香港特别行政区维护国家安全法》（简称《香港国安法》）。2020 年 5 月 28 日至2021 年 1 月 10 日，英国外交大臣多米尼克·拉布（Dominic Raab）和美国国务卿迈克·蓬佩奥（Mike Pompeo）联合其他"五眼联盟"外长或七国集团（G7）外长先后发表了 6 次联合声明，攻击《香港国安法》以及其他"有违民主"的治港政策。除了口头表态，特朗普政府还以实际行动协助约翰逊政府在《香港国安法》问题上与中国对抗。2020 年 7 月 14 日，特朗普

---

① 有些学者将当前时代称为"后疫情时代"。由于新冠肺炎疫情远未结束，将当前时代界定为"疫情时代"更为严谨一些。参见席来旺《对"后疫情时代"国际大势的几点看法——兼论和平与发展时代主题的持久性与新内涵》，《太平洋学报》2021 年第 3 期，第 1 页。

正式签署《香港自治法案》，使美国政府部门有权以金融等制裁手段惩罚参与制定和实施《香港国安法》的香港特区政府官员，并取消美国给予香港贸易上的特殊待遇。① 在涉疆问题上，约翰逊政府和特朗普政府在所谓"新疆再教育营"问题上一致指责中国。2020 年 1 月 12 日，约翰逊政府宣布禁止进口涉及所谓"强迫劳动"的新疆产品（尤其是棉花）的禁令，特朗普政府紧随其后于 1 月 14 日也以涉及"强迫劳动"为名，宣布禁止从新疆进口棉花、西红柿以及所有用这些原料制成的产品。② 在华为 5G 问题上，约翰逊政府于 2020 年 7 月 14 日最终选择顺从特朗普政府和保守党内部强硬反华派的要求，决定全面禁止华为公司参与英国 5G 网络建设。③ 在新冠肺炎疫情问题上，约翰逊政府和特朗普政府罔顾事实，执意将新冠溯源问题政治化，试图将其国内抗疫不力的责任推卸给中国。英国外交大臣拉布和美国国务卿蓬佩奥还多次呼吁世界卫生组织派专家前往中国调查新冠肺炎疫情源头。④

（二）拜登执政初期英美特殊关系的提升

2021 年 1 月 21 日，拜登入主白宫，英美特殊关系正式由特朗普时期进入拜登时期。不同于特朗普，拜登在一定程度上回归美国外交传统，更注重多边主义和盟友体系，从而为英美特殊关系的改善提供了转机。英国首相约

① Owen Churchill, "US President Donald Trump Signs Hong Kong Autonomy Act, and Ends the City's Preferential Trade Status", *South China Morning Post*, 15 July 2020, https：//www. scmp. com/news/world/united – states – canada/article/3093200/donald – trump – signs – hong – kong – autonomy – act – and – ends.

② David Lawder, "U. S. Bans Imports of All Cotton, Tomato Products from China's Xinjiang Region", *Reuters*, 14 January 2021, https：//www. reuters. com/article/us – usa – trade – china – xinjiang – idUSKBN29 I2KO.

③ The UK Government, "Digital, Culture, Media and Sport Secretary's Statement on Telecoms", 14 July 2020, https：//www. gov. uk/government/speeches/digital – culture – media – and – sport – secretarys – statement – on – telecoms.

④ Ronn Blitzer, "Pompeo: COVID – 19 Leaked from Wuhan Lab", *Fox News*, 14 June 2020, https：//www. foxnews. com/politics/pompeo – covid – leaked – wuhan – lab; Frank Langfitt, "How the Coronavirus has Strained U. K. – China Ties", *NPR*, 22 May 2020, https：//www. npr. org/2020/05/22/857767920/how – the – coronavirus – has – strained – u – k – china – ties.

翰逊是第一个接到拜登总统电话的欧洲领导人，并且双方延续数十年之传统，在通话中重申继续维护和发展英美特殊关系。① 拜登的这一举动既是象征性的外交辞令，又具有实质性意义，表明了拜登修复联盟的决心。拜登政府依然将英国视为最亲密的欧洲盟友，有利于全方位提升英美合作关系。

拜登是首个与彻底脱欧的英国打交道的美国总统。与特朗普截然相反，他此前一直旗帜鲜明地反对英国脱欧。但自 2021 年 1 月 20 日正式执政以来，拜登并未因其此前对英国脱欧的成见而轻视英国，反而更为重视发展与英国的特殊关系。英美特殊关系的升温幅度超出预期。新版《大西洋宪章》的签署，标志着两国希望在大国竞争的时代重塑英美特殊关系的意愿。在 6 月 10 日首次面对面的会晤中，拜登和约翰逊签署了新版《大西洋宪章》，重申对英美特殊关系的重视，承诺共同应对全球性挑战，"捍卫"以民主和开放社会为主要特征的"自由"国际秩序。②

拜登政府和约翰逊政府在外交战略上契合度较高，有利于双方在国际事务上建立融洽和谐的合作关系。在外交战略上，与约翰逊政府的"全球英国"外交战略类似，拜登政府重新重视多边国际机制和盟友体系，强调人权和自由贸易，致力于维护而非破坏"自由"国际秩序。③ 在威胁认知上，双方都将俄罗斯和中国视为挑战"自由"国际秩序和对其国家安全最严重的传统威胁，将新冠肺炎疫情、气候变化和恐怖主义视为主要的非传统

---

① White House, "Readout of President Joseph R. Biden Call with Prime Minister Boris Johnson of the United Kingdom", 23 January 2021, https：//www. whitehouse. gov/briefing – room/statements – releases/2021/01/23/readout – of – president – joe – biden – call – with – prime – minister – boris – johnson – of – the – united – kingdom/; The UK government, "PM Call with President Joe Biden：23 January 2021", 23 January 2021, https：//www. gov. uk/government/news/pm – call – with – president – joe – biden – 23 – january – 2021.

② The White House, "The New Atlantic Charter", 10 June 2021, https：//www. whitehouse. gov/ briefing – room/statements – releases/2021/06/10/the – new – atlantic – charter/.

③ The White House, "Remarks by President Biden on America's Place in the World", 4 February 2021, https：//www. whitehouse. gov/briefing – room/speeches – remarks/2021/02/04/remarks – by – president – biden – on – americas – place – in – the – world/.

安全威胁。①

在应对中国这一所谓"严重传统安全威胁"时，约翰逊政府对拜登政府亦步亦趋，配合美国打压中国，继续在涉港、涉疆、新冠疫情溯源和南海问题上给中国制造麻烦。在2021年6月的七国集团（G7）峰会和北约峰会上，拜登和约翰逊大肆宣扬"中国威胁论"，呼吁其他盟友将矛头指向中国。无论是在6月13日的七国集团联合声明中，还是在6月24日的北约联合声明中，中国都是被指责和被攻击的焦点，而拜登和约翰逊则是主要推手。在拜登和约翰逊的力推下，七国集团成员国不仅决定推出"重建美好世界"倡议（B3W）对抗中国的"一带一路"倡议②，而且要求世界卫生组织对包括中国在内的国家进行第二阶段新冠病毒源头调查。③ 同样，由于约翰逊和拜登力推，北约成员国在联合公报中将中国列为北约面临的"系统性安全威胁"。④ 这是北约自1949年成立以来，首次在其公报中将中国界定为"军事威胁"。

然而，仍困扰英美特殊关系的问题是北爱尔兰和平问题与《贝尔法斯特协议》的前景。《贝尔法斯特协议》于1998年4月达成，对维护北爱尔兰和平具有重要意义。作为具有"5/8爱尔兰血统"的美国总统，拜登对北爱尔兰和平问题尤其关注，多次警告约翰逊政府切勿因与欧盟在脱欧问题上的争议而危及《贝尔法斯特协议》的实施。2021年3月16日，15名美国民主党与共和党参议员联合提出了一项针对北爱尔兰和平问题的决议，要求英

① Jon Sopel, "US – UK Special Relationship: How Goes It under Biden and Johnson", *BBC*, 10 June 2021, https://www.bbc.com/news/world – us – canada – 57414195.

② The White House, "Fact Sheet: President Biden and G7 Leaders Launch Build Back Better World (B3W) Partnership", 12 June 2021, https://www.whitehouse.gov/briefing – room/statements – release s/2021/06/12/fact – sheet – president – biden – and – g7 – leaders – launch – build – back – better – world – b3w – partnership/.

③ The White House, "Carbis Bay G7 Summit Communique", 13 June 2021, https://www.whitehouse.gov/briefing – room/statements – releases/2021/06/13/carbis – bay – g7 – summit – communique/.

④ 《北约峰会召开，公报列中国为"系统性威胁"》，BBC中文网，2021年6月14日，https://www.bbc.com/zhongwen/simp/world – 57475949；NATO, "Brussels Summit Communiqué", 24 June 2021, https://www.nato.int/cps/en/natohq/news_ 185000.htm.

国政府全面执行《贝尔法斯特协议》和《北爱尔兰议定书》，否则将反对未来英国与美国签订的任何自由贸易协定。① 美国参议员之所以在 3 月 16 日推出该决议，主要是因为拜登与爱尔兰总理米歇尔·马丁（Micheál Martin）在 3 月 17 日举行线上双边会晤，以庆祝圣帕特里克节。② 巧合的是，约翰逊政府在 3 月 16 日公布了《综合评估》报告，英美关系在该报告中不出意外地被界定为"英国最为重要的双边关系"，足见约翰逊政府对英美特殊关系寄予厚望；同时也意味着，约翰逊政府在脱欧过程中，不得不重视美国对北爱尔兰和平问题的态度，竭力避免因该问题破坏英美关系大局。美国参议院在 5 月 17 日以全票通过该决议，彰显了参议院对北爱尔兰和平问题的高度重视。③ 这也对约翰逊政府造成了更大压力。在拜登访问英国前夕（6 月 9 日），美国国家安全顾问沙利文（Jake Sullivan）在接受 BBC 新闻台采访时公开警告约翰逊政府，"任何破坏《贝尔法斯特协议》的举措都不会受到美国欢迎"。④ 在拜登访问英国的首日（6 月 10 日），美国驻英国大使馆临时代办伦帕特（Yael Lempert）与英国脱欧首席谈判代表弗罗斯特（David Frost）见面，并罕见发出外交照会（diplomatic démarche），要求约翰逊政府与欧盟在北爱尔兰与大不列颠之间的边界检查问题上尽快达成妥协，否则将会导致北爱尔兰紧张局势。⑤

① The US Senate Committee on Foreign Relations, "Menendez, Collins, Colleagues Introduce Resolution Reaffirming Bipartisan Support for the Good Friday A Greement", 16 March 2021, https：//www. foreign. senate. gov/press/chair/release/menendez – collins – colleagues – introduce – resolution – reaffirming – bipartisan – support – for – the – good – friday – agreement.

② The White House, "Joint Statement by President Joe Biden and Taoiseach Micheál Martin", 17 March 2021, https：//www. whitehouse. gov/briefing – room/statements – releases/2021/03/17/joint – statement – by – president – joe – biden – and – taoiseach – micheal – martin/.

③ The US Congress, "S. Res. 117 – A Resolution Expressing Support For the Full Implementation of the Good Friday Agreement, or the Belfast Agreement, and Subsequent Agreements and Arrangements for Implementation to Support Peace on the Island of Ireland", 117th Congress (2021 – 2022), 17 May 2021, https：//www. congress. gov/bill/117th – congress/senate – resolution/117/text.

④ "G7 Summit: Don't Imperil NI Peace, Biden to Warn UK and EU", *BBC*, 9 June 2021, https：//www. bbc. com/news/uk – politics – 57411343.

⑤ Patrick Maguire and Oliver Wright, "G7 Summit 2021: Joe Biden Accuses Boris Johnson of 'Inflaming' Irish Tensions", *The Times*, 10 June 2021, https：//www. thetimes. co. uk/article/g7 – summit – 2021 – joe – biden – accuses – boris – johnson – of – inflaming – irish – tensions – r88lcv6cg.

三 英欧关系一波三折

过去一年的英欧关系可主要分为两个阶段——英国脱欧过渡期后半阶段
（2020 年 7 月至 2020 年 12 月）和英国彻底脱欧初级阶段（2021 年 1～7
月）。在英国脱欧过渡期后半阶段，约翰逊政府在对欧关系上的重中之重是
在过渡期结束（12 月 31 日）之前与欧盟达成自由贸易协定。在英国彻底脱
欧初级阶段，约翰逊政府在对欧关系上主要致力于与欧盟在如何执行脱欧协
议上达成共识，北爱尔兰边界问题再次成为棘手问题。

（一）英国脱欧过渡期后半阶段：英欧谈判进程久拖不决

2020 年 6 月 15 日，约翰逊与欧盟领导人举行视频会议，确认英国脱欧
过渡期不会延长，于 2020 年 12 月 31 日正式结束。[①] 在 6 月 15 日之前，英
国曾与欧盟就未来关系进行了 4 轮谈判，但谈判进展缓慢，分歧难以弥合。
在 6 月 15 日英欧双方达成不延长脱欧过渡期的决定后，英欧谈判双方面临
巨大压力，担心英国"无协议脱欧"。英国与欧盟原本计划通过 10 轮谈判
在 10 月底之前就未来贸易关系达成协议。[②] 双方在 10 月 22～28 日于英国伦
敦举行了第 10 轮谈判，但仍未取得实质性突破，因而不得不延长谈判期。[③]

在 2020 年 12 月 4 日之前，英国和欧盟又举行了数轮谈判，但是依然无
法在公平竞争、捕鱼权等关键问题上达成一致。因而，英欧谈判代表在 12
月 4 日发表联合声明，宣布由于无法达成共识，谈判将中止，留待约翰逊与

---

① Alasdair Sandford and Alice Tidey, "Brexit: UK and EU Agree not to Extend Transition Period Beyon
December 2020", *Euronews*, 16 June 2020, https://www. euronews. com/2020/06/15/brexit - boris -
jo hnson - and - ursula - von - der - leyen - to - hold - high - level - talks - next - week.

② Gordon Rayner and James Frayne, "UK Sets October Deadline for Post-Brexit Trade Deal as Michel
Barnier Warns Agreement 'Unlikely'", *The Telegraph*, 23 July 2020, https://www. telegraph. co. uk/
poli tics/2020/07/23/uk - making - post - brexit - trade - deal - unlikely - michel - barnier -
warns/.

③ "Post-Brexit Trade Talks Extended", *BBC*, 25 October 2020, https://www. bbc. com/news/uk -
politics - 54681400.

欧盟委员会主席冯德莱恩（Ursula von der Leyen）决断。① 12 月 5 日，约翰逊与冯德莱恩一致认为英国与欧盟应该在 12 月 6~13 日继续进行谈判，然后再决定是否有必要继续。12 月 13 日，约翰逊和冯德莱恩通电话后发表联合声明，要求英欧谈判代表继续谈判，并不设置谈判截止日期。② 12 月 17 日，欧盟议会党团领导人宣布 12 月 20 日为英欧就未来关系达成协议的最后期限。但是，由于英欧谈判在 12 月 20 日依然未取得突破性进展，谈判继续进行。直至 12 月 24 日，约翰逊和冯德莱恩才宣布英欧双方达成了零关税、零配额的自由贸易协定。英国与欧盟在过渡期结束之前成功达成协议，避免了英国"无协议脱欧"的窘境。

（二）英国彻底脱欧的初级阶段：北爱尔兰问题依然棘手

2020 年 12 月 30 日，代表英国政府的约翰逊与代表欧盟的冯德莱恩和查尔斯·米歇尔（Charles Michel）（欧洲理事会主席）分别在《欧盟—英国贸易与合作协定》上签字。12 月 30 日当天，英国下议院以 521∶73 的投票批准了基于该协定的《欧盟（未来关系）法案》［European Union（Future Relationship） Bill］。12 月 31 日，《欧盟（未来关系）法案》获得批准，正式成为英国法律——《欧盟（未来关系）法》。③

欧盟方面批准《欧盟—英国贸易与合作协定》却由于北爱尔兰边界问题遭遇了一番波折。3 月 3 日，北爱尔兰事务大臣布兰登·刘易斯（Brandon Lewis）宣布将从大不列颠出口到北爱尔兰的食品的检查宽限期延长至 10 月 1 日，遭到欧盟强烈反对。欧盟委员会副主席马罗什·谢夫乔维

---

① Daniel Boffey, Heather Stewart, Simon Murphy and Lisa O'Carroll, "Brexit: Johnson and Vonder Leyen to Take over with Direct Talks", *The Guardian*, 4 December 2021, https://www.theguardian.com/politics/2020/dec/04/france - could - veto - bad - brexit - deal - macron - ally - warns.

② European Commission, "Joint Statement from European Commission President Ursula Vonder Leyen and UK Prime Minister Boris Johnson", 13 December 2020, https://ec.europa.eu/commission/pres scorner/detail/en/statement_ 20_ 2337.

③ Rajeev Syal, "Boris Johnson's Post-Brexit Trade Deal Passes into UK Law", *The Guardian*, 30 December 2020, https://www.theguardian.com/politics/2020/dec/31/post - brexit - trade - deal - boris - johnson - thanks - mps - and - peers - for - passing - bill.

奇（H. E. Maroš Šefčovič）在当天发表声明称英国此举是在北爱尔兰问题上第二次违反国际法（即英国《脱欧协议》）。为了让受影响的英国食品企业逐渐适应设在爱尔兰海的海关检查新规，欧盟允许对从大不列颠运往北爱尔兰的食品实施 3 个月的检查宽限期（4 月 1 日结束）。欧洲议会原定于 3 月25 日对《欧盟—英国贸易与合作协定》进行投票，但由于英国这一单方面举动，决定推迟批准该协定。① 3 月 15 日，欧盟向英国递交信函，正式启动针对约翰逊政府的法律行动，要求其遵守《北爱尔兰议定书》条款，并就争议问题于 3 月底开始与欧盟进行磋商。② 3 月底，约翰逊政府开始与欧盟就北爱尔兰贸易规则问题进行谈判。4 月 14 日，约翰逊政府宣称将于 5 月中旬之前对欧盟采取的法律行动做出正式回应。③ 4 月 28 日，欧洲议会以660 票赞成、5 票反对、32 票弃权的表决结果批准了《欧盟—英国贸易与合作协定》。④ 欧盟理事会于 4 月 29 日正式批准该协定，并于 5 月 1 日起正式实施。

　　欧盟批准该协定并非意味着英欧双方的所有经贸问题和矛盾都得以解决。北爱尔兰与英国之间的贸易问题、英欧金融服务贸易安排⑤等问题依然未得到妥善解决，仍将困扰英欧关系。北爱尔兰与英国之间的贸易问题在2021 年 5 月 1 日至 7 月 20 日继续发酵，英国和欧盟就该问题继续进行谈判，

① Daniel Boffey and Rory Carroll, "EU Postpones Setting Date for Ratifying Brexit Trade Deal", *The Guardian*, 4 March 2021, https：//www. theguardian. com/politics/2021/mar/04/uks – plan – to – extend – brexit – grace – period – infuriates – irish – and – eu – officials.

② Kara Fox and James Frater, "EU Launches Legal Action Against UK over Northern Ireland Protocol", *CNN*, 15 March 2021, https：//www. cnn. com/2021/03/15/europe/eu – uk – brexit – grace – period – northern – ireland – gbr – intl/index. html.

③ "UK to Respond to EU Legal Action over Northern Ireland by Mid-May", *Reuters*, 14 April 2021, https：//www. reuters. com/world/uk/uk – respond – eu – legal – action – over – nireland – by – mid – may – 2021 – 04 – 14/.

④ European Parliament, "Parliament Formally Approves EU-UK Trade and Cooperation Agreement", 28 April 2021, https：//www. europarl. europa. eu/news/en/press – room/20210423IPR02772/parliament – formally – approves – eu – uk – trade – and – cooperation – agreement.

⑤ House of Lords European Union Committee, "Beyond Brexit: Trade in Services", 23rd Report of Session 2019 –21, 24 March 2021, pp. 9 –20, https：//publications. parliament. uk/pa/ld5801/ldselect/ldeucom/248/248. pdf.

双边关系不时陷入紧张。① 双方在 6 月 30 日就冷冻肉宽限期限延长达成一致，同意将宽限期限延长至 9 月 30 日。② 7 月 21 日，英国政府发布了名为《北爱尔兰议定书：前进之路》（Northern Ireland Protocol：The Way Forward）的文件，就解决与欧盟在北爱尔兰问题上的争端提出了新的举措，要求重新修订《北爱尔兰议定书》。③ 7 月 27 日，欧盟委员会宣布暂停对英国因涉嫌违反《北爱尔兰议定书》而采取的法律行动，以便在"停顿期"内重新考虑英国提出的新举措，并就这些举措进行谈判。④ 在金融服务领域，截至 2021 年 7 月 31 日，英国政府与欧盟尚未针对跨境金融服务贸易达成合作协议，未来英欧金融贸易关系仍旧面临较大不确定性。约翰逊政府希望欧盟尽

---

① Tony Connelly, "EU Rejects UK Compromise over Northern Ireland Protocol", *RTE*, 7 May 2021, https：//www. rte. ie/news/brexit/2021/0507/1215936 – northern – ireland – protocol/; Denis Staunton and Pat Leahy, "NI Protocol：EU Talks Have not Dealt with Key Issue, Says Frost", *The Irish Times*, 17 May 2021, https：//www. irishtimes. com/news/world/uk/ni – protocol – eu – talks – have – not – dealt – with – key – issue – says – frost – 1. 4567813; Aubrey Allegretti, "EU Commission Calls on UK to Ditch Ideology over Northern Ireland Protocol", *The Guardian*, 30 May 2021, https：//www. theguardian. com/politics/2021/may/30/eu – commission – uk – northern – ireland – protocol – brexit; Conrad Duncan, "EU Denies Using Northern Ireland to 'Punish' UK for Brexit", *Independent*, 31 May 2021, https：//www. independent. co. uk/news/uk/politics/brexit – northern – ireland – protocol – eu – b1856759. html; Tony Connelly, "EU Pessimism Grows over any NI Protocol Breakthrough", *RTE*, 4 June 2021, https：//www. rte. ie/news/brexit/2021/0604/1225949 – eu – ni – protocol/; Alasdair Sandford, "Northern Ireland：Who's Right in the EU – UK Dispute over the Brexit protocol", *Euronews*, 29 June 2021, https：//www. euronews. com/2021/06/29/northern – ireland – who – s – right – in – the – eu – uk – dispute – over – the – brexit – protocol.

② The UK Government, "Extension to Northern Ireland Protocol Grace Period for Chilled Meats Agreed", 30 June 2021, https：//www. gov. uk/government/news/extension – to – northern – ireland – protocol – grace – period – for – chilled – meats – agreed; European Commission, "EU-UK Relations：Solutions Found to Help Implementation of the Protocol on Ireland and Northern Ireland", 30 June 2021, https：//ec. europa. eu/commission/presscorner/detail/en/ip_ 21_ 3324.

③ The UK Government, "Northern Ireland Protocol-Next Steps", 21 July 2021, https：//www. gov. uk/government/publications/northern – ireland – protocol – next – steps; "Brexit：UK Wants to Redraw Northern Ireland Protocol", *BBC*, 21 July 2021, https：//www. bbc. com/news/uk – politics – 57911148; Daniel Boffey, "UK Rejects EU's Northern Ireland Moves, Saying Brexit Deal must be Renegotiated", *The Guardian*, 26 July 2021, https：//www. theguardian. com/politics/2021/jul/26/uk – rejects – eus – northern – ireland – moves – saying – brexit – deal – must – be – renegotiated.

④ Naomi O'Leary, "EU Pauses Legal Action Against UK over Northern Ireland Protocol", *The Irish Times*, 27 July 2021, https：//www. irishtimes. com/news/politics/eu – pauses – legal – action – against – uk – over – northern – ireland – protocol – 1. 4632070.

快就英国金融服务企业在欧盟的基于"等同原则"（Equivalence）① 的市场准入权范围做出决定。但是欧盟反应比较冷淡，并不急于做出决定。2020年11月9日，英国财政部公布了涉及欧洲经济区（欧盟成员国、冰岛、列支敦士登和挪威）金融服务企业的"等同"决定，在22个特定领域给予欧洲经济区的金融服务企业在英国的基于"等同原则"的市场准入权。② 但是，欧盟迟迟未公布针对英国金融服务企业的"等同"决定。欧盟不情愿给予英国金融服务企业更多的优惠待遇，只在两个特定领域承认英国金融服务企业在欧盟享有基于"等同原则"的市场准入权。③ 7月1日，英国财政大臣里希·苏纳克（Rishi Sunak）在一次公开演讲中确认英国与欧盟尚未就后脱欧时代英国金融服务企业在欧盟的地位达成协议，双方分歧仍难以弥合。④

《欧盟—英国贸易与合作协定》并不涉及后脱欧时代英国与欧盟的安全和外交关系。英国政府也不打算就安全和外交关系签订一个兼具综合性和永久性的协定，更倾向于在处理后脱欧时代的对欧安全和外交关系上采取灵活且临时性的举措。自2021年1月1日起，欧盟共同外交与安全政策（CFSP）、共同安全与防务政策（CSDP）这两大欧盟机制将不再对英国具有约束力，英

① "等同原则"指的是在欧盟法律框架下，允许位于欧洲经济区（EEA）以外的第三国公司进入欧盟市场。欧盟委员会有权决定是否在特定领域第三国的金融法律和监管框架内与欧盟"等同"。基于"等同原则"的市场准入权限和范围小于金融通行证。即使欧盟在所有大约40个特定区域内都给予英国金融服务企业等同的权利，仍远低于英国脱欧前金融通行证框架下的市场准入范围，并且欧盟也可以随时撤销所赋予的"等同原则"。参见中银研究《英欧新关系下金融服务谈判影响及展望》，新浪网，2021年2月26日，https：//finance. sina. cn/zl/2021 - 02 - 26/zl - ikftpnny9853535. d. html? vt = 4&cid = 79615&node_ id = 79615；PWC, "Equivalence: Financial Services Overview", 2019, https：//www. pwc. co. uk/financial - services/assets/pdf/equivalence - financial - services - overview. pdf。
② Ali Shalchi, "'Equivalence' with the EU on Financial Services", House of Commons Library, 19 November 2020, https：//commonslibrary. parliament. uk/equivalence - with - the - eu - on - financial - services/.
③ Ali Shalchi, "The UK - EU Trade Deal: Financial Services", House of Commons library Research Briefing, Number CBP 9263, p. 3, https：//researchbriefings. files. parliament. uk/documents/CBP - 9263/CBP - 9263. pdf.
④ John-Paul Ford Rojas, "Rishi Sunak Says Financial Services Deal with EU 'has not happened'", *Sky News*, 1 July 2021, https：//news. sky. com/story/rishi - sunak - says - equivalence - deal - with - eu - has - not - happened - 12346196.

国也无义务遵守上述机制的相关规定。尽管英国可以按照该协定继续与欧盟在司法事务上密切合作，但英国只能以第三国的名义与欧洲刑警组织和欧盟检察官组织合作，不再对欧盟司法机构的战略发展方向具有决定权，也不能再使用诸如第二代申根信息系统（SIS Ⅱ）这样的敏感信息数据库和系统。[①]

四　英国与印太地区盟友和伙伴关系更加密切

在约翰逊政府看来，英国唯有增强在印太地区的存在感和影响力，才能推行其"全球英国"外交战略，在域外地区扮演"大国角色"。为了增强英国在印太地区的存在感和影响力，约翰逊政府自 2020 年 7 月以来加快了在印太地区的战略布局，致力于增强与印太地区盟友和伙伴的合作关系。尤为令人瞩目的是，约翰逊政府试图通过发表联合声明、签署防务合作协议、派遣舰船巡航和参加联合军事演习等方式向亚太地区"倾斜"，提升与印太地区盟友和伙伴的防务合作水平，以增强英国对印太地区安全事务的影响力。[②]

按照关系的密切程度，英国在印太地区的盟友和合作伙伴可分为三类。第一类是英国的"五国联防"盟友，包括澳大利亚、新西兰、马来西亚和新加坡。由于澳大利亚和新西兰同时也是"五眼联盟"成员国，英国与这两个印太地区国家的关系最为密切。第二类是英国优先发展的战略合作伙伴，主要包括日本和印度。第三类是英国较为重视的次级战略合作伙伴，主要包括越南、菲律宾和印度尼西亚。

（一）英国与"五国联防"盟友关系的推进

英国以《五国联防协议》为依托，进一步提升了与"五国联防"盟友

---

①　House of Lords European Union Committee, "Beyond Brexit: Policing, Law Enforcement and Security", 25th Report of Session 2019 – 21, 26 March 2021, pp. 23, 35; Tim J. Wilson, "EU-UK Criminal Justice and Security Cooperation after Brexit: A Perspective", *Forensic Science International*: *Synergy*, Vol. 3, 2021, p. 1.

②　凌云志：《英将派航母舰队首航亚洲，战略中心转向"印太"》，澎湃新闻，2021 年 5 月 1 日，https: //www. thepaper. cn/newsDetail_ forward_ 12480704。

的防务合作关系。2020年11月27日，"五国联防"成员国防长发表联合声明，决定加强防务合作协调，提升五国协同作战能力。① "五国联防"成员国先后在2021年5月和7月举行了代号为"Exercise Bersama Shield 2021"和"Exercise Suman Warrior 2021"的军事演习。② 在"五国联防"成员国中，澳大利亚与英国的关系进展最为显著。除了在《五国联防协议》这一多边框架下加强与澳大利亚的防务合作外，英国国防部还于2020年10月20日与澳大利亚国防部签署了双边合作备忘录，致力于推动英澳两国在26型舰（Type 26 Frigates）和猎人级巡防舰（Hunter-class Frigates）两大项目上的合作，进一步提升了两国的防务合作关系。③ 标志着英澳经贸关系更上一个台阶的事件是2021年6月15日英澳自由贸易协定的达成。④ 这是脱欧后的英国与其主要盟友达成的第一个超越原有贸易关系的自贸协定，象征意义大于经济意义，成为英国加入《全面与进步跨太平洋伙伴关系协定》（CPTPP）的"敲门砖"。⑤ 值得一提的是，2021年2月1日，约翰逊政府正式申请加入《全面与进步跨太平洋伙伴关系协定》，成为第一个申请加入该协定的非创始国。⑥

① The UK Government, "FPDA Defence Ministers' Joint Statement", 27 December 2020, https：// www. gov. uk/government/news/fpda - defence - ministers - joint - statement.
② Fang Yiyang, "SAF Hosts Exercise Suman Warrior Virtually with Members of Five-Power Pact", *The Strait Times*, 14 July 2021, https：//www. straitstimes. com/singapore/saf - hosts - exercise - suman - warrior - virtually - with - members - of - five - power - pact.
③ The UK Government, "UK and Australia Commit to Shipbuilding Partnership", 20 October 2020, https：//www. gov. uk/government/news/uk - and - australia - commit - to - shipbuilding - partnership - - 2#：~：text = The% 20agreement% 20also% 20sets% 20out，small% 20and% 20medium% 2Dsized% 20enterprisesl; Jon Grevatt, "Australia, UK Sign Frigate Agreement", *Janes*, 21 October 2021, https：//www. janes. com/defence - news/news - detail/australia - uk - sign - frigate - agreement.
④ The UK Government, "UK Agrees Historic Trade Deal with Australia", 15 June 2021, https：// www. gov. uk/government/news/uk - agrees - historic - trade - deal - with - australia.
⑤ 高雅：《加入CPTPP的"敲门砖"？脱欧后英国同澳大利亚签自贸协定》，第一财经，2021年6月15日，https：//www. yicai. com/news/101082427. html。
⑥ Hiroshi Matsuura, "Why Joining the CPTPP is a Smart Move for the UK", *Chatham House*, 19 March 2021, https：//www. chathamhouse. org/2021/03/why - joining - cptpp - smart - move - uk;《英国申请加入CPTPP 没有美国的自贸区有什么吸引力》，BBC中文网，2021年2月2日，https：//www. bbc. com/zhongwen/simp/business - 55885066。

（二）英日关系和英印关系发展迅速

在过去一年里，英国在不同程度上加强了与印太地区盟友和伙伴的合作关系，其中与日本的合作关系发展最快。英国与日本于 2020 年 9 月 11 日宣布达成《英日全面经济伙伴关系协定》（UK-Japan Comprehensive Economic Partnership Agreement），并于 10 月 23 日正式签署，成为英国在正式脱欧后与其他经济体达成的首个自由贸易协定，因而意义重大。[1] 此外，通过常规化的 "2 + 2" 对话机制和军事演习，英国与日本的安全合作逐步升级。[2] 2021 年 7 月 20 日，英国国防大臣华莱士（Ben Wallace）访问日本，与日本防卫大臣岸信夫、首相菅义伟举行会谈后，宣布英国巡逻舰 "史佩号"（HMS Spey）和 "塔马号"（HMS Tamar）将在澳大利亚、日本和新加坡的舰艇支持下，于 2021 年 8 月底开始在该地区长期部署。[3] 彰显英日安全合作关系升级的最新例证是英国 "伊丽莎白女王号" 航母编队于 2021 年 9 月抵达日本港口，与日本举行联合军事演习。[4] 尽管不及英日关系发展迅速，英印关系在过去一年里也取得了一些实质性进展。2021 年 5 月 4 日，英国首相约翰逊与印度总理莫迪举行视频会议，双方达成 "2030 路线图"（2030 Roadmap），致力于在下一个 10 年加强在防务、贸易、教育、科技和卫生等领域的合作，

---

[1] "Britain and Japan Sign Post-Brexit Trade Deal", *BBC*, 23 October 2020, https://www.bbc.com/news/business – 54654814.

[2] The UK Government, "UK Commits to Deeper Defence and Security Cooperation with Japan", 3 February 2021, https://www.gov.uk/government/news/uk – commits – to – deeper – defence – and – security – cooperation – with – japan; Ministry of Foreign Affairs of Japan, "Fourth Japan – UK Foreign and Defence Ministers' Meeting（'2 + 2'）", 3 February 2021, https://www.mofa.go.jp/press/release/press3e_ 000163. html.

[3] Gabriel Dominguez, Richard Scott and Kosuke Takahashi, "UK to Permanently Assign two OPVs to Indo – Pacific Region", *Janes*, 21 July 2021, https://www.janes.com/defence – news/news – detail/uk – to – permanently – assign – two – opvs – to – indo – pacific – region_ 19126.

[4] "Britain to Permanently Deploy two Warships in Asian Waters", *Reuters*, 21 July 2021, https://www.reuters.com/world/uk/britain – permanently – deploy – two – warships – asian – waters – 2021 – 07 – 20/.

防务合作成为未来英印合作新的亮点。① 作为"2030 路线图"的一部分，英国将帮助印度研发"光辉"MarkⅡ 4.5 代战机，并将 MT30 燃气涡轮发动机的制造技术转让给印度。② 5 月 25 日，英国国际贸易部启动了长达 14 周的咨询进程，寻求英国公众和企业对英印自贸协定的意见，以便为 2021 年秋季开始的英印自贸协定谈判做准备。③

（三）英国与东南亚国家关系逐渐提升

英国在过去一年里也深化了与越南、菲律宾和印度尼西亚的合作关系，尤其是英国与越南的关系明显增强。2020 年 9 月 29 ~ 30 日，英国外交大臣拉布访问越南，与越南政府签署了《关于越南与英国战略伙伴关系：未来 10 年发展定向的联合声明》，致力于在未来 10 年进一步加强双方在防务、经贸、外交等层面的战略伙伴关系。④ 2021 年 6 月 21 日，拉布再次访问越南，开启了他对东南亚三国（越南、缅甸和新加坡）的访问之旅。在越南访问期间，拉布与越南政府代表就如何执行英越战略伙伴关系协

---

① The UK Government, "UK and India Announce New Era in Bilateral Relationship", 4 May 2021, https：//www. gov. uk/government/news/uk – and – india – announce – new – era – in – bilateral – relationship.

② The UK Government, "UK and India Prime Ministers Announce Enhanced Defence Cooperation ", 4 May 2021, https：//www. gov. uk/government/news/uk – and – india – prime – ministers – announce – enhanced – defence – cooperation; "Big Boost To India's LCA Tejas Mark II As The UK Agrees To Collaborate On India's Indigenous Fighter Jet Program", *EurAsian Times*, 6 May 2021, https：// eurasiantimes. com/boost – to – indias – homegrown – lca – tejas – mark – ii – as – the – uk – agrees – to – collaborate – british – govt/？cfchlcaptchatk = pmd_ a1bab8a6096efc3bc9e8fdddc5b33e9a40a62e39 – 1628223379 – 0 – gqNtZGzNA2KjcnBszQh6.

③ Reuters, "Britain Launches Consultation Before Starting India Trade Talks", 25 May 2021, https：//www. reuters. com/world/uk/britain – launches – consultation – before – starting – india – trade – talks – 2021 – 05 – 24/.

④ The UK Government, "Joint Declaration on UK-Vietnam Strategic Partnership: Forging Ahead for Another 10 Years", 30 September 2020, https：//www. gov. uk/government/publications/uk – vietnam – strategic – partnership – forging – ahead – for – another – 10 – years/joint – declaration – uk – vietnam – strategic – partnership – refreshed.

定进行磋商。① 7 月 21～23 日，英国国防大臣华莱士访问越南，寻求提升与越南的防务合作关系，与越南国防部部长潘文江在加强防务政策沟通、军事代表交流、对越南军官进行英文培训等方面达成了共识。② 2020 年 8 月 20 日，英国与菲律宾开展了第二次经济对话，双方一致决定继续提升经贸和投资关系，促进两国经济在后疫情时代复苏。③ 11 月 27 日，英国和菲律宾首次就气候变化与环境问题对话，签署了"合作伙伴声明"，旨在加强两国在气候变化和环境保护领域的合作。④ 英国还与印度尼西亚提升了防务和经贸合作关系。2021 年 4 月 7 日，英国外交、联邦及发展事务部代表团与印度尼西亚外交部代表团在印尼首都雅加达举行了第三次伙伴关系论坛，双方同意在防务、经贸和卫生领域加强合作。⑤ 在越南、菲律宾、印度尼西亚、新加坡、马来西亚等国的支持下，英国于 8 月 5 日正式成为东盟对话伙伴国。这是东盟 25 年间首次给予其他国家"对话伙伴国"地位。⑥

---

① The UK Government, "Foreign Secretary Visits South East Asia to Boost Trade and Defence Links", 21 June 2021, https：//www. gov. uk/government/news/foreign – secretary – visits – south – east – asia – to – boost – trade – and – defence – links.

② The UK Government, "Defence Secretary Reaffirms UK Commitment to Indo-Pacific", 23 July 2021, https：//www. gov. uk/government/news/defence – secretary – reaffirms – uk – commitment – to – indo – pacific.

③ Kris Crismundo, "PH, UK Vow to Boost Trade, Investments Amid Pandemic", Philippine News Agency, 20 August 2020, https：//www. pna. gov. ph/articles/1112861#：~：text = % E2% 80％9CThe％20Philippines％20is％20a％20key, （the）％20UK％20in％20Asean. &text = The％ 20economic％20dialogue％20with％20the, Philippines％20and％20UK％20in％202021.

④ The UK Government, "The Philippines and the UK Agree Partnership on Climate and Environment", 27 November 2020, https：//www. gov. uk/government/news/the – philippines – and – the – uk – agree – partnership – on – climate – and – environment.

⑤ The UK Government, "Indonesia-United Kingdom Partnership Forum 2021：Joint Statement", 7 April 2021, https：//www. gov. uk/government/publications/indonesia – united – kingdom – partnership – forum – 2021 – joint – statement/indonesia – united – kingdom – partnership – forum – 2021 – joint – statement.

⑥ The UK, "UK Becomes Dialogue Partner of the Association of Southeast Asian Nations", 5 August 2021, https：//www. gov. uk/government/news/uk – becomes – dialogue – partner – of – the – association – of – southeast – asian – nations.

五　中英关系低位徘徊

受保守党内部对华强硬派和美国对华竞争态势内外裹挟，英国在过去一年推行对华强硬政策，中英关系在政治、经济、安全领域都不同程度下滑，未来中英关系继续下行的风险加大。①

（一）中英政治关系

在政治层面，新冠肺炎疫情溯源、涉港和涉疆问题是导致中英政治关系出现问题的主要因素。在新冠肺炎疫情溯源问题上，英国为掩饰其抗疫不力而不断指责中国，转移矛盾。在 2021 在 3 月 30 日世界卫生组织发布国际专家组新冠病毒溯源报告后，英国联合美国、韩国、日本和以色列等 13 个国家发表联合声明，公开质疑调查报告的可信度，指责中国隐瞒了新冠肺炎疫情出现初期的原始数据。② 在 2021 年 6 月七国集团（G7）峰会召开前后，英国再次积极配合美国，在联合声明中多次要求世界卫生组织对包括中国在内的国家进行第二阶段新冠病毒溯源调查。③ 正是在以英美为代表的西方国家的施压和鼓动下，世界卫生组织总干事谭德塞（Tedros Adhanom Ghebreyesus）于 7 月 16 日正式提出对中国新冠病毒来源进行第二阶段调查。④

在涉港问题上，约翰逊政府在插手香港事务上不断加码、干涉中国内

① Financial Times, "UK-China Relations: From 'Golden Era' to the Deep Freeze", 20 July 2020, https://www.ft.com/content/804175d0 – 8b47 – 4427 – 9853 – 2aded76f48e4; Yusuke Nakajma and Tsukasa Hadano, "UK-China Relations Slip from Golden Age to Ice Age", Nikkei Asia, 20 February 2021, https://asia.nikkei.com/Politics/International – relations/UK – China – relations – slip – from – Golden – Age – to – Ice – Age.

② 《新冠疫情：世卫溯源报告引来的赞赏，争议和质疑》，BBC 中文网，2021 年 3 月 31 日，https://www.bbc.com/zhongwen/simp/science – 56587444.

③ Myah Ward, "G – 7 Nations Call for Thorough Probe of Covid Origins in China", Politico, 13 June 2021, https://www.politico.com/news/2021/06/13/g – 7 – nations – covid – origin – china – 494004.

④ 《社评：世卫的溯源调查决不能向美西方政治压力屈服》，《环球时报》2021 年 7 月 16 日，https://opinion.huanqiu.com/article/43xoVrL5FSj。

政，是导致中英关系迅速转向的直接因素之一。在 2020 年 6 月 30 日联合国人权理事会第 44 次会议上，包括英国在内的 27 个国家发表了抨击《香港国安法》的声明，包括中国在内的 53 个国家则明确支持《香港国安法》，中国的立场得到了大多数国家的支持。① 2020 年 10 月 22 日，英国政府公布了关于持英国国民（海外）护照（BNO）申请英国特别签证的细则，并决定从 2021 年 1 月 30 日开始开启签证申请特别通道，允许英国国民（海外）护照持有者通过特别渠道申请英国签证，居住满 5 年后可申请永久居留，并在获得永久居留权 1 年后可申请加入英国国籍。② 中国外交部发言人赵立坚 2021 年 1 月 29 日表示，自 1 月 31 日起，中国政府不再承认 BNO 作为有效旅行证件和身份证明。③

在涉疆问题上，约翰逊政府以所谓"人权"名义，就所谓"新疆再教育营"和"新疆劳工"问题大做文章，对此，中国政府做出了强烈谴责。2020 年 10 月 6 日，包括英、美、法、德、加、澳在内的 39 个国家在联合国大会上发表联合声明，对中国政府利用所谓"再教育营""侵犯新疆穆斯林人权"表达严重关切，包括中国、巴基斯坦、俄罗斯在内的 45 个国家则声明支持中国的新疆政策。④ 2021 年 2 月 12 日，中国国家广播电视总局宣布禁止 BBC 世界新闻台继续在中国境内落地，一方面是为了反击英国通讯管理局（Ofcom）于 2 月 4 日吊销中国国际电视台（CGTN）执照的决定，另一方面是为了反击 BBC 世界新闻台对新疆问题的不实报道。⑤ 3 月 22 日，

---

① Dave Lawler, "The 53 Countries Supporting China's Crackdown on Hong Kong", *AXIOS*, 3 July 2020, https：//www. axios. com/countries – supporting – china – hong – kong – law – 0ec9bc6c – 3aeb – 4af0 – 8031 – aa0f01a46a7c. html.

② The UK Government, "British National (Overseas) Visa", 22 October 2020, https：// www. gov. uk/british – national – overseas – bno – visa.

③ 外交部：《2021 年 1 月 29 日外交部发言人赵立坚主持例行记者会》，2021 年 1 月 29 日，https：//www. fmprc. gov. cn/web/fyrbt_ 673021/t1849552. shtml。

④ Shannon Tiezzi, "Which Countries Support China on Hong Kong's National Security Law", *The Diplomat*, 9 October 2020, https：//thediplomat. com/2020/10/which – countries – support – china – on – hong – kongs – national – security – law/.

⑤ 《BBC 世界新闻台被禁止继续在中国境内落地》，新华网，2021 年 2 月 11 日，http：// www. xinhuanet. com/world/2021 – 02/12/c_ 1127094755. htm。

英国政府紧随欧盟，宣布对涉及新疆问题的 4 名中国官员和 1 家实体实行制裁。① 为反制英国，中国政府于 3 月 26 日宣布对英国 9 名人员和 4 家实体实施制裁。② 2021 年 4 月 22 日，英国下议院议员投票一致通过了定性中国政府在新疆对维吾尔族人的政策构成所谓"种族灭绝"的动议。③ 中国驻英大使馆和外交部在第一时间严厉谴责英国议会这一罔顾事实的动议。④

（二）中英经济关系

在疫情时代，英国政府一方面把中国视为不可信赖的经济伙伴，将中国经济发展视为威胁；另一方面仍然希望从中国发展中获取利益，中英经贸往来总体平稳向好，但一些关键合作项目受到阻碍。在 2021 年《综合评估》报告中，英国将中国界定为"对英国经济安全威胁最大的国家"。在处理中英贸易关系上，约翰逊政府表现谨慎。在战略物资层面，约翰逊政府致力于减少对中国供应链的依赖。尤其在稀土供应链上，英国近年来强化了与"五眼联盟"盟友的合作，试图建立新的稀土供应链，减少对中国稀土的依赖。但在在非战略物资层面，英国政府继续致力于促进与中国的贸易合作关系，中英贸易额逆势上扬。2021 年第一季度，中国自 1997 年以来首次超越德国，成为英国最大的进口来源国，英国从中国进口的商品占英国进口总量的 16.1%，与 2018 年第一季度相比增长了 65.6%。⑤

在中英投资关系上，英国加强了对在英投资的中国企业的安全审查，使

---

① Patrick Wintour, "US and Canada Follow EU and UK in Sanctioning Chinese Officials over Xinjiang", *The Guardian*, 22 March 2021, https：//www. theguardian. com/world/2021/mar/22/china－responds－to－eu－uk－sanctions－over－uighurs－human－rights.

② 外交部：《外交部发言人宣布中方对英国有关人员和实体实施制裁》，2021 年 3 月 26 日，https：//www. fmprc. gov. cn/web/fyrbt_ 673021/t1864363. shtml。

③ "Uyghurs：MPs State Genocide is Taking Place in China", BBC, 23 April 2021, https：//www. bbc. com /news/uk－politics－56843368.

④ 《英国议会下院通过所谓"涉疆动议"中国驻英使馆谴责》，中国新闻网，2021 年 4 月 23 日，https：//www. chinanews. com/gn/2021/04－23/9461686. shtml。

⑤ Richard Partington, "China Replaces Germany as UK's Biggest Import Market", *The Guardian*, 25 May 2021, https：//www. theguardian. com/business/2021/may/25/uk－trade－with－eu－falls－by－23－in－firs t－quarter－as－brexit－and－covid－hit.

中国在英投资面临更多人为障碍。2020 年 7 月 14 日，英国政府正式宣布弃用华为，决定从 2020 年 12 月 31 日起停止购买新的华为设备，而英国 5G 网络中现有华为设备须在 2027 年前拆除。[①] 2021 年 4 月 29 日，《国家安全和投资法》正式成为英国法律，英国政府有权对 2020 年 11 月 12 日（含）以来交割的任何条件符合且涉及国家安全问题的交易进行审查。[②] 此外，英国政府在 2020 年 11 月推出的《电信（安全）法案》已经下议院通过，正在由上议院审核，预计在未来几个月内会正式成为英国法律。届时，英国电信网络将正式禁止使用华为的设备，并对违反规则使用华为设备的电信运营商进行严厉处罚，罚款额高达营业额的 10% 或 10 万英镑（约合 87.8 万元人民币）。

（三）中英安全关系

中英安全关系在一定程度上受到严重影响，英国政府日益将中国视为安全上的竞争对手，并加以防范。英国军情五处处长麦卡勒姆（Ken McCallum）甚至在 2020 年 10 月 14 日公开宣称从长远来看，中国是英国面临的"最大安全威胁"，认为俄罗斯威胁只是"带来一些坏天气"，而中国威胁则改变了"气候"。[③]

在防务层面，英国积极向印太地区倾斜，试图加强在该地区的军事存在，以应对中国"威胁"。英国强化了与印太地区盟友和伙伴的关系，例如，与日本、印度和澳大利亚开展安全合作，积极配合美国"印太"战略，

---

① The UK Government, "Digital, Culture, Media and Sport Secretary's Statement on Telecoms", 14 July 2020, https：//www. gov. uk/government/speeches/digital – culture – media – and – sport – secretarys – statement – on – telecoms.

② The UK Government, "National Security Bolstered as Bill to Protect Against Malicious Investment Granted Royal Assent", 29 April 2021, https：//www. gov. uk/government/news/national – security – bolstered – as – bill – to – protect – against – malicious – investment – granted – royal – assent.

③ Jamie Dettmer, "China Is Biggest Long-Term Threat to Britain, Says UK Spy Chief", *VOA*, 14 October 2020, https：//www. voanews. com/europe/china – biggest – long – term – threat – britain – says – uk – spy – chief.

协助美国在该地区牵制中国。英国意欲加强与南海周边国家（尤其是越南）的防务合作，其特种部队可能会参与其海军训练以对抗中国。①

在太空和网络安全层面，英国将中国视为"严重威胁"，并强化了与美国在上述两个领域的合作，以便一致应对来自中国的"安全挑战"。2021 年 4 月 1 日，英国成立了太空司令部，致力于在"联合太空行动倡议""奥林匹克防卫行动"等多边太空合作框架下，提升与美国在太空领域的合作，应对来自中国和俄罗斯的"太空威胁"。② 在网络安全层面，英国外交大臣拉布先后于 2020 年 7 月 22 日、9 月 16 日和 2021 年 5 月 12 日公开指责中国向包括英国在内的欧洲国家和美国发动网络攻击，对西方社会和民主"构成威胁"。③ 英国首相约翰逊在 2020 年 11 月 19 日宣布成立国家网络安全部队（National Cyber Force），旨在更有效地对来自中国和俄罗斯的"网络安全威胁"开展进攻性网络行动。④ 2021 年 7 月 19 日，英国联合美国、加拿大、新西兰和欧盟等发表联合声明，将矛头指向中国，指责中国对西方国家发动系统性网络攻击，抹黑和打压中国，遭到中国政府的强烈谴责。⑤

---

① 《英媒：英特种部队或训练南海有关国家海军对抗中国》，新华网，2021 年 7 月 19 日，http：//www. xinhuanet. com/mil/2021 – 07/19/c_ 1211247384. htm。

② Royal Air Force, "Commander US Space Command Holds First Visit to UK Space Command", 22 June 2021, https：//www. raf. mod. uk/news/articles/commander – us – space – command – holds – first – visit – to – uk – space – command/.

③ Cristina Gallardo, "UK Accuses Russia and China of using Cyberattacks to 'Ransack' West", *Politico*, 12 May 2021, https：//www. politico. eu/article/uk – foreign – secretary – accuses – russia – and – china – of – using – cyber – attacks – to – ransack – western – states/.

④ Dan Sabbagh, "UK Unveils National Cyber Force of Hackers to Target Foes Digitally", *The Guardian*, 19 November 2020, https：//www. theguardian. com/technology/2020/nov/19/uk – unveils – national – cyber – force – of – hackers – to – target – foes – digitally.

⑤ 《美纠集多国指责中国网络攻击是"贼喊捉贼"的霸权行径》，环球网，2021 年 7 月 23 日，https：//opinion. huanqiu. com/article/443UsQvTV1p。

经济社会篇
Economy and Society

B.5
疫情对英国社会的影响

宋云峰*

摘　要： 针对2020年3～5月的第一波严重疫情，英国政府采取了包括
封城、限制聚集、保持社交距离在内的严格防疫措施。2020
年7～9月，英国感染新冠病毒的人数大幅下降，疫情似乎得
到了控制。然而，自2020年10月到2021年3月的半年时间里，
英国感染新冠病毒的人数急剧反弹，出现更加严重的第二波
疫情。2021年4～5月，新冠肺炎确诊病例又有了大幅下降。随
着英国疫苗接种率的提高、疫情的逐渐缓解以及英国社会要
求尽早解禁的呼声日益高涨，英国政府决定于2021年6月解除
封城令，随后又推迟到7月19日。一年多来，起起伏伏的新冠
肺炎疫情和英国政府严格的疫情防控措施给英国社会的方方
面面带来了很大的影响和冲击：500多万人感染新冠病毒和13

---

* 宋云峰，英国华威大学硕士，北京外国语大学英语学院英国研究中心副教授，主要研究领域
包括英国社会和英国电影。

万人死亡对英国国民健康服务系统正常运作的影响；停工停产对经济的影响；保障就业和工人工资收入对政府财政的影响；封城令和限制聚集与社交对英国旅游、餐饮和文化娱乐等行业的影响。随着疫苗接种的普及以及7月19日封禁令的解除，英国社会将会逐渐回到"正常"状态。尽管解除封禁后新增感染病例数呈现先升后降的趋势，但每日感染人数仍然上万，开放后流动性增强和德尔塔变异毒株与潜在的其他变异是两个最大的不确定因素。在未来的一年里，英国国民恐怕不得不接受与新冠病毒共存。

关键词： 新冠疫情 社会影响 国民健康服务体系 经济与就业 文化娱乐

针对2020年3～5月的第一波严重疫情，英国政府采取了包括封城、限制聚集、保持社交距离在内的严格防疫措施。7～9月，感染新冠病毒的人数大幅下降，疫情似乎得到了控制。然而，之后到2021年3月的半年时间里，英国感染新冠病毒的人数急剧反弹，出现更加严重的第二波疫情。4～5月，新冠肺炎确诊病例又有了大幅下降（见图1）。随着英国疫苗接种率的提高、疫情的逐渐缓解以及英国社会要求尽早解禁的呼声日益高涨，英国政府决定于2021年6月解除封禁令，随后由于病例的增加又推迟到7月19日。一年多来，起起伏伏的新冠肺炎疫情和英国政府严格的疫情防控措施给英国社会的方方面面带来了很大的影响和冲击：500多万人感染和13万人死亡对英国国民医疗保健系统正常运作的影响；停工停产对经济的影响；保障就业和工人工资收入对政府财政的影响；封城令和限制聚集与社交对英国旅游、餐饮和文化娱乐等行业的影响。

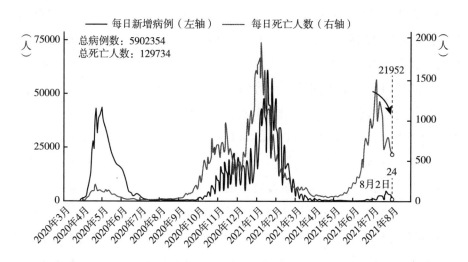

图 1　英国每日新增新冠病例与死亡人数（2020 年 3 月 1 日至 2021 年 8 月 2 日）

资料来源：https：//www. thesun. co. uk, 2 August 2021。

一　疫情对英国国民健康服务体系的影响

英国国民健康服务体系（NHS）于 1948 年建立，以向英国全体国民提供免费医疗服务而成为英国人的骄傲。近年来，英国政府对该系统的投入一直保持在 GDP 的 7% 左右，但面对老龄化社会造成的医疗保健费用的快速增长以及英国脱欧造成的医生、护士人才的短缺，NHS 在维持英国国民的正常医疗保健服务方面已经捉襟见肘。例如，即使在新冠肺炎疫情暴发之前，也只有 85% 的急诊病人等待诊断治疗的时间短于 4 个小时，而 NHS 提出的目标是 95%。与多数富裕国家相比，英国的医疗资源并不充足，许多医院设施陈旧，缺乏单间隔离病房和有助于传染病人隔离的露天公共区域。[①] 新冠肺炎疫情对 NHS 更是造成了巨大冲击和压力。一方面，受全力救治大量新冠肺炎病人以及政府实施长期封城的影响，NHS 对普通病人不得不采取

---

① "In Need of Resuscitation", *The World in 2021*, November 2020, p. 88.

电话或网上问诊等特殊措施。这造成了对亟须诊断和医治的病人病情的拖延（甚至造成恶化或死亡），致使医疗保健服务质量下降。另一方面，在新冠肺炎疫情长期存在、封城令及社交距离等措施长期实施的形势下，NHS不得不在难以进行面对面问诊和医治病人的情况下依赖技术手段进行所谓创新，以维持英国国民正常的医疗保健需求。

据NHS一名资深官员所言，在疫情期间广为采用的远程医疗方法"改变了过去5000年占主导地位的医疗模式"。在疫情暴发之前，80%的基本诊疗（全科医生问诊）以面对面方式开展；而现在面对面的问诊预约大幅下降。这是NHS有史以来所经历过的最为广泛和快速的变化。尽管远程问诊在疫情暴发之前就已存在，但是使用比例很低。疫情使这种方式成为主要的问诊和医疗手段。[1] 例如，2020年10月，英格兰地区有13.7万人次病患与全科医生的预约问诊通过网络进行；同期通过电话进行预约问诊的病患则高达1000万人次。即使在疫情减缓的2020年夏季，面对面问诊的比例仍然比疫情暴发前低很多。[2]

由于方便和廉价等特点，远程数字化医疗现在也越来越成为医治非住院病人的常见手段。新冠肺炎疫情暴发之前进行的评估表明，对于很多疾病的治疗，远程数字化医疗和常规住院医疗一样有效。对病人的远程监测是数字医学取得的最新进展，而新冠肺炎疫情的暴发则加速了数字化远程监控的应用。例如，伦敦西北地区医院对远程医疗检测App的申请在3周内就得到了相关政府部门的批准，而通常这需要大约6个月的时间。这些医院的医护人员计划使用远程App来监测患有心脏病和处于肺病恢复期的病人。[3]

可以看出，新冠肺炎疫情的暴发和长期存在促使NHS不得不做出改变，从而影响未来的医疗模式。在此之前，NHS则缺乏改革的动力。早在20世纪80年代，保守党将"国内市场"机制引入国民医疗保健系统，其核心是将医疗服务的购买者（主要是全科医生/初级诊所）和医疗服务的提供者

① "The National Health Service Unleashed", *The Economist*, 5 December 2020, p. 49.

② "The National Health Service Unleashed", *The Economist*, 5 December 2020, p. 50.

③ "The National Health Service Unleashed", *The Economist*, 5 December 2020, p. 50.

（主要是医院）分离，以激发医疗系统的竞争和活力。这种机制鼓励医院的医生多看病人获得更多的人头费，而病人的来源则靠全科医生的推荐。例如，一名儿科医生每看一名病人，其所在医院就能获得 240 英镑进账。但是，如果全科医生给这名认识的儿科医生打电话，认为通过五分钟电话讨论就能解决病人的问题，医院就拿不到这笔进账。新冠肺炎疫情暴发后，医院需全力应对激增的新冠肺炎病患，而政府的封城令和社交距离规定、人们对新冠肺炎疫情的恐惧心理都使面对面问诊（在重病和急诊情况下）成为不得已之举，所以更多的病患通过电话和网络视频进行问诊。[①]

面对疫情的冲击，约翰逊政府决定摒弃"国内市场"化政策，计划将其整合并收归政府（医疗卫生部门）直接控制。尽管"国内市场"化的做法有助于缩减病人就医的等待时间，但没有证据表明这一措施提高了医疗质量。随着人口老龄化的加剧，越来越多的病人到医院看病不是为了单一病症，这些病人需要医院提供全科诊断和系统治疗服务，而不是"头痛医头、脚痛医脚"的诊断和治疗。[②] 此外，疫情期间英国政府应对疫情不力的一个重要原因是缺乏对 NHS 的直接掌控。将医疗系统进行整合背后的政治逻辑是，既然国家每年花费高达 1600 亿英镑在医疗费上（约占 GDP 的 7%），政府官员（代表纳税人）应当对其运作有更多话语权。[③]

NHS 在应对新冠肺炎疫情过程中所暴露出的弊病招致尖锐批评。《电讯报》专栏评论员艾莉森·皮尔森（Allison Pearson）2021 年 5 月 4 日的专题评论《近期你为何没有见到你的全科医生——令人发指的丑闻》批评英国政府和 NHS 以新冠肺炎疫情为借口造成英国医疗质量大幅下降，这导致需要面见全科医生或需要住院治疗的病人耽搁病情甚至死亡。她批评 NHS 变成了"全国新冠肺炎服务系统"（National Covid Service）。皮尔森以读者尼克的妻子乔伊因疫情期间无法面对面问诊和到医院进行详细检查导致一再耽误治疗而最终死亡为例，剖析了 NHS 的问题所在。皮尔森引用的另一个

---

① "The National Health Service Unleashed", *The Economist*, 5 December 2020, p. 50.

② "National Health Service Hands On", *The Economist*, 13 February 2021, p. 46.

③ "National Health Service Hands On", *The Economist*, 13 February 2021, p. 47.

案例是读者理查德（Richard）对政府倡导的所谓"数字化医疗"创新的批评。这位读者在拨打了两周电话之后才联系上医生，却被告知需要知道他的血压才能诊断和治疗，并建议他购买一台血压计测量血压（血压计市面价约为 20 英镑）。在得知具体血压数值之前，这位医生无法对他进行诊断和治疗。

皮尔森指出，人们有理由怀疑新冠肺炎疫情造成的无法面对面问诊和治疗很可能成为一种常态，政府进而进行所谓的整合与"数字化医疗"改革。但英国国民在这一改革中却没有被征求意见，政府对他们的诉求置若罔闻。疫情暴发之前，传统的病人与全科医生面对面问诊的比例约为 80%，而疫情期间这一比例则下降到 7%～8%。当然，也有医生呼吁回到疫情之前以人为本的面对面传统问诊和治疗方式，但政府的政策和疫情期间规定的"社交距离"使狭小的诊所不符合规定标准，因而不得不采取电话或网上问诊的方式。因涉及医患安全和福利，NHS 的标准操作程序规定，如果全科医生未经允许恢复以前面对面的工作方式就意味着违反工作合同，很可能丢掉饭碗。而医院面对面的治疗则仅限于急诊和极少数迫切需要医治的病人。再者，政府和媒体对疫情的渲染和大量报道也加剧了部分国民对面对面社交的恐惧心理，使他们不敢轻易去医院就诊。

2021 年 4 月，时任英国卫生大臣汉考克（Matt Hancock）发表言论说："疫情期间已经习惯于网上问诊和治疗的病人在疫情结束之后不一定愿意回到面对面的所谓正常方式。"他强调，NHS"一定不要失去"疫情期间所取得的"数字化优势"。对此，皮尔森提出尖锐批评，认为多数病人仍然希望面见他们的全科医生，而不是仅仅给医生发送自己病况的照片或者自测自报血压数值。他们不愿成为政府为节省成本而进行的数字化医疗革命的牺牲品，这种改革剥离了医患之间的人性化关系。①

---

① Allison Pearson，"There Is a Reason You've Not Seen Your GP Recently-And Frankly It's a Scandal"，*The Telegraph*，4 May 2021，https：//www.telegraph.co.uk/columnists/2021/05/04/reason－youvenot－seen－gp－recently－frankly－scandal/.

二 疫情对经济和就业的影响

自新冠肺炎疫情暴发以来，英国政府采取的封城及保持社交距离等措施使经济的正常运转受到极大影响，工厂、办公室、餐馆、影院、理发店等长期处于停业状态，国内外旅游也几乎停顿下来。据估算，英国 2020 年的 GDP 下降率超过 10%，为 300 年来之最。[①] 为了防止失业率上升和社会不稳定，英国政府对企业采取了较为慷慨的补贴政策，让下岗工人居家休假，并发放其正常工资的 80%。这将对英国政府财政造成巨大的赤字负担。疫情所带来的第二个改变是服务行业的大公司采取了居家办公的新形式，以极力避免疫情给行业带来的冲击。尽管使用电话、网络和视频会议等灵活的办公形式在一些高科技公司早已存在，但疫情使居家办公成为未来主要的工作形式，在很大程度上影响未来的就业格局。[②]

自 2020 年 4 月英国实行封城措施以来，对因不能工作而赋闲在家的工人实行的带薪休假制度一直延续到 10 月。据统计，有接近 1000 万名工人在疫情期间受益于该政策，约占英国劳动力总数的 1/3。享受该措施救助的英国工人人数是意大利、德国或法国的 2 倍左右（见图 2）。[③] 鉴于带薪休假给英国政府未来财政带来的巨大负担和压力，英国财政大臣苏纳克（Rishi Sunak）着手进行了一些政策调整。新措施要求工人们只需付出平时 20% 的工作时间，政府则负责支付一半的薪酬。也就是说，工厂或公司需要负担 20% 的薪酬，政府负责 50%，工人则出工 20%，但仍然得到 70% 的薪酬。[④]

《经济学人》评论文章则对政府的此种举措深表疑虑，认为该举措既

---

① "Public Spending: A Combustible Mix", *The Economist*, 28 November 2020, p. 49.

② Erica Brescia, "Remote Working Is Different-And Better", *The World in 2021*, November 2020, p. 93.

③ "Furlough Schemes: The Zombification of Britain", *The Economist*, 31 October 2020, p. 15.

④ "Furlough Schemes: The Zombification of Britain", *The Economist*, 31 October 2020, p. 15.

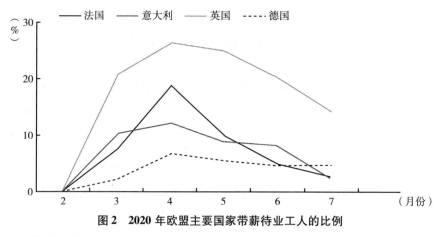

图 2　2020 年欧盟主要国家带薪待业工人的比例

资料来源：*The Economist*, 30 October 2020, p. 15。

保护了过时的工种，又给政府和纳税人增加了负担。英国政府补贴工人工资的做法使许多职业受到保护，但从长期来看，这些职业都会消失。另外，政府补贴导致的巨大财政负担也是一个问题，这会转嫁到整个社会（公司与个人），增加纳税人的负担。更令人担忧的是，这种做法延长了老旧产业的生命，阻碍了产业更新，使工人们安于现状，不去尝试新型工作。反观美国，政府更关注确保工人的收入而不是替他们保住工作。美国政府采取的措施包括以家庭为单位进行收入补贴以及提高失业保险补贴。例如，2020 年上半年，美国政府对失业美国家庭的补贴每周高达 600 美元，意味着每 10 个美国失业工人中有 7 个获得的补贴数额甚至高于其工作工资。[①] 这种形式的救助补贴使失业者有了经济保障，所以他们愿意尝试新的谋生方式。随着美国的解禁和经济的放开，美国小企业数量呈爆炸式增长，下岗工人也找到了相应的工作。与此相比，欧洲的经济复苏则弱得多，而英国则更加滞后。鼓励工人尽量保留旧工作的救助措施是其中一个重要原因。

　　在疫情期间政府须大幅支出并透支的情况下，约翰逊政府还需兑现其竞

---

① "Furlough Schemes: The Zombification of Britain", *The Economist*, 31 October 2020, p. 16.

选宣言中的承诺，比如大幅增加对经济发展滞后地区的投入，以缩小这些落后地区与东南部发达地区的差异。据估计，疫情危机过后英国政府对公共设施的年净投资可能会保持在 GDP 的 3% 以内的水平，比 20 世纪 70 年代以来大多数年份高。英国政府也可能压缩对外援助的份额，打破其占 GDP 的0.7%的法律承诺，尽管这会遭到保守党内以卡梅伦为代表的自由派的反对。① 另外，政府还计划冻结公务员的工资一年，减少对地方政府的拨款。疫情以来，约翰逊政府不得不在公共支出、财政税收和政府债务之间做出艰难的选择。在这样的形势下，前脱欧大臣戴维斯（David Davies）和财政大臣苏纳克主张把里根经济学和罗斯福主义结合起来：大幅减税以刺激经济；大量支出以加强基础设施建设；资金来源则靠政府举债。幸运的是，英国目前通胀率不高，举债的利息成本较低。② 然而，面对未来的巨额赤字，英国政府也有可能对养老金收入、小业主收入以及高收入者的收入加税。政府还面临其支持中小型企业的小额贷款项目（每笔低于 5 万英镑，第一批贷款的本息偿还于 2021 年 5 月到期）因疫情大量破产而难以偿还的局面。据银行估算，其破产比例可能会高达 40%。③

疫情的暴发和长期存在使居家办公成为许多人的常态。由于工作的灵活性、不用通勤上班以及不受其他员工的干扰，一些员工感到居家办公的效率甚至更高，而公司则更可以在全球招募其所需的人才而不用给他们解决诸如住房、交通补贴等令人头痛的问题。尽管办公室的面积会缩减，但这并不意味着公司会关闭办公室，只不过改变了对办公室的使用方式。办公室的主要功能设计将更适合团队工作讨论、与客户见面熟悉彼此、公司组织集体活动等。这将改变未来的工作方式和公司文化的建设方式。公司可以利用新技术手段确保工作质量和效率不受影响，例如各种工作文件的可追溯性电子建档、视频会议和虚拟会谈以及即时信息（如推特）的应用。这对公司的高层经理和管理人员则是一个挑战。远程或线上工作所需要的公司管理者不再

---

① "Public Spending: A Combustible Mix", *The Economist*, 28 November 2020, p. 49.

② "Public Spending: A Combustible Mix", *The Economist*, 28 November 2020, p. 50.

③ "Disruption, Deficit and Dole", *The World in 2021*, November 2020, p. 86.

是能够展示自信和个人魅力的领导；居家办公团队所需要的是组织和产出能力强、善于协调同事之间相互联系的老板。①

三 疫情对社交、娱乐、旅游等方面的影响

新冠肺炎疫情暴发以来，政府采取的封城、限制社交距离和对聚集人数的规定不仅对英国的经济造成了巨大影响，也在不同程度上冲击了英国的文化娱乐、休闲旅游等行业。英国这次采取的封城令原计划到 2021 年 6 月 21 日结束，但是鉴于疫情不太稳定，尤其是感染变异新冠病毒病例的大幅增加，英国政府决定推迟到 7 月 19 日解禁。封城使海外旅游几乎停止，国内旅游也大受影响；2020 年到英国留学的海外学生大幅减少，2021 年稍有好转；英国的酒吧、影院和剧院长期关闭，许多面临破产局面。对此，一些业内人士呼吁政府尽早解除封城令，使这些行业起死回生，使英国人的生活回到正常。

英国著名音乐剧大师安德鲁·劳埃德·韦伯（Andrew Lloyd Webber）（其代表作有音乐剧《猫》和《歌剧院魅影》）公开叫板政府的封城令，声称"如果政府不按照原计划于 6 月 21 日解禁，他将不惜冒着违反社交距离规定而遭到逮捕的危险重开剧院，上演他的新剧"。② 在接受《电讯报》独家采访时，韦伯披露他的剧院正遭受"急迫的财务危机"，而只有重开剧院营业才能避免破产。为此，韦伯变卖了他在伦敦西区的六所房产并抵押了自己的住房来准备他的新剧《灰姑娘》。该剧本来计划于 6 月 25 日在伦敦试演，三周之后在全球首映。③

韦伯反对政府措施的立场与英国政府的政策措施产生了冲突。首相约翰逊迫于其科学顾问和内阁大臣的压力而不愿意在 6 月 21 日全面解除封禁措施，而且将解禁的日期推迟到 7 月 19 日。即使封城令按期解除，英国人的

---

① Erica Brescia, "Remote Working Is Different-And Better", *The World in 2021*, November 2020, p. 93.

② Dominic Cavendish, "Andrew Lloyd Webber: 'You'll Have to Arrest Us to Stop Us Reopening Theatres'", *The Telegraph*, 8 June 2021, https: //www. telegraph. co. uk/theatre/what – to – see/ andrew – lloyd – webber – want – stop – theatre – have – arrest – us/.

③ Dominic Cavendish, "Andrew Lloyd Webber: 'You'll Have to Arrest Us to Stop Us Reopening Theatres'", *The Telegraph*, 8 June 2021.

生活也不可能完全回到所谓"正常"。英国政府的科学顾问仍然建议政府保留一些"基本措施"。例如社交距离的规定延长一年,自 2021 年 7 月起由地方政府雇用督察员(Covid marshals)监督实施。①

关于海外旅行度假,英国政府则计划采用"疫苗护照"机制,并将旅游目的地国分为三类:安全(绿色)、不安全(琥珀色)和危险(红色)。目前约有 30 个国家或地区被列入绿色清单,主要是疫苗接种率高和新冠肺炎疫情发病率不高的一些岛国(如马耳他)。② 但这只是一厢情愿的计划,国际旅行是否恢复正常还得看全球疫情形势以及其他国家的对等接受程度。欧盟医疗管理机构也建议使用疫苗护照的机制,持有护照的旅游者可以免于核酸监测和检疫隔离。③

对于英国政府迟迟不解禁,英国社会始终存在质疑和反对的声音,有的甚至提出英国政府阴谋论④,或认为其至少是在利用社会心理学的原理制造恐慌以达到管制的目的。⑤ 不管是不是阴谋,英国政府采取的长期封城和社交限制等措施的确使许多人罹患严重的心理疾病。英国前最高法院法官桑普申勋爵(Lord Sumption)是对政府封城及社交距离规定持反对态度的代表人

① Gordon Rayner, "Five Reasons Why June 21 Won't Be the Return to Normal We Thought", *The Telegraph*, 30 April 2021, https://www.telegraph.co.uk/news/0/june–21–lockdown–roadmap–normal–life–rules/.

② Charles Hymas, "Up to 30 Countries Could Be on 'Green' List for Early Summer Holidays", *The Telegraph*, 22 April 2021, https://www.telegraph.co.uk/news/2021/04/22/30–countries–could–green–list–early–summer–holidays/.

③ Ben Riley-Smith, "Covid Passports Proving Vaccine Status Will Be Available for Summer Holiday", *The Telegraph*, 21 April 2021, https://www.telegraph.co.uk/politics/2021/04/21/covid–passports–proving–vaccine–status–released–summer–holidays/.

④ Gordon Rayner & Liam Halligan, "Life inside the Fear Factory: How the Government Keeps Us on High Alert", *The Telegraph*, 20 May 2021, https://www.telegraph.co.uk/news/2021/05/20/life–inside–fear–factory–government–keeps–us–high–alert/.

⑤ Janet Daley, "Crumbling Faith in No10's Lockdown Strategy Is Turning the Public into Conspiracy Theorists", *The Telegraph*, 17 April 2021, https://www.telegraph.co.uk/news/2021/04/17/crumbling–faith–no10s–covid–policies–turning–public–conspiracy/; Gordon Rayner, "State of Fear: How Ministers 'Used Covert Tactics' to Keep Scared Public at Home", *The Telegraph*, 2 April 2021, https://www.telegraph.co.uk/news/2021/04/02/state–fear–ministers–used–covert–tactics–keep–scared–public/.

物。他的主要论点如下。第一，各种封城和社交限制措施以粗暴的方式禁止了人类最基本的交际活动。桑普申勋爵自己的通讯录上有 70% 的朋友反对政府的这些措施，而且具有学历越高，反对的比例越高的特征。第二，这些（封城）规定是对人性的冒犯，对人类精神价值的冒犯。政府对学校、博物馆、剧院、教堂、体育场馆的关闭是对人们生存所需的整个精神环境的冒犯。这些环境条件是人类生存所必需的。[①] 对于新冠病毒造成英国近 13 万人和全球 400 万人死亡的事实，桑普申勋爵辩解说，与其他流感类疾病相比，疫情造成的死亡率并不算太高，不宜采取极端措施限制人们的自由活动："如果我们面对的是可能会造成一半感染者死亡的埃博拉病毒或致死率为 30% 的天花病毒，这种措施是合适和必要的。然而，新冠肺炎病毒的致死率仍处于人类可以忍受的范围之内。与腺鼠疫（bubonic plague）高达 40% 的致死率相比，新冠肺炎病毒造成的死亡率则不到 1%。"[②]

《电讯报》评论员道格拉斯·莫雷（Douglas Murray）也以《英国正不知不觉滑向永久的新冠疫情专制》为题批评英国政府及主要政党采取并支持严格的限制个人自由的封城措施，并与美国的做法进行对比。在他看来，"美国在为自由而斗争之时，我们正不声不响地变成了一个须凭身份证出入各种场所以及无限期强制佩戴口罩的国度。自从新冠病毒出现以来，英国的政客们已经剥夺了我们太多的自由"。[③]

新冠疫情和政府的封禁措施在过去的一年里对英国社会造成了很大的冲

① Philip Johnston, "Lord Sumption: 'I Have Observed that Lockdown Scepticism Goes with High Levels of Education', *The Telegraph*, 4 June 2021, https://www.telegraph.co.uk/news/2021/06/04/lord-sumptioni-have-observed-lockdown-scepticism-goes-high-levels/.

② Philip Johnston, "Lord Sumption: 'I Have Observed that Lockdown Scepticism Goes with High Levels of Education', *The Telegraph*, 4 June 2021, https://www.telegraph.co.uk/news/2021/06/04/lord-sumptioni-have-observed-lockdown-scepticism-goes-high-levels/.（截至 2021 年 7 月底，新冠肺炎致死率在英国约为 2%，即 500 多万人感染，12 多万人死亡；在美国约为 2%，即 3000 多万人感染，60 多万人死亡。——作者注）

③ Douglas Murray, "Britain Is Sleepwalking into a State of Perpetual Covid Tyranny", *The Telegraph*, 14 July 2021, https://www.telegraph.co.uk/news/2021/07/14/britain-sleepwalking-state-perpetual-covid-tyranny/.

击和影响，这些影响主要存在于 NHS、经济与就业、餐饮旅游和娱乐等行业。考虑到英国社会在封禁措施上的争论和分歧及疫情给英国经济和社会带来的负面影响，英国政府不得不在 2021 年 7 月 19 日解除了封城令，但保留了对社交距离和聚集的限制建议。尽管多数人已经接种了新冠疫苗，但是大规模的人员（尤其是年轻人）自由流动导致了更多感染者的出现，解禁之后每天的感染人数很快飙升到 4 万～5 万例。8 月初，感染人数有了明显下降，但仍然在上万例的较高水平。好在死亡率有了大幅下降，这估计与普遍疫苗接种有直接关系。除了放开流动，德尔塔变异病毒更不易控制，很有可能产生新的变异毒株。在新形势下，英国政府的主要防疫措施包括尽快进行全民接种疫苗（包括于 2021 年 9 月开始实施的第三剂加强针），确保 NHS 平稳运转，加大对治疗方法和新药的临床研究力度，以及通过打疫苗或被感染（群体免疫）而产生抗体的"混合防疫"。其效果有待时间和实践验证。可以预见，英国社会在未来一段时间里将和新冠肺炎疫情"共存"。

B.6
疫情冲击下约翰逊政府的产业政策调整

张 蓓*

摘　要：　在各方关注之下，约翰逊政府在成立一年多后终于做出重要的产业政策部署，公布了首份文件《更好复苏:我们的增长计划》。该文件继续突出约翰逊上台后强调的产业政策三要素——基础设施、技能、创新，同时设定了"拉动地区平衡发展"、实现"净零"、把握"全球英国"机遇等目标，并做出了一系列重要政策创新。但同时该文件有明显回归"新自由主义传统"迹象，未能为英国经济产业的长期战略发展提供足够指引，引发产业界和研究界的批评与忧虑。种种迹象显示，此份文件仅是约翰逊政府产业政策的基础文件和起点，政府仍将在未来几年实践中综合运用产业政策推动地区平衡发展、实现低碳转型、从脱欧和疫情冲击中找寻新机，并应对国际地缘政治新环境。英国产业政策仍将持续演进。

关键词：　产业政策　基础设施　脱欧　新冠肺炎疫情

　　约翰逊政府上台后迟迟未能对前任特雷莎·梅政府的产业战略进行更新，脱欧与疫情的冲击又大大增加了各方对新政府产业政策的期待。2021年3月，约翰逊政府终于公布首份产业政策重要文件《更好复苏：我们的

---

　　* 张蓓，博士，中国国际问题研究院欧洲研究所助理研究员，主要研究领域为英国内政与外交、欧美关系。

增长计划》（Build Back Better：Our Plan for Growth，以下简称《增长计划》），确立了产业政策三个纵向支柱与三个横向目标，在对前几任政府的政策加以继承之上，做出了诸多政策创新。但与梅政府的《产业战略》不同，《增长计划》有明显回归"水平型"产业政策的倾向。然而《增长计划》只是约翰逊政府产业政策的起点，并非完备的产业政策体系，也不足以为英国经济产业所面临的严峻国内形势和复杂国际挑战提供足够的指引与支持，约翰逊政府产业政策仍将在未来几年的实践中逐步发展与完善。

一　首份产业政策文件出台

英国是全球范围内受新冠肺炎疫情影响较重的经济体之一，截至 2021 年 7 月中旬，英国累计感染人数 500 多万，死亡人数达 12.8 万。自 2020 年 3 月下旬以来，为遏制疫情发展，英国先后推出三轮疫情封控措施，给经济活动带来严重影响。此外，2020 年 12 月 31 日，英国脱欧过渡期正式结束，脱欧对经济与产业的冲击也彻底释放。在脱欧与疫情的双重打击下，2020 年英国 GDP 收缩 9.9%，衰退幅度为 G7 之最。尽管经合组织预测，由于疫苗推广和政策解封，英国 2021 年经济增速将达 7.2%，但由于疫情与脱欧的叠加效应，英国仍是 G7 中经济前景最低迷的国家。①

疫情给英国各行各业带来极大冲击，零售、旅游等产业首当其冲，但除了网络购物、化学制药等极少数产业外，绝大多数产业均受严重波及。从 2020 年春季开始，英国政府已采取了多项救助行动。2021 年 3 月，英国政府预算披露，自 2020 年 3 月起，英国政府将花费 200 亿英镑作为对各类企业的拨款，100 亿英镑用于商业税减免，730 亿英镑用于为企业提供贷款和担保。② 一些重要的企业救助机制包括 2020 年 4 月开始的"新冠工作保留

---

① OECD，"United Kingdom Economic Forecast Summary"，May 2021，https：//www.oecd.org/economy/united－kingdom－economic－snapshot/.

② The UK Government，"Budget 2021"，3 March 2021，https：//www.gov.uk/government/publications/budget－2021－documents，p. 2.

计划"（Coronavirus Job Retention Scheme）、"复原贷款"项目（Bounce Back Loan Scheme）、"新冠商业中断贷款"项目（Coronavirus Business Interruption Loan Scheme），2021年3月推出的"复苏贷款"（Recovery Loan Scheme）项目等。然而，除了直接救助计划之外，产业人士也在密切关注约翰逊政府的产业政策能否助力企业疫后复苏。

2019年底英国大选中，约翰逊获胜组成新政府，但此后一直未能拿出明确的产业政策，引起各方期待。这是因为：第一，金融危机过后的十多年来，由于英国经济的结构性矛盾不断显现，表现为生产率低、居民实际工资停滞、地区发展差距大，英国经济模式的可持续性和未来竞争力均受质疑。过去几届政府均或多或少引入产业政策，产业政策回归已是大势所趋。而约翰逊上台以来，英国形势也发生了重大变化，英国刚完成脱欧即迎来新冠肺炎疫情的巨大冲击，约翰逊政府如何用产业政策回应这些挑战，引人关注。

第二，约翰逊政府还要处理特雷莎·梅政府留下的产业战略遗产。2017年，梅政府发布《产业战略》白皮书作为任内旗舰政策，试图构建系统性的产业战略，以"水平"和"垂直"产业政策相结合对经济基本面及重点产业进行扶植。梅政府也合并了能源和气候变化部与商业创新和技能部，组成新的商业、能源与产业战略部（Department for Business, Energy and Industrial Strategy, BEIS），负责推进产业战略，设立了独立咨询机构"产业战略委员会"（Industrial Strategy Council）监督产业战略实施并提供专业建议。尽管其执政三年，产业战略实施效果有限，但大方向得到了支持，为约翰逊政府留下了产业战略的复杂遗产。

约翰逊政府上台以来，一直宣称计划对梅政府《产业战略》进行修改更新，商业能源与产业战略部也从2020年秋季开始进行产业战略更新工作。① 然而2021年3月的发展出人意料：伴随政府预算的出台，政府宣布取消《产业战略》，由财政部发布的《增长计划》取而代之。此外，政府解

---

① Daniel Thomas and Jim Pickard, "UK Industrial Strategy Refresh Ditched as Ministers Set Out Plan for Growth", 9 February 2021, https：//www. ft. com/content/013ce682 – 09c8 – 4132 – 9a14 – 232f7e9f311a.

散了商业、能源与产业战略部负责推进产业战略的部门，废除了"产业战略委员会"，甚至有传闻称政府将重新命名商业、能源与产业战略部以淡化产业战略色彩。

约翰逊政府上述举动引起了产业界和政策研究界的不满①，甚至有观点认为约翰逊政府已经完全放弃了《产业战略》。② 然而，3月31日，财政大臣里希·苏纳克（Rishi Sunak）与商业大臣夸西·夸腾（Kwasi Kwarteng）发表致工商业的公开信，为政府决策辩护。信中称，五年来脱欧、疫情以及2050年碳中和目标已经显著改变英国的经济环境，因而需要"变革产业战略"，同时也称新的《增长计划》将建立在《产业战略》的精华之上，且将在关键政策上走得更远，以指导英国长远发展。③

二 《增长计划》主要内容

相较于梅政府《产业战略》由"五大基础"、"四大挑战"、各类地区战略和诸多行业协议组成的复杂体系，《增长计划》框架相对简约，由三个纵向支柱和三个横向目标构成立体网络。三大纵向支柱为决定英国国家未来的三大因素，即基础设施、技能和创新，三个横向目标则为本届政府设立的首要国内任务，即拉动地区发展、推动低碳转型、把握"全球英国"机遇。

---

① Jim Packard and Daniel Thomas, "Business Dismay at Decision to Drop Plan for UK Industrial Strategy", 9 March 2021, https：//www. ft. com/content/372ae7ec – 0ad7 – 4111 – b319 – db0a8f4abb7b.

② Andy Haldane, "UK Industrial Strategy Is Dead, Long May It Live", 23 March 2021, https：//www. ft. com/content/5ed942d1 – 7f8e – 4494 – 84f1 – 840e7e414aec.

③ "Letter From Chancellor Rishi Sunak and Business Secretary Kwasi Kwarteng to Businesses on the Government's Plan for Growth", 30 March 2021, https：//www. gov. uk/government/publications/letter – from – chancellor – rishi – sunak – and – business – secretary – kwasi – kwarteng – to – businesses – on – the – governments – plan – for – growth/letter – from – chancellor – rishi – sunak – and – business – secretary – kwasi – kwarteng – to – businesses – on – the – governments – plan – for – growth.

（一）三大纵向支柱：基础设施、技能和创新

约翰逊上台以来就将英国产业和经济发展的关键归结到基础设施、技能和创新这三大要素上。2019年12月大选后，约翰逊政府提出"变革国家——更好的基础设施、更好的教育、更好的科技"的目标，同月，女王在议会开幕致辞中也提到"政府将把基础设施和世界领先科学研究与技能投资视为优先，以提高生产力、改善全国各社区的生活条件"。《增长计划》进一步明确了以基础设施、技能、创新为约翰逊产业政策的核心，近一年来在这三个领域取得了一些进展。

《增长计划》将基础设施列为既能激发短期增长，又能提升长期生产力和竞争力的关键要素，并称英国在基础设施上有历史欠债，将致力于改变这一窘境。近一年来，政府积极布局与行动。2020年9月，英国高速铁路2号线项目（HS2）正式动工，该项目将连接伦敦与西米德兰兹、利兹和曼彻斯特，是英国乃至欧洲有史以来最大的基础设施项目。2020年11月，英国政府发布了新《国家基础设施战略》，为英国政府支持基础设施建设提供长期规划。2020年12月发布的《财政支出审查报告》中重申英国将在5年内投入6000亿英镑公共投资，2021~2022年投资1000亿英镑，其中约有270亿将直接投资交通、能源、数字通信等基础设施项目。[①] 2021年3月，政府预算宣布在利兹设立英国首个基础设施银行，首次注资120亿英镑，预计拉动400亿英镑，投资可再生能源、碳捕获、低碳交通等基础设施项目。此外，英国成立名为"速度计划"（Project Speed）的基础设施交付工作组，提高基础设施项目的开发、设计和交付效率。

本届政府很早就提出打造"科技超级大国"的口号，希望能稳固英国在世界科技创新领域的地位，而《增长计划》强调创新是驱动经济增长和创造就业的关键。一年来，约翰逊政府重申了2027年之前科研投入占

---

① The UK Government, "National Infrastructure Strategy", 25 November 2020, https://www.gov.uk/government/publications/national-infrastructure-strategy.

GDP2.4% 的承诺，2021～2022 财年投入 146 亿英镑用于研发投资。2021 年 2 月，政府投入 8 亿英镑成立新的独立研究机构"高级研究与发明局"（Advanced Research and Invention Agency，ARIA），以资助高风险、高回报的科学研究。此外，英国政府力图打破对企业创新活动的制约，为企业提供必要的资本、技能和监管环境。政府继续借助"英国商业银行"加大对创新性企业的资助，成立 3.75 亿英镑的"未来基金"，为创新性企业实现重大突破提供直接资助。2021 年 3 月，政府预算还发起多年资助项目"帮助成长"（Help to Grow），帮助中小企业提高管理和数字化技能。2021 年下半年，英国出台《创新战略》，为创新提供系统性引导。[①]

《增长计划》将技能培训作为提升英国生产率的关键，承认英国在高端教育上领先，却在技术培训和成人教育上落后于世界其他国家，并将重点放在职业教育、终生学习和推广学徒制这三大领域。一年来，政府在技能领域的主要政策包括两个方面：第一，继续加大职业技术教育 T-level 的投入，2021～2022 年投入 7.2 亿英镑建设 20 所职业技术学校；第二，重申 5 年内对"国家技能基金"投入 25 亿英镑，在 2021～2022 年将使用 3.75 亿英镑，其中 1.38 亿英镑将用于"终生技能保障"（Lifetime Skills Guarantee）项目，为成年人提供技术课程并为雇主培训提供支持。[②] 2021 年 3 月，政府预算正式推出学徒制资金支持计划，企业每招聘一名新学徒，政府都将补贴企业 3000 英镑。

（二）三大横向目标——地区发展、"净零"和"全球英国"

除了基础设施、技能、创新这三大支柱外，《增长计划》中还明确了三个横向目标，即"拉动地区发展"（levelling up），实现"净零"目标（net

---

① Daniel Thomas and Jim Pickard, "Science Schools and R&D Spending at Forefront of UK Innovation Plans", 25 June 2021, https://www.ft.com/content/477a9fd1 - 26f9 - 4b69 - b488 - 10ba54bb4336/.

② Billy Camden, "Spending Review Speed Read: What Is in It for FE and Skills?", 25 November 2020, https://feweek.co.uk/2020/11/25/spending - review - speed - read - what - is - in - it - for - fe - and - skills/.

zero）以及发挥"全球英国"潜力。这三个目标是约翰逊政府的国内政治优先事项，也成为其产业政策发展的关键坐标。一年来，结合对基础设施、技能和创新三要素的投资，英国在推进三个目标上主要有以下进展。

约翰逊政府上台后不久就提出"拉动地区发展"这一重要施政目标。《增长计划》中称要"确保经济增长的红利遍及英国各个角落，确保每个地区至少有一个具有全球竞争力的城市，并成为创新的温床和高价值活动的中心"。政府一年来在基础设施等领域的诸多政策中均体现对拉动地区发展的考虑。英国财政部修改了用于评估大型投资项目的"绿书"，改变了对北部地区不利的规则。"拉动地区发展基金"（Levelling Up Fund）、"共同繁荣基金"（Shared Prosperity Fund）、"城镇基金"（Towns Fund）等政府基金的重点均为改善落后地区的基础设施。英国政府将新成立的基础设施银行总部设在英格兰北部城市利兹，基础设施银行的业务重点也是投资地方性基础设施项目。

实现"净零"目标是英国政府另一项国内优先事务。2019 年 6 月，英国成为首个为 2050 年碳中和立法的国家，2020 年 12 月，英国确立 2030 年前温室气体排放比 20 世纪 90 年代下降 68% 的目标。为统筹"净零"目标与产业政策，2020 年 11 月，英国政府发布《绿色产业革命的十点计划》，融合基础设施、创新和技能投资，支持英国绿色转型。该计划将海上风能、低碳氢能、先进核能、低排放交通工具、绿色建筑列为支持重点，承诺筹集 120 亿英镑政府投资，吸引至少 3 倍的私人投资支持上述产业。在海上风能领域，将提升风能电力的基础设施投资，扩大对风能电力的采购，计划到 2030 年将当前英国两家海上浮动风力发电厂的规模扩大 12 倍。在低碳氢能领域，设立 2400 万英镑的"净零氢能基金"。在核能领域，继续支持大型核电站建设，同时建立 3850 万英镑的"先进核能基金"（Advanced Nuclear Fund）资助核能前沿研究。在新能源车领域，政府投资 10 亿英镑用来推动英国汽车行业及产业链的电气化，投资 13 亿英镑用来推动充电基础设施。①

---

① The UK Government, "The Ten Point Plan for A Green Industrial Revolution", 18 November 2020, https://www.gov.uk/government/publications/the-ten-point-plan-for-a-green-industrial-revolution.

此外，政府也将把"净零"目标体现在各项工作中，如鼓励英国各地区根据自身优势发展风能、氢能、电池等新能源项目，以协调"净零"和拉动地区发展这两大目标，为新设的英国基础设施银行设置严格的绿色标准，利用"终生技能保障"等项目提供绿色就业培训等。[1]

《增长计划》也将实现"全球英国"潜力列为目标，称要"利用好脱欧后英国作为完全主权贸易国家的新地位带来的机遇"，主要政策目标包括继续提高自贸协定的覆盖率、维持英国作为全球投资目的地的吸引力等。具体来看，英国政府已有一些重要部署和计划。2020 年 11 月，英国成立高规格投资办公室，由首相及财相负总责，致力于吸引与"净零"目标、基础设施建设、高端研发等英国国内优先事项方向一致的战略性项目，这一新机构确保能从最高层推动解决投资落地的监管障碍和规划问题。2021 年 3 月，英国政府宣传已久的"自由港"（Free Port）项目落地。"自由港"政策结合了地区基础设施投资以及监管政策创新，为改善运输连接提供基础设施资金，在关税、增值税、海关手续上进行监管创新，以减税等方式鼓励私人投资和创造就业机会。首批宣布的 8 个"自由港"分布在英格兰东北、西北、西南、东南各地区，苏格兰和威尔士的"自由港"也在筹建中。

三　《增长计划》的评估与英国产业政策前景

作为约翰逊政府首份重要的产业政策文件，《增长计划》有着积极的意义，但其并非完备的产业政策，缺陷也十分明显，约翰逊政府产业政策仍在演进中。

（一）《增长计划》的初步评估

《增长计划》是约翰逊政府首份重要的产业政策文件，有一定积极意

---

[1]　The UK Government, "Build Back Better: Our Plan for Growth", 3 March 2021, https://www. gov. uk/government/publications/build - back - better - our - plan - for - growth.

义。第一，它标志着约翰逊政府终于在应对疫情之余腾出手来，积极思考产业政策并为其发展初步布局。第二，《增长计划》对英国当前主要经济问题的诊断及对基础设施、技能和创新这些要素的提炼，凝聚了过去几届政府产业政策的重要精神，也体现了英国产业界和产业研究者的共识。第三，《增长计划》继承了建设英国商业银行、扩展学徒制、推广职业教育等前几任政府的产业政策项目，也做出了筹建基础设施银行、建设"自由港"、设立高级研究与发明局等政策创新，效果令人期待。然而，也有不少观察者从不同层面对《增长计划》提出了质疑。

首先，《增长计划》政策承诺过多，重要细节有待进一步明确。研究界对梅政府 2017 年的《产业战略》的最大批评在于其贪多求全、缺乏重点。根据产业战略委员会统计，梅政府《产业战略》共做出 142 项政策承诺，政策太多因而未能集中力量投入。[①] 而《增长计划》的政策框架虽更为简约，却也包括 180 项政策，显然并未实现精简和聚焦。此外，《增长计划》内容上存在诸多模糊之处，如重申了增加公共支出以满足研发支出总额占GDP 2.4% 的承诺，但重点和方式并不明确，在如何利用"全球英国"机会等问题上更是语焉不详，重要细节仍有待明确。

其次，《增长计划》核心在于投资，但现实情况并不乐观。约翰逊政府寄希望于以基础设施等投资来实现提升产业竞争力、低碳转型、推动地区发展等重要目标，但实际上，当前英国政府的投资规模远不能实现其宏伟愿景。英国公共投资和私人投资在发达国家中仍维持在较低水平，以"绿色产业革命"为例，其中仅有 40 亿英镑是新增的投资[②]，相较于欧盟绿色新政的规模，即总值 1.8 万亿欧元的 1/3 将用于帮助欧盟经济低碳转型，英国的投入规模相形见绌。而且由于政策众多，平摊下来每个项目得到的投资更

① Industrial Strategy Council, "Industrial Strategy Council Annual Report 2020", 19 February 2020, https://industrialstrategycouncil.org/industrial – strategy – council – annual – report – 2020.

② Maeve Campbell, "The UK's Green Revolution Plan Is 'Nowhere Near Enough', Say Critics", *euronews*, 18 November 2020, https://www.euronews.com/green/2020/11/18/the – uk – s – green – revolution – plan – is – nowhere – near – enough – say – critics.

加有限，这也将影响投资的价值。另外，疫情已经使英国整体的财政形势极为紧张。根据 2021 年 3 月的政府预算，政府支出要减少 15%，这些限制将对冲《增长计划》投资的正面效果。① 目前一些迹象已经出现，如英国虽仍参与欧盟"地平线欧洲"（Horizon Europe）项目，却不愿保障经费，此举将损害英国科研能力②，此外，英国缩减发展援助预算也影响了科研国际合作项目，无益于英国的创新能力。

最后，《增长计划》刻意"去战略化"也引发英国产业界忧虑。可以肯定的是，《增长计划》有意与"战略"撇开关系，没有政府机制配套，也在内容上回归"水平型"产业政策。不同于梅政府《产业战略》，《增长计划》由财政部主导，既没有跨政府部门的协调机制，也没有类似产业战略委员会的独立监督，不利于计划的统筹实施。《增长计划》致力于使用通用手段提升整个经济的生产力，而非有选择地扶植某一产业，与梅政府《产业战略》相比，明显向撒切尔主义经济学回摆。英国产业界虽肯定政府提升经济整体竞争力的努力，但也认为《增长计划》缺乏对产业必要的战略性指导，不利于英国各产业发展和英国整体经济竞争力提升。

（二）演进中的英国产业政策

总的来看，《增长计划》虽为约翰逊政府的第一份重要产业政策文件，但约翰逊政府产业政策并未就此定型，仍在演进中。

回归新自由主义传统绝非约翰逊政府产业政策的决定性特点。约翰逊在《增长计划》序言中写道："我认为，我们成功的秘诀在于……强大和活跃的政府大量投资于科学和技术，加上充满活力的企业经济能够接纳私营部门

① Giles Wilkes, "Sunak's Plan for Growth Resembles A Shopping List Not A Balanced Prospectus", 5 March 2021, https：//www. instituteforgovernment. org. uk/blog/rishi－sunak－plan－for－growth.

② Éanna Kelly, "UK Announces € 250M Towards Horizon Europe Participation Cost Following Scientist Revolt", 2 April 2021, https：//sciencebusiness. net/framework－programmes/news/uk－announces－eu250m－towards－horizon－europe－participation－cost－following.

的本能和专门知识。自工业革命以来，这一模式一直是我们成功的关键。"①
这似乎为政府在经济活动中划定了一个有限的角色。然而这种表述与政府的
实际行动存在明显反差。

首先，约翰逊政府并未废除继承梅政府《产业战略》中"垂直型"产
业政策内容。苏纳克和夸腾的联合公开信承诺将兑现已有的航空航天、汽车
和生命科学等行业协议，还将为高增长行业与技术制定愿景。②

其次，本届英国政府也绝不甘于做有限政府，而是显示出极大的经济干
预倾向。2021 年 4 月，英国《国家安全与投资法案》获得皇家御准，这一
法案将引入新的投资监管机制，极大地扩大了政府干预产业投资的权力。③
2021 年 7 月，英国国际贸易部不顾本国贸易救济署（Trade Remedies
Agency）建议以及违反 WTO 规定的风险，对 15 类钢铁产品保留 15% 的关
税，展示经济干预强势作风。2020 年 12 月，内阁办公室发布了《转变公共
采购绿皮书》，特别提出要利用脱欧后政府采购监管规则的改革，让英国企
业有机会利用每年 2900 亿英镑的巨大资源，支持英国创新、经济增长和技
能发展。④

最后，对于某些重要产业的境遇，英国政府早已无法淡然处之。汇集了
大量高水平技术人才和创新技术的民用航空、制药等产业不仅是英国高端制

① The UK Government, "Build Back Better: Our Plan for Growth", 3 March 2021, https://www.gov.uk/government/publications/build－back－better－our－plan－for－growth/build－back－better－our－plan－for－growth－html#foreword.

② "Letter from Chancellor Rishi Sunak and Business Secretary Kwasi Kwarteng to Businesses on the Government's Plan for Growth", 30 March 2021, https://www.gov.uk/government/publications/letter－from－chancellor－rishi－sunak－and－business－secretary－kwasi－kwarteng－to－businesses－on－the－governments－plan－for－growth/letter－from－chancellor－rishi－sunak－and－business－secretary－kwasi－kwarteng－to－businesses－on－the－governments－plan－for－growth.

③ George Parker, "Kwarteng Makes Concession on New UK Takeover Regime", 14 April 2021, https://www.ft.com/content/01e47958－baca－4495－8638－840ba4c263b0.

④ Colin Cram, "What's Wrong with The Procurement Green Paper?", 10 February 2021, https://www.cips.org/supply－management/opinion/2021/february/whats－wrong－with－the－procurement－green－paper/.

造业的名片，也涉及英国产业核心竞争力，英国政府无法对其困境坐视不理。疫情期间飞行引擎制造商劳斯莱斯遭遇严重挫折，赢利困难、现金流枯竭。英国政府采取了多种形式助其走出困境，如提供 4 亿英镑绿色转型科研资助、支持劳斯莱斯开发小型核反应堆等，补充该企业的现金流。[①]

尽管英国产业政策无法回归新自由主义时期的状态，但本届保守党政府仍然出于意识形态原因对大张旗鼓的产业战略心有顾虑[②]，因此先出台一份"回归新自由主义传统"的产业政策文件，但其产业政策的真正颜色仍然将在未来实践中得到展示。总体而言，约翰逊政府产业政策的演变以及其成功与否将取决于对以下几个重要问题的解答。

第一，如何为英国社会和经济的低碳转型布局。英国已立下雄心勃勃的碳中和目标，而碳中和是广泛而深刻的社会经济系统性变革，意味着对以化石能源为基础的能源体系和相关基础设施的重构，也是重大的利益重组的过程，在技术、经济、社会甚至政治层面都意味着重大挑战，需要政府综合布局、持久发力、调和各类矛盾和协调利益关系，而产业政策将在这一过程中扮演重要角色。目前，无论是《增长计划》，还是"绿色产业革命"，均远远低估了碳中和变革的难度和复杂性。未来几年英国产业政策仍然需要为"净零"和绿色转型进行更明确的部署。

第二，如何在后脱欧和后疫情时代化危为机。脱欧和疫情对英国产业造成巨大冲击，但也酝酿着新机遇。脱欧推动英国企业重新寻找世界定位，疫情催生新的商业模式，也促进企业加速数字转型。但要把握这些机遇，企业和产业需要政府的战略指导和政策配套，如政府为企业提供更稳定、可预测的监管框架，帮助企业适应数字时代，为劳动者提供必要培训。疫情发生以来，英国政府虽为企业提供了短期的救助和纾困计划，但尚未利用产业政策为企业提供长期发展的路线图，这与欧盟有较大差别。欧盟正利用疫后复苏

---

① The Editorial Board, "Rolls-Royce Requires A Clearer Flight Path", *Financial Times*, 5 October 2020, https://www.ft.com/content/f8374ee9 - 43cb - 4027 - 93a2 - b2766aa89b03.

② 张蓓:《约翰逊政府产业政策》，载王展鹏主编《英国发展报告（2019~2020）》，社会科学文献出版社，2020，第 141 页。

资金来引导塑造未来几十年产业的发展趋势、提升竞争力。对照之下，约翰逊政府回应脱欧和疫情挑战的方式仍显零敲碎打，未被纳入产业政策整体框架中。

第三，如何应对国际形势挑战。国际形势的变化已促使各大国重新思考产业政策。以欧盟为例，其短短几年已加速更新其产业战略，推出各类工具箱。而面对同样复杂的国际形势，英国在美国的压力下禁止华为参与 5G 网络建设，被欧盟排除出伽利略卫星定位系统，同时，疫情也暴露出其产业链韧性问题。百年变局之下，中美博弈加剧，逆全球化趋势仍在持续，与英国决策者和企业所熟悉与适应的后冷战全球化时代相比，未来的世界形势截然不同，在客观上要求政府在产业政策中纳入国际因素的考量，帮助英国产业适应新环境。[①] 当前英国政府在国际形势变化下做出了诸多应急性举动，如提出产业链重置倡议、升级投资审查机制、为教育和科研合作设置门槛，但这些举措并未综合体现英国产业发展的长远需求。如何应对复杂的国际形势，仍将是未来产业政策发展无法回避的问题。

总体而言，《增长计划》是约翰逊政府推动产业政策的首份重要文件，强调基础设施、技能、创新三要素，做出了多项政策创新，有值得肯定之处，但这并不意味着约翰逊政府产业政策已发展完备。约翰逊政府面对提升国内经济竞争力、推动地区平衡发展、实现经济低碳转型的目标，需帮助国内产业从脱欧和疫情冲击中找寻新机，也需应对国际地缘政治变化对英国经济产业的影响。这一背景决定了英国产业政策使命更重要，任务也更艰巨，它的进展与成败仍然值得持续关注。

---

① Richard Jones, "UK Industrial Strategy's Three Horsemen: COVID, Brexit & Trade Wars (And A Fourth Horseman of My Own)", 29 October 2020, https://institute.global/policy/uk - industrial - strategys - three - horsemen - covid - brexit - trade - wars - and - fourth - horseman - my - own.

B.7
英国新能源战略[*]

王　鹏^{**}

摘　要： 英国政府的能源政策一直以安全、可负担和脱碳三个目标为中心。近年来，受英国自身经济社会发展需要、新能源技术突破以及国际形势变化等因素的影响，英国政府陆续出台多部推动新能源发展的战略规划、白皮书。本文首先扼要介绍英国能源治理的基本架构，然后回顾一年来英国鲍里斯政府出台的主要新能源战略、方案，梳理其核心内容和当前进展，并就英国新能源产业的未来发展做初步研判。

关键词： 新能源战略　氢能源　基础设施建设

一　英国能源治理的基本架构

英国政府将"能源"界定为一个宽泛的术语，"（其）涵盖一系列不同的燃料及其最终用途。电力、供暖和运输燃料是英国经济各个部门（包括

* 本文系2018年国家社科基金重大研究专项"不结盟运动文献资料的整理、翻译与研究（1961～2021）"（项目编号：18ZDA205）和2018年度国家社科基金重大项目"引导美欧国家参与'一带一路'建设"（项目编号：18VDL008）的阶段性成果。

** 王鹏，博士，中国人民大学国际关系学院中国对外战略研究中心主任助理、国际能源战略研究中心研究部主任、中国国际文化交流中心"一带一路"绿色发展研究院研究员，主要研究领域为中英关系、绿色"一带一路"建设与新能源产业发展。

民用、商业和工业部门）使用的不同形式的能源。英国使用产自本土或进口的多种燃料和技术生产其所需的能源"。① 英国的能源政策由商业、能源与产业战略部负责。尽管在能源行业存在多个监管机构，但英国能源市场有很大一部分由中央政府机构——天然气和电力市场办公室（Office of Gas and Electricity Markets，Ofgem）负责监管。② 在目前的英国能源市场中，运营商通常是垄断企业，发电和供应领域是竞争性的，而通过网络的运输则是受监管的。英国政府及其燃气和电力市场管理署等机构为客户和民众规范市场，并制定政策以推动市场朝着政府的能源目标发展。历届英国政府的能源政策都以安全（security）、可负担（affordability）和脱碳（decarbonisation）三个目标为中心。这三个目标之间存在一定张力，因此有时候也被人们称为"能源三难困境"（energy trilemma）。

自 2017 年以来，英国政府制定的能源政策在很大程度上强化了对绿色清洁理念的推动与落实。2019 年 6 月，英国成为首个立法承诺 2050 年实现"净零"（Net Zero）排放的主要经济体。2020 年底，英国发布了《绿色工业革命十点计划》《能源白皮书》等多份重磅报告，从消费者、电力、交通、建筑、工业、石油和天然气等能源系统的多个方面提出新政策，给出新承诺，旨在通过实现"绿色复苏"（building back greener）来"重建更好未来"（building back better）。③ 2021 年 8 月 17 日，英国政府正式公布《英国氢能源战略》（UK Hydrogen Strategy），确立氢能源为未来英国新能源产业群的重要组成部分。④ 除上述官方政策报告、白皮书之外，英国政府还出台了一系列相关的产业政策，积极布局，以兑现 2050 年净零排放承诺，实现

① Suzanna Hinson, "Energy Policy: An Overview", House of Commons Library, 22 December 2020, https://commonslibrary.parliament.uk/research-briefings/cbp-8980/.

② The Office of Gas and Electricity Markets (Ofgem), "Welcome to Ofgem-the Energy Regulator for Great Britain", https://www.ofgem.gov.uk/.

③ The UK Government, "Build Back Better: Our Plan for Growth", 3 March 2021, https://www.gov.uk/government/publications/build-back-better-our-plan-for-growth.

④ The UK Government, "UK Hydrogen Strategy", 17 August 2021, https://www.gov.uk/government/publications/uk-hydrogen-strategy.

社会和经济的绿色复苏，同时争取在"低碳"时代抢占技术与产业的制高点，应对未来的全球竞争优势。本文将以《绿色工业革命十点计划》《能源白皮书》等报告为核心文本，详细梳理英国新能源战略的核心逻辑与未来发展方向。

二　英国新能源战略的出台过程

（一）《绿色工业革命十点计划》

2020 年 11 月 18 日，英国颁布《绿色工业革命十点计划》。在序言中，首相约翰逊声称为"利用英国非凡的发明能力来修复经济损失，重建得更好"而制订"绿色复苏计划"（green recovery），旨在提供高技能、高收入的工作，使英国变得更清洁、更绿色、更美丽，给人们带来额外的满足感。

该十点计划将带动 120 亿英镑的政府投资，以及可能是这一数量 3 倍之多的私营部门投资，用以创造和支持多达 25 万个绿色就业岗位。英国还将通过"终身技能保障"（Lifetime Skills Guarantee）针对这些岗位提供相关培训。

此外，英国还计划将自身打造成世界上最大的绿色科技和金融中心，通过实现净零排放，创造就业机会，从而为未来几十年的经济增长奠定基础。作为全球第一个承诺到 2050 年实现净零碳排放的主要经济体，英国将成立"净零工作组"以推进这一国家优先事项，并通过 2021 年 11 月的 COP26 敦促世界各国和企业与英方一同努力，在全球实现净零。①

（二）《国家基础设施战略》

2020 年 11 月 25 日，英国政府再度发布重磅文件《国家基础设施战略》

---

① The UK Government, "The Ten Point Plan for a Green Industrial Revolution: Building Back Better, Supporting Green Jobs, and Accelerating Our Path to Net Zero", 18 November 2020, https://www.gov.uk/government/publications/the-ten-point-plan-for-a-green-industrial-revolution/title.

（National Infrastructure Strategy：Fairer，Faster，Greener）。该战略围绕经济复苏、平衡和加强联盟、到2050年实现净零排放三个核心目标，阐明了英国政府升级基础设施网络的计划。该战略同时也明确提出鼓励私营部门进行投资。①

文件开篇即指出，基础设施支撑国民经济。交通、数字、能源和公用事业网络不仅对就业、企业和经济增长至关重要，也对人们的日常生活具有深远影响。因此，英国政府希望在基础设施领域发起一场"革命"，从而彻底改善英国基础设施的质量，帮助英国完成到2050年实现净零排放的目标。

这一雄心勃勃的计划不仅回应了英国国家基础设施委员会（NIC）于2018年对英国基础设施需求进行的评估，而且将长期目标、短期目标与应对新冠肺炎疫情后重建经济的迫切需要结合起来。

政府在推动英国经济复苏的同时，也积极寻求解决阻碍英国基础设施建设的长期问题，譬如公共投资"启停"、伦敦以外地区资金不足、新技术采用缓慢、影响私人投资的政策不确定以及项目交付延误和成本超支等问题。

为解决上述问题，并以更公平、更快和更环保的方式重建国家，文件还建议将创新和新技术作为政府的核心策略，并以高水平的投资支持对铁路、战略公路、宽带网络和防洪设施的建设。

按照该文件的规划，未来20年中，英国的每个基础设施部门都将面临革命性的技术变革。从电动汽车到氢加热系统，再到5G及更新一代的技术产品，新技术在改善英国各地的环境和人们的日常生活方面具有巨大的潜力。而这一战略将引领英国走向这场技术革命的前沿，并从向新能源转型的大趋势中受益。

（三）《能源白皮书：赋能净零排放未来》

2020年12月14日，英国政府发布第三份重要文件《能源白皮书：赋

---

① The UK Government，"National Infrastructure Strategy，HM Treasury"，25 November 2020，https：//www.gov.uk/government/publications/national-infrastructure-strategy.

能净零排放未来》（The Energy White Paper：Powering Our Net Zero Future），详细阐述英国政府在能源领域面临的挑战和机遇，以及相应的战略规划，并阐明该战略将如何推动英国积极应对全球气候变化。[1] 白皮书还提出到2050年将英国大陆架转变为"净零排放盆地"的承诺，并同意通过《北海过渡协议》（North Sea Transition Deal）向绿色经济转型。[2]

英国政府上一份能源白皮书系 2007 年发布的《应对能源挑战：能源白皮书》。[3] 时隔 13 年，英国发布的这份最新版能源白皮书带有鲜明的时代特色，重点探讨了新冠肺炎疫情后如何实现绿色复苏、如何为 2050 年实现净零排放设定路线图等议题。英国商务部部长阿洛克·夏尔马（Alok Sharma）称，这份文件将推动英国实现"从依赖化石燃料转向清洁能源的决定性和永久性转变"。[4]

为实现能源转型、绿色复苏、为消费者创造公平的交易环境三项核心目标，白皮书制定了多项具体措施以及 2.3 亿吨二氧化碳减排量等指标，以实现在 2032 年前减少英国在能源、工业、建筑等领域的碳排放。

英国能源政策白皮书对国家未来能源转型做出规划，旨在推动绿色复苏，为英国民众提供更多就业机会（预计在未来 10 年内每年提供 22 万个就业岗位）和更加公平的待遇，并为英国居民提供 30 亿英镑的家庭能效改善资金。

在产业层面，按照规划，截至 2030 年，英国在停止销售所有汽油或柴

---

[1] The UK Government, "Energy White Paper：Powering our Net Zero Future", 15 December 2021, https：//assets. publishing. service. gov. uk/government/uploads/system/uploads/attachment_ data/file/945893/201215_ BEIS_ EWP_ Command_ Paper_ Large_ Print_ Web. pdf.

[2] The UK Government, "North Sea Transition Deal", 24 March 2021, https：//assets. publishing. service. gov. uk/government/uploads/system/uploads/attachment _ data/file/972520/north － sea － transition－deal_ A_ FINAL. pdf.

[3] The UK Department of Trade and Industry, "Meeting the Energy Challenge：A White Paper on Energy", May 2007, https：//assets. publishing. service. gov. uk/government/uploads/system/uploads/attachment_ data/file/243268/7124. pdf.

[4] The UK Government, "Government Sets out Plans for Clean Energy System and Green Jobs Boom to Build Back Greener", 14 December 2020, https：//www. gov. uk/government/news/government － sets － out － plans － for － clean － energy － system － and － green － jobs － boom － to － build － back － greener.

油汽车的同时，还将新建 40GW 的海上风电设备。①

针对英国脱欧的既成事实，白皮书对相关的碳交易体系做出新的安排。从 2021 年 1 月 1 日起，英国将以本国独立的排放交易体系（UK Emissions Trading System，UK ETS）取代此前的欧盟的碳交易市场；其允许的排放上限将比欧盟体系低 5%。②

三　英国新能源战略的主要内容

约翰逊政府在一个月的时间内接连出台多份推动新能源科技与产业发展的重磅报告，这显然不是偶然之举，而是向英国国内和国际社会、全球资本释放的明确而强烈的信号。按照约翰逊政府的说法，即于 2021 年 11 月在格拉斯哥召开的 COP26 将成为英国乃至全球"绿色工业革命"（Green Industrial Revolution）与生态环境、气候变化治理进步的里程碑。③ 下文将整合近一年来英国政府公布的主要官方文件，归纳其中涉及新能源科技与产业的内容方针。

（一）新能源供给侧重点领域及相应目标

1. 氢能源

2021 年 8 月 17 日，英国政府正式公布《英国氢能源战略》，确立氢能源为未来英国新能源产业群的重要组成部分。④ 英国希望该战略能使英国成为清洁氢生产和使用的世界领导者。

① The UK Government, "Energy White Paper: Powering our Net Zero Future", 15 December 2021, https://assets. publishing. service. gov. uk/government/uploads/system/uploads/attachment_ data/file/945893/201215_ BEIS_ EWP_ Command_ Paper_ Large_ Print_ Web. pdf.

② The UK Government, "Participating in the UK ETS", 2 August 2021, https://www. gov. uk/government/publications/participating – in – the – uk – ets/participating – in – the – uk – ets.

③ Benjamin Mueller and Stanley Reed, "Boris Johnson Lays out U. K. Plan for a 'Green Industrial Revolution'", *The New York Times*, 18 December 2020, https://www. nytimes. com/2020/11/18/world/europe/johnson – britain – energy – electric – cars – carbon. html.

④ The UK Government, "UK Hydrogen Strategy", 17 August 2021, https://www. gov. uk/government/publications/uk – hydrogen – strategy.

英国政府此次的目标是用"绿氢"代替天然气。绿氢是通过使用再生能源（例如太阳能、风能等）进行电解水制氢，生产过程完全没有碳排放。这是氢能利用的理想形态。

然而，受制于当前的技术工艺以及制造成本，使用绿氢完全替代天然气尚存在一定困难。因此，英国政府的这份新能源战略还提到了"蓝氢"。所谓"蓝氢"是将天然气通过蒸汽甲烷重整或自热蒸汽重整制成。它并非完全无碳排放，这是它在环保层面不及绿氢之处；但蓝氢优于同为化石燃料的天然气的地方在于，通过使用碳捕捉、利用与储存（CCUS）等先进技术，燃烧蓝氢时释放的温室气体可以被捕获，从而减轻对地球环境的影响，推进实现低排放生产。[1]

英国政府预计，到2030年，氢能将在化学品、炼油厂、电力和重型运输（如航运、HGV卡车和火车）等污染、能源密集型行业发挥重要作用，帮助这些行业摆脱化石燃料。而到2050年，氢能则有望满足英国终端能源需求的50%。大规模推广和应用氢能对于到2050年实现净零排放、到2035年实现减排78%的目标至关重要。[2]

《英国氢能源战略》规划显示，该战略的关键是使用氢替代天然气。为此，英国政府和私营部门都在测试、研究氢供热的潜力。英国政府将增加用于此类项目的资金，以期在2025年前后就氢在供热方面的长期作用做出战略决策。《英国氢能源战略》的第一个愿景是启动世界领先的氢经济，到2030年将支持超过9000个英国工作岗位，并开启40亿英镑的投资；此外，还将就如何缩小低碳氢燃料和化石燃料之间的成本差距进行磋商；为此，英国政府将提供1.05亿英镑资金，用于支持污染行业大幅削减排放。[3]

---

[1] 张倩:《"氢"洁能源：下一个竞技场?》,《中国环境报》2021年8月20日，第4版。

[2] Tom Baxter, "Why Hydrogen Energy has Seduced a Generation of Politicians", *The Conversation*, 1 April 2021, https：//theconversation.com/why – hydrogen – energy – has – seduced – a – generation – of – politicians – 157983.

[3] The UK Government, "UK Government Launches Plan for a World-leading Hydrogen Economy", 17 August 2021, https：//www.gov.uk/government/news/uk – government – launches – plan – for – a – world – leading – hydrogen – economy.

2. 海上风能

英国能源政策白皮书重申了到 2040 年部署 40GW 海上风电的雄心（其中包括1GW 的浮动海上风电），这是目前容量的 4 倍。这种部署规模在为英国可再生能源提供机会的同时，也给供应链和港口基础设施带来压力。此前，英国政府已经承诺了一项 1.6 亿英镑的方案并启动竞争流程，以开发主要的港口基础设施枢纽。这将加强国内和海外市场的供应链，并引进专业知识技术和吸引制造业的对内投资。容量的增加将使英国能够为国内和海外市场提供服务。其目标是：海上风电产品和服务出口价值达到每年至少 26 亿英镑；以及到 2030 年，该行业每年可带来 30 亿英镑的总附加值，其中 10 亿英镑与出口有关。[1]

政府的扶持机制将继续在英国的能源多样化进程，尤其是在确保新兴技术获得必要融资的方面发挥关键作用。从历史上看，利用可再生能源、设置上网电价等早期计划，降低了电价风险，有助于加速电力能源生产的广泛部署，从而促进更大规模项目的融资。譬如，可再生能源发电量占比从 2010 年占英国总发电量的 7% 增加到 2019 年的 37%，这就是非常显著的成效。[2]

（二）新能源需求侧重点领域及相应目标

在最新的政府报告与规划中，英国政府将推动英国成为世界领先的汽车制造基地，其中包括西米德兰兹、东北和北威尔士，以加速向电动汽车的过渡，并通过改造国家基础设施来强化对电动汽车的支持。英国政府已经宣布，将投资 13 亿英镑资金用于加速在全英格兰推广电动汽车充电站，5.82 亿英镑用于购买零排放或超低排放汽车，近 5 亿英镑用于电动汽车电池的开

① The UK Government, "Energy White Paper: Powering our Net Zero Future", 15 December 2021, https://assets. publishing. service. gov. uk/government/uploads/system/uploads/attachment_ data/file/945893/201215_ BEIS_ EWP_ Command_ Paper_ Large_ Print_ Web. pdf.

② The UK Government, "Offshore Transmission Network Review Terms of Reference", 24 August 2020, https://www. gov. uk/government/publications/offshore – transmission – network – review/offshore – transmission – network – review – terms – of – reference.

发和大规模生产。英国计划在2030年后全面禁止汽油和柴油动力汽车进入市场；在2035年之前，允许销售可以长途行驶而不排放碳的混合动力汽车和货车；从2035年起禁止销售混合动力汽车。这一雄心勃勃的计划对基础设施的交付构成了重大挑战。因此，舆论认为上述目标能否在拟订时间框架内实现还有待观察。[①]

英国政府将与环保组织合作，通过宣传让骑车和步行成为更有吸引力的出行方式，并投资于未来的零排放公共交通。英国政府2021年早些时候宣布了将50亿英镑用于发展替代绿色出行方式，包括骑自行车、步行和公共汽车。

英国政府将支持零排放飞机和船舶的研究项目，以推动这些难以脱碳的行业变得更加绿色。政府计划投资2000万英镑用于开发清洁海事技术的竞赛，如在奥克尼和蒂赛德等关键地点进行可行性研究。

英国政府拟到2028年每年安装60万个热泵，从而使住宅、学校和医院更环保、更温暖、更节能，同时到2030年创造5万个工作岗位。作为公共部门脱碳计划的一部分，英国将投入10亿英镑到现有和新的住宅及公共建筑，使其在能源使用上更有效率。

（三）其他支持性技术发展与生态治理

英国政府力图在捕获和储存大气中有害排放物的技术方面培养世界领先的企业，从而实现到2030年每年捕集和储存1万吨二氧化碳的目标。这个数字相当于亨伯工业区（Humber Industrial Area）的所有工业排放量。预计到21世纪20年代中期，英国政府将拨款2亿英镑的新资金用于创建两个碳捕捉集群，并计划在2030年之前创建另外两个集群，总投资将增至10亿英镑。

为保护和恢复自然环境，英国政府计划每年种植3万公顷树木，同时创

---

① Will Dron, "2030 Petrol and Diesel Car Ban: 12 Things You Need to Know", *The Sunday Times*, 4 February 2020, https：//www. driving. co. uk/car - clinic/advice/2030 - petrol - diesel - car - ban - 12 - things - need - know/.

造和保留数千个就业岗位。目前，英国政府已经为此投入 52 亿英镑，并计划在 2027 年前为英格兰建造新的防洪和海岸防御设施。

（四）创新绿色金融

英国政府充分认识到，开发实现上述新能源项目不但需要尖端技术，而且需要使伦敦金融城成为绿色金融的全球中心。为此，英国已宣布成立一个 10 亿英镑的能源创新基金，用于开发新技术以实现能源目标。

英国政府认为，资金和投资将是公共资源和私人资源中的关键问题，而政府则可以在制定监管和财政框架方面发挥关键作用。要完成重大的低碳能源、基础设施和交通项目，并应对住房和商业地产市场的改造和能源效率挑战，需要跨部门和联合政策。与此同时，英国政府也需要搭建一个明确的监管和投资战略平台，以推动私人投资进入这些领域。[1] 为此，多份报告都强调以下几个方面的内容。

第一，在宏观层面，英国政府需要保持长期投资政策稳定，包括在适当情况下通过国家基础设施银行与私营部门直接共同投资。报告建议政府通过对农村地区、城镇和城市的投资（包括主要的国家项目和地方优先事项），促进整个英国经济和生产力的增长。

第二，保持强大且持久的独立经济监管体系，以帮助投资者达到参与国家投资的标准。譬如，《英国政府绿色融资框架》（UK Government Green Financing Framework）就明确要求政府支持私人投资。英国的绿色金融战略以及能源白皮书所阐明的新能源发展战略都将为投资者提供清晰的政府计划，以提升他们对英国整体经济和新能源产业的信心指数，从而增加投资，以帮助英国推进技术升级与产业项目。[2]

---

[1] The UK Government, "UK Government Green Financing", 30 June 2021, https：//www. gov. uk/government/publications/uk – government – green – financing.

[2] The UK Government, "UK Government Green Financing Framework", 30 June 2021, https：//assets. publishing. service. gov. uk/government/uploads/system/uploads/attachment _ data/file/1002578/20210630 _ UK_ Government_ Green_ Financing_ Framework. pdf.

第三，持续推进使用广泛的政策工具和创新融资机制，抓住新技术带来的机遇，实现"脱碳"目标和经济升级。① 为此，英国政府将加快改善交付体系，同时改进英国基础设施项目交付的方式，具体手段包括加快规划体系、改进项目选择、改善采购和交付方式、更广泛地使用尖端建筑技术等。②

四　英国新能源战略的评估与展望

多年来，英国的能源政策都在努力解决"能源三难困境"，即如何在环境保护、经济发展与国家能源安全之间保持平衡。如今，英国多年支持可再生技术规模化的政策努力终于取得成果，使其可再生电力成本在过去十年中大幅下降。由此，低碳生活与生产模式不再因过于昂贵而被人民视为奢求；英国政府也能够自信地向选民宣称，能源白皮书和相关新能源战略的实施不但能够推进脱碳、促进环保，而且能够切实造福英国纳税人、消费者。而约翰逊首相的十点计划则进一步强调，政府还将抓住"绿色工业革命"的经济机遇，重振英国"世界制造业中心"的地位，并由此为英国人民创造更多就业机会。

但由上述一系列重磅文件、报告、宣言所绘制而成的英国雄心勃勃的未来能源发展蓝图，也并非没有争议。首先，技术专家和民众担心，在新能源技术尚未完全可靠的情况下，过快铺设相关设备以代替传统能源，可能难以应付突发性事件。譬如，就在英国政府发布系列新能源报告的几天前——2020 年 11 月 3 日，运营英国电力系统的国家电网即发布了 11 月 4 日下午的"电力缺口通知"（electricity margin notice）。这意味着，电力运营商担心电

---

① Mark Segal, "UK Publishes Green Financing Framework as It Prepares for Inaugural Green Bond Issue", *EGS Today*, 1 July 2021, https：//www. esgtoday. com/uk – publishes – green – financing – framework – as – it – prepares – for – inaugural – green – bond – issue/.

② The UK Government, "National Infrastructure Strategy", 25 November 2020, https：// www. gov. uk/government/publications/national – infrastructure – strategy.

力供应可能会变得紧张（尤其是在高峰时段）。对英国而言，停电并非迫在眉睫，但其风险依然存在。当时，英国国家电网预测，在任何时候都需要有额外的电厂容量来满足需求，否则将可能出现 740 兆瓦（1.5%）的缺口。公众们尤其关注的是，该情况发生在 11 月初，而并非在炎热夏季或寒冷冬季这样的高用电时段。因此，英国能源专家分析，这不是电网负担过重造成的，而是由于过度依赖不可靠的替代能源。① 事后，专家分析称，造成该事件的原因是一股寒冷空气从英国上空移动。寒冷天气使用电量增加，而缺乏风力则削弱了陆上和海上风力发电场的发电能力。该事件表明，过度依赖现有的可再生能源技术（尤其是风能和太阳能）会增加停电的风险。换言之，在核心技术的可靠性未能获得显著提升的前提下，过快地放弃天然气而选择可再生能源，将给国民经济、能源安全带来较大风险。

其次，英国选择"氢能源"技术路径，而中国目前则重视发展电动车的路径，这一技术路线上的差异可能导致中英在海外绿色基建上合作性降低、竞争性增强。同时，英国与日本等国选择的技术路径相同，它们可能会在国际氢能源项目上加强合作，从而对中国电动车及相关成套设备、国家电网的"走出去"构成竞争。目前，全球各大国对新能源尤其是氢能源技术与市场优势的争夺正在兴起。日本作为全球最早押注氢能的国家，已经在氢燃料电池汽车等技术上领先全球。2021 年，日本开始从澳大利亚进口液态氢，这一举措被普遍视为氢能源实现商业化的关键一步。韩国也于同年宣布将研发氢能燃气轮机，其研发成功后将建设燃氢火电厂，做到无碳发电。俄罗斯作为石油和天然气资源富集的国家也加入竞逐氢能源的行列中，大力推动绿色低碳发展的能源转型。俄罗斯于 2020 年发布的《2020～2024 年氢能发展行动计划》明确指出，将在 2024 年前全面建立氢能产业链；而到 2050 年，俄罗斯氢能源出口量将达 790 万～3340 万吨，出口创收将达 236 亿～

---

① Ellen R. Wald, "A Warning from the United Kingdom: Renewable Energy May Not Suffice", *Forbes*, 5 November 2020, https://www.forbes.com/sites/ellenrwald/2020/11/05/a - warning - from - the - united - kingdom - renewable - energy - may - not - suffice/? sh = 1e5e54bb5aca.

1002 亿美元。① 美国拜登政府也已经签署行政命令，设定 2030 年电动车占新车销量比例达到 50% 的目标。该行政命令特别明确零排放汽车的内涵，除传统的电池电动汽车、插电式混合动力汽车外，首次强调了燃料电池电动汽车。全球氢能源技术与产业的激烈竞争在给中国带来合作机遇的同时，也带来巨大挑战。

---

① Короткая ссылка，"В Минэнерго подготовили проект плана развития водородной энергетики"，22 июля 2020，https：//russian. rt. com/business/news/766850 – razvitie – vodorodnoi – energetiki；"The Ministry of Energy Prepared a Draft Plan for the Development of Hydrogen Energy"，23 July 2020，https：//www. tellerreport. com/business/2020 – 07 – 22 – the – ministry – of – energy – prepared – a – draft – plan – for – the – development – of – hydrogen – energy. ryXGDWUxv. html.

B.8
中国企业在英国的并购投资[*]

胡丹 周丽[**]

摘 要： 2020～2021年度中国企业在英国的投资与全球对外投资的大势趋同，交易额同比进一步走低。失去了传统热点领域和大额交易的支撑，2020年英国所吸收的中企投资额在欧洲国家中下降至第五，矿产资源、制造业、科技、医疗等领域仍存亮点。2021年4月29日，2021年《国家安全与投资法》获御批，标志着英国实质建立起外资"国家安全"审查制度。政府确定了专门的投资审查机构，对在英投资施行强制申报和自愿申报相结合的制度，并赋予政府事后"主动干预"交易的权力。未来中国企业在英投资面临投资审查、双边关系、国际局势等较大的不确定性，建议企业密切关注《国家安全与投资法》的具体内容与投资审查实践，在扎实调查的基础上选择时机投资。

关键词： 中英关系 并购 外资审查 国家安全

英国多年来都是中国企业在欧洲进行并购投资的重要目的地国。但是，在新冠肺炎疫情及外资审查收紧预期的综合作用下，2020～2021年中企在英投资进一步收缩，与在欧投资几乎腰斩的大势一致。失去了传统热点领域

---

[*] 本文受北京外国语大学2019年度基本科研业务费——一流学科建设青年项目"全球投资保护主义兴起的比较与对策研究"资助。

[**] 胡丹，博士，北京外国语大学英语学院讲师；周丽，北京外国语大学英语学院澳大利亚研究中心硕士研究生。

和大额交易的支撑，2020 年英国所吸收的中企投资额在欧洲国家中仅排第五，矿产资源、制造业、科技、医疗等领域尚存亮点。

　　未来一年内，非高精尖的制造业、相对低敏感度的科技行业、医疗、房地产等领域应会继续保持一定热度，其他行业的投资兴趣则取决于英国国内经济形势和政策、英国对华政策与中英关系、《国家安全与投资法》实施中的具体把握以及投资方等多种因素。总的来说，涉及相对敏感行业或技术的收购未来风险较大。

一　外资政策和监管机制的新动向

　　在全球多国围绕"国家安全"议题收紧外资管理制度、地缘政治竞争加剧的大背景下，英国政府投资领域的国家安全法规《国家安全与投资法案》于 2020 年 11 月 11 日进入一读。至 2021 年 4 月 28 日完成所有审议流程，29 日获御批。2021 年《国家安全与投资法》（以下简称《投资法》）标志着"英国投资审查制度 20 年以来最大的一次变动"①，将于 2022 年 1 月 4 日起正式实施。② 2021 年 7 月 20 日，英国商务部进一步发布指导性文件，对具体规定和执行细节做详细解释。③

（一）新设专门外资审查机构

　　将于 2022 年 1 月 4 日起生效的《投资法》确定商务部的投资安全部门

---

① The UK Government, "National Security Bolstered as Bill to Protect Against Malicious Investment Granted Royal Assent", 29 April 2021, https：//www. gov. uk/government/news/national – security – bolstered – as – bill – to – protect – against – malicious – investment – granted – royal – assent.

② The UK Government, "Guidance-National Security and Investment Act: Prepare for New Rules about Acquisitions Which Could Harm the UK's National Security", 20 July 2021, https：// www. gov. uk/government/publications/national – security – and – investment – act – prepare – for – new – rules – about – acquisitions.

③ The UK Government, "Guidance-National Security and Investment Act: Prepare for New Rules about Acquisitions Which Could Harm the UK's National Security", 20 July 2021, https：// www. gov. uk/government/publications/national – security – and – investment – act – prepare – for – new – rules – about – acquisitions.

（Investment Security Unit）为审查机构，建立了强制申报与自愿申报相结合的制度，并赋予政府主动干预（call in）投资交易的权力。《投资法》规定，英国竞争和市场管理局（Competition and Markets Authority，CMA）不再负责投资"国家安全"审查，相关业务移交给商务部投资安全部门专门处理，最终决定由主管商业事务的国务大臣（Secretary of State）做出。① 目前，企业已经可以联系该部门就新规进行非正式咨询。竞争和市场管理局专注于并购的竞争法事项，其审查机制与国家安全审查并行，《投资法》规定，投资安全司在发布任何最终命令前须同竞争和市场管理局会商。②

（二）强制申报与自愿申报相结合

《投资法》为英国的投资审查引入了强制申报和自愿申报的混合制度。强制申报适用于以下 17 个关键行业中拟收购投票权或股份的交易，且交易后对被收购方的控制达一定标准（即"触发事项"）③：先进材料、高端机器人、人工智能、民用核能、通信、计算机硬件、政府部门的关键供应商、紧急服务部门的关键供应商、密码验真（Cryptographic Authentication）、数据基础设施、国防、能源、工程生物学、军民两用行业、量子技术、卫星及空间技术、交通运输。交易方须就符合以上条件的考虑中或进行中的交易进行申报，不得晚于交割之时。若在未申报获批前完成交割，将追究罚款、监禁等民事、刑事责任，罚款数额最高可达收购方全球总营业额的 5% 或 1000 万英镑（取两者中较高者），未申报的交易可被视为无效。④

除强制申报以外，《投资法》鼓励交易方将强制申报制度之外可能引起国家安全忧虑的"触发事项"主动告知政府，即自愿申报制度。强制申报

---

① Thomson Reuters，"National Security and Investment Act 2021：Overview"，https：//uk. practicallaw. thomsonreuters. com/w－028－4135？ transitionType＝Default&contextData＝（sc. Default）&firstPage＝true.

② Thomson Reuters，"National Security and Investment Act 2021：Overview".

③ 以下条件满足之一即可：持股或投票权比例将高于 25%、50%、75% 或更高；可通过或阻止通过被收购方事务相关的决议。

④ Thomson Reuters，"National Security and Investment Act 2021：Overview".

和自愿申报制度平行实施。具体而言，这些触发事项包括：收购适格实体（qualifying entity）投票权或股份达一定门槛比例（如25%以上）①；收购的投票权使收购方足以通过或阻止通过被收购实体事务相关的任何决议；收购方可对被收购方政策施加实质影响（material influence），例如获得指定董事的权力即意味着可影响被收购方的战略方向②；收购某资产的权益或权利后，收购方能使用该资产或比收购前更大程度地使用该资产，抑或能命令或控制该资产如何使用，或较之收购前能更大程度地命令或控制该资产的使用。③

《投资法》将可纳入国家安全审查的"资产"定义为：（1）土地；（2）可移动的有形资产；（3）知识产权，具有商业价值的想法、信息或科技，具体包括商业秘密、数据库、源代码、算法、公式、设计、规划及其具体参数和软件。若外国资产在英国开展活动或向英国人提供商品或服务，则也适用本法规定。④

审查机构须在30个工作日内对申报进行评估。对符合条件的交易进行国家安全评估时，应在30个工作日内完成；如有必要，可再延长45个工作日。审查期间，国务大臣有权在必要的情况下发布临时或终局的"分开经营令"（hold separate orders），但须与情势相符。国务大臣可最终决定否决交易或附加条件批准。⑤

（三）政府有权"主动干预"

《投资法》确立了英国政府对未申报交易事后主动审查的权力，即"主动干预"（call in）收购的权力。在新的审查制度下，在交割后5年内，

---

① Thomson Reuters, "National Security and Investment Act 2021：Overview".

② The UK Government, "Guidance-National Security and Investment Act：Prepare for New Rules About Acquisitions Which Could Harm the UK's National Security", 20 July 2021, https：// www. gov. uk/government/publications/national – security – and – investment – act – prepare – for – new – rules – about – acquisitions.

③ Thomson Reuters, "National Security and Investment Act 2021：Overview".

④ Thomson Reuters, "National Security and Investment Act 2021：Overview".

⑤ Thomson Reuters, "National Security and Investment Act 2021：Overview".

英国政府均有权向其认为对国家安全构成威胁的未申报交易启动"干预"审查。若政府已获知相关"触发事项"，该权力的时限则缩短为 6 个月内。[①]

国务大臣在决定是否干预某项交易时，会对潜在的国家安全威胁进行全面评估，主要考虑到：目标风险——包括被收购方的活动及其所能接触到的商业机密，如数据库、源代码、算法和软件；触发事项风险——交易将如何破坏国家安全；收购方风险——对最终控制实体的审查。[②]

若政府决定干预某笔交易，将在 30 个工作日内（可另外延长 45 个工作日）对交易进行国家安全审查。[③]

二 中企在英并购新动向：
2020~2021年[④]

2020~2021 年，全球范围内的资本流动大幅下降。经合组织 2021 年 4 月 30 日发布的数据显示，2020 年全球对外直接投资暴跌至 8460 亿美元，与 2019 年相比下降了 38%。报告指出，2020 年的直接对外投资流量仅占全球 GDP 的 1%，是 1999 年以来的最低水平。[⑤] 联合国贸发会议"全球投资趋势跟踪"的统计也基本与之持平，2020 年对外直接投资额下降 42%，仅为 8590 亿美元。[⑥]

贸发会议的数据还显示，下降主要发生在发达国家，流入发达国家的直

---

① Thomson Reuters, "National Security and Investment Act 2021：Overview".

② Thomson Reuters, "National Security and Investment Act 2021：Overview".

③ Thomson Reuters, "National Security and Investment Act 2021：Overview".

④ 跨国并购交易比较复杂，从提出到交割通常时间跨度较长；再则，近年来中企在英投资包括能源、基础设施等牵涉甚广、耗时甚长的领域，本报告所涵盖案例均为交易阶段发生于 2020~2021 年的并购案。

⑤ OECD, "FDI in Figures", 30 April 2021, https：//www.oecd.org/investment/FDI – in – Figures – April – 2021.pdf.

⑥ UNCTAD, "Global Investment Trend Monitor", No.38, 24 January 2021, https：//unctad.org/ webflyer/global – investment – trend – monitor – no – 38.

接投资减少了69%，投资额仅为2290亿美元，其中欧洲是重灾区。[①] 专业服务机构的统计也显示，中企在欧投资（尤其是并购交易）整体延续了上一年下降的趋势。[②] 全球顶尖律所贝克·麦坚时（Baker McKenzie）和美国研究机构容鼎咨询（RHG）对2020年交易的统计显示，中企在欧并购交易继续下降，几乎腰斩，从2019年的134亿美元降至72亿美元，自2016年以来在欧投资首次低于北美。但2020年中国在欧洲的绿地投资比在北美更为活跃，年内完成投资近10亿美元。中企在欧投资主要是中型交易，分散在房地产、汽车、能源等行业。[③]

具体到中企在英国的并购交易，2020～2021年度失去了传统热点行业、大额交易的支撑，如房地产投资大幅下降，在不太敏感的制造业、矿产资源、科技和医疗领域的投资较为突出，教育产业也风光不再。2020年中企在英投资降至欧洲各国第五，并购交易规模较小，总额为约4亿美元，落后于德国（20亿美元）、法国（7亿美元）、波兰（8亿美元）、瑞典（7亿美元）。当然，在英的低水平投资并非个例，2020年中企在意大利、爱尔兰、荷兰的投资额也出现大幅下降。[④]

（一）矿产资源

2021年5月27日，中国最大的锂生产商之一赣锋锂业发布公告称，其全资子公司上海赣锋已完成对英国Bacanora锂公司部分股份的收购。[⑤] Bacanora旗下的主要资产是位于墨西哥的锂黏土Sonora项目，目前为全球最

---

① UNCTAD, "Global Investment Trend Monitor", No. 38, 24 January 2021.

② 2021年初发布的《中国对外投资发展报告》仅统计至2019年底，2020年全年数据及其与前述自然年的比较尚不可得。

③ Baker Mckenzie, "Pandemic Slows China's Global Deal Making in 2020", 18 January 2021, https：//www.bakermckenzie.com/en/newsroom/2021/1/pandemic – slows – chinas – global – deal – making – in – 2020.

④ Baker Mckenzie, "Pandemic Slows China's Global Deal Making in 2020", 18 January 2021.

⑤ 《江西赣锋锂业股份有限公司关于全资子公司上海赣锋认购Bacanora公司部分股权涉及矿业权投资暨关联交易的进展报告》，编号：临2021 – 099。

大的锂资源项目之一。交易完成之后，上海赣锋已成为 Bacanora 第一大股东，持有其 28.88% 的股权，据报道未来赣锋希望持有 Bacanora 公司 100% 的股权。

（二）科技

科技投资无疑是该年度的亮点。首先，近年在英国被腾讯收购的企业继续完成多宗收购。2021 年 7 月 19 日，腾讯以 9.19 亿英镑（约合 82 亿元人民币）的价格收购了英国游戏开发商相扑集团（Sumo Group）。[①] 相扑集团于 2003 年在谢菲尔德成立，为索尼、微软和世嘉等公司提供游戏开发服务，参与制作的游戏包括《龙与地下城》《古墓丽影》《绿林侠盗：亡命之徒与传奇》《麻布仔大冒险》《除暴战警3》《杀手2》等。这笔交易是腾讯在英国最大的一笔投资，也是第一个针对上市公司的全资投资，还是全球范围内最大的投资，这一收购帮助腾讯进一步扩大了其全球娱乐游戏内容版图。[②]

2021 年 6 月 17 日，腾讯子公司意像架构投资有限公司（Image Frame Investment）在手势识别企业 Ultraleap 公司的 D 轮融资阶段投资 3500 万英镑（约 3.15 亿元人民币）。[③] 该公司总部位于布里斯托，主要业务为"触觉反馈技术"，即让人们在不接触表面的情况下产生触觉。最初，Ultraleap 的技术主要用于汽车行业，帮助司机方便地调节音量、接听电话或查看导航，降低发生交通事故的可能性。这项技术日益进步，被更广泛应用于餐饮、娱

① Tim Bradshaw & Ryan McMorrow, "Tencent Buys UK Games Company Sumo for £ 919m", *Financial Times*, 19 July 2021, https：//www.ft.com/content/0484f00c – fede – 4b15 – 9108 – 9437b6c776b4.

② 傅士鹏：《82 亿！腾讯买进英国，爆出全球最大投资》，新浪财经，2021 年 7 月 20 日，https：//weibo.com/ttarticle/p/show? id = 2309404660999763656923。

③ Mark Kleinman, "Chinese Giant Tecent Backs British 'Virtual Buttons' Tech Company Ultraleap", *Sky News*, 17 June 2021, https：//news.sky.com/story/chinese – giant – tencent – backs – british – virtual – buttons – tech – company – ultraleap – 12334782#：~:text = News% 20% 7C% 20Sky% 20News – , Chinese% 20giant% 20Tencent% 20backs% 20British% 20 ' virtual% 20buttons '% 20tech% 20company% 20Ultraleap, money% 20valuation% 2C% 20Sky% 20News% 20learns.

乐、广告、医疗、工业、虚拟现实等行业。腾讯拟通过此项并购获得创新技术，与其拟开发的业务实现紧密融合。[①]

本年度另一焦点交易是 2021 年 7 月 6 日中国闻泰科技通过全资子公司荷兰安世半导体（Nexperia）收购英国最大芯片厂纽波特晶圆制造公司（Newport Wafer Feb，NWF）。据闻泰科技公告，该公司全资子公司荷兰安世半导体已与纽波特晶圆制造公司的母公司 NEPTUNE 6 LIMITED 签订相关收购协议。本次交易完成后，闻泰科技将间接 100% 持有英国最大的芯片制造商。[②] 安世半导体也发布官方消息，称与纽波特晶圆制造公司的交易已完成，此举可助力公司投资和实现宏伟的增长目标，进一步提高全球产能。纽波特晶圆制造公司主要生产用于汽车行业电源应用的硅芯片，是硅基半导体领域拥有 30 多年历史的大厂，在模拟电路、先进功率半导体和化合物等领域积累丰富，提供硅和硅基化合物半导体晶圆代工服务，覆盖汽车、医疗、工业、电信和大功率器件等应用场景，用于汽车、航空、医疗和能源领域。

（三）医疗

2020 年 11 月 9 日，总部位于剑桥的英国医疗科技公司、顶尖遗传病临床基因组学软件公司康剑尼科（Congenica）宣布 C 轮融资，金额高达 3900 万英镑。[③] 本轮融资由腾讯和英国保险业巨头法通保险公司（Legal & General）共同领投，其他投资者包括国库控股（Xeraya）、普华资本（Puhua Capita）和风险投资与私募股权。[④] 康剑尼科由维康桑格

---

① Mark Kleinman, "Chinese Giant Tecent Backs British 'Virtual Buttons' Tech Company Ultraleap".

② 《闻泰科技股份有限公司公告》，公告编号：临 2021 – 080。

③ Congenica, "Congenica Completes $50m Series C Funding Round to Advance Clinical Genomic Analysis Software and Data Plarform", 9 November 2020, https://blog.congenica.com/congenica – completes – 50m – series – c – funding – round – to – advance – clinical – genomic – analysis – software – and – data – platform.

④ Congenica, "Congenica Completes $50m Series C Funding Round to Advance Clinical Genomic Analysis Software and Data Plarform", 9 November 2020.

（Wellcome Sanger）研究所和英国国民保健署联合成立于 2014 年，是罕见病和遗传性癌症基因组研究的先驱，其开发的软件能使数据分析速度比行业平均水平快 20 倍。C 轮融资将用于推动国际市场开发，并通过与制药公司的合作推动康剑尼科的产品平台在体细胞癌症和健康领域进一步扩展。康剑尼科首席执行官戴维·阿特金斯（David Atkins）表示："这笔新资金将会使我们在罕见病领域建立稳固的基础，并将增强平台适应力、开拓新市场。"①

（四）制造业

继 2020 年 3 月中国民营企业河北敬业集团以 5000 万英镑收购英国钢铁公司（British Steel）之后，中国公司在制造业领域继续投资。2020 年 11 月 5 日，注册于中国香港的投资基金——莱恩资本（Lion Rock Capital）以 1 亿英镑正式收购英国老牌鞋企其乐（Clarks）的多数股权。莱恩资本的主席、奥运冠军及李宁公司创始人李宁表示："其乐是全球最知名的消费品牌之一，我们期待与创始家族合作，持续为消费者提供优秀产品及服务。"

在机械制造方面，根据上海永利带业股份有限公司 2021 年 1 月 8 日公告，该公司下属控股子公司永利荷兰（Yong Li Holland B. V.）购买 Darnley Hodlings Limited 持有的 RFC 公司（R. F. Clarke Ltd.）75% 的股权已完成交易，收购价 100 万英镑。② 上海永利带业股份有限公司（前身为上海永利工业制带有限公司），主要产品分为轻型输送带和精密模塑产品两大类，业务范围包括欧洲、北美洲、南美洲、非洲、亚洲和大洋洲的全球多个国家。③

---

① International Finance, "Tencent Buys Stake in UK-based Genomics Startup Gongenica", 9 November 2020, https://internationalfinance.com/tencent - buys - stake - in - uk - based - genomics - startup - congenica/.

② 《上海永利带业股份有限公司关于下属控股子公司收购 R. F. Clarke Ltd. 75% 股权的进展公告》，证券代码：300230，公告编号：2021 -009。

③ 参见上海永利带业股份有限公司官网，http://www.yonglibelt.com/。

RFC 公司则为合成输送带的生产商和供应商。①

除此以外，中企在英国房地产行业的投资活动低迷，仅有 2021 年 3 月 5 日抖音海外版（TikTok）同 Helical 签订位于伦敦市中心法灵登（Farringdon）的万花筒大楼（Kaleidoscope）为期 15 年的租约。② 万花筒大楼比抖音之前在伦敦租的办公场所要大 3 倍，预计容纳 850 名抖音员工，并进一步带动伦敦短视频产业链向法灵登聚集。③

三　中企在英并购的前景

2021～2022 年度，中国企业在英国投资并购的前景尚不明朗，预计与 2020～2021 年度的水平基本持平。中国抗疫取得巨大成功，领先于其他国家恢复生产和经济运行，赴海外并购的意愿和支撑条件均存在。但是，投资最终有多少会流入英国，除了两国在经济结构和技术上的互补性之外，也受到英国政府新设立的外资安全审查制度的实际执行情况和中国企业对在英投资风险认知的影响。这一风险既包括英国未来对华政策和两国关系的发展这一政治风险，也包括新审查制度所带来的规制风险。

2020～2021 年度，英国对华政策的不确定性和矛盾加大，反映出"英国对自身国际地位认识的模糊与不确定性"。④ 尤其是在约翰逊政府对华政策出现了"国内政治化、政党政治化"⑤ 趋向的情况下，中英关系在新一年

---

① 参见 RFC 公司官网，https：//www. rfclarke. com/。

② Helical, "Helical Lets Kaleidoscope to TikTok", 5 March 2021, https：//www. helical. co. uk/ helical – lets – kaleidoscope – to – tiktok/.

③ Isobel Lee, "TikTok 'Likes' Helical Development in London, Inks 15-year Lease", *Property EU*, 8 March 2021, https：//propertyeu. info/Nieuws/TikTok – likes – Helical – development – in – London – inks – 15 – year – lease/8d8430e7 – 6495 – 4266 – af50 – 980df240fabf.

④ 王展鹏：《百年大变局下英国对华政策的演变》，《欧洲研究》2020 年第 6 期，第 32～50 页。

⑤ 王展鹏：《百年大变局下英国对华政策的演变》，《欧洲研究》2020 年第 6 期，第 32～50 页。

度的走向恐怕不容乐观。

从规制风险来看，首先要强调的是，政府事后"主动干预"的权力不得追溯至 2020 年 11 月 12 日前交割完成的交易。①在《投资法》2022 年 1 月生效前，各方均在观望英国政府在审查实务中将会如何解释、把握法律及指导性文件中的具体内容。据报道，英国的投资安全审查机构配备了近百人的编制。②政府根据 2019 年和 2020 年的审查情况预测出，新法生效后每年有 70～95 笔交易须进行国家安全评估，其中约 10 宗须采取救济措施（否决或附条件批准）。③2021 年 11 月 15 日最新发布的指导性文件仍显得比较粗略，具体如何审查仍流于条条框框的规定。④

从 4 年来立法过程中各版本的文本以及围绕它展开的讨论来看，英国《投资法》应不会与其新自由主义的传统偏离太远，英国的资源禀赋和产业结构的限制和经济形势也不允许它在投资环境和政策上突然转向，与脱欧后不得已而为之的"全球英国"战略也不符。但是，中企在较敏感领域的收购未来预计会面临较大风险。无论是从 2017 年来受审查的交易多涉及中国企业，还是最近约翰逊表示要国家安全顾问调查安氏半导体的收购，抑或是英国媒体关于英国政府考虑如何将中广核剔除出英国未来核电项目的报道，均显现出"山雨欲来风满楼"的迹象。未来中国企业恐怕难

① The UK Government, "Guidance-National Security and Investment Act: Prepare for New Rules about Acquisitions Which Could Harm the UK's National Security", 20 July 2021, https://www. gov. uk/government/publications/national – security – and – investment – act – prepare – for – new – rules – about – acquisitions.

② 杨玉华：《英国版外资审查法案出台——〈国家安全与投资法案〉正式进入英议会立法审议程序》，通力律师事务所，2020 年 11 月 13 日，http://www. llinkslaw. com/uploadfile/publication/76_ 1605264984. pdf。

③ The UK Government, "Impact Assessment, National Security and Investment Bill", 9 November 2020, https://assets. publishing. service. gov. uk/government/uploads/system/uploads/attachment _ data/file/934276/nsi – impact – assessment – beis. pdf.

④ The UK Government, "National Security and Investment Act: Guidance on Notifiable Acquisitions", 15 November 2021, https://www. gov. uk/government/publications/national – security – and – investment – act – guidance – on – notifiable – acquisitions.

以完成对相对敏感技术或企业的收购。立法流程中的多份文件均强调，法规变动的主要动因是地缘政治和科技环境的变化。①未来一年内，非高精尖的制造业、相对低敏感度的科技行业、医疗、房地产等领域或仍能继续保持一定热度。

---

① The UK Government, "Impact Assessment, National Security and Investment Bill", 9 November 2020.

B.9
后疫情时代的英国高等教育行业

胡 婉*

摘 要： 新冠肺炎疫情出现以来，同全球其他国家一样，英国的大学
在整体运行、教学、研究、行政服务和学生支持等方面，相
应地产生了调整与变化。教育教学领域既积累了大规模线上
教学的经验，也存在问题和不足。政府和高校在后疫情时代
需要充分考虑数字在线教育的质量，保证学生学习的公平
性。疫情在一定程度上扰乱了全国性的科研评比工作《科研
卓越框架2021》的进展，部分科研经费受阻，但政府也出台
了相关政策、设立新的研究机构以保障持续科学研究，并巩
固英国科研超级大国的全球地位。对英国大多数高校来说，
学生学费尤其是国际学生学费，是维持学校运转的重要保
障。学生人数的减少给大学的财务状况带来压力。后疫情时
代，英国政府和高等教育行业需要思考如何在未来的国际教
育市场保持竞争地位。政府也应认识到高等教育行业在未来
英国经济社会复苏过程中的中心作用，并应以务实的态度帮
助这一行业实现持续发展。

关键词： 新冠肺炎疫情 后疫情时代 在线教育 科研卓越框架 大
学资金

---

* 胡婉，英国诺丁汉大学哲学博士，西交利物浦大学副教授、博士生导师，主要研究领域为翻
译教育、高等教育政策。

根据联合国教科文组织（UNESCO）的数据统计，教育行业是受新冠肺炎疫情影响最严重的行业之一。由于中小学和大学校园的关闭，194个国家或地区的近16亿名学习者受到了影响。[①] 疫情所带来的危机也拉大了学习者、高等院校和各国之间的差距，加剧了不平等的现象。面对常态化防控下的后疫情时代，为探析英国高等教育行业当前处于何种现状以及将迎来怎样的机遇与挑战，本报告拟从教育教学、科学研究、大学资金与资源三个方面回顾2020～2021年英国高等教育行业的运行状况，并简要分析其短期和中长期的发展方向。

一　教育教学

2020～2021年，经过疫情初期的"阵痛"后，英国政府和社会都在酝酿和逐步实施解禁复工，教育界也在推动分期分批复课[②]，并根据新冠肺炎疫情的走势采取可调控的特殊举措，同时部署混合式教学和远程教育解决方案。小规模研讨课、实验室工作被优先考虑以面对面形式在校园里进行，而人数较多的大课和讲座则线上进行。总体而言，英国高校的教学模式以线上为主、小规模线下的模式展开，目前已步入正轨并正常运行。

为及时了解在线教育的运行状况，英国学生事务办公室（Office for Students，OfS）对来自世界各地的数字化教学专家以及高校行政管理人员开展了52次深度访谈，收集了145份回访意见，并调研了1285名学生和567名教师的意见。基于以上数据，出版了一份详细的《数字化在线教育回顾报告》（*Digital Teaching and Learning Review*）。[③]

---

① UNESCO，"Education：From Disruption to Recovery"，4 July 2020，https：//en. unesco. org/covid19/educationresponse；UNESCO，"UNESCO Addresses G20 Education Ministers' Meeting"，29 June 2020，https：//en. unesco. org/news/unesco – addresses – g20 – education – ministers – meeting.

② 张鹏：《疫情期间英国汉语教育的线上发展》，《世界教育信息》2020年第7期，第21～24页。

③ Office for Students，"Gravity Assist：Propelling Higher Education Towards a Brighter Future"，1 March 2021，https：//www. officeforstudents. org. uk/publications/gravity – assist – propelling – higher – education – towards – a – brighter – future/.

报告显示，由于受到疫情的影响，英国师生需要克服压力，适应从线下转为线上的新型教学模式。这对于大多数老师和学生而言是进入未知领域。58%的学生和47%的教职员工表示，他们在新冠肺炎疫情发生之前没有任何数字化在线教学的经验。这一数据到2020年12月有所改观，92%的受访学生称他们完全或大部分时间在网上学习。视频研讨会、现场或录制的在线讲座以及讲座幻灯片是他们主要的学习资源。

部分学校和专业开展了在线教学的创新模式，这些模式包括：为护理人员提供数字模拟的培训场景；通过遥控实验室设备进行科学实验；为音乐系学生开设在线大师班；将毕业生与行业专家联系起来开设数字展览；开设虚拟写作咖啡馆；等等。教师和学生对上述教学方式的适应速度非常快。

在师生满意度层面，大多数参与投票的学生（67%）表明他们对数字化在线教学的效果表示满意；相似比例（61%）的学生也表示，教学内容符合他们的期望；近一半的学生（49%）对数字化的学习模式有信心，他们认为自己有能力从在线教学中受益；也有29%的学生认为在线教学比预期的要糟糕。教师对数字化在线教学则持有不同观点。问卷调查的结果强调，高校需要增加对教职员工的支持。只有21%的教师表示，他们非常有信心拥有设计和提供在线教学的技能。

除了调研师生对数字化在线教学模式的体验效果与评价，这份报告还总结出成功的数字化在线教学所需的六个核心组成部分，包括：第一，数字化教学必须从设计得当的教学内容和测评方式开始；第二，学生必须能够访问到正确的数字基础设施；第三，教师和学生能够建立必要的数字技能；第四，可以战略性地利用技术，而不是零敲碎打或被动地利用技术来推动教育经验和成果；第五，必须从一开始就考虑到并包容不同的学生群体；第六，以上所有要素都需要以一致的战略为支撑。

线上、数字化和远程模式的教学作为英国各高校应对新冠肺炎疫情的过渡方案，虽已进入相应的正轨，但仍存在不少批评的声音。质疑声主要体现在教学内容、技术教学技能、学术环境和学生不平等多个方面。来自北安普顿大学的凯特·布莱克（Kate Black）和海伦·查尔顿（Helen Charlton）两位学者认为，英国大学的管理层和高等教育领域的媒体过分强调传播媒介，认为线上教学技术是应对新冠肺炎疫情对教育挑战的解决方案，忽略了远程和在线教育的教学过程。她们还认为，已有大量案例表明，高校教师和学者并不擅长引领实体课堂以外的教学活动。虽然各高校都为学者提供了适用新技术的在线教学培训视频，但学者们要兼顾教学、研究、行政和领导的工作，很难在短期内快速全面学习这种新的教学方式和更新教学内容。因此，学者们或许有理由坚持传统的教学风格。

技术驱动的方法本身也存在问题，原因是很少有大学有足够的技术工作人员来支持和发展在线教学所必需的电子资源。新冠肺炎疫情危机为教育改革带来了一些积极变化，比如强化了从以教师为中心转向以学生为中心的教学方法。但是，这种教学方法不应该从技术上而应从文化上主导。单纯以技术为主导的解决方案有可能损害学者的知识产权，阻碍教育知识的变革。①

线上学习的紧急转向也反映出不同学生之间所存在的严重不平等问题。获取合适的技术和网络，哪怕仅仅是接入网络设备，已变成一项较为严峻的挑战。② 各所大学扩大了对学生的财政支持，为那些难以获得技术设备的学生提供帮助，但大学仍希望英国政府继续消除数字化在线教育其他方面的不平等现象，例如在全国安装学生家庭能负担得起的高速宽带。③

除了教学模式的转变，新冠肺炎疫情也加速了数字时代测试与评估方式的更新与优化。有学者认为，如果在网上进行传统考试，则存在更大程度的串通、冒名顶替和作弊现象。同时，监考软件或远程监考的使用可能会对学生心理健康造成较大损害。在疫情发生前，已有不少学者更倾向于采用一种

---

① Guoxin Ma, Kate Black, John Blenkinsopp, Helen Charlton, Claire Hookham, Wei Fong Pok, Bee Chuan Sia and Omar Hamdan Mohammad Alkarabsheh, "Higher Education Under Threat: China, Malaysia, and the UK Respond to the COVID-19 Pandemic", *Compare: A Journal of Comparative and International Education*, 19 February 2021, pp. 1-17.

② 周乐峰：《展望后疫情时代全球高等教育发展》，《世界教育信息》2020 年第 7 期，第 21~24 页。

③ Russell Group, "OfS Review of Digital Teaching and Learning", 25 February 2021, https://russellgroup.ac.uk/news/ofs-review-of-digital-teaching-and-learning/.

真实的评估形式去替代考试，不但让学生了解自己的科目，而且能够在实践中去运用所学知识。由于疫情带来的影响，这些真实的评估方式得以更广范围地运用，包括数字文物、线上测试、政策简报、案例研究数据项目、博客文章、投资者宣传等。需要注意的是，大多数形式的真实评估方式需要花比传统考试更多的时间来处理，因为开卷考试、实际工作中的应用比简单的回忆更复杂。大学必须承认教师采用真实评估方式所产生的时间成本并给予回报。①

二 科学研究

英国大学多年来始终重视开展世界一流的研究活动，重视科研评估，并不断更新反映评估质量的评估框架体系与硬软性指标。新一轮的《科研卓越框架》（Research Excellence Framework，REF）（以下简称《框架》）原本定于 2021 年完成评估并公布结果。考虑到新冠肺炎疫情的不稳定性和持续影响，经综合评估后，《框架》工作小组出台了相应的应急方案，重新规划了科研成果的提交流程，以及后续的评审安排和时间表等。原定于 2020 年11 月提交的《框架》评比材料延后至 2021 年 3 月 31 日，评审工作也相应延后，评估结果将于 2022 年 4 月公布。工作小组对于研究成果的提交细节和研究人员的信息更新分别做了补充，对不同类型的研究成果（著作、期刊论文、书籍章节、会议论文、实体研究成果等）的提交方式也给出了具体说明。例如，运输和交付实体研究成果需要经过电子扫描。工作小组也与有提交实体研究成果需求的大学开展单独谈话，商议提交细节。②

英国政府在过去几年内持续削减对科学研究领域的拨款。仅从 2018 ~

---

① Jill Hicks-Keeton, Salvatore Babones, Katy Barnett, Paul Cowell, Jennifer Schnellman, Karen E. Spierling and Oliver A. H. Jones, "Is it Time to Reassess Student Assessment?", *Times Higher Education*, 22 July 2021, https：//www. timeshighereducation. com/features/it – time – reassess – student – assessment.

② REF 2021, " Updated Invitation to Make Submissions to the REF ", 2021, https：// www. ref. ac. uk/publications/updated – invitation – to – submit – to – ref – 2021/.

2019 年的数据来看，整个高等教育部门的赤字总额超过 6 亿英镑，而学生学费和政府提供的教学经费的总和也不能支付提供优质教学的全部费用。①

2021 年初，英国政府再次削减研究经费，计划砍掉 1.2 亿英镑的全球挑战研究基金和其他相关经费。这一举措在英国学术圈引起了不小的争议。英国罗素大学集团发表声明称，全球挑战研究基金和牛顿基金帮助隶属罗素大学集团的院校与全球合作伙伴合作，将世界级的知识和创新能力集中用在改善健康、开拓新技术和支持其他国家应对气候变化和贫困等议题。削减这些基金将流失多年来在英国科学外交的过程中扮演关键角色的科研项目，不利于巩固英国作为世界发展和研究领导者的地位，更不利于英国帮助发展中国家应对所面临的紧迫挑战。②

尽管新冠肺炎疫情为英国的科学研究带来了一定的负面影响，英国大学在 2020 年依然取得了很多突破性的研究进展。罗素大学集团过去一年间一直开展开创性研究，并与政府机关、企业和国际合作伙伴相互协作，以帮助保持英国作为世界科学的领导者地位。突破性的研究进展包括：南安普顿大学的研究人员为一线医护人员开发出了一种可重复使用的个人保护型呼吸器；牛津大学詹纳研究所和牛津疫苗小组一直处于科学工作的前沿，致力于为全球重要性的疾病开发疫苗；伦敦政治经济学院的研究人员利用人工智能技术，研究出保护家庭暴力受害者的方法，以预测何时可能发生重复事件。③

2021 年 2 月 19 日，英国商业、能源与产业战略部宣布成立一家新的研究机构"高等科研与发明署"（Advanced Research and Invention Agency，

---

① Russell Group, "Sustainable Funding for Higher Education", 11 November 2020, https://www. russellgroup. ac. uk/policy/policy – documents/sustainable – funding – for – higher – education/.

② Russell Group, "Russell Group Response to Proposed Cuts to UK Global Research Funding", 15 May 2021, https://russellgroup. ac. uk/news/russell – group – response – to – proposed – cuts – to – uk – global – research –funding/.

③ Russell Group, "A Year of Breakthrough Research", 22 December 2020, https://www. russellgroup. ac. uk/news/a – year – of – breakthrough – research/.

ARIA），以资助高风险、高回报的科学研究。研究机构获资 8 亿英镑，将由世界一流的著名科学家领衔，他们有权限快速识别与资助能够转化科学技术的研究项目。研究机构的定位则是帮助巩固英国作为全球科学技术超级大国的地位。① 研究机构的成立得到了英国学术界的支持。他们认为，为英国建立一个新的高风险、高回报的研究机构，有助于释放科技创新活力，推动后疫情时代的经济复苏，并帮助应对全球挑战，如实现"净零"碳排放的远景。②

三　大学资金与资源

受新自由主义的影响，英国政府在过去十几年里不断削减国家教育经费，高等教育行业逐步私营化。大学的财政模式是市场驱动型，政府的拨款是根据学生人数分配的，并且越来越依赖国际学生所缴纳的学费和其他周边费用。英国作为世界排名第二的国际学生接收大国，国际学生为其带来的经济效益相当可观。③ 许多英国大学就像跨国公司，招收大量的国际学生，扩大与世界各地机构的经济往来，并通过协作的方式吸引国际研究资金。高等教育全球化的趋势使大学融入资本主义、信息和数据的跨国循环。④

然而，由于新冠肺炎疫情的暴发和蔓延，再加上脱欧的现实状况，英国许多大学暴露出不小的财务问题。相比其他院校，拥有大量研究资金的精英

① The UK Government，"UK to Launch New Research Agency to Support High Risk, High Reward Science"，19 February 2021，https：//www. gov. uk/government/news/uk－to－launch－new－research－agency－to－support－high－risk－high－reward－science.

② Russell Group，"Russell Group Response to Launch of New Research Agency"，19 February 2021，https：//russellgroup. ac. uk/news/russell－group－response－to－launch－of－new－research－agency/.

③ 崔景颐：《国际学生何以重要——英国国际学生的经济效益研究》，《中国高教研究》2018年第 6 期，第 83～89 页。

④ Mark Olssen and Michael A. Peters，"Neoliberalism, Higher Education and the Knowledge Economy: From the Free Market to Knowledge Capitalism"，*Journal of Education Policy*，20 February 2007，pp. 313－345.

红砖大学以及与私营企业合作密切的大学能更好地应对疫情影响。即便如此，精英类大学也需要面临国际学生招生人数不足和欧盟研究经费流失所带来的负面影响。此外，2020～2021 学年，出于对疫情不稳定情况的考虑，本国和欧洲大陆学生推迟入学时间，许多国际学生也不可能入学。学生延迟入学所带来的学费损失给许多英国大学开设相关课程带来了一定程度的影响。从长远来看，疫情对国际学生流动所造成的影响尚不确定。依赖国际学生学费收入的高等院校和国家应尽快设法重新进入国际教育市场。国际高等教育流动估计至少需要 5 年的时间才能恢复。①

从人力成本的角度而言，出于社交安全距离的需求，以及开发数字资源所需的资金需求，大学需要更多的资金来配备人员，以覆盖校园内因小规模面对面教学所增加的额外班级。数字化的加速也大大增加了学术工作人员的工作量，并需要额外的行政支持。

如前文所述，由于新冠肺炎疫情及其对经济的影响，英国高等教育行业面临严重的财务压力。再加上政府推行更重视职业教育的政策，迫使大学进行专业裁撤、裁员和组织架构重组。据英国大学和学院工会（The University and College Union）预测，数十所中等排名大学的艺术和人文学科将首当其冲，这可能影响数以千计的大学教职员工。举例而言，莱斯特大学预计裁撤 60 个职位，涉及危机管理研究和中世纪文学等专业。在员工举行罢工以及和大学进行谈判过后，强制裁员人数从 60 人减至 26 人。② 伦敦大学和利兹大学发布了员工自愿辞职计划。纽卡斯尔大学将关闭其伦敦校区，预计该校区的员工将迁往本部或选择离职。东伦敦大学、中央兰开夏大学和伦敦金史密斯大学也公布了学术裁员计划。索伦特大学、伦敦大学和布莱顿大学也有针对行政人员的小型裁员计划。作为大学组织架构重组的一部分，利物浦大

---

① Philip G. Altbach and Hans de Wit, "Post Pandemic Outlook for HE is Bleakest for the Poorest", *University World News*, 20 April 2020, https：//www. universityworldnews. com/post. php? story = 20200402152914362.

② Bethan Staton, "English Universities Face Upheaval as Financial Strains Hit Jobs", *Financial Times*, 24 May 2021, https：//www. ft. com/content/6a30e430 − 95cf − 4eec − a435 − b7b98077ce23.

学计划削减其健康和生命科学系的数十个职位。[①]

据悉，英国不再是中东欧学生留学首选。英国脱欧致使留学费用变得昂贵，欧盟学生无法再与英国本国学生支付相同数额的学费，或者获得以前的学生贷款。受青睐的替代目的地则是荷兰、德国、法国、爱尔兰和瑞典。2020～2021年度，欧盟内部申请英国高等教育的学生数量减少了43%，其中最主要的是中东欧国家学生申请人数的减少。[②] 预计到2024～2025年，欧盟学生的人数将骤降35%。此外，英国高等教育统计局（The Higher Education Statistics Agency，HESA）的统计数据预测，2019年以来，脱欧带来的欧盟学生人数减少将导致部分英国大学损失高达10%的学费收入。对大部分高校而言，欧盟学生学费下降带来的损失可以由本国学生和国际学生的学费来弥补。部分依赖欧盟学生学费的高校，例如，索伦特大学（2020年学费收入的18%依赖欧盟学生）和伯明翰大学（该校27%的学费收入来自欧盟学生）将会受到较大的影响。[③]

四　未来发展方向

为了有效应对新冠肺炎疫情对英国高等教育行业的影响，学术界提供了相应的干预建议，以帮助英国高校在短期内将损失减至最小，同时保证高等教育行业实现可持续发展。建议包括：第一，延缓本科生入学申请，保证在校学生的数量，以免引发严重的校园不稳定问题。第二，重视家境一般的学生的学习状况，为家庭困难但有意愿回到校园学习的学生提供学费减免或让

① James Higgins, "12 Universities Plan Job Cuts Under Covid Finance Pressure", *University Business*, 1 February 2021, https：//universitybusiness. co. uk/finance – legal – hr/12 – universities – plan – job – cuts – under – covid – finance – pressure/.

② 《英国不再是中东欧学生留学首选》，中国经济网，2021年8月4日，https：//baijiahao. baidu. com/s? id=1707112090306194814&wfr=spider&for=pc.

③ Simon Baker, "Campuses Fear Losing 10 per cent of Fees as Europeans Stay away", *Times Higher Education*, 16 July 2021, https：//www. timeshighereducation. com/news/campuses – fear – losing – 10 – cent – fees – europeans – stay – away.

渡现金。政府需要考虑疫情对高等教育发展速度的潜在影响，以及给国家和社会公平带来的挑战。第三，为防止疫情给高等教育和经济发展带来的危机扩大，政府应采取相应的干预手段，减轻学生的房租负担。第四，在招生层面，引入新的、符合实际的入学方式，并将学生的课业表现、考试成绩、个人特长等因素考虑在内。第五，由于新冠肺炎疫情给学生的学习体验带来不可预测的影响，建议取消针对本科生满意度的常规全国学生调研（National Student Survey，NSS）或者更新调研形式，开展小规模、精心设计的调研，以此了解学生的反馈以及未来高等教育的走向。第六，有效使用科研经费，增加对高质量研究项目的投入，并通过混合周期合同等方式，努力保护研究人员的利益。第七，考虑到在线教育的发展需求，建议政府设立数字化引领基金，加强课程资源和数字化学习环境建设，以期将英国打造成为该领域的全球领导者。第八，思考大学如何更好更有效地服务公众。①

从政府政策来看，2021 年，英国政府宣布将采取新措施，进一步完善2019 年发布的《国际教育战略》报告的内容，以应对国际教育领域所面临的挑战，帮助教育行业更好地从新冠肺炎疫情中恢复。政府还将出台吸引海外学生的新措施，并计划设立国际教师资格证书，以支持全球对高质量教学日益增长的需求。同时，英国政府公布"图灵计划"（Turing Scheme），每年投入 1.1 亿英镑，支持包括留学生在内的英国大学生和中小学生前往全球各地交换学习或参与实习项目。该计划于 2021 年 9 月正式启动。②"图灵计划"作为英国新的国际教育战略的一部分，旨在取代欧盟的"伊拉斯谟计划"（Erasmus Programme），进一步为学生提供更多的国际交流机会，巩固英国在国际教育领域的地位。

从长远发展来看，英国高等教育行业仍将持续为英国的经济复苏与增长

①　李津石：《减轻新冠肺炎疫情对英国高等教育影响的八项干预措施》，《世界教育信息》2020 年第 7 期，第 25～26 页。

②　The UK Government，"Measures Announced to Boost International Study and Global Opportunities"，6 February 2021，https：//www. gov. uk/government/news/measures－announced－to－boost－international－study－and－global－opportunities.

以及社会发展做出重要贡献。英国大学联盟（Universities UK）于近期发布了《大学与英国经济复苏：基于未来影响力的分析》的预测报告。报告指出，在未来 5 年，英国大学将为中小企业、商业机构、非营利性组织等提供超过 116 亿英镑的支持和服务。内容与形式包括专家建议、企业获取开发创新产品的最新设施与设备以及开展大学与企业定制化的研究项目。在技能培训与专业服务方面，北爱尔兰地区的大学将在未来 5 年内向企业和慈善机构提供价值相当于 410 年培训时长的专业发展培训和教育课程。苏格兰地区的大学提供价值相当于 3490 年培训时长的课程，威尔士的大学则为 4800 年。英格兰地区的大学能提供的课程价值更高，到 2026 年之前可提供相当于 54936 年培训时长的课程价值。在未来 5 年内，英国大学将吸引 217 亿英镑的国际国内公共基金用于与企业和非学术组织的合作研究。截至 2026 年 5 月，将有超过 19.1 万名的护士、8.4 万名医学专家和 18.8 万名教师从英国各所大学毕业。很长时间以来，大学在吸引资金用于对经济和社会有重大影响的地方重建项目方面有着良好的记录。在未来 5 年内，这些分散在英国各地的项目价值将超过 25 亿英镑。其中，威尔士的大学将参与价值超过 5.36 亿英镑的项目。预计未来 5 年，苏格兰的大学将成立超过 1000 家新的公司和慈善机构，威尔士的大学则超过 1500 所。在北爱尔兰，将建立近 150 家新的公司和慈善机构，英格兰将有超过 1.9 万家。这些机构包括大学分拆的企业、社会企业以及毕业生和员工所建立的初创企业。大学作为大型雇主对当地经济有直接影响。2015～2020 年，大学就业人数增长了 3.5%。在接下来的 5 年里，类似的增长率将创造 14628 个新的就业机会。据估计，在英国就业的人群中，有 1.27% 在大学工作。在苏格兰，每 50 名在职人员中就有 1 人受雇于大学。①

　　该报告还指出，大学拥有独特的地位。它们吸引国家和国际资金，并将其转化为地方经济社会发展的影响力。它们善于合作，能够在世界范围内建

---

① Universities UK, "Universities and the UK's Economic Recovery: An Analysis of Future Impact", https://www.universitiesuk.ac.uk/sites/default/files/field/downloads/2021 - 08/uuk - getting - results.pdf.

立新的合作伙伴关系，并分享新的发现，为公众谋利益。① 但是，新冠肺炎疫情的大流行所带来的经济余震对社区打击很大。因此，在重建经济和解决社会所面临的长期结构性问题时，英国的大学需要站在应对的最前沿，最大限度地提高大学对经济复苏的贡献。政府则需要通过强有力的政策和资金，支持大学所开展的世界级的创新和研究活动，培训高技能人才，帮助经济和社会更快复苏。

---

① Universities UK, "Universities and the UK's Economic Recovery: An Analysis of Future Impact", https://www.universitiesuk.ac.uk/sites/default/files/field/downloads/2021 – 08/uuk – getting – results.pdf.

B.10
疫情常态化下的英国传媒

王　悦　李丹林*

摘　要：　2020～2021年，新冠肺炎疫情对英国传媒的影响仍在持续。报纸和杂志的销量进一步下跌，部分媒体资金困难，有更多报纸不再出纸质版。平面媒体、广播电视的广告收入持续下降。在疫情封锁期间，人们重新发现了阅读的价值，英国实体书的销量创8年内新高。疫情提升了人们对互联网的依赖，在线视听内容浏览量激增。广播电视凭借与疫情相关的新闻节目收视率大涨，互联网也成为仅次于电视的最受欢迎的新闻获取平台。准确和可靠的专业媒体，例如公共广播电视和传统媒体数字版，成为人们信赖的新闻来源。英国传媒、互联网和广告监管的重心由应对疫情带来的挑战，逐渐转移到如何帮助恢复传媒业的发展、"更好地重建"人们对媒体的信任和信息传播秩序上。维护较高的新闻标准、治理互联网有害内容、保护受众（尤其是弱势群体的利益）成为2020年英国传媒监管的重要议题。

关键词：　英国传媒　后疫情时期　新闻标准　数据保护　互联网治理

新冠肺炎疫情期间，借助于5G、数字和智能技术，人们的内容消费、

---

* 王悦，中国传媒大学传播学专业传媒政策与法规方向2018级博士研究生；李丹林，中国传媒大学文化产业管理学院法律系教授，博士生导师。

新闻获取和行为习惯等都发生了很大变化。互联网（尤其是家庭网络）的提速促使人们的工作、生活和学习进一步从线下向线上转移，英国的传媒业继续进行着新的变革。

一　2020～2021年英国传媒业发展

（一）平面媒体

1. 报纸和杂志

疫情导致的隔离和封锁，加速了新媒体的发展。同时，疫情期间人们对严肃新闻的需求和信赖也在增长。2020年，全国性新闻机构网站发展迅速，包括全国和地区在内的数字新闻行业规模同比扩大30%，读者数量达到每日3200万。PAMCo公布的数据显示，全国新闻网站阅读人数在2020年第一季度迅速增长，并于3月达到峰值2500万。[①] 在3月对疫情相关新闻的兴趣达到顶峰之后，第二季度读者数量有所回落，每日数字新闻读者减少300万[②]，但自第三季度又开始恢复增长。PAMCo的数据显示，6～9月增长最快的是《先驱报》（32%）和《泰晤士报》（20%）。除《独立报》《每日电讯报》《卫报》《苏格兰人报》外，所有全国性新闻机构的在线影响力均逐年增长。与2019年同期相比，2020年9月每日访问全国新闻网站的人数增加了300万，达2150万人。其中，《太阳报》是最大的全国在线新闻机构，月度访问人数达3650万，其次是《每日邮报》和《镜报》。[③]

---

① 数据来源于PAMCo，http：//pamco. co. uk/。

② Charlotte Tobbit, "Pamco：UK National News Websites See Covid - 19 Audience Fatigue but Strong Year-on-year Growth Continues", *Press Gazette*, 16 September 2020, https：//www. pressgazette. co. uk/ pamco - uk - national - news - websites - see - covid - 19 - audience - fatigue - but - strong - year - on - year - growth - continues/.

③ Charlotte Tobbit, "Pamco Audience Data：The Sun is Most-read UK News Brand as Sector Sees Strong Year-on-year Growth", *Press Gazette*, 9 December 2021, https：//www. pressgazette. co. uk/pamco - uk - national - news - websites - strong - growth - post - covid/.

《新闻报》（*Press Gazette*）2020年8月6～11日就阅读习惯进行了一项读者调查。在367名接受调查者中，有48%表示其在线阅读的新闻内容超过纸媒，并希望这一趋势继续下去；29%的人表示，阅读习惯没有改变；17%的人称在疫情期间主要依赖纸媒获取新闻。①

随着新信息技术的发展，英国的纸质媒体不断萎缩，疫情发生更加速了平面媒体的衰弱。2005年至今，英国累计关闭的地方报纸总数已达265家，2019年1月以来停刊的地方报纸数量达33家。关停报纸最多的报业集团是约翰斯顿出版社媒体（Johnston Press Media），总共关停了13家报纸，其中10家是2020年6月一次性关停的。紧随其后的两家地方报业集团是Reach和Tindle，各关停了6家报纸。②

与此同时，很多报刊也面临资金压力。《卫报》2020年有3150万美元资金缺口，宣布2021年将裁减12%员工，共180人，包括新闻室70人及广告、营销、实时事件、求职平台等部门员工。《卫报》未来将进一步专注于数字端的发展。③伦敦著名免费日报《标准晚报》也裁员近1/3，其中编辑部减员达40%，同时还裁撤了31个商业运营岗位和15个发行岗位。该报首席执行官查尔斯·亚德利（Charles Yardley）于2020年9月表示："目前的重组计划主要是为了应对业界的危机，而疫情加重了这一危机。但伦敦的领先报纸向领先媒体平台转化的过程，仍会给我们带来重大机遇。"④无论是关停纸质报刊的媒体，还是努力维持纸质版的媒体，转向数字和移动端都是不二的选择。

2. 图书出版

新冠肺炎疫情暴发后，尤其是在疫情封锁期间，人们有了更多的读书的

---

① 数据来源于 *Press Gazette*，https：//pressgazette. co. uk/。

② 《英国媒体大变局（外7则）》，搜狐网，2020年9月7日，https：//www. sohu. com/a/416946105_ 481352。

③ 《资金缺口3150万美元　英国卫报宣布裁减12%员工》，搜狐网，2021年7月16日，https：//www. sohu. com/a/407893375_ 561670。

④ 《英国媒体大变局（外7则）》，搜狐网，2020年9月7日，https：//www. sohu. com/a/416946105_ 481352。

时间，重新发现了阅读的价值。2020 年，英国的实体书和电子书市场发展良好。根据英国出版商协会（The UK's Publishers Association）发布的《2020年度报告》，2020 年英国新闻出版业（包括图书、期刊和版权）的总销售额增长了 2%，达 64 亿英镑，比 2019 年增加了 1 亿镑。[1] 实体书销量创 8 年内新高。[2]

根据尼尔森图书调查公司（Nielsen Book Scan）的数据，尽管书店由于疫情从 3 月 23 日到 6 月 15 日关闭，11 月 5 日至 12 月 2 日再次关闭，2020年实体书销量仍达 2.02 亿本，销售额达 17.6 亿英镑。[3]

疫情期间，电子书的借阅量也大幅上升。在图书馆长达 4 个月的关闭期间，图书馆在线会员人数同比增加了 600% ~ 700%。慈善机构——图书馆链接慈善基金会（Libraries Connected）的数据显示，2020 年 3 月底至 8 月中旬，电子书借阅量共增加 350 多万册，同比增幅达 146%。若加上有声读物和电子漫画，借阅量高达 500 万。

面对实体书逆势上扬的趋势，英国出版商协会会长史蒂芬·罗廷加（Stephen Lotinga）表示："电子书的时代并未终结，但人们开始认真思考应如何与诸多屏幕共处的问题。人们过多使用和借助电子设备阅读，通常会对屏幕感到厌倦，纸质书则为大家提供了一个逃离屏幕的机会。"

尽管图书出版业整体表现良好，但疫情对教育出版机构和小型出版机构仍造成了不小的冲击。一些小型出版商被迫转向众筹，以维持业务。例如，雅克兰达出版社和骑士团出版社面临倒闭风险，合作发起了众筹，力图通过募集捐款自救。此外，出版商协会中有一半以上的成员由于业务规模小，不得不让员工停职。英国教科书出版巨头培生集团（Pearson）也宣布转型，

① 根据英国出版商协会《2019 年度报告》（Publishers Association Yearbook 2019），2019 年英国实体书的销售额为 63 亿英镑。

② Publishers Association，"The Publishers Association's Annual Report 2020"，https://www.publishers.org.uk/publications/the – publishers – associations – annual – report – 2020/.

③ Alison Flood，"Book Sales Defy Pandemic to Hit Eight-year High"，*The Guardian*，25 January 2021，https://www.theguardian.com/books/2021/jan/25/bookshops – defy – pandemic – to – record – highest – sales – for – eight – years.

将减少教科书的出版数量。转型后，该公司将更专注于更新其数字产品，提供人工智能以及数据分析和研究服务，并且不再每3年重新修订1500本纸质书。[①]

（二）广播电视

在疫情封锁期间，受众观看电视的时间有所增加。2020年4月，英国4岁以上观众每天观看视听内容的时间为6小时25分钟，较2019年平均增加约1.5小时。其中，观看电视的时间占比最大，每天观看直播、回看或点播的电视内容平均达3小时46分钟。尽管观看电视的时间最长，但增加幅度最大的是付费视频点播服务（Subscription Video-on-Demand，SVoD），例如网飞（Netflix）、亚马逊尊享视频（Amazon Prime Video）和迪士尼加（Disney＋）。2020年4月，英国观众平均每天观看付费视频点播内容的时间是1小时11分钟，比2019年增加了37分钟，观看时间增加1倍以上。疫情期间大约有1200万名16岁以上的成年人订阅了新的付费视频点播内容服务，有300万人首次订阅付费视频点播内容服务，其中有一半是16~34岁的年轻人；在55~64岁的观众中，有近1/3（32%）在封锁初期使用了付费视频点播内容服务（高于封锁前的25%）；64岁以上的观众也有15%订阅付费视频点播内容服务（高于封锁前的12%）。[②]

在节目内容方面，新闻、对话节目和新闻分析的收视率遥遥领先，反映出疫情的严峻以及公众对新闻的需求。根据《英国新闻消费：2020》（News Consumption in the UK：2020）年度报告，60%的成年人认为广播电视公司提供的时事节目对社会很重要；56%的成年人观看BBC新闻节目，其中有23%的成年人每周观看BBC一频道这一最为重要的新闻频道。[③]

① 《英国教科书出版巨头宣布转型　将减少出版纸质教材》，央视网，2020年7月18日，http://news.cctv.com/2019/07/18/ARTIXx5Fmsd8hk4Y3M9svlAD190718.shtml。
② 王如兰：《Ofcom最新媒体报告出炉　一探疫情封锁期间英国媒体现况》，公视新闻网，2020年10月26日，https://rnd.pts.org.tw/Home/Article/FL20201026154240。
③ Jidsaw Research，"News Consumption in the UK：2020"，Ofcom，13 August 2020，https://www.ofcom.org.uk/__data/assets/pdf_file/0013/201316/news-consumption-2020-report.pdf.

对于新闻的需求使公共媒体在 2020 年 3 月获得了最高的每月收视比，占全部广播电视的 58.8%。但到了 2020 年 6 月，疫情导致体育赛事停止、娱乐节目活动停止，缺少此类节目致使节目排档较为单一，收视比降到 2019 年 8 月以后的最低点（54.6%）。但也有电视频道如第四台（Channel 4），能快速回应观众的需求，制作了与疫情相关、有助于更好渡过疫情的具有新型内容的节目，例如《冠状病毒：如何隔离自己》（Coronavirus：How to Isolate Yourself）、《冠状病毒：如何避免》（Coronavirus：Can You Avoid It）和《烹饪与坚持》（Keep Cooking and Carry On）等。在封锁期开始后的两周，更多 16~34 岁的观众开始转向该频道，其成功获得了该年龄段的关注。第四台新闻频道（Chanel 4 News）的年轻观众增加了 60%。整体而言，第四台的观众相较于 2019 年增长了 30%。

英国通信办公室（Office of Communications，Ofcom）发布的《新冠肺炎新闻消费与态度研究》报告①显示，无论是在疫情封锁期间还是其后，大部分英国人主要依靠公共媒体获取新闻和资讯，对公共媒体的信任度也有所提高。超过八成的民众将 BBC、英国独立电视台（ITV）和第四台评为值得信赖的消息来源。其中 BBC 是英国民众在疫情封锁期间最主要的新闻来源，即使在英国全面解封（2020 年 5 月 7 日）②之后，也有 71% 的受访者表示，BBC 仍是其主要新闻来源。

虽然公共媒体在疫情期间表现良好，但疫情对商业性媒体的影响仍非常严重，2019 年累计营收下跌至 22 亿英镑，2020 年广播电视广告收入继续下跌至 19.2 亿英镑。其中广播广告收入为 6.13 亿英镑，较上一年下降 12.6%；电视广告收入为 4.35 亿英镑，较上一年下降 11.8%。③ 2020 年 3

① Ofcom, "Covid - 19 News and Information: Consumption and Attitudes Research 2020", 24 August 2021, https://www.ofcom.org.uk/research - and - data/tv - radio - and - on - demand/news - media/coronavirus - news - consumption - attitudes - behaviour/interactive - data.

② 2020 年 3 月 23 日，英国开始进入为期三周的全国封城防疫状态，后宣布延长至 5 月 7 日；自 2020 年 5 月 7 日开始逐步地、部分地、分阶段地实施解封措施。

③ AA/WARC, "UK Ad Spend Recover Faster Than Key International Markets in 2021", 16 January 2021, https://expenditurereport.warc.com/media/1313/press - release - uk - ad - trade - to - recover - faster - than - key - international - markets - in - 2021.pdf.

月底，英国独立电视台宣布缩减节目预算 1 亿英镑，而第四台削减 2020 年节目制作费用 1.5 亿英镑，并冻结招聘和薪资，进行裁员，同时在营销和人事方面再缩减 9500 万英镑。BBC 也开始冻结薪资以及部分招聘，鼓励员工自行离职，同时在苏格兰、威尔士以及北爱尔兰等地区以及 BBC News 裁员。[①] 2020 年，BBC 裁减 450 名国内地区节目员工，裁掉 1/6 的职位，广播节目主持人的数量大幅减少（双主持人的节目都被要求由一人主持）。

（三）广告

新冠肺炎疫情暴发引发了广告行业的震荡，而在新冠肺炎疫情持续一年后，疫情对英国广告业的影响也逐渐明显。英国广告协会（Advertising Association，AA）和世界无线电行政大会（WARC）2021 年 4 月发布的最新支出报告显示，2020 年英国广告支出总额为 235 亿英镑，较上一年下降了 7.2%，但好于预期（见表 1）。[②] 2020 年 2 月新冠肺炎疫情暴发初期，英国广告协会曾预计 2020 年广告支出比 2019 年减少 16.7%。[③]

2020 年前三个季度，英国的广告支出下降了 11.1%，为 162 亿英镑。互联网广告支出增长使 2020 年第三季度广告表现有了较大改善，第三季度英国广告支出为 59 亿英镑，下降了 3.3%。互联网广告支出在 2020 年第三季度和第四季度表现强劲，2020 年第三季度英国广告支出为 59 亿英镑，第四季度广告支出为 73 亿英镑。[④]

---

① 王如兰:《Ofcom 最新媒体报告出炉 一探疫情封锁期间英国媒体现况》，公视新闻网，2020 年 10 月 26 日，https://rnd.pts.org.tw/Home/Article/FL20201026154240。

② AA/WARC, "Strong Rebound from Pandemic Losses Forecast for UK Ad Market but Full Recovery will Stretch into 2022", 29 April 2021, https://expenditurereport.warc.com/media/1357/press - release - strong - rebound - from - pandemic - losses - forecast - for - uk - ad - market - but - full - recovery - will - stretch - into - 2022 - final.pdf.

③ 李丹林、王悦:《新冠肺炎疫情期间的英国传媒及其监管》，载王展鹏主编《英国发展报告（2019~2020）》，社会科学文献出版社，2020，第 184 页。

④ AA/WARC, "UK Ad Spend Recover Faster Than Key International Markets in 2021", 16 January 2021, https://expenditurereport.warc.com/media/1313/press - release - uk - ad - trade - to - recover - faster - than - key - international - markets - in - 2021.pdf.

本年度英国广告的最大亮点是网络广告。在搜索广告支出增长的推动下，2020 年第四季度互联网广告支出首次增长，增长了 10.1%，达 42 亿英镑。① 其中，网络视频贴片广告（Pay-to-play Online Advertising）继 2019 年增长 16% 后，2020 年再增长 4.9%，预计 2021 年将增长 12%。此外，英国电子商务 2020 年第三季度实现了 53% 的加速增长。预计与电子商务相关的广告将继续快速增长，2024 年将达到 24 亿英镑。②

表 1　2020～2021 年英国广告业投放和分领域广告投放情况

媒　体	2020 年广告投放（亿英镑）	2020 年较 2019 年变化（%）	预测 2021 年占比（%）	预测 2022 年占比（%）
搜索广告	83.69	7.1	18.8	10.8
在线播放	70.70	10.4	13.4	7.9
电视	43.50	-11.8	8.8	2.1
点播 VOD	5.22	15.7	14.3	13.9
在线分类	9.75	-30.3	20.4	2.2
直接邮寄	9.09	-34.4	6.4	-7.3
户外	6.99	-46.3	36.9	19.2
数字户外	4.15	-40.2	52.3	24.6
全国新闻	7.55	-24.2	7.3	0.5
在线全国新闻	3.19	0.5	10.9	7.7
地方新闻	4.70	-34.7	3.9	-1.0
在线地方新闻	1.83	-23.3	7.3	5.5
杂志	4.62	-29.4	6.8	0.1
在线杂志	1.99	-24.5	15.8	4.6
广播	6.13	-12.6	12.9	2.4
在线广播	0.47	-5.0	14.0	5.6
电影院	0.54	-81.7	266.8	61.1
英国广告总投放	234.58	-7.2	15.2	7.2
全国新闻	7.55	-24.2	7.3	0.5
在线全国新闻	3.19	0.5	10.9	7.7

资料来源：AA/WARC，"The Advertising Association/WARC Expenditure Report"，April 2021，https：//expenditurereport. warc. com/。

---

① AA/WARC，"UK Ad Spend Recover Faster Than Key International Markets in 2021"，16 January 2021，https：//expenditurereport. warc. com/media/1313/press – release – uk – ad – trade – to – recover – faster – than – key – international – markets – in – 2021. pdf.

② Brain Wieser，"This Year Next Year：UK End-of-year Forcast"，Group M，1 December 2020，https：//www. groupm. com/this – year – next – year – uk – eoy – forecast – 2020/.

（四）互联网

英国家庭的宽带速度不断提高。2019～2021年，英国住宅宽带平均下载速度提高了25%，从64MB/s升至80.2MB/s；上传速度提高了54%，从14MB/s升至21.6MB/s。[①]

英国人在新冠肺炎疫情期间比以往任何时候都依赖互联网。根据英国通信办公室（Ofcom）发布的互联网年度报告《2021年全国互联网使用情况》[②]，2020年英国成年人在台式电脑、智能手机或平板电脑上花费的时间多于欧洲其他国家，英国18岁以上成年人每天上网时间超过3个半小时，比德国和法国多1个多小时，比西班牙多30分钟。2020年，通信、娱乐、文化、零售、工作和教育更多在线上进行。网上购物销售额增长了48%，达到近1130亿英镑，其中，视频和饮料零售商的在线销售额增幅最大，较2019年增加了82%。

在线视听内容浏览量激增，在线视频的观看时间也显著增加，几乎所有英国成年互联网用户都在使用社交视频网站和应用程序，而年轻人是社交视频平台的主要用户。2020年9月，18～24岁的年轻人平均每天在YouTube上花费1小时16分钟，比2019年增加了11分钟。抖音（TikTok）的访客在疫情期间大幅增加，从2019年9月的300万名英国成年访客增加至2021年3月的1400万名，年轻人在该软件上花费的时间更是增加了1倍。YouTube则超越Netflix和BBC播客成为英国最受欢迎的在线视频服务平台。2020年5月，有42%的人表示在过去7天看过YouTube，到7月该数字下降到37%，但仍居在线视频服务的首位。音乐影片是YouTube上最受欢迎的内容。

这样的收视行为改变有可能持续。根据英国通信办公室的调查，55%的

---

① 数据来源于 https：//www.ofcom.org.uk/about－ofcom/latest/features－and－news/uk－broadband－speeds－on－the－rise。

② Ofcom，"Online Nation：2021 Report"，9 June 2021，https：//www.ofcom.org.uk/__data/assets/pdf_file/0013/220414/online－nation－2021－report.pdf.

人表示疫情缓解后仍会花同样的时间观看视频内容，其原因是担心疫情传播以及收入减少。英国对移动应用程序的投入也较上一年显著增加，2020 年共花费近 24.5 亿英镑，其中 Tinder、Disney +、YouTube 和 Netflix 位居前列。[1]

在社交媒体使用方面，尽管大多数平台的最低用户年龄为 13 岁，但近 2/3 的英国儿童在 11 岁时开始使用社交媒体，到 15 岁时使用率达到 95%。大约 90% 的年龄较大（8~15 岁）的儿童表示，在疫情期间，社交媒体帮助他们与朋友保持密切联系，但同时也感到人气带来的压力，甚至产生容貌焦虑。

在新闻消费方面，疫情期间互联网仍是最受欢迎的新闻获取平台，仅次于电视。但由于电视成为人们获取新闻的首要渠道，从社交媒体获取新闻的比例呈下降趋势。英国通信办公室 2020 年 9 月发布的消费者调查结果显示，通过社交媒体关注新闻的比例从 2019 年的 49% 下降到 2020 年的 45%。与一年前相比，使用社交媒体平台获取新闻的人对信任度（从 38% 下降到 35%）、公正性（从 37% 下降到 34%）和准确性（从 39% 下降到 36%）等一系列指标的评价也更低。与上年相比，通过 Facebook、Instagram 和 Twitter 上获取新闻的人也较少分享或转发热门文章或视频。在通过社交媒体获取新闻的受访者中，超过一半的人表示很难判断这些平台上的新闻是否真实、准确。

二 2020~2021年英国传媒业监管

（一）平面媒体领域

1. 独立新闻标准组织的监管举措

独立新闻标准组织（Independent Press Standards Organisation，IPSO）是英国最大的报纸、杂志和在线出版物的监管机构。2019 年，有 9 个新的出

---

[1] Ofcom，"Online Nation：2021 Report"，9 June 2021.

版商加入该组织。除了新加入的出版商，目前所有受监管的出版商（包括所有国家和几乎所有地方报纸和杂志）承诺在下一个五年继续受独立新闻标准组织监管。① 独立新闻标准组织发布的《2019 年度报告》（Annual Report 2019）显示，在过去的一年中，独立新闻标准组织采取了相应的行动应对新冠肺炎疫情带来的挑战，具体包括：调查和处理与新冠病毒有关的投诉，发布支持公众对未能遵守报道准确性的出版物投诉的措施，监督编辑标准的执行并确保定期、及时地向出版商提供编辑标准信息等。②

（1）处理与疫情有关的投诉

2019 年，独立新闻标准组织收到和评估的咨询和投诉总数为 9766 起，其中展开调查的投诉有 621 起，55 起投诉得到支持，119 起投诉未得到支持，66 起投诉通过独立新闻标准组织的调解得到解决。③ 在疫情暴发后收到的所有投诉中，有 10% 与新冠肺炎疫情有关。截至 2021 年 1 月，在独立新闻标准组织已完成的 17 项与疫情相关的投诉调查中，有 7 项得到支持、5 项得到投诉人满意的解决、5 项未得到支持。

科学研究评论文章的准确性问题在疫情相关的投诉调查中占很大比例。2020 年 7 月，詹姆斯·怀特黑德（James Whitehead）向独立新闻标准组织提交投诉，认为《英国每日电讯报》官网（Telegraph. co. uk）11 日发表的题为《当我们拥有群体免疫力时，鲍里斯将面临毫无意义和破坏性的封锁》的文章违反了准确性原则。文章称，已成功抵抗了其他冠状病毒而"具有天然免疫力"的人将拥有抗体，可以防止感染新冠病毒。独立新闻标准组织投诉委员会认为，这种说法具有明显的误导性。根据上下文，读者会将"自然免疫"一词判断为只要拥有抗体就可以免于感染新冠病毒，这显然是不准确的。投诉委员会强调，出版物必须清楚地区分评论、推测和事实，守

---

① IPSO. "Annual Report 2019", 16 December 2020, https：//www. ipso. co. uk/media/1968/ar_ 2019_ . pdf.

② IPSO, "Response to 'The Fake News Ferret' Hacked Off Report", 22 January 2021, https：// www. ipso. co. uk/news – press – releases/news/response – to – the – fake – news – ferret – hacked – off – report/.

③ IPSO, "Annual Report 2019", 16 December 2020.

则要求的准确性原则也同样适用于意见和评论。①

（2）修订《编辑守则》的隐私条款

独立新闻标准组织根据《编辑守则》（Editors' Code of Practice）维护最高的新闻标准。作为英国新闻自律体系的基石，该守则于 1991 年 1 月 1 日生效，规定了报纸、杂志和新闻网站承诺遵守的标准。《编辑守则》由媒体诉愿委员会（Press Complaints Commission）制定，独立新闻标准组织成立之后一直沿用这一守则，如今已有 30 年历史。30 年中《编辑守则》被不断修订，修订次数达 30 次。不断修订《编辑守则》是为了反映社会变化和应对重大事件。2020 年 11 月，独立新闻标准组织公布了最新修订的《编辑守则》②，此次修订更新了守则的第二条（隐私），强调了对有心理健康问题的人的保护。修订后的条款如下。

其一，每个人都享有私人和家庭生活、身心健康以及通信包括数字通信受到尊重的权利。

其二，编辑必须阐明在未经投诉人同意的情况下侵犯其个人私生活的正当性。在考虑个人对隐私的合理期望时，应考虑投诉人自己公开披露的信息以及所投诉的材料已经或即将进入公有领域（public domain）的程度。

其三，未经个人同意，在有合理隐私期望的公共或私人场所拍摄个人照片是不可接受的。

（3）开展跨性别问题报道编辑标准的研究

2020 年 12 月，独立新闻标准组织发布了关于 2009～2019 年跨性别问题报道的编辑标准的研究，该研究由独立新闻标准组织委托谢菲尔德大学进行。独立新闻标准组织委托进行这项研究旨在更多地了解跨性别问题的报道，以及不同的干预措施如何影响编辑标准。研究包括了对英国和地区报纸

---

① IPSO, "Decision of the Complaits Committee – 11845 – 20 Whitehead v Telegraph. co. uk", 23 December 2020, https：//www. ipso. co. uk/rulings – and – resolution – statements/ruling/？id = 11845 – 20.

② IPSO, "Blog：Changes to the Editors' Code of Practice", 12 November 2020, https：// www. ipso. co. uk/news – press – releases/blog/ipso – blog – changes – to – the – editors – code – of – practice/.

上 12000 多篇文章的定量分析，还涵盖重大事件的详细案例研究。研究人员还从各个角度对报刊编辑、出版商、记者以及团体和个人进行了 43 次深度采访。研究发现，在辩论问题时，一些人对跨性别者的敌意越来越大。受访者还谈到了对表达自由的担忧，以及在以敏感但一般读者可以理解的方式报道细微问题时面临的实际挑战。

独立新闻标准组织首席执行官夏洛特·杜瓦（Charlotte Dewar）指出："跨性别问题的报道是最敏感和最富有争议的。报道引发的辩论通常围绕如何平衡对重要社会问题的自由报道与对弱势个体的潜在影响。"①

（4）进一步明确独立新闻标准组织的监管范围

为了帮助编辑和记者了解《编辑守则》的关键条款如何适用于与疫情有关的报道和避免潜在的陷阱，独立新闻标准组织定期发布与疫情相关裁决的案例研究。但与过去不同的是，新闻读者可以通过互联网在线发表评论。允许读者在线发表评论，这些通常被称为"用户生成的评论"（user-generated comments），也是新闻出版商吸引读者的主要手段。而独立新闻标准组织在过去一年中收到的投诉有很大一部分来自对"用户生成的评论"的投诉。对此，独立新闻标准组织强调，在数字时代，独立新闻标准组织的监管范围扩展到受监管出版商发布的所有编辑内容，无论是在线版还是印刷版。"编辑内容"是指编辑负责的新闻、评论和报道（与广告或商业内容相对），可以包括音频、视频和实时博客等内容。在某些情况下，即使是"用户生成的评论"，例如读者于在线新闻文章下发布的评论，也属于独立新闻标准组织的职责范围。

典型案例之一是韦德森与《牛津邮报》官网（oxfordmail. co. uk）事件的裁决。约翰·韦德森（John Wadeson）向独立新闻标准组织投诉称，《牛津邮报》官网未能删除《泰晤士河谷发现数百"最危险"的枪支》（Hundreds of the "Most Dangerous" Guns Owned in Thames Valley）文章下发

① IPSO, "New Research on Reporting of Trans Issues Shows 400% Increase in Coverage and Varying Perceptions on Broader Editorial Standards", 2 December 2021, https：//www. ipso. co. uk/news - press - releases/press - releases/new - research - on - reporting - of - trans - issues - shows - 400 - increase - in - coverage - and - varying - perceptions - on - broader - editorial - standards/.

表的读者评论，该评论违反了《编辑守则》第一条（准确性）。在这起案件中，投诉人曾通过不同渠道三次联系该报，提醒该报注意匿名评论的不准确之处，但均未得到回应。在向独立新闻标准组织投诉后，该报删除了评论并禁止了评论者发言。在对该案的裁决中，独立新闻标准组织投诉委员会明确表示其监管职责适用于"用户生成的评论"。委员会发现该评论不准确，该出版物没有注意评论的准确性，并且未能采取补救措施，严重违反了《编辑守则》。类似的还有某女士投诉《新闻报》案（A woman vs Press Gazette）、伊万斯与布灵顿地区《阿尔戈斯报》案［Evans v The Argus（Brighton）］和米勒与《每日邮报》案（Miller v Mail Online）等。①

2. IMPRESS 的监管举措

英国的另一平面媒体监管机构 IMPRESS（Independent Monitor for the Press）也致力于提高新闻水平和报道标准，以及提高公众的媒体素养。2019 年 4 月 1 日至 2020 年 3 月 31 日，申请加入 IMPRESS 的出版商数量较上一年增加了 17%，由 IMPRESS 监管的出版商每月读者数量达 1500 万。截至 2021 年 7 月，IMPRESS 监管 100 多家出版商，这些出版商在英国总共拥有 170 多种新闻出版物。②

新冠肺炎疫情暴发后，IMPRESS 与受监管的出版商合作，提醒它们在报道健康问题时考虑《标准守则和指南》（Standards Code and Guidance）中的关键因素，特别是准确性、歧视和隐私标准。IMPRESS 还支持了一项针对独立新闻出版商和新冠肺炎的调查。在互联网有害内容治理方面，IMPRESS 参与了信息专员办公室（ICO）新闻守则和年龄适应守则的设计。此外，IMPRESS 还与法律委员会合作，共同商讨遏制在线仇恨言论、辱骂和攻击性内容。③

---

① IPSO, "IPSO Blog: Examining IPSO's Latest Ruling on User-generated Comments", 25 February 2021, https://www.ipso.co.uk/news - press - releases/blog/ipso - blog - examining - ipso - s - latest - ruling - on - user - generated - comments/.

② 数据来源于 https://www.impress.press/about - us/。

③ IMPRESS, "2019 - 20 Annual Report", 1 October 2020, https://www.impress.press/downloads/file/impress - annual - report - 2019 - 20.pdf.

在标准审查方面，IMPRESS 在其规范委员会（Code Committee）的领导下展开了一次对《标准守则和指南》进行的全面审查，并计划于 2022 年提出新的标准，以适应不断变化的现实情况。① 2020 年，梅根和哈里王子采访的播出在英国媒体中引发了关于媒体标准、道德和歧视的广泛讨论。11 月，IMPRESS 正式启动对其《标准守则和指南》中歧视条款的审查，以确保在新闻自由和个人免受歧视的权利之间取得适当的平衡。此次审查也是对报纸和在线新闻网站标准进行全面审查的一部分。②

（二）广播电视与通信领域

2020 年，通信办公室着力解决疫情期间确保网络的有效性、惩治与疫情有关的虚假信息等问题。③ 2021 年，随着对疫情应对更加从容，通信办公室调整了工作重点。在疫情严重时期，一些弱势群体的问题更加突出和严重，有些人存在身体或心理健康问题，有些人有债务问题或者失业，有些人在经历丧亲之痛，有些人成为犯罪的受害者。根据通信办公室的报告，2021 年 2 ~ 4 月，每周有 310 人宣布破产或资不抵债。④ 截至 2021 年 4 月，英国居民中有 141 万残疾人，每 6 个成年人中就有 1 个存在精神健康问题，3% 的成年人有焦虑情绪，新冠肺炎疫情蔓延使这些问题更为严重，而通信服务提供商往往很难意识到该问题。⑤ 因此，通信办公室将 2021 ~ 2022 年的工作重点确定为：支持对更快的宽带和更优质的移动网络的投资，确保通信服务的普

---

① IMPRESS, "Code Review 2020 – 2022", https：//www. impress. press/standards/code – review. html.

② IMPRESS, "Press Release：Meghan and Harry Interview Highlights Need for Robust Press Standards on Discrimination", 9 March 2021, https：//www. impress. press/news/meghan – and – harry – interview – highlights – need – for – robust – press – standards – on – discrimination. html.

③ 李丹林、王悦：《新冠肺炎疫情期间的英国传媒及其监管》，载王展鹏主编《英国发展报告（2019 ~ 2020）》，社会科学文献出版社，2020。

④ OFCOM, "More Consistent Customer Service Needed for Vulnerable People", 14 June 2021, https：//www. ofcom. org. uk/about – ofcom/latest/features – and – news/more – consistent – customer – service – needed – for – vulnerable – people.

⑤ OFCOM, "More Consistent Customer Service Needed for Vulnerable People", 14 June 2021, https：//www. ofcom. org. uk/about – ofcom/latest/features – and – news/more – consistent – customer – service – needed – for – vulnerable – people.

遍性，公平对待所有客户，支持和发展英国广播以及避免网络危害等。[①]

2021～2022 年度，通信办公室在通信和内容监管方面主要采取了如下举措。

1. 要求通信服务商公平对待所有客户

2020 年 7 月，英国通信办公室发布了公平对待弱势客户的指南。指南列出了通信服务提供商确保弱势群体得到公平对待的具体措施，例如，识别可能的弱势群体并记录（经同意）他们的需要；根据这些客户的需求调整服务，以及确保用户了解通话的后续步骤（等待或被转接）等。[②] 2021 年初，英国通信办公室对部分用户进行了深度访谈。[③] 尽管一些用户表示满意，但在更多情况下，用户体验到的服务与应有服务之间仍存在差距。英国通信办公室的投诉数据也显示，2020 年 11 月 1 日至 2021 年 5 月 12 日，英国通信办公室收到来自弱势群体的 1400 起服务投诉。针对这种情况，英国通信办公室要求供应商采取以下措施：培训员工以识别易受伤害群体的潜在特征、行为或语言暗示，并主动提供适当的帮助、支持和服务；识别并记录受伤害群体的需求（经同意），并积极向所有客户推广可用的服务和支持。英国通信办公室将继续指导审查、与供应商合作并监控其表现，以确保它们实现对客户公平的承诺，确保弱势客户获得他们需要的服务。

2. 修改《电子节目指南》

在公平对待所有客户方面，英国通信办公室致力于解决弱势群体因互联网深度连接和视听化趋势在接触和使用方面的困难。为了更好地帮助有视力和听力障碍的人轻松使用电视频道导航，2021 年 5 月，英国通信办公室对

① OFCOM, "Plan of Work for 2021/22", 26 March 2021, http：// www. ofcom. org. uk/about - ofcom/latest/features - and - news/plan - of - work - for - 20212022.

② OFCOM, "Treating Vulnerable Customers Fairly：A Guide for Phone, Broadcast and Pay-TV Providers", 23 July 2020, https：//www. ofcom. org. uk/_ _ data/assets/pdf _ file/0034/ 198763/treating - vulnerable - customer - fairly - guide. pdf.

③ 访谈于 2021 年 2 月 15 日至 3 月 17 日进行，受访者曾与他们的通信服务商在过去的 6 个月内保持联系。

《电子节目指南》进行了部分修改，增加了更多功能，例如，频道信息和导航文本增加了语音功能，带有音频描述的节目和带有手语的节目分别突出显示；此外，用户还可以随意放大文本信息，并在默认和高对比度显示之间进行切换，以增强节目的可访问性。[①] 一些节目提供商在实施这些功能方面取得了良好进展，例如，数字英国（Digital UK）开发了通过单独渠道访问的电子节目，天空（Sky）电视台也在所有 Sky Q 型号的机顶盒以及高对比度显示器上引入了文本到语音的转换功能。

3. 发布在线用户保护指南

2021 年 3 月，英国通信办公室为视频共享平台（Video-sharing Platforms，VSP）的网站和应用程序提出了新指南，列出了保护用户免受有害材料侵害的步骤。根据《视听媒体服务指令 2018》和《视听媒体服务规定 2020》，在英国成立的视频共享平台必须采取措施保护 18 岁以下的人免受可能有害的视频内容以及某些类型的犯罪内容的侵害。英国通信办公室的指南提出了所有视频共享平台应提供的内容。

（1）明确关于上传内容的规则。视频共享平台应具有明确、可见的条款和条件，禁止用户上传法律规定的有害内容。

（2）易于标记和用户投诉。视频共享平台应使用允许用户快速有效地报告或标记有害视频的工具。视频共享平台应为用户提供正式提出问题或疑虑以及通过争议解决质疑决定的途径。

（3）限制访问成人网站。色情内容高发的视频共享平台应建立有效的年龄验证系统，以限制 18 岁以下人士访问这些网站和应用程序。

4. 支持社区广播电台

2020 年，英国政府宣布社区广播电台将通过社区广播基金获得紧急资金，此举是为了帮助社区广播电台应对因疫情面临的财务挑战，更好地提供本地新闻和支持。截至 2021 年 2 月，英国通信办公室宣布已有 111 个社区

---

① OFCOM，"Electronic Programme Guide（EPG）Accessibility Report 2021"，20 May 2021，http：//www.ofcom.org.uk/research－and－data/multi－sector－research/accessibility－research/epg－accessibility－report－2021.

广播电台获得了总计约 40.6 万英镑的财政资助。由于疫情的持续影响，英国政府额外提供了 200 万英镑用于未来的资金支持。[①]

（三）广告领域

在过去的一年中，作为英国广告监管机构，广告标准委员会（Advertising Standards Authority，ASA）和广告实践委员会（Committees of Advertising Practice，CAP）在广告监管方面取得了较大进展。广告标准委员会利用大数据等技术手段改进其监管方式，与英国其他监管机构——例如英国金融监管局（Financial Conduct Authority，FCA）、竞争和市场管理局（Competition and Market Authority，CMA）——密切合作，以更有效地处理违规广告，确保未成年人和弱势群体免受误导、有害或不负责任的广告的侵害。与此同时，广告标准委员会还与主要的数字广告和社交媒体平台（包括 Facebook 和 Google）合作推出诈骗广告警报系统，以帮助解决虚假广告问题。[②]

1. 处理投诉

广告标准委员会发布的年度报告显示，2020 年广告标准委员会共收到 36342 起投诉，其中 22823 起得到解决。在广告标准委员会收到的所有投诉中，有 61% 的投诉是有关在线广告的。广告标准委员会通过技术辅助的在线广告监管，使 36491 个广告被撤回或修改，比 2019 年增加了 346%。由于疫情期间收视率提高，对电视广告的投诉亦增加了 43%。除了处理投诉，广告实践委员会在过去的一年里还为企业提供了 722376 项建议和培训。

2. 发布有关弱势群体保护的新规则

2021 年 6 月，广告实践委员会发布了《关于伤害和受保护特征的新规

---

① Ofcom, "Fifty Three Community Radio Stations to Receive Emergency Funding", 15 February 2021, https：//www.ofcom.org.uk/about－ofcom/latest/features－and－news/community－radio－emergency－funding。

② ASA, "Annual Report 2020", 29 April 2021, https：//www.asa.org.uk/uploads/assets/ce3a636a－9e78－452b－9bc7a417f86134a3/ASA－CAP－2020－Annual－Report－Full－Version－Singles.pdf。

则》（Rules on Harm and Protected Characteristics），即广告不得包含任何可能造成伤害的内容。为了遵守这一规则，广播公司必须特别考虑对弱势群体造成伤害的可能性，还必须考虑受众的以下特征：年龄、能力、性别、婚姻和民事伴侣关系、怀孕和生育、种族、宗教或信仰、性别和性取向。①

3. 监测不适宜儿童观看的广告

广告标准委员会开展了为期 1 年的识别和解决在线媒体中不适宜儿童观看的广告的监测计划。广告标准委员会使用监控工具监测到在 49 个网站和 12 个 YouTube 频道投放了有年龄限制的广告，发现 2020 年 10～12 月共有 47 个有年龄限制的广告违反了广告规则，有 21 个广告商在 23 个网站和 8 个 YouTube 频道投放了有年龄限制的广告。2021 年 1～3 月，有 158 个有年龄限制的广告违反了广告规则，41 个广告商在 33 个网站和 8 个 YouTube 频道中投放了有年龄限制的广告。② 对此，广告标准委员会联系了广告商以确保删除有问题的广告，并警告广告商审查并在必要时改正其做法，以确保广告商对投放的广告负责。③

4. 对种族和民族有刻板印象的有害广告开展公共研究

2021 年 6 月，广告标准委员会启动了一项计划，收集对种族和民族有刻板印象的广告。具体包括：广告中对种族和民族的描述存在刻板印象；物化和性别化问题与广告中的种族或民族的关联；广告中如何描绘特定文化或具有特定宗教信仰的种族和族裔群体，以及在广告中使用与种族或民族有关的笑话。④ 广

① ASA, "ASA and BCAP Consultation on Rules on Harm and Protected Characteristics", 1 June 2021, https: //www. asa. org. uk/news/cap – and – bcap – consultation – on – rules – on – harm – and – protected – characteristics. html.

② ASA, "Protecting Children Online: Our Q1 2021 Monitoring Results", 7 July 2021, https: // www. asa. org. uk/news/protecting – children – online – our – q1 – 2021 – monitoring – results. html。

③ ASA, "Protecting Children Online: Our Online Monitoring Results for Q4 2020", 7 July 2021, https: //www. asa. org. uk/news/protecting – children – online – our – online – monitoring – results – for – q4 – 2020. html。

④ ASA, "Our Call for Evidence: Racial and Ethnic Stereotyping in Advertising", 2 June 2021, https: //www. asa. org. uk/news/our – call – for – evidence – racial – and – ethnic – stereotyping – in – advertising. html.

告标准委员会首席执行官盖伊·帕克（Guy Parker）表示："广告中的种族和民族刻板印象可能会导致现实生活中的种族和民族不平等。广告标准委员会希望与各利益相关者合作，收集有关受到广告中种族和民族刻板印象观念影响的证据，以帮助减少此类型的广告。"

（四）互联网和数据领域

疫情给英国的数据监管机构——信息专员办公室（Information Commissioner's Office, ICO）带来了压力，如何在疫情期间保护好用户隐私、促进信息的自由流动和透明成为信息专员办公室关注的首要问题。2020 年 5 月，信息专员办公室为新冠肺炎疫情以及以后的英国数据保护确定了新的优先事项，包括保护公民的隐私和信息权利、支持经济增长和数字化（尤其是中小企业）、监控侵入性和破坏性技术、促进人工智能的实践以及实现透明度和保持业务的连续性。[①] 面对技术、经济和用户行为的新变化，英国的监管机构也开始承担监管网络安全的新责任。

1. 更新《数据共享行为守则》

自 2011 年信息专员办公室发布第一个《数据共享行为守则》（Data Sharing：A Code of Pracrtice）至今，公司和组织收集的数据类型和数量发生了很大变化。用于存储和共享数据技术的发展，甚至导致使用数据的目的和作用也发生了巨大变化。尤其是在新冠肺炎疫情期间，无论是在国家还是地方层面，数据共享对于快速、高效地应对新冠肺炎疫情至关重要。此外，有针对性的数据共享也发挥了支持和保护弱势群体的作用，例如针对弱势群体的屏蔽计划以及在测试和跟踪系统中共享健康数据等行为。正是在该背景下，2021 年 5 月，信息专员办公室更新了《数据共享行为守则》，旨在使个人、企业和组织有信心在这个不断变化的环境中以公平、安全和透明的方式共享数据。该守则将指导从业者通过其需要采取的实际步骤来共享数据，同

---

① ICO, "Blog：Information Commissioner Sets Out New Priorities for UK Data Protection During COVID - 19 and Beyond", 5 May 2020, https：//ico. org. uk/about - the - ico/news - and - events/news - and - blogs/2020/05/new - priorities - for - uk - data - protection - during - covid - 19 - and - beyond/。

时保护民众的隐私。守则更新反映了自上次数据共享守则发布以来数据保护法领域的主要变化，包括欧盟《通用数据保护条例》（General Data Protection Regulation）和英国《2018 数据保护法案》（Data Protection Act 2018）的实施，解释新的发展及其对数据保护的影响。该守则还消除了对数据共享和共享障碍的误解。守则强调，只要以公平和恰当的方式处理数据，数据保护法不会阻止数据共享，但出具个人数据必须严格遵守欧盟《通用数据保护条例》、英国《2018 数据保护法案》和守则的相关要求，若违反守则处理个人数据并最终导致违反《通用数据保护条例》或《2018 数据保护法案》，信息专员办公室有权通知、警告并对数据控制者处以罚款。对于严重违反数据保护原则的行为，信息专员办公室有权处以最高 1750 万英镑或全球年营业额 4% 的罚款，以金额较高者为准。[①]

2. 制定互联网儿童数据保护指南

由信息专员办公室于 2020 年 1 月发布的《适龄设计：在线服务实践守则》（Age Appropriate Design：a Code of Practice for Online Services）（以下简称《守则》）于 2020 年 9 月 2 日生效，过渡期为 12 个月。《守则》为在线服务和产品设计者以及如何遵守数据保护法制定了 15 项标准，具体包括儿童利益最大化、数据保护影响评估、适龄适用、透明度要求、数据滥用、政策和社区标准、默认设置、地理位置数据、家长控制以及数据分析等。[②] 这 15 项标准十分灵活，没有任何禁止或具体规定，而是提供内置保护，确保儿童的最大利益是设计时的首要考虑。在《守则》生效之际，信息专员制定了《互联网儿童数据保护指南》（Children's Online Data Protection Guideline），对《守则》标准的实施提出了以下具体要求：在默认情况下，设置必须是"高度隐私"；只收集和保留最少量的个人数据；通常情况下，不能共享儿童的数据；默认情况下应关闭地理定位服务；不应使用轻推技术

① ICO, "Data Sharing: A Code of Practice", https://ico.org.uk/for-organisations/guide-to-data-protection/ico-codes-of-practice/data-sharing-a-code-of-practice/.

② 李丹林、王悦：《新冠肺炎疫情期间的英国传媒及其监管》，载王展鹏主编《英国发展报告（2019~2020）》，社会科学文献出版社，2020，第 197 页。

鼓励儿童提供不必要的个人数据、削弱或关闭他们的隐私设置。信息专员伊丽莎白·德纳姆（Elizabeth Denham）认为，"疫情期间，家庭对在线服务的依赖逐渐增加。在此情况下，在线儿童保护取得了新的进展。监管指南侧重于'设计方法'，开辟了互联网儿童数据保护的新天地"。[①]

3. 新冠肺炎疫情期间采取的其他举措

根据信息专员办公室发布的《2019～2020 年度报告》[②]，在过去的一年里，信息专员办公室共收到 38514 份关于数据保护的投诉，进行了超过 2100 次调查，针对违反立法的行为采取了 236 次行动。[③] 此外，信息专员办公室还与行政部门和其他公共机构共同采取行动，包括为客户详细信息收集以及数据保护影响评估提供建议和指导，以确保与疫情相关的互联网应用程序采用保护隐私的设计方法。[④]

在治理互联网有害内容方面，2021 年 5 月，英国政府发布《在线安全法（草案）》（Draft Online Safety Bill，以下简称《草案》）[⑤]，正式开启了英国互联网立法时代。《草案》主体包括 6 个部分，前 3 部分涉及不同平台和行为准则的职责和范围，其余 3 部分概述了监管机构的权力，涉及媒体素养、执法、信息收集和上诉。《草案》的适用范围非常广泛，几乎涵盖了所有类型的互联网服务平台，不仅适用于科技巨头或社交媒体网站，也适用于大量托管用户生成内容或仅允许使用者在线交流的网站、应用程序和服务等。

---

① ICO, "Age Appropriate Design: A Code of Practice for Online Services", https://ico. org. uk/for - organisations/guide - to - data - protection/key - data - protection - themes/age - appropriate - design - a - code - of - practice - for - online - services/.

② 自 2019 年 3 月 31 日至 2020 年 3 月 31 日。

③ ICO, "Information Commissioner's Annual Report and Final Statements 2019 - 20", https:// ico. org. uk/media/about - the - ico/documents/2618021/annual - report - 2019 - 20 - v83 - certified. pdf.

④ ICO, "Blog: Engagement Key in Protecting People's Privacy Across the UK During the Pandemic", 16 July 2020, https://ico. org. uk/about - the - ico/news - and - events/news - and - blogs/2020/10/ engagement - key - in - protecting - people - s - privacy - across - the - uk - during - the - pandemic/.

⑤ UK Parliament, "Draft Online Safety Bill", 12 May 2021, http://www. gov. uk/government/. publications/draft - online - safety - bill.

　　根据《草案》，英国通信办公室将成为英国社交媒体和搜索引擎等网站内容监管机构。① 英国通信办公室在互联网监管方面的主要职责是：实施、监督和执行新的监管框架；为受监管的互联网公司发布指南、制定执业守则，将《草案》的要求细化为履行相关职责应采取的步骤和措施；对服务提供商的行为进行监督和约束，如监督公司执行其用户协议和社区准则的情况，对不履行法定义务的公司处以罚款、中断网络服务直至追究法律责任等。②

　　《草案》要求各类互联网站、应用程序和服务在内容方面承担相应的安全职责，具体包括：尽量减少非法内容的存在，减少非法内容存在的时间，减少非法内容的传播并迅速删除此类内容，尤其应注意防止儿童通过服务接触对其有害的内容。

结　语

　　在这特殊的一年里，英国见证了在线服务的真正加速——为疫情封锁提供了保障。在疫情封锁期间，英国纸质媒体受到重创，而纸质媒体的数字网站却受到欢迎，因而将进一步加速纸媒的数字化进程。广播电视在疫情期间经历了收视率的小高峰后有所回落，但整体呈上升趋势。进入2021年，在全球疫情有所缓解的情况下，英国新增新冠肺炎确诊病例却不断攀升，为放宽防疫限制措施增添了不确定性。就英国传媒业而言，随着新冠肺炎疫情常态化，疫情对传媒业冲击的影响还会持续，人们的收视习惯和对媒体态度的变化都可能持续。

　　疫情期间，复杂和多变的传媒生态凸显了严肃新闻的价值——其代表了英国媒体的社会公信力。尽管新冠肺炎疫情加重了人们对互联网的依赖，但

① 根据《草案》，在英国通信办公室监管范围之内的服务包括第Ⅰ类服务和第Ⅱ类服务。第Ⅰ类服务是用户对用户服务（user-user service），例如 YouTube、Facebook、Instagram 等社交媒体网站。第Ⅱ类服务是搜索服务（search service），指的是包括搜索引擎和非用户对用户服务在内的其他互联网服务。

② UK Parliament，"Draft Online Safety Bill"，12 May 2021，http：//www. gov. uk/government/. publications/draft - online - safety - bill.

人们在获取信息和新闻时似乎比以往任何时候都要清醒。准确、负责和可信赖的新闻来源成为人们的首选，有关突发性公共事件的新闻节目也受到人们的青睐。牛津大学路透社新闻研究所发布的《年度数字新闻报告》显示，2020～2021年，随着人们转向从可信赖的新闻提供商获取重要的公共卫生信息，对媒体和新闻可靠性的信任度显著提高。在英国，对媒体的信任度总体提高了8%，新闻消费也显著增加，尤其是在疫情严重的2020年上半年。BBC、英国独立电视台和英国天空电视台等的收视率和信任度都有所提高。尽管与其他国家相比，英国付费订阅新闻媒体的比例仍然较低，但《泰晤士报》和《每日电讯报》等几家出版商的付费订阅者数量大幅增加。与此同时，英国新闻消费者在谈到未经验证的社交媒体新闻的可信度时态度谨慎，这是英国公众媒体素养的积极信号。[①]

从监管的角度来看，无论是平面媒体、广播电视，还是广告和互联网，监管机构都对新冠肺炎疫情之后几年的工作计划进行了重心调整。英国对传媒业的监管将回归传媒领域所坚持的重要原则：强调新闻准确和公正原则，保护未成年人和弱势群体以及治理有害内容等。2021年，英国在互联网有害内容治理方面迈出了重要一步，但经历了一个艰难的过程。尽管也有一些人指责《在线安全法（草案）》可能会损害表达自由价值。但可以看出英国治理互联网有害内容的决心。英国数字化、文化、媒体和体育大臣奥利弗·道登（Oliver Dowden）称，英国《在线安全法（草案）》的出台在全球范围内具有划时代的开创意义，它将迎来"技术问责制的新时代"，创造"真正民主的数字时代"。

英国人在新冠肺炎疫情期间对传媒的需求表明，高质量的新闻始终是一个社会最重要的资源，能够提供这样的信息资源的媒体会获得人们的尊重和信赖。英国传媒监管机构，无论是自律机构还是法定机构，也都秉持这一原则，这也体现了英国传媒的传统价值及现代延续。

---

① University of Oxford, "Digital News Report 2021", 23 June 2021, https://reutersinstitute.politics.ox.ac.uk/digital-news-report/2021.

B.11
英国电影产业

石同云*

摘　要：　因新冠肺炎疫情，2020～2021年的英国影业同世界各地影业一样遭受重创。2020年，英国市场总票房和观影人次急剧下降。所幸英国电影所占市场份额（46%）和独立电影的市场份额（14%）均为21世纪第二高位。但英国电影的全球票房份额锐减至9%。美国片和英美合拍大片继续垄断票房排行榜。在英国开机拍摄的影片数量（134部）及制片花销远低于往年。电影及电影人揽得20%的高比例国际奖项。2021年上半年，英国市场票房和观影人次因影院数月关闭而愈加惨淡，制片花销有良好回升。《1917》《信条》票房突出；《困在时间里的父亲》《前程似锦的女孩》奖项厚重。

关键词：　英国电影产业　票房　新冠肺炎疫情　英伦形象

英国电影产业在21世纪稳步发展，低速增长，亮点频现。《女王》（2006年）、《贫民窟的百万富翁》（2008年）、《国王的演讲》（2011年）、《万物理论》（2014年）、《至暗时刻》（2018年）、《宠儿》（2019年）连获奥斯卡大奖，2020～2021年更有《1917》《困在时间里的父亲》《前程似锦的女孩》夺得奥斯卡重要奖项。英美合拍大片《复仇者联盟4：终局之战》（2019年）一度荣登全球史上票房榜榜首。充满英伦气息的独立电影《帕丁

---

* 石同云，博士，北京外国语大学英语学院教授，主要研究领域为英国社会与文化、英国电影。

顿熊》（2014 年、2017 年）和《唐顿庄园》（2019 年）也广受全球观众青睐。英国电影始终是传播英国文化、展示英伦软实力的有力媒介。

2020～2021 年的英国影业同世界各地影业一样遭受新冠肺炎疫情的重创。2020 年初暴发的疫情在全球的迅速传播导致影院关张、影片撤档、制片停机，并使许多影片无奈转为在流媒体平台线上播映。影业数据也失去了和往年数据的可比性。2020 年，英国市场总票房和观影人次急剧下降。英国电影所占市场份额（46%）和独立电影的市场份额（14%）维持在 21 世纪第二高位。但英国电影的全球票房份额锐减至 9%。有 134 部影片在英国开机拍摄，数量及总制片花销远低于往年。2021 年上半年，英国市场票房和观影人次因影院数月关闭而愈加惨淡，制片花销有良好回升。艺术成就一如既往充满亮点，《1917》斩获奥斯卡奖和英国电影学院奖多项技术大奖，安东尼·霍普金斯因在《困在时间里的父亲》中饰演患阿尔茨海默病的父亲而揽得双奖的最佳男主角桂冠。本文将从英国影业现状、年度表现（票房、市场份额、票房榜、电影生产）、电影艺术成就、佳片银幕形象等方面全面梳理受新冠肺炎疫情影响之下的 2020 年及 2021 年上半年的英国电影产业发展概况，并通过对比分析 2011～2019 年的影业表现来评估其业绩。

一　英国电影的界定和影业现状

电影获得英国国籍须满足以下三个条款之一的要求：通过官方"文化测试"的检测；符合《电影合作制片欧洲公约》的规定条款；符合英国官方签署的双边合作制片条约的规定条款。一部电影如果没有申请国籍认证，但从内容、制片人、资金和人才方面明显归属英国，也被认可为英国电影。[①] 大部分英国电影（包括英美合拍片）通过"文化测试"得到正式认证。自 2007 年开始实施并于 2014 年修订的"文化测试"从文化内容、文化

---

① British Film Institute, *Statistical Yearbook 2020*, p. 236, https：//www.bfi.org.uk/industry - data - insights/statistical - yearbook.

贡献、文化中心、文化从业者四个方面来检测一部电影是否可以归属"英国"国籍并因此有资格享受税收减免和公共资金资助。测试采用积分制。一部电影必须取得总共 35 分中至少 18 分才能获得英国片待遇。

英国电影学会的《影业统计年鉴》基本按以下三个类别来分析英国影片业绩：一是由英国制片公司（没有美国大电影公司或其英国子公司的投资）全部或部分在英国生产的纯国产片；二是由英国之外的资方主要投资和操控的外来投资片，它们根据剧本要求并受英国制片基础设施或税收减免政策的吸引在英国拍片，因符合"文化测试"的要求而被注册为英国电影，其中包含由好莱坞大公司完全或部分投资的英美合拍大片；三是符合英国官方签署的双边合作制片条约或《电影合作制片欧洲公约》规定的官方合拍片，它们由英国和他国合作拍摄，其中不包括英美合拍片。英国影片也常按美国大电影公司投资片和独立电影两个类别来评估。美国大公司指的是福克斯①、环球、派拉蒙、索尼、华特迪士尼和华纳兄弟六家。独立电影则指一家或几家独立制片公司拍摄、没有以上六家美国大电影公司投资或提供创意的电影；有美资参与但资金并非源自上述六家大公司的低预算合拍片也被视为独立电影。美国大制片公司投资的影片一般由母公司在多数地域统一发行，独立电影通常在不同的地域由不同的发行公司发行。②

2018 年，英国电影业总营业额达 167 亿英镑，为当年国内生产总值直接贡献了 69.5 亿英镑的总增加值（GVA）。2019 年，英国是全球第四大电影娱乐市场，仅次于美国、中国和日本。③

英国影业自 20 世纪 20 年代以来一直笼罩在好莱坞垄断的阴影之下，缺乏集生产、发行和放映于一体的纵向联营的大公司，多为营业额低于 25 万英镑的小公司。21 世纪，影业公司数量迅速增加。公司集中在制片和后期制作领域，2019 年分别有 8415 家和 2970 家，但其中仅 320 家制片公司有实

---

① 福克斯于 2019 年被华特迪士尼买下。
② British Film Institute, *Statistical Yearbook 2020*, pp. 233 – 236.
③ British Film Institute, *Statistical Yearbook 2020*, pp. 216, 218, 120.

际拍片活动（301 家只拍摄了 1 部影片）。①

2019 年电影发行公司有 430 家（140 家有发行活动），数量仅占影业公司总量的 3%，却赚得影业总营业额的 48%。发行业被隶属于好莱坞六大电影集团的英国子公司绝对垄断。前十大发行商分别是华特迪士尼、环球、华纳兄弟、索尼、派拉蒙、福克斯、狮门、娱乐壹号（eOne Films）、SXT 娱乐（STX Entertainment）和欧映嘉纳（Studio Canal）（后四位是归属关系复杂的独立发行商）。它们发行了 27% 的影片，却赢得了 95% 的市场票房份额。②

2019 年，英国拥有 275 家电影放映公司、808 家影院（48% 是多厅影院）和 4480 块银幕（82% 是多厅银幕）。银幕自 2014 年已全部实现了数字化，其中近半数是 3D 银幕。英国境内最大的 5 家放映院线（按银幕数量计算）是影院世界、欧点、视图、展示影院和帝国影院，其跨国权属关系复杂，共拥有 72.4% 的银幕和 73.3% 的票房。2019 年和 2020 年商业影院的电影票平均价格分别是 7.12 英镑和 6.98 英镑，相比 2018 年连续下降。③

电影的播映和收益呈现多元化和长效化特征。在 2019 年英国电影市场 34.57 亿英镑的总收入中，影院票房为 12.54 亿英镑（占 36%），居创收链之首。其他路径也收益颇丰，分别为音像制品零售 3.47 亿英镑、音像制品租赁 2300 万英镑、数字音像 9.68 亿英镑以及电视播映 8.65 亿英镑。电视平台播放了 7667 部影片。在 34.57 亿英镑的总收入中，英国电影自身的总收入约为 11.12 亿英镑。④

有鉴于电影的经济和文化价值，英国政府通过多种渠道为英国电影提供财政支持。2018~2019 财政年度，英国政府对电影业的公共资金总投入达

---

① British Film Institute, *Statistical Yearbook 2020*, pp. 226, 176.

② British Film Institute, *Statistical Yearbook 2020*, pp. 226, 227, 63.

③ British Film Institute, *Statistical Yearbook 2020*, pp. 226, 73, 81, 82；分项报告 "The UK Box Office in 2020", p. 2, https：//www.bfi.org.uk/industry - data - insights/official - statistics - release - calendar。

④ British Film Institute, *Statistical Yearbook 2020*, pp. 121, 107.

7.62亿英镑。公共资金的最大单项来源是对电影生产实施的税费减免，为5.95亿英镑，占总金额的78.1%；第二大来源是国家彩票资金，5150万英镑，占6.8%；第三大来源是英格兰、苏格兰、威尔士和北爱尔兰政府的拨款，4350万英镑，占5.7%；其后是电视台的资金（3480万英镑）以及文化、媒体、体育部下发的财政拨款（2540万英镑，主要下拨给英国电影学会、国家电影电视学院）。在接受资助方面，电影制作受惠最多，达6.8亿英镑，占82.8%，主要通过电影税收减免实现。其次是发行和放映，6710万英镑，占8.2%。[1] 2020～2021年，政府为应对新冠肺炎疫情也积极出台了安全工作指南、财政帮扶、进一步的税收减免以及影业人员流动隔离豁免等政策。

二 2020～2021年英国电影市场：票房、观影人次断崖式下跌，英国片份额继续保持高位[2]

21世纪英国电影市场票房总体呈小幅增长态势，20年间翻了近一番。英国观影人次则增幅不大。但2020～2021年非比寻常。新冠肺炎疫情对英国电影市场造成了灾难性的打击。

实际上，2020年的开局非常给力：2019年末发行的《小妇人》《星球大战9：天行者崛起》《勇敢者游戏2：再战巅峰》热度持续，2020年新发行的《1917》《刺猬索尼克》《绝地战警：疾速追击》口碑良好。这使1～2月的票房和观影人次均比2019年同期增长20%，前景大好。但新冠肺炎疫情终结了这漂亮的开局。

---

① British Film Institute, *Statistical Yearbook 2020*, pp. 185, 187.
② 本节数据出自British Film Institute 2021年2月4日发布的分项报告"The UK Box Office in 2020", pp. 1-3, 8; 2021年7月29日发布的分项报告"The UK Box Office, First Half Year（H1）2021", pp. 1-3。本文所引不同年份的 *Statistical Yearbook* 下载自 https://www.bfi.org.uk/industry-data-insights/statistical-yearbook。有关影业表现的各分项报告下载自 https://www.bfi.org.uk/industry-data-insights/official-statistics-release-calendar。

英国政府于 2020 年 3 月下旬下令关闭影院①，直到 7 月才陆续有条件地限流开放。至 8 月底大多数影院重新开放，诺兰被延期的大片《信条》于 8 月 26 日首映，以期将观众吸引回影院。但 10 月上旬，政府又根据严峻的形势陆续进一步关闭了更多区域和全国范围的影院，包括英格兰影院自 11 月 5 日起全部停业。最终所有影院被要求在 2020 年底前关闭，直到 2021 年 5 月 17 日才开始陆续重新限流开放（上座率不能超过 50%）。许多电影不得不延期放映，例如大片《信条》《007：无暇赴死》《速度与激情 9》《黑寡妇》《神奇女侠 1984》《壮志凌云：独行侠》等，不少影片无奈转到流媒体平台线上播映或首映。

2020 年，英国和爱尔兰市场总票房锐减至 2.47 亿英镑，相较 2019 年断崖式下跌。英国观影人次仅为 4400 万，也远低于 2019 年的 1.76 亿。一至四季度观影人次分别为 3590 万、0、510 万和 300 万，由此可见新冠肺炎疫情的杀伤力。

2021 年上半年（截至 7 月 15 日），鉴于影院关闭长达 4 个多月，英国和爱尔兰电影市场票房只收获 8840 万英镑，英国观影人次也继续下滑至 1050 万（出自第二季度）。2011 年以来英国票房收入和观影人次详见表 1（2001 年和 2005 年数据供对比参照）。

表 1　英国票房收入和观影人次（2011～2021 年）

年份	票房			观影人次（百万）
	票房总收入（百万英镑）	年增减幅度（%）	累计百分比（%）	
2001	645		—	155.9
2005	770		19.4	164.7
2011	1040	—	61.2	171.6

① 若干有悠久历史的独立影院的连续放映纪录被打断，例如 1912 年开业的柯松社区影院（Curzon Community Cinema，单银幕独立影院，不属于柯松连锁），号称是英国最古老的连续放映电影的影院，3 月 20 日关闭，是 108 年以来的第一次；雷克斯影院（The Rex，1963 年之前名为帝国影院）是 99 年来第一次关门歇业。

续表

年份	票 房			观影人次（百万）
	票房总收入（百万英镑）	年增减幅度（%）	累计百分比（%）	
2012	1099	5.7	70.4	172.5
2013	1083	−1.5	67.9	165.5
2014	1063	−1.8	64.8	157.5
2015	1242	16.8	92.6	171.9
2016	1228	−1.1	90.4	168.3
2017	1279	4.2	98.3	170.6
2018	1282	0.2	98.8	177.0
2019	1254	−2.2	94.4	176.1
2020	247（含爱尔兰）	—	—	44.0
2021年上半年	88.4（含爱尔兰）			10.5

资料来源：British Film Institute, *Statistical Yearbook 2020*, pp. 14 – 15；"The UK Box Office in 2020", p. 2；"The UK Box Office, First Half Year (H1) 2021", p. 1。

21世纪，美国影片始终在英国票房占据绝对垄断地位，但下降趋势明显，最高81%（2003年和2009年），最低50%（2019年）。取而代之的是英美合拍大片比例的稳步上升。美国片加上美国大公司投资的英美合拍大片的份额在2001～2010年平均高达约90%，但2011～2019年降至平均84%，在2014年曾最低至76.5%。英国影片（含英美合拍大片）的年度票房份额高低起伏，总体好于20世纪，2015年创下44.7%的佳绩；2019年更达47.6%，是21世纪最高纪录；2020年也高达46.4%。英国独立电影份额在2011～2020年上升趋势明显，2001～2010年票房年平均占有率为5.5%，2011～2020年跃至11.3%，2014年比例最高（16.1%），首次超过了英美合拍大片10.7%的份额，但随后波动起伏，2020年达14.1%。2011年以来英国电影市场具体票房份额详见表2。

表 2　英国、美国和欧洲电影在英国和爱尔兰电影市场票房份额（2011～2021 年）

单位：%

年份	英国国籍电影		美国电影	其他欧洲电影
	美国大电影公司投资的合拍片	独立电影		
2011	22.6	13.1	60.6	1.7
2012	22.8	9.3	61.3	4.8
2013	15.5	6.6	72.7	3.0
2014	10.7	16.1	65.8	4.9
2015	34.2	10.5	51.1	2.4
2016	28.5	7.4	58.9	3.2
2017	27.8	9.6	57.7	1.5
2018	32.9	13.2	51.3	1.1
2019	34.7	12.9	50.0	1.1
2020	32.3	14.1	39.0	
2021 年上半年	26.9	8.6		

资料来源：British Film Institute, *Statistical Yearbook 2020*, p. 21；"The UK Box Office in 2020", p. 8；"The UK Box Office, First Half Year (H1) 2021", p. 3。

2020 年，英国和爱尔兰①共发行了 382 部影片（放映 1 周或以上），取得了 2.47 亿英镑的票房（截至 2021 年 1 月 21 日）。110 部美国片（不包括英美合拍大片）占发行量的 29% 和总票房的 39%。98 部英国电影（含英美合拍大片）取得了 26% 的发行份额和 46.4% 的票房份额（1.15 亿英镑）；虽然 2020 年票房断崖式下滑，但英国国籍电影的市场份额与过去两年的历史高点基本保持一致，46.4% 的市场份额是自 2002 年有纪录以来的第二高点，仅略低于 2019 年 47.6% 的纪录。在 46.4% 的票房份额中，美国大公司投资的 7 部英美合拍大片占 32.3%，91 部独立电影占 14.1%（3500 万英镑），也是有纪录以来的第二高点。世界其他地区的影片占发行量的 46%，但票房收入甚微，仅占 15%。

2021 年上半年（截至 7 月 15 日），在英国和爱尔兰仅有 85 部影片得到

――――――――――

① 英国和爱尔兰因电影发行目的作为一个统一"区域"计算数据。

了发行。票房只收获 8840 万英镑。英国电影取得了 3140 万英镑的票房，所占市场份额降至 35.5%；其中，有美国大电影公司投资的英美合拍大片占 26.9%（2380 万英镑）；独立电影仅占 8.6%（760 万英镑）。

三 2020~2021年英国电影市场：票房榜①

2020 年英国票房市场前 20 名排行榜（详见表 3）多半被美国片和好莱坞投资的英美合拍大片占据；有 7 部英国片入榜，其中 3 部为英美合拍大片，居榜单前列。往年，特许权系列片、续集片、翻拍片始终是票房的重要保证，但 2020 年由于多部此类重磅电影被推迟至 2021 年发行，例如《007：无暇赴死》和《速度与激情 9》，所以该榜单前 10 名中仅存 4 部。同样的原因也使 4 部之多的英国独立电影得以挤进榜单。票房最高的影片是萨姆·门德斯根据自己和同伴原创编剧而执导的《1917》（4410 万英镑）。该片是自 2009 年《阿凡达》之后首次非系列片荣登榜首。第二、第三名分别是《刺猬索尼克》和《信条》。仅 1 部影片票房超过 4000 万英镑。《寄生虫》以 1210 万英镑成为有史以来票房最高的外语片。榜单票房共计 2.01 亿英镑，占市场全部票房的 81%，为最近 10 多年来的最高比例。

表 3 英国和爱尔兰 2020 年票房前 20 名影片

序号	影片名	出产国	票房（百万英镑）	发行商（影业公司）
1	1917	英国/美国	44.1	娱乐壹号
2	刺猬索尼克	美国/日本/韩国	19.3	派拉蒙
3	信条	英国/美国	17.5	华纳兄弟
4	绝地战警:疾速追击	美国	16.2	索尼
5	多力特的奇幻冒险	英国/美国	15.9	环球
6	绅士们	英国/美国#	12.3	影视娱乐
7	寄生虫	韩国	12.1	欧映嘉纳
8	猛禽小队与哈莉·奎茵	美国	8.8	华纳兄弟

---

① 本节数据出自分项报告 British Film Institute, "The UK Box Office in 2020", pp. 4 – 7; "The UK Box Office, First Half Year (H1) 2021", pp. 3 – 5。

序号	影片名	出产国	票房（百万英镑）	发行商（影业公司）
9	乔乔的异想世界	新西兰/美国/捷克	8.1	华特迪士尼
10	1/2 的魔法	美国	7.7	华特迪士尼
11	爱玛	英国	7.5	环球
12	隐形人	美国/澳大利亚	6.9	环球
13	大卫·科波菲尔的个人史	英国/美国[#]	6.4	狮门
14	之后2	美国	4.0	剪切娱乐
15	野性的呼唤	美国	2.8	华特迪士尼
16	黑水	美国	2.5	娱乐壹号
17	军人的妻子	英国	2.5	狮门
18	爆炸新闻	美国/加拿大	2.3	狮门
19	精神错乱	美国	2.0	海拔高度
20	汪汪队立大功:预备赛救援	加拿大	1.9	派拉蒙

注：英国和爱尔兰因电影发行目的作为一个统一"区域"计算数据。票房统计截至2021年1月21日。标[#]的是有美国非大电影公司或大电影公司的独立分支支持的独立电影。表4、表5同此。

资料来源：British Film Institute，"The UK Box Office in 2020"，pp. 4 – 5。

同样由于多部大片推迟上映，2020年票房前20名英国影片榜（详见表4）扭转了往年多被好莱坞投资的英美合拍大片垄断的特点，有16部独立电影入榜，仅《1917》《信条》《多力特的奇幻冒险》《神奇女侠1984》除外。当然，榜单前三名都是英美合拍大片。榜单票房收入为1.12亿英镑，占英国片总票房的97%，其中仅1部影片票房超过2000万英镑。

表4 英国和爱尔兰2020年票房前20名英国影片

序号	影片名	出产国	票房（百万英镑）	发行商（影业公司）
1	1917	英国/美国	44.08	娱乐壹号
2	信条	英国/美国	17.47	华纳兄弟
3	多力特的奇幻冒险	英国/美国	15.95	环球
4	绅士们	英国/美国[#]	12.27	影视娱乐
5	爱玛	英国	7.46	环球
6	大卫·科波菲尔的个人史	英国/美国[#]	6.41	狮门
7	军人的妻子	英国	2.52	狮门
8	神奇女侠1984	英国/美国	1.53	华纳兄弟

续表

序号	影片名	出产国	票房(百万英镑)	发行商(影业公司)
9	圣人莫德	英国	0.85	欧映嘉纳
10	贪婪	英国/美国#	0.81	索尼
11	秘密花园	英国/法国	0.73	天空影院
12	品行不端	英国	0.46	华特迪士尼
13	皮格茜	英国	0.43	派拉蒙
14	节奏组	英国/美国#	0.36	派拉蒙
15	洛克斯	英国	0.28	海拔高度
16	希望沟壑	英国	0.20	柯松
17	舞池争锋3	英国/印度	0.18	Cinestaan
18	夏日国度	英国	0.17	狮门
19	从心认识你	英国	0.16	帕克兰
20	琼斯先生	英国/波兰/乌克兰	0.13	签名

资料来源：British Film Institute, "The UK Box Office in 2020", p. 6。

2020年，英国独立电影前20名票房榜（详见表5）票房最高的是《绅士们》（1227万英镑），仅这1部影片票房超过1000万英镑。

表5　英国和爱尔兰2020年票房前20名英国独立电影

序号	影片名	出产国	票房(百万英镑)	发行商(影业公司)
1	绅士们	英国/美国#	12.27	影视娱乐
2	爱玛	英国	7.46	环球
3	大卫·科波菲尔的个人史	英国/美国#	6.41	狮门
4	军人的妻子	英国	2.52	狮门
5	圣人莫德	英国	0.85	欧映嘉纳
6	贪婪	英国/美国#	0.81	索尼
7	秘密花园	英国/法国	0.73	天空影院
8	品行不端	英国	0.46	华特迪士尼
9	皮格茜	英国	0.43	派拉蒙
10	节奏组	英国/美国#	0.36	派拉蒙
11	洛克斯	英国	0.28	海拔高度
12	希望沟壑	英国	0.20	柯松

续表

序号	影片名	出产国	票房(百万英镑)	发行商(影业公司)
13	舞池争锋3	英国/印度	0.18	Cinestaan
14	夏日国度	英国	0.17	狮门
15	从心认识你	英国	0.16	帕克兰
16	琼斯先生	英国/波兰/乌克兰	0.13	签名
17	查尔·梅拉·普特2	英国/印度	0.11	Rbe/Fountain
18	圣诞颂歌	英国/乌克兰	0.10	蒙罗影业
19	我的小情人	英国/印度	0.10	Hamsini
20	瞎趴人生	英国	0.10	蒙罗影业

资料来源：British Film Institute, "The UK Box Office in 2020", p. 7。

2021 年上半年①，英国和爱尔兰电影市场票房前 20 名排行榜中也是有 7 部英国影片入榜②，其中 4 部是独立电影。票房最高的影片是真人动画喜剧片《比得兔2：逃跑计划》（澳大利亚/美国/英国，1850 万英镑，占市场总票房的 21%），其后依次为《速度与激情9》（英国/美国，1370 万英镑）、《寂静之地2》（美国，1110 万英镑）、《招魂3：鬼使神差》（美国，920 万英镑）、《黑白魔女库伊拉》（英国/美国，900 万英镑）、《身在高地》（美国，410 万英镑）、《杀手妻子的保镖》（英国/美国，360 万英镑）、《哥斯拉大战金刚》（美国，270 万英镑）、《无依之地》（美国，210 万英镑）、《困在时间里的父亲》（英国/法国，200 万英镑）、《电锯惊魂9：螺旋》（美国/加拿大，160 万英镑）、《小人物》（美国，130 万英镑）、《鬼灭之刃：无限列车篇》（日本，120 万英镑）、《猫和老鼠》（英国/美国，110 万英镑）、《寻龙传说》（美国，80 万英镑）、《梦马》（英国，70 万英镑）、《超新星》（英国，70 万英镑）、《不洁》（又译《邪恶》，美国，60 万英镑）、《真人快打》（美国，60 万英镑）以及《那些希望我死的人》（加拿大/美国，60 万

---

① 2021 年上半年榜单票房统计截至 2021 年 7 月 15 日。英国和爱尔兰因电影发行目的作为一个统一"区域"计算数据。

② 《比得兔2：逃跑计划》是在英国与一些英国演员合作拍摄，并以英国作家碧翠丝·波特的经典童话故事中的人物为基础，但它并未获得英国国籍。《杀手妻子的保镖》是独立电影。

英镑）。

英国和爱尔兰票房前 10 名英国电影榜中有 3 部是美国大电影公司投资的英美合拍大片、7 部独立电影。《速度与激情 9》傲居榜首，其后依次是《黑白魔女库伊拉》、《杀手妻子的保镖》、《困在时间里的父亲》、《猫和老鼠》、《梦马》、《超新星》、《菊石》（英国，20 万英镑）、《地表惊旅》（英国，20 万英镑）和《爱的后事》（英国，10 万英镑）。

英国和爱尔兰票房前 10 名英国独立电影榜以《杀手妻子的保镖》领衔，其后依次为《困在时间里的父亲》、《梦马》、《超新星》、《菊石》、《地表惊旅》、《爱的后事》、《跳跃的原因》（英国，6 万英镑）、《异兽》（英国，4 万英镑）和《六分钟到午夜》（英国，4 万英镑）。

四　2020年英国电影全球市场票房惨淡[①]

2020 年新冠肺炎疫情在世界范围的传播对全球市场票房产生了重大影响。虽然不同地区的政府对疫情的反应各异，但许多国家从第一季度末就开始对人员流动和聚集实施了限制，影响了电影院在其后季度的运作。许多分销商也为应对前所未有的困境在很大程度上改变了发行时间表。大部分票房来自第一季度，影片在全球的公映区域也大为减少。

2020 年，全球电影总票房降至 119 亿美元，不及 2019 年创纪录收益的 29%。英国电影全球票房为 11 亿美元，仅占全球市场份额的 9.2%，远低于 2019 年的 103 亿美元、24.6% 的份额。其中，英美合拍大片占 7.2%（8.52 亿美元），以《信条》领衔；独立电影占 2%（2.42 亿美元），以《绅士们》为首。英国片全球票房份额自 2015 年涨幅远高于之前的年份，但 2020 年表现惨淡。英国影片在中国内地市场取得了 1.51 亿美元的票房。2011 年以来的英国电影全球市场票房及份额详见表 6。

---

① 本节数据出自 British Film Institute，"UK Films and British Talent Worldwide"，*Statistical Yearbook 2021*，pp. 4 - 6，11。票房统计截至 2021 年 2 月 18 日，仅限 2020 年发行的影片。

表 6　英国电影全球市场票房及份额（2011～2020 年）

年份	全球市场总票房（10 亿美元）	英国电影全球票房（10 亿美元）	英国独立电影全球票房（10 亿美元）	英国片份额（%）	英美合拍大片份额（%）	英国独立电影份额（%）
2011	33.3	5.6	0.9	16.8	14.1	2.8
2012	34.9	5.3	0.6	15.2	13.3	1.8
2013	35.5	4.1	0.6	11.5	9.8	1.6
2014	36.1	4.7	1.2	13.0	9.7	3.2
2015	38.2	9.4	1.1	24.6	21.8	2.8
2016	37.6	6.5	0.5	17.3	16.0	1.3
2017	39.4	8.1	0.8	20.6	18.6	2.0
2018	41.4	9.4	1.3	22.8	19.5	3.2
2019	41.7	10.3	1.1	24.6	22.1	2.5
2020	11.9	1.1	0.24	9.2	7.2	2.0

资料来源：British Film Institute，"UK Films and British Talent Worldwide"，*Statistical Yearbook 2021*，p. 4。

英国电影的全球电影市场份额主要随少数好莱坞大电影公司投资的英美合拍大片的表现好坏而逐年呈现较大波动幅度，但在 21 世纪总体呈上升趋势。2015 年得益于《星球大战：原力觉醒》和《复仇者联盟 2：奥创纪元》的火爆，2019 年得益于《复仇者联盟 4：终局之战》和《狮子王》的热销。英国独立电影每年的全球市场份额则差距不大，因为总量小，基本在 1.3% ～ 3.2% 之间。

2020 年全球票房最高的英国电影是克里斯托弗·诺兰的《信条》，达 2.93 亿美元；第二、第三名分别是《多力特的奇幻冒险》（2.07 亿美元）和《1917》（1.79 亿美元）；第四至第十名依次为《神奇女侠 1984》《绅士们》《爱玛》《女巫》《猫》《大卫·科波菲尔的个人史》《地狱男爵》。以往榜单基本上是英美合拍大片，而此次有多达 4 部独立电影入榜。这是自 2014 年《空中营救》和《模仿游戏》之后，独立电影首次跻身英国电影全球票房榜前十之列。此榜单共赢得 9.77 亿美元票房，占英国电影全球票房的 89%。

2020 年全球票房最高的英国独立电影是盖·里奇的《绅士们》（9830万美元）；其后是《爱玛》（2460 万美元）、《大卫·科波菲尔的个人史》（1270 万美元）、《地狱男爵》、《鲨海逃生》、《朱迪》、《秘密花园》、《节奏组》、《军人的妻子》和《热气球飞行家》。前十名总票房为 1.85 亿美元。

根据 Box Office Mojo 的最新数据（截至 2021 年 7 月底），与 2019 年英美合拍大片《复仇者联盟 4：终局之战》和《狮子王》占全球市场前两位形成反差的是，2020 年全球市场名列前茅的是亚洲电影，中国影片《八佰》和《我和我的家乡》分列第一、第四位，日本片《鬼灭之刃：无限列车篇》列第二，第五名才是英美合拍大片《信条》。2021 年亦如此，中国影片《你好！李焕英》和《唐人街探案 3》排第一、第二，英美合拍大片《速度与激情 9》排第三，《黑寡妇》排第五。这反映了新冠肺炎疫情对全球电影市场的不同影响力度，另有部分原因是若干英美合拍大片从 2020 年延至 2021年发行，如邦德片《007：无暇赴死》于 2021 年 9 月才上映。总之，相对于2019 年共有 5 部英美合拍大片进入全球史上票房榜前 50 名之列（《复仇者联盟 4：终局之战》排第二，《狮子王》第七，《蜘蛛侠：英雄远征》第二十五，《星球大战 9：天行者崛起》第三十二，《阿拉丁》第三十八），2020 ~2021 年 7 月发行的英美合拍片都未能挤进全球史上票房榜前 200 名榜单，美国影片亦如此，仅两部中国影片《你好！李焕英》和《唐人街探案 3》入榜，分列第八十四和第一百二十九。

五 2020 ~2021年电影生产：英国制片花销下降①

受英国政府 2014 年加大电影减税力度政策的激励，英国的总制片花销连续 6 年强力增长，在英拍摄的外来投资片数量也从 2010 ~2013 年的年均39 部升至 2014 ~2019 年的年均 65 部。英国已成为世界的制片中心之一，

---

① 本节数据出自 British Film Institute, "Screen Sector Production", *Statistical Yearbook 2021*, pp. 3 - 4, 7 - 9, 14; 2021 年 7 月 29 日发布的分项报告 British Film Institute, "Film and High-end Television Production in the UK, January-June (H1) 2021", pp. 1 - 2。

好莱坞各大制片厂和英国长期合作，如《星球大战》系列或漫威《复仇者联盟》系列。松林和谢泼顿影棚长期满负荷运转。英国的视觉效果团队世界领先，持续获得奥斯卡奖和英国电影学院奖的最佳视觉效果奖。

2020～2021 年，在英国的制片花销也深受新冠肺炎疫情的影响。2020年上半年，计划中的制片花销达 11.07 亿英镑，创历史新高。① 但无奈第一季度末制片活动基本被叫停或延期，仅实现了 4 亿多英镑，其中第二季度仅实现了可忽略不计的 50 万英镑。随后，英国电影学会与影业联手打造复苏计划，5 月发布了"新冠肺炎疫情期间电影及电视剧制片安全工作指南"，也为后期制作及视觉特效活动发布了安全工作指南；加上对电影演职人员的隔离豁免政策，制片活动得以从 7 月恢复；第三季度制片花销实现了 4.84 亿英镑，超过了第一季度。10 月发布的由政府 5 亿英镑资助的"电影和电视制作重启计划"进一步支撑了第四季度及 2021 年第一季度制片活动的强劲恢复。总体上，2020 年在英国的电影制片花销达 13.56 亿英镑，比 2019 年的 20.16亿英镑（有统计数据以来的第二高纪录）下降 33%。2021 年上半年的制片花销为 7.71 亿英镑。2011～2021 年在英国的制片花销详见表 7。

表 7　在英国生产的影片的花销（2011～2021 年）

单位：百万英镑

年份	2011	2012	2013	2014	2015	2016	2017	2018	2019	2020	2021
外来投资片	1071	669	885	1294	1250	1500	1915	1724	1772	1213	638
合拍片	52	76	64	54	48	47	33	28	35	23	16
纯国产片	207	266	222	226	281	326	273	310	209	120	117
总计	1330	1010	1170	1574	1578	1872	2221	2061	2016	1356	771

资料来源：British Film Institute, "Screen Sector Production", *Statistical Yearbook 2021*, p. 7; "Film and High-end Television Production in the UK, January-June（H1）2021", p. 2。

---

① 2020 年 7 月 30 日发布的分项报告 British Film Institute, "Film and High-end Television Production in the UK, January-June（H1）2020", p. 6。

2020 年共有 134 部电影全部或部分在英国开机拍摄，大大低于 2006 年以来的年度数量（2012 年曾高达 376 部，2016 年 349 部，2019 年 281 部）。其中，大多数（81 部）是纯国产片，35 部为外来投资片，18 部为合拍片。35 部外来投资片给英国共带来 12.13 亿英镑的花销（占 89.5%），居首位，主要包括《灰姑娘》、《碟中谍 7》、《北方人》和印度片《幻影行动》等；其中 10 部预算大于或等于 3000 万英镑（共 11.21 亿英镑）。81 部纯国产片贡献了 1.2 亿英镑（占 9%），主要包括《祝祷》、《公爵》和《母亲节幽会》；其中预算大于或等于 50 万英镑的有 43 部，预算不足 50 万英镑的有 38 部。18 部合拍片预算都比较小，贡献了 2290 万英镑（占 2%），主要包括《巴里沃特》和《我的儿子》。若按美国大电影公司投资片和独立电影两个类别区分，2020 年的 8 部英美合拍大片（往年可达 20 多部）贡献了 10.56 亿英镑的制片花销，占 78%，是有记录以来在电影总开销中的最高份额，反映出好莱坞投资对英国制片业的重要性；126 部独立电影的制片花销共计 3 亿英镑，占 22%。英国纯国产片的投资严重不足。

2021 年上半年，在英国开机拍摄了 77 部电影（比 2020 年同期多 36 部），其中 52 部是纯国产片，18 部为外来投资片，7 部是合拍片。在英国的总制片花销达 7.71 亿英镑，其中 6.38 亿英镑为外来投资片，占总花销的 83%，包括《夺宝奇兵 5》和《龙与地下城》；纯国产片花销为 1.17 亿英镑，占 15%，包括《拯救电影院》、《失落的国王》和《恩尼斯人》；合拍片为 1550 万英镑，占 2%，包括英德合拍片《斯宾塞》。

六　艺术成就和国际奖项①

在 2011～2020 年全球票房总排行前 200 名影片榜中，22 部是根据英国作家创作的故事和人物拍摄的，29 部由英国导演执导，136 部有英国演员出

---

① 本节数据出自 British Film Institute，"UK Films and British Talent Worldwide"，*Statistical Yearbook 2021*，pp. 13 – 17。

演（51 部为主角），英国演员在顶级影片中的出镜率高达 68%。影业人才和影棚设施的技术优势也使英国成功地吸引了《复仇者联盟》和《星球大战》等诸多系列大制作在英国连续拍摄。这一切彰显了英国创意产业的优势地位，也积极推广了英国形象和文化。

22 部根据英国作家创作的故事和人物拍摄的电影基本上是根据英国新老作家的文学作品改编的，涉及的主要作家有罗琳（《哈利·波特》和《神奇动物》）、弗莱明（邦德片）、托尔金（《霍比特人》）、克蕾熙达·柯维尔（《驯龙高手》）、马克·米勒和戴夫·吉本斯（《王牌特工》）、E. L. 詹姆斯（《五十度灰》）和拉迪亚德·吉卜林（《奇幻森林》）；有的是基于原创剧本，例如诺兰的《星际穿越》和《敦刻尔克》、门德斯和威尔逊 - 凯恩斯的《1917》。

在 29 部英国导演执导的影片中，大卫·叶慈因执导 1 部《哈利·波特》以及其衍生作品 2 部《神奇动物》（共计 28.06 亿美元票房），是 10 年来取得最大商业成功的英国导演。萨姆·门德斯执导了《007：大破天幕杀机》、《幽灵党》和《1917》，票房共计 23.58 亿美元，排第二。克里斯托弗·诺兰执导了《蝙蝠侠：黑暗骑士崛起》、《星际穿越》和《敦刻尔克》，排第三（票房总计 22.88 亿美元）。

英国电影及演艺人才频繁赢得国际大奖。2011～2020 年，英国影业共收获了 263 个奖项，约占全球的 14.5%（奖项包括奥斯卡奖，英国电影学院奖，圣丹斯、柏林、戛纳、威尼斯和多伦多国际电影节奖）。2020 年，英国电影和电影人赢得了 29 个奖项，占全球 20% 的高份额。2021 年赢得 14 项英国电影学院奖和 8 项奥斯卡奖，均略有增长。虽然全球新冠肺炎疫情大流行意味着大多数电影节和仪式需以虚拟形式或人员保持社交距离出席来举办，但并未实质性地影响奖项数量，仅戛纳电影节除外。[1]

在 2020 年四大电影节中（戛纳除外），英国电影及电影人共获得 10 个

---

[1] 戛纳电影节通常会颁发 30 多个奖项，但 2020 年该电影节被迫取消，仅以网络形式播放了入围影片，颁发了 2 个小奖。

奖项。威尼斯电影节的 4 个奖项更具分量：蒂尔达·斯文顿获终身成就金狮奖，凡妮莎·柯比因在《女人的碎片》中的出色表演赢得最佳女演员奖，伦敦情景剧《倾听》获最佳处女作和地平线评审团奖。在多伦多电影节上，安东尼·霍普金斯和凯特·温斯莱特双双赢得年度演员奖。此外还包括圣丹斯电影节 2 个奖项（如讲述自闭症少年的纪录片《跳跃的原因》获世界电影单元——纪录片观众选择奖）和柏林电影节 2 个奖项（如海伦·米伦获终身成就金熊奖）。

2020 年英国电影学院奖有 13 项归属英国，奥斯卡奖有 6 项归属英国。当时新冠肺炎疫情尚未波及英国。萨姆·门德斯执导的战争片《1917》是最大赢家，获得了包括最佳影片、最佳导演、最佳摄影在内的 7 项英国电影学院奖和含最佳摄影在内的 3 项奥斯卡奖。《小妇人》也获得了双料最佳服装设计奖。

2021 年奥斯卡颁奖礼因新冠肺炎疫情延期，由原定的 2 月 28 日推迟至 4 月 25 日。为与之同步，原定于 2 月 14 日颁发的英国电影学院奖也推迟至 4 月 11 日。英国电影及电影人赢得了 14 项英国电影学院奖、8 项奥斯卡奖；其中有 7 项是同获双奖，重叠度创新高。《困在时间里的父亲》和《前程似锦的女孩》表现抢眼。7 项双奖得主分别是：安东尼·霍普金斯凭借《困在时间里的父亲》获最佳男主角奖，克里斯托弗·汉普顿凭借《困在时间里的父亲》的合著获最佳改编剧本奖，埃默拉尔德·芬内尔因《前程似锦的女孩》夺得最佳原创剧本奖，丹尼尔·卡卢亚因在《犹大与黑弥赛亚》中的角色拿下最佳男配角奖，《信条》的英美视觉特效团队获最佳视觉效果奖，阿提喀斯·罗斯凭借《心灵奇旅》与他人同享最佳原创配乐奖，詹姆斯·里德与人联合执导的《我的章鱼老师》获最佳纪录片奖。

其他英国电影学院奖包括：《前程似锦的女孩》获最佳英国影片奖，约书亚·詹姆斯·理查兹获最佳摄影奖（《无依之地》），最佳英国动画短片颁给了《猫头鹰和小猫》，最佳英国短片颁给了《礼物》，露西·帕迪获最佳选角指导奖（《洛克斯》），芭姬·巴克雷获最佳新星奖，《异国阴宅》获英国本土杰出处女作奖。奥斯卡奖除了此前提及的 7 项外，还包括《两个遥远的陌生人》获最佳真人短片奖。

七　英伦形象展示

过去百年间，英国纪录片、战争片、历史/文学古装片、喜剧片以及工人阶级社会现实主义影片等类别在世界影坛树立了优势地位。2017～2020年，英国电影人不断回归自己擅长的战争史诗和历史/文学古装片领域，前者以二战题材片《敦刻尔克》（2017 年）、《至暗时刻》（2018 年）和一战题材片《1917》（2020 年）续写了辉煌；后者以展示王宫秘史的《宠儿》（2019 年）、贵族风范的《唐顿庄园》 （2019 年）和文学经典《爱玛》（2020 年）吸粉无数。2020 年的高票房影片如科幻惊悚片《信条》、奇幻片《多力特的奇幻冒险》、犯罪动作片《绅士们》增强了题材和体裁的多样性。2021 年获奖颇丰的剧情片《困在时间里的父亲》以及《前程似锦的女孩》更是分别聚焦了当今社会热点议题——阿尔茨海默病和性侵。

《困在时间里的父亲》改编自法国剧作家佛罗莱恩·泽勒的同名火爆舞台剧，泽勒同时首次担任导演。影片聚焦了患阿尔茨海默病老人在暮年记忆流逝、时空错乱中的无奈与酸楚。男主人公形象为老戏骨安东尼·霍普金斯量身打造，与之同名同龄。霍普金斯将一个可怜老人的孤独、孱弱、无助表演得淋漓尽致，催人泪下。

故事围绕一对父女展开。患阿尔茨海默病的父亲安东尼固执地认为自己记忆没有问题，能在自己的公寓独立生活，赶走了女儿安妮为他找的多个护工。安妮不得不将其接到自己的公寓照料，并找了新护工劳拉。安东尼常把女儿女婿的公寓认成自己的家，有时把安妮和女婿詹姆斯当陌生人。夫妇俩去意大利旅游的计划也被迫取消，导致詹姆斯不满，力劝安妮送父亲进养老院。经常的争吵导致二人婚姻破裂。约五年后，安妮找到了新伴侣保罗，二人希望定居巴黎。加上父亲病情愈加严重，安妮最终含泪将父亲送进了养老院。在养老院安东尼被护理员凯瑟琳和比尔照顾已有数月。安妮会偶尔写信或周末回来陪伴父亲。在患病的整个过程中，父亲记忆不断衰退，分不清虚拟和真实。他猜疑别人偷他的手表，指责女儿贪图他的房产并诅咒她比他先

死，对劳拉口出恶言，幻觉趾高气扬的"女婿"动手打了他，而他无力招架、失声痛哭。他甚至忘记了小女儿露西已经因意外事故离世。父亲的种种表现让安妮濒临崩溃，却依然选择悉心照料。

本片采用非线性叙事。错乱的记忆、失序的时间、混乱的空间，交织出一段段令人迷茫的故事，像是悬疑惊悚片。实际上这是导演以安东尼的视角，通过碎片式叙事方式，让观众感同身受他面临的恐惧与无助。那段早上见护工劳拉、下午去看医生、晚上吃鸡肉的戏，人物、时间和场景（安妮公寓、安东尼公寓、养老院公寓，格局相近）多次跳转。最后观众才明白，安东尼在家见到的"长发安妮"和"女婿保罗"，其实是养老院负责照顾他的凯瑟琳和比尔。手表是影片中的一个重要隐喻，安东尼始终在执着地寻找自己的手表，意味着他在努力拼接自己已经模糊混乱的记忆，希望能重新掌控时间的概念。

片中最触动人心的一场表演是结尾，在养老院，安东尼反复询问护士的姓名，却忽然忘了自己是谁。他说记起了母亲的脸，然后像孩子一样依偎在护工凯瑟琳的肩膀上，哭诉着自己感受到临近终结之日的绝望与孤独："我觉得好像我的叶子都要掉光了，风雨裹挟着我的树叶，我已经搞不明白发生的一切了……我已经没有地方安眠了。"他哭着要找妈妈接他回家，无解的困境令人悲叹。

《前程似锦的女孩》由埃默拉尔德·芬内尔自编自导。卡桑德拉·托马斯（昵称凯西）原本是一名美貌、聪明的医学院学生，被大家认为前程似锦。然而在其大学好友妮娜酒醉被同学性侵无处维权自杀后，她也从医学院辍学。她与父母同住，断绝社交，白天在咖啡店工作，夜晚则以性感装扮混迹于酒吧和夜店，假装烂醉如泥让男人"捡尸"，从而实施报复。辍学7年后，凯西在咖啡店遇见了大学同学、儿科医生瑞恩·库珀，让她对爱情短暂地重燃希望。但当她从瑞恩口中得知曾经造成好友死亡的罪魁祸首们如今都过上了各自精彩的人生后，难抑怒火，复仇更加强了针对性。凯西首先找到当年大学时的好友（她至今依然认为女性喝醉被强奸是自找的），下药把她灌醉，然后让一个男人把她带进了酒店房间。凯西又找到当年冷漠拒绝妮娜求助的医学院院长，告诉院长她的女儿现在就醉倒在妮娜待过的房间里，跟她认为的那些"前程似锦的男孩子"在一起。她还找了个壮汉堵在当年为强奸犯辩护的律师家门口。当她发现瑞恩也是妮娜被强奸时的看客后，掐灭了爱情火苗。最后，她乔装打扮来到已成为名医、就要结婚的强奸犯亚尔·门罗的婚前单身派对。

然而，这并不是一部女性复仇爽片。凯西的复仇只是象征性的。装醉等男人把自己带走，待男人欲行不轨时突然发出清醒质问，只为把男人吓傻以示警示。她让男人把醉倒的好友带进酒店房间，但实际上什么也没发生。她也只是对院长撒了个谎，当院长切身感受到爱女出事的恐惧后，她也即刻告知其女儿只是被骗到了城堡餐厅，并无危险。而当发现当年的律师已幡然悔悟、痛改前非时，她选择了原谅。凯西只是想让这些人对当年妮娜的处境感同身受，逼他们认错道歉而已。她复仇的终极目标是这个仍然庇护强奸犯、羞辱受害者的社会。正如片中律师所言，只需一张受害人在派对上喝醉的照片，就能让陪审团集体站到侵犯者一边。影片最后的高潮是她去报复亚尔·门罗。体型弱小的凯西只是想在强奸犯身上刺上文身予以教训，却被挣脱了一只手铐的强壮的强奸犯用枕头压得窒息而亡。所幸反转的是原来凯西早就准备好了赴死，已将证据寄给了律师，并交代如果自己失踪就去报警。强奸犯终因杀人指控被逮捕。该片明显受到#MeToo运动的影响，片名也来源于现实中的新闻。2016年斯坦福大学一名男生被告性侵时，法官称他为"前程似锦的男生"。影片女主人公飞蛾扑火、同归于尽的惨烈令人敬畏，更让人悲伤。

结　语

2020～2021年，英国影业因全球新冠肺炎疫情蔓延而受到重创。影院关闭及管控导致英国市场票房收入和观影人次自2020年第二季度急剧下降。好在英国电影所占市场份额和独立电影的市场份额都处于21世纪第二高位。但英国电影的全球票房及份额大幅下滑。在英国的总制片花销也远低于往年。电影及电影人揽得 20% 的高比例国际奖项，且奖项厚重。需要指出的是，英国影业的票房和排行榜长期由美国影片及英美合拍大片垄断，制片花销业绩在很大程度上也是倚仗好莱坞投资的英美合拍大片的贡献。英美合拍大片的辉煌给影业带来了国内国际票房光鲜亮丽的数据，但这是基于英国统计方法将其全部票房笼统计入英国电影名下，实际上许多利润都回流美国，它们也被全球观众更视为美国电影。不少英美合拍大片因新冠肺炎疫情而延期发行或制作，这也是导致英国市场票房、制片花销和英国电影的全球票房份额锐减的重要原因。英国市场的票房始终高度集中于少数吸金大片，纯国产片和独立发行商竞争市场份额的努力极为艰辛。

政治外交篇

Politics and Diplomacy

B.12

后脱欧时代北爱尔兰问题的新挑战[*]

张 茜　王展鹏^{**}

摘　要：　《北爱尔兰议定书》作为脱欧协议的一部分通过设置爱尔兰
海上边界，避免了英国脱欧后爱尔兰岛再次出现硬边界。然
而，在以经贸议题为核心的未来关系谈判中，英国和欧盟无
法就议定书中北爱尔兰贸易安排的具体实施方案达成一致，
英国要求重新就议定书内容进行谈判，欧盟立场坚定不愿妥
协，谈判数次陷入僵局。海上边界问题引发了北爱尔兰统一
派的不满，北爱尔兰爆发暴力骚乱，北爱尔兰民主统一党强
烈要求废除议定书，北爱尔兰政治和社会稳定受到严峻挑
战。《北爱尔兰议定书》平稳实施遭遇的困难成为后脱欧时

＊　本文是北京外国语大学2021年度基本科研业务费项目"多层次治理下的分权：1998年后的北爱
尔兰治理模式演变"（项目编号：2021JX001）的阶段性成果。
＊＊　张茜，北京外国语大学英语学院英国研究中心博士生，主要研究领域为英国政治；王展鹏，
博士，北京外国语大学英语学院英国研究中心、爱尔兰研究中心教授，主要研究领域为英国
政治与外交、爱尔兰研究、欧洲一体化。

代英国—欧盟、英国—北爱尔兰紧张关系的重要原因。脱欧之后北爱尔兰政治格局的改变虽有利于推动爱尔兰统一公投的举行，但在短期内实现爱尔兰统一的可能性不大。北爱尔兰未来经济发展和社会稳定在很大程度上取决于英国和欧盟就议定书的安排能否顺利实施。

关键词： 脱欧 《北爱尔兰议定书》 海上边界 英欧关系 爱尔兰统一前景

自《北爱尔兰议定书》（以下简称《议定书》）签署以来，如何在实践中落实北爱尔兰地区新的海关检查和贸易流程一直是最为棘手的问题之一。欧盟坚持要求必须在《议定书》框架下适用欧盟关税和法规，对从英国进入北爱尔兰的货物进行海关检查以保护欧盟单一市场。英国政府则认为欧盟应展现更大的灵活性，最大限度地简化北爱尔兰与英国本土之间的贸易流程和手续，履行"《议定书》的实施应尽量减少对爱尔兰和北爱尔兰各群体日常生活的影响"的承诺。① 双方立场强硬，不愿妥协，实施脱欧协议最大的障碍仍集中在北爱尔兰问题上。

一 《议定书》未来地位的谈判与博弈

在过渡期内，2019 年达成的《北爱尔兰议定书》的未来地位一直随着贸易谈判的进程起伏不定。2020 年 9 月初，英国首相约翰逊向谈判代表发出最后通牒，称英国和欧盟必须在 10 月 15 日之前达成脱欧后贸易协议，否

---

① Department for Exiting the European Union, *New Protocol on Ireland/Northern Ireland and Political Declaration*, 17 October 2019, p. 2, https：//assets. publishing. service. gov. uk/government/ uploads/system/uploads/attachment_ data/file/840230/Revised_ Protocol_ to_ the_ Withdrawal_ Agreement. pdf.

则英国将无协议脱欧。2020 年 9 月 9 日，约翰逊政府公布《内部市场法案》，试图推翻《议定书》部分内容。这一法案加剧了英国和欧盟的矛盾，本就艰难的英欧谈判面临破裂风险。尽管英国解释该法案是为面对无协议脱欧可能会给北爱尔兰贸易活动带来的新障碍所做的准备，目的是保护《复活节协议》以来的北爱尔兰和平进程得以延续，并确保英国脱离欧盟单一市场和关税同盟后，北爱尔兰、苏格兰、威尔士和英格兰之间的贸易仍能"畅通无阻"，但其却为英国在脱欧之后避开《议定书》的约束留下了空间。①

在涉及北爱尔兰的问题上，《内部市场法案》主要有以下几个争议点：（1）英国宣称若法案内容与《议定书》不一致，英国政府将以《内部市场法案》为准；无论英国最终能否与欧盟达成脱欧后未来关系协议，《内部市场法案》都凌驾于《议定书》之上，而此前达成的脱欧协议第 4 条明确指出，脱欧协议在法律上优先于任何英国国内法。（2）根据《内部市场法案》，英国有权对从北爱尔兰运往英国的货物是否需要进行出口海关申报做出规定，而《议定书》则规定所有从北爱尔兰运往英国的货物均需填写出口海关申报单。（3）《议定书》规定应由英国—欧盟联合委员决定哪些从英国运往北爱尔兰的货物有越过爱尔兰边境出口到欧盟的风险并对其征收关税；如果最终双方未能达成协议，则将对所有商品征收关税。但《内部市场法案》允许英国在 2021 年 1 月 1 日后单方面决定哪些商品"有进入欧盟的风险"。②

欧盟对约翰逊政府的这一举动反应强烈。欧盟一再强调，全面实施脱欧协议是与英国就未来贸易关系达成协议的先决条件。欧盟委员会主席冯德莱恩（Ursula von der Leyen）警告英国政府严重违反了《议定书》和国际法，

---

① Nicola Slawsond, "Brexit: Gove Claims Internal Market Bill Protects UK Integrity from EU 'Threat'", *The Guardian*, 12 September 2020, https://www.theguardian.com/politics/2020/sep/12/brexit – gove – claims – internal – market – bill – protects – uk – integrity – from – eu – threat.

② Chris Morris, "Brexit: Why is the Internal Market Bill Controversial?", *BBC*, 8 December 2020, https://www.bbc.com/news/54088596.

破坏了欧盟对英国的信任。参与制定《议定书》的爱尔兰外交部部长西蒙·柯文尼（Simon Coveney）同样对英国的做法表示谴责，称对协议的任何改变都是"非常不明智的"。① 欧盟要求英国在9月底之前撤回《内部市场法案》中有争议的条款，否则英国将受到欧盟的经济或贸易制裁。然而，在欧盟委员会副主席谢夫乔维奇（Maroš Šefčovič）与英国内阁办公厅大臣迈克尔·戈夫（Michael Gove）召开的特别会议上，戈夫拒绝了这一要求，强硬表示英国政府不会让步。② 2021年10月1日，冯德莱恩宣布由于《内部市场法案》争议条款未被废除，欧盟委员会决定向英国政府发出正式通知，开启侵权程序的第一步，英欧紧张局势加剧。爱尔兰政府欧洲事务发言人尼尔·里士满（Neale Richmond）表示，这一法律行动虽然令人遗憾，但"绝对是正确的决定"。③

《内部市场法案》在英国国内也受到广泛批评。五位英国前首相约翰·梅杰、托尼·布莱尔、戈登·布朗、戴维·卡梅伦和特雷莎·梅一致谴责该法案损害了英国的国际地位和声誉。梅形容英国政府的计划"鲁莽"又"不负责任"，警告改变脱欧协议可能会损害英国的统一，因为这不仅会损害其他国家在与英国达成贸易协议方面的信任，也有可能会促成爱尔兰统一。④ 工党领袖斯塔默（Keir Starmer）指责约翰逊政府"重提已经解决的旧争论"，应该把重点放在与欧盟达成贸易协议上。北爱尔兰事务大臣布兰

① Daniel Boffey and Lisa O'Carroll, "Brexit: Boris Johnson Has Undermined Trust in UK Government, Says EU", *The Guardian*, 9 September 2020, https://www.theguardian.com/politics/2020/sep/09/brexit-claim-boris-johnson-responding-to-barnier-threat-called-fake-news-.

② Lisa O'Carroll and Daniel Boffey, "Brexit Talks on Brink as UK Rejects EU Call to Drop Law-breaking Plan", *The Guardian*, 10 September 2020, https://www.theguardian.com/politics/2020/sep/10/fears-grow-that-uk-is-preparing-to-quit-brexit-talks.

③ Daniel Boffey and Lisa O'Carroll, "Brexit: EU Launches Legal Action Against UK for Breaching Withdrawal Agreement", *The Guardian*, 1 October 2021, https://www.theguardian.com/politics/2020/oct/01/brexit-eu-launches-legal-action-against-uk-for-breaching-withdrawal-agreement.

④ Lisa O'Carroll, "Theresa May Says 'Reckless' Brexit Bill Risks UK's Reputation", *The Guardian*, 21 September 2021, https://www.theguardian.com/politics/2020/sep/21/theresa-may-says-reckless-brexit-bill-risks-uks-reputation.

登·刘易斯（Brandon Lewis）承认该法案将"以非常具体而有限的方式违反国际法"。对此，爱尔兰外交部部长柯文尼称刘易斯的言论令人担忧，并补充道，"任何单方面违背脱欧协议条款的行为都将引起相当大的担忧，是非常严重的一步"。①

在北爱尔兰内部，统一派和民族主义者对《内部市场法案》的态度形成鲜明对比。民主统一党对该法案反应积极，并再次强调保持北爱尔兰与英国密切联系的必要性。该党脱欧事务发言人萨米·威尔逊（Sammy Wilson）称脱欧协议"在经济上和宪法上都对北爱尔兰不利"，英国政府试图推翻脱欧协议的法案是"北爱尔兰向前迈出的一步"，但同时强调需要采取更多措施，确保脱欧后北爱尔兰与英国在监管方面保持更紧密的一致。北爱尔兰前首席部长、民主统一党领导人阿琳·福斯特（Arlene Foster）表示北爱尔兰企业需要"自由地进入"英国市场并保证不会受到歧视。而民族主义者则批评英国政府此举是对北爱尔兰不负责任的表现。北爱尔兰副首席部长、新芬党领导人米歇尔·奥尼尔（Michelle O'Neill）指责"布兰登·刘易斯和整个英国内阁都不关心北爱尔兰的处境，他们一次次地把北爱尔兰当作脱欧谈判中的棋子"。② 她认为《脱欧协议》保护了《复活节协议》的成果，英国政府破坏已经签署的国际协议简直"令人震惊"。③

2020 年 12 月初，英国宣布撤回《内部市场法案》中与北爱尔兰相关的争议条款，并与欧盟就《议定书》达成"原则性协议"。为缓解英国和北爱尔兰之间可能存在的贸易障碍，英国政府发布白皮书推出一系列措施，旨在减轻爱尔兰海上边境检查给企业带来的负担，主要包括：（1）从英国进入

① "Northern Ireland Secretary Admits New Bill Will 'Break International Law'", *BBC*, 8 September 2020, https：//www.bbc.com/news/uk－politics－54073836.

② John Manley, "Brexit：Sammy Wilson Welcomes 'Step Forward' as Arlene Foster Appears to Row Back", *The Irish Times*, 10 September 2021, https：//www.irishnews.com/news/northernirelandnews/2020/09/10/news/sammy－wilson－welcomes－step－forward－as－arlene－foster－appears－to－row－back－2061766/.

③ "Brexit：PM Defends Planned Changes to Withdrawal Agreement", *BBC*, 9 September 2021, https：//www.bbc.com/news/uk－politics－54003483.

北爱尔兰的货物，如果不被视为"有进入欧盟的风险"，则无须缴纳欧盟关税。制订英国贸易商计划（UKTS）以允许在北爱尔兰设立的授权企业（或符合相关标准的企业）自行证明其商品在北爱尔兰销售，或最终将在北爱尔兰或英国其他地区使用。从英国通过欧盟（即爱尔兰港口）进入北爱尔兰的货物也将能够在运输程序和海关监管下使用 UKTS。（2）设置"宽限期"，以便相关企业适应脱欧之后贸易程序的变化，减轻脱欧对北爱尔兰食品、药品供应的冲击。从英国运往北爱尔兰的食品和冷冻肉分别可享受 3 个月和 6 个月的宽限期，在此期间无须进行《议定书》规定的新的海关检查和管控。药品将有 12 个月的宽限期。（3）自 2021 年 1 月 1 日起，从北爱尔兰运往英国的"合格货物"无须进行任何形式的出口申报，将不受限制地进入英国市场。①

2020 年 12 月 24 日，在经历多轮艰难谈判后，英国和欧盟终于打破僵局，就脱欧后英欧未来贸易关系达成协议。虽然北爱尔兰内部各党派均承认英国和欧盟之间达成脱欧贸易安排协议对于北爱尔兰前景至关重要，合理的贸易安排符合北爱尔兰人民的利益②，但这份在过渡期结束前达成的脱欧后英欧贸易协议及《议定书》实施方案在北爱尔兰引起不满，继民主统一党、联盟党和社会民主工党议员在英国议会投出反对票后，北爱尔兰议会也投票反对上述协议。统一派政党主要担忧该协议设立的爱尔兰海上边界将对英国的主权和统一构成风险。阿琳·福斯特称"达成自由贸易协议虽好过无协议脱欧，但这一协议并不能消除《议定书》给北爱尔兰带来的不利影响"。鉴于北爱尔兰将面临区别于英国其他地区的规则，该党表示北爱尔兰安排只是将许多问题暂时搁置，他们将努力减轻这一协议带来的破坏，敦促英国政府找出更妥善的解决方案。厄尔斯特统一党（Ulster Unionist Party）认为，

---

① UK Government, "Northern Ireland Protocol-Command Paper", 10 December 2020, https：//assets. publishing. service. gov. uk/government/uploads/system/uploads/attachment ＿ data/file/950601/Northern＿ Ireland＿ Protocol＿ －＿ Command＿ Paper. pdf.

② "Brexit：Northern Ireland Reaction to Trade Deal", BBC, 24 December 2020, https：//www. bbc. com/news/uk－northern－ireland－55441508.

《议定书》将北爱尔兰置于英国和欧盟双重贸易体系之下，而北爱尔兰几乎没有发言权，因而也反对《议定书》。民族主义党派则对英国政府执行《议定书》过程中存在的不确定性表示疑虑。新芬党重申了反对脱欧的立场，并呼吁全面执行《脱欧协议》和《议定书》，以确保爱尔兰岛不会出现硬边界及全岛经济可以得到保护。社会民主工党认为《议定书》导致北爱尔兰未来在很多领域存在不确定性，该党发言人称"任何形式的脱欧对于北爱尔兰来说都是糟糕的协议"。①

二 三次延长《议定书》"宽限期"

2021 年 1 月 1 日《议定书》生效以来，复杂的爱尔兰海上边界检查和烦琐的手续扰乱了北爱尔兰超市食品供应，来自英国的货物运输壁垒逐渐显现，北爱尔兰企业负担加重。统一派对此表示强烈抗议，北爱尔兰地区关系趋于紧张。英国以给予企业充分的适应时间为由，三次延长宽限期，迟迟不肯全面执行新的贸易安排和海关检查，甚至试图重新谈判《议定书》。欧盟方面同样立场坚定，警告英国务必履行国际义务，全面实施《议定书》，否则将采取法律行动。被称为"香肠战"的外交博弈引爆了英欧矛盾。英方采取何种方式履行《议定书》成为脱欧之后英国与欧盟谈判的矛盾焦点，北爱尔兰特殊安排在后脱欧时代仍旧困扰着英欧关系。

根据《议定书》规定，从英国运往北爱尔兰的货物均须遵守欧盟海关法规，所有进入北爱尔兰地区的食品需要在拉恩、贝尔法斯特和沃伦波因特港进行卫生与植物检疫（SPS）检查，欧盟之外第三国（包括英国）生产的香肠和冷冻肉不允许进入北爱尔兰销售。在《议定书》实施仅不到一个月的时间里，北爱尔兰地区已出现食品和肉类短缺、商品运输延迟等情况，北

---

① Brendan Hughes, "DUP MPs to Vote Against Boris Johnson's Post-Brexit Trade Deal", *Belfast Live*, 28 December 2020, https://www.belfastlive.co.uk/news/belfast – news/dup – mps – vote – against – boris – 19530705.

爱尔兰统一派对此强烈不满，民主统一党议员伊恩·佩斯利（Ian Paisley）称《议定书》"背叛了我们，让我们觉得在自己国家就像外国人"①，他敦促约翰逊政府在必要时通过立法确保商品能够在英国和北爱尔兰之间自由流动。一些亲英派地区甚至出现威胁海关检查工作人员的涂鸦，北爱尔兰地区局势日趋紧张。

2021年1月29日，由于阿斯利康疫苗供应量减少，欧盟启动《议定书》第16条，限制新冠疫苗从欧盟越过爱尔兰边境进入北爱尔兰。根据《脱欧协议》，从欧盟出口到北爱尔兰的商品无须接受海关检查。但欧盟认为这可能被用来规避新冠疫苗出口管制，使北爱尔兰成为疫苗从欧盟进入英国的后门。这引起英国、爱尔兰及北爱尔兰各党派的抗议。约翰逊要求欧盟紧急解释其意图；北爱尔兰前首席部长阿琳·福斯特称欧盟在北爱尔兰和爱尔兰共和国之间设置了"硬边界"，是"令人难以置信的敌对行为"；新芬党领袖麦克唐纳谴责欧盟启动第16条是一个严重错误；爱尔兰方面也表示担忧。② 欧盟随即撤回决定，取消对北爱尔兰的疫苗出口限制。欧盟限制疫苗进入北爱尔兰违背了《脱欧协议》避免爱尔兰岛出现硬边界的初衷，破坏了欧盟对脆弱的北爱尔兰和平进程的一贯承诺。

2021年2月初，为保证北爱尔兰超市的正常食品供应、维持北爱尔兰社会稳定，英国政府要求欧盟就《议定书》做出让步，包括将从英国运到北爱尔兰的食品、包裹、药品、植物等3个月的宽限期延长至2023年1月1日。如果欧盟不能满足英国的要求，英国政府或将考虑启动《脱欧协议》第16条款，暂停实施《脱欧协议》部分内容。③ 随后，欧盟委员会拒绝了英国的要求，称除

---

① "PMQs：Ian Paisley and Johnson on Northern Ireland Protocol"，*BBC*，3 February 2021，https：//www.bbc.com/news/av/uk-politics-55922430.

② John Campbell，"Brexit：EU Introduces Controls on Vaccines to NI"，*BBC*，29 January 2021，https：//www.bbc.com/news/uk-northern-ireland-55864442.

③ Lisa O'Carroll，Heather Stewart and Daniel Boffey，"UK in 'Constructive' Talks with EU over Northern Ireland Protocol"，*The Guardian*，3 February 2021，https：//www.theguardian.com/politics/2021/feb/03/northern-ireland-uk-asks-eu-to-extend-grace-periods-on-brexit-checks.

非英国完全履行协议规定的义务，否则欧盟甚至不会考虑灵活性。① 面对北爱尔兰企业不断的施压，英国和欧盟虽然召开了联合会议试图破解北爱尔兰超市食品供应困境，但未能打破僵局。北爱尔兰前首席部长阿琳·福斯特指责欧盟"顽固且不灵活"，"对我们超市供应链中的严重危机视而不见"。② 2021年3月，英国宣布有意单方面将北爱尔兰海关检查再延长6个月，欧盟指责英国这一计划再次违反了国际法，并威胁要对此采取法律和关税手段。约翰逊表示将捍卫英国领土完整，如果北爱尔兰贸易争端得不到解决，英国将启动第16条款，暂停部分脱欧协议内容的实施。欧盟副主席塞夫科维奇形容欧盟与英国的关系处在"十字路口"，并警告若英国不遵守《脱欧协议》，欧盟不排除发动贸易战进行反击。③ 2021年6月，欧盟同意将从英国进入北爱尔兰的冷冻肉宽限期延长3个月，并修改法律以确保北爱尔兰药品供应不受干扰；同时警告英国，如果《议定书》未得到全面执行，欧盟将继续采取法律行动。

2021年7月，英国政府发布《议定书》敕书，提出重写《议定书》条款，彻底改革英国与北爱尔兰之间的贸易安排，以确保英国关税区内货物自由流通，主要内容包括取消对从英国到北爱尔兰的货物海关检查；建立新的双重监管体系，只要符合英国或欧盟规则的制成品或动植物产品即可在北爱尔兰销售；在所谓"停滞期"内，英国继续部分实施《议定书》，欧盟终止对英国的法律活动，并准予宽限期；终止欧盟机构，包括欧洲法院对《脱欧协议》的监管。④ 英国的这一举动引起巨大争议。对此，欧盟回应虽然可

---

① Jon Henley, "Comply with Northern Ireland Protocol Before Expecting Changes, EU Tells UK", *The Guardian*, 10 February 2021, https：//www. theguardian. com/politics/2021/feb/10/brussels – refuses – to – change – northern – ireland – protocol – without – uk – compliance.

② Lisa O'Carroll, "UK and EU Fail to Break Impasse over Irish Sea Border", *The Guardian*, 24 February 2021, https：//www. theguardian. com/politics/2021/feb/24/uk – and – eu – fail – break – to – break – impasse – over – irish – sea – border.

③ Lisa O'Carroll and Peter Walker, "EU-UK Talks on Northern Ireland Appear Close to Collapse on Eve of G7", *The Guardian*, 9 June 2021, https：//www. theguardian. com/politics/2021/jun/09/ eu – uk – talks – to – resolve – northern – ireland – crisis – end – without – agreement.

④ Lisa O'Carroll, "Why is UK Publishing a 'Command Paper' on Northern Ireland Protocol?", *The Guardian*, 21 July 2021, https：//www. theguardian. com/politics/2021/jul/21/why – uk – publishing – command – paper – northern – ireland – protocol.

以尽可能灵活处理相关条款，但绝不会同意重新谈判《议定书》；爱尔兰外长柯文尼也坚称必须在《议定书》框架下寻找北爱尔兰问题的解决方案；新芬党党首麦克唐纳表示任何试图更改协议的想法都是异想天开，必须维持《议定书》。而民主统一党则反应积极，新任领导人杰弗里·唐纳森（Jeffrey Donaldson）称这是重要的一步，需要对协议进行适当的重新谈判，取消爱尔兰海上边界以保护英国的经济和国家领土完整。①

在长达两个月的谈判陷入僵局、宽限期即将于 2021 年 10 月 1 日截止之际，英国政府于 2021 年 9 月初再次单方面宣布无限期延长宽限期，继续推迟全面执行新的海关检查，希望通过不断延长宽限期来为重新谈判《议定书》创造空间。尽管欧盟表示不会对英国的这一举措展开法律行动，但依旧坚持不同意重新谈判的立场，欧盟的重心仍然是找到长期、灵活和切实可行的办法，以解决因执行《议定书》给北爱尔兰人民和企业带来的困难。②

三 《议定书》对北爱尔兰的影响

随着英国与欧盟《议定书》争端多次陷入僵局，双方信任度下滑，短期内解决北爱尔兰问题的概率也在逐渐降低。脱欧之后，依旧悬而未决的贸易安排和长期的不确定性不仅在经济层面给北爱尔兰带来负面影响，更加给《复活节协议》维持的二十多年的社会稳定与和平带来了最大的挑战。

首先，脱欧之后烦琐的海关规则和贸易手续扰乱了英国其他地区与北爱尔兰间的正常贸易，在一定程度上给北爱尔兰地区的经济带来损失。2021年 1 月 1 日脱欧过渡期结束后，北爱尔兰港口开始实施欧盟海关规则，来自英国其他地区的货物进入北爱尔兰需进行出口申报和海关检查，尤其是动物

① Sophie Morris, "Brexit: UK Calls for 'Significant Changes' to Northern Ireland Protocol-But EU Says No to Renegotiation", *Sky News*, 21 July 2021, https://news. sky. com/story/brexit – uk – and – eu – cannot – go – on – as – we – are – with – northern – ireland – protocol – says – lord – frost – 12360568.

② John Campbell, "NI Protocol: Further delays for Irish Sea Border Checks", *BBC*, 6 September 2021, https://www.bbc. com/news/uk – northern – ireland – 58461991.

类食品必须经受额外的检查并获得出口卫生证明。新规实施后不久，由于受运输周期延长、贸易成本上升等因素影响，一些英国食品厂商暂停了向北爱尔兰的食品出口，导致北爱尔兰食品供应大幅减少，食品价格上涨。由于脱欧后贸易规则的不确定性，英国一些大型零售商也暂停或推迟了向北爱尔兰邮寄包裹。在给内阁大臣迈克尔·戈夫的信中，Sainsbury's、Marks and Spencer 和 Tesco 等企业高管表示现行的海关检查行不通，他们敦促英国政府采取行动，与超市一道确保北爱尔兰食品市场的长期稳定，否则北爱尔兰在 2021 年将面临食品供应大幅减少的危机。[①] 此外，北爱尔兰制造业（Manufacturing NI）和图格汉斯（Tughans）律师事务所的一项调查显示，超过 3/4 的北爱尔兰生产商表示，英国脱欧在过渡期结束后的前 3 个月内对其业务产生了负面影响，其中 86% 的企业已经增加了交通投入成本[②]；一些北爱尔兰企业也已经调整或计划调整其供应链，改为从北爱尔兰本地、爱尔兰或欧盟其他国家采购商品，以避免在北爱尔兰港口进行额外的海关检查和复杂手续。[③] 阿尔斯特大学的高级经济学家埃斯蒙德·伯尼（Esmond Birnie）对脱欧之后北爱尔兰新的海关检查和额外的贸易程序成本进行了量化评估。他认为根据《议定书》，尽管一些北爱尔兰企业可从与欧盟国家开展自由贸易中受益，但这并不足以抵消爱尔兰海上边界检查带来的贸易成本上升。基于 2021 年的贸易数据，他估计在执行《议定书》的情况下，从英国运到北爱尔兰的货物贸易成本将提高 6%。鉴于北爱尔兰从英国进口的商品总价值约为 100 亿英镑，即实行新规后的北爱尔兰贸易成本每年约增加 6 亿英镑，再加上 2021 年和 2022 年政府将增加约 5.6 亿英镑的公共开支用于

① Joshua Minchin, "Northern Ireland Faces More Empty Shelves According to Supermarkets", *New Food*, 15 January 2021, https：//www. newfoodmagazine. com/news/134195/northern – ireland – shortages/.

② David Elliott, "Brexit 'A Negative Impact' for Northern Ireland's Manufacturers", *Business Live*, 14 May 2021, https：//www. business – live. co. uk/economic – development/brexit – a – negative – impact – northern – 20600082.

③ Harry Holmes, "Tesco Passes Burden of Supplying Northern Ireland to Suppliers in Brexit Rejig", *The Grocer*, 28 May 2021, https：//www. thegrocer. co. uk/tesco/tesco – passes – burden – of – supplying – northern – ireland – to – suppliers – in – brexit – rejig/656569. article.

支持贸易计划、海关检查，那么脱欧之后北爱尔兰负担的额外贸易成本将占该地区 GDP 的 2%。①

其次，《脱欧协议》引发了北爱尔兰统一派的愤怒情绪，北爱尔兰爆发骚乱，暴力活动的升级给《复活节协议》以来的和平和解进程带来严重威胁。自脱欧过渡期结束、北爱尔兰海关检查生效后，亲英派普遍对北爱尔兰在英国的地位表示担忧，其中较为激进的亲英派最为不满。2021 年 1 月，班戈、贝尔法斯特、拉恩港等地的一些亲英派地区出现了反对爱尔兰海上边界的涂鸦。之后由于拉恩港和贝尔法斯特港海关工作人员受到人身威胁，英国暂停了脱欧之后的海关检查。然而，自 2021 年 3 月底起，北爱尔兰地区局势进一步紧张，贝尔法斯特、伦敦德里等亲英派区域持续暴乱，汽车被点燃，警察局遭到汽油弹袭击，警方形容骚乱严重程度"多年未见"。② 此次暴力事件的爆发主要有以下两个诱因：（1）亲英派对海上边界的不满情绪在北爱尔兰民主统一党要求废除《议定书》的活动中找到了政治合法性，也有人认为，这次暴动是亲英派地区犯罪团伙遭警察镇压后"对警察的反击"；（2）约翰逊的脱欧安排加剧了亲英派的愤怒，亲英派将爱尔兰海上边界视作约翰逊政府对自己的背叛，他们担忧《脱欧协议》不仅破坏了北爱尔兰的经济贸易，更威胁了北爱尔兰在英国的宪法地位，不满情绪不断发酵，最终演变为暴力活动。③

此外，2020 年夏，新芬党领导人违反新冠肺炎疫情防控规定参加鲍比·斯托里（Bobby Storey）葬礼；2021 年 3 月 30 日，北爱尔兰检察部门对此做出不予起诉的决定引发众怒，并对暴力事件起到了催化作用。

① Esmond Birnie, "Esmond Birnie: The Irish Sea Border is Costing Northern Ireland £ 850m A Year", *News Letter*, 12 August 2021, https：//www. newsletter. co. uk/news/opinion/columnists/esmond – birnie – the – irish – sea – border – is – costing – northern – ireland – ps850m – a – year – 3344732.

② Michael Hirst, "NI Riots: What is Behind the Violence in Northern Ireland?", *BBC*, 14 April 2021, https：//www. bbc. com/news/uk – northern – ireland – 56664378.

③ Lisa O'Carroll, " 'Dishonesty' over Brexit Fuelled Loyalist Anger, Says Stormont Minister", *The Guardian*, 7 April 2021, https：//www. theguardian. com/uk – news/2021/apr/07/northern – ireland – dishonesty – over – brexit – fuelled – loyalist – anger – says – stormont – minister.

爱尔兰总理马丁、英国首相约翰逊、美国总统拜登以及北爱尔兰自治政府均对暴力行为予以谴责，并敦促社会各界恢复冷静。阿琳·福斯特称暴力活动令社会蒙羞，并敦促年轻人不要陷入混乱，暴力不能解决问题。事件爆发后，北爱尔兰事务大臣布兰登赴贝尔法斯特召集北爱尔兰议会主要政党领导人举行紧急会议，希望尽快结束暴力。北爱尔兰各派虽一致对暴力活动持反对态度，但相互之间分歧仍然严重，新芬党和民主统一党因局势恶化而互相指责。长远来看，英国和欧盟采用何种方式履行《议定书》并应对亲英派要求废除《议定书》的诉求，是脱欧之后维持北爱尔兰社会和平稳定的关键所在。①

最后，《议定书》遭到亲英派的强烈抵制，民主统一党不惜以退出北爱尔兰政府为代价要求废除《议定书》，恢复不久的北爱尔兰自治机构在脱欧冲击下岌岌可危。《议定书》设置的海上边界激怒了以民主统一党为代表的北爱尔兰亲英派，《脱欧协议》生效不久后民主统一党便开始了取消海上边界的一系列行动。2021年2月，民主统一党正式要求英国政府撤销《议定书》，将北爱尔兰从协议中"解放出来"，恢复其在英国内部市场中的地位。民主统一党提出五点计划，主要包括与其他统一派政党合作；中断南北双方关于《议定书》相关事宜的对话；在北爱尔兰议会中反对与《议定书》相关的法案及措施；发起名为"触发第16条——我们想要自由的英国—北爱尔兰贸易"的英国议会电子请愿书；在英国议会中寻求支持等。② 在英国和欧盟就《议定书》实施细节进行谈判过程中，民主统一党一方面不断向英国政府施压，要求约翰逊成为他们"需要的统一派"，合理解决爱尔兰海上边界问题；另一方面，要求爱尔兰政府停止支持《议定书》，否则南北正常

① Lisa O'Carroll, "Northern Ireland Unrest: Why Has Violence Broken Out?", *The Guardian*, 8 April 2021, https://www.theguardian.com/uk‐news/2021/apr/08/northern‐ireland‐unrest‐why‐violence‐broken‐out.

② Clare Rice, "'Free us': The DUP's Northern Ireland Protocol Strategy", *LSE*, 4 February 2021, https://blogs.lse.ac.uk/brexit/2021/02/04/free‐us‐the‐dups‐northern‐ireland‐protocol‐strategy/.

关系将会受到影响。①

民主统一党内部也因脱欧出现震荡，反过来又给北爱尔兰政治稳定带来新的挑战。由于对海上边界及该党选举前景的焦虑上升，党内人士批评阿琳·福斯特应对脱欧问题不力，未能充分利用其在英国议会的影响力保护北爱尔兰在英国的地位。在多数民主统一党议员联名要求下，福斯特辞去党首和北爱尔兰首席部长职务。埃德温·普茨（Edwin Poots）接任该党领导人仅21天后因提名保罗·吉万（Paul Given）担任北爱尔兰首席部长而遭到党内反对被迫辞职。2021年6月，杰弗里·唐纳森（Jeffrey Donaldson）接替普茨成为民主统一党党首，承诺将把废除《议定书》作为其首要任务。唐纳森在爱尔兰海上边界问题上采取更为强硬的立场，他坚持英国和欧盟应立刻采取行动彻底改变《议定书》内容。2021年9月，英国宣布无限期延长宽限期后，唐纳森发表讲话称民主统一党将退出除医疗合作以外的所有南北合作机制；在宽限期结束后，该党将通过投票阻止在北爱尔兰港口实施任何海关检查。他表示，如果《议定书》问题得不到解决，民主统一党可能在"几周内"退出北爱尔兰权力共享政府。② 唐纳森的表态加剧了北爱尔兰内部的紧张形势，尽管北爱尔兰多数政党均对其立场持反对态度，新芬党领导人麦克唐纳指责唐纳森的表态是"鲁莽、不负责任，是短视的选举噱头"③，但由于英国和欧盟在海上边界解决方案上仍存在很大分歧，北爱尔兰权力下放机构的未来面临很大的不确定性。

四　北爱尔兰的疫情防控与解封

过去一年新冠肺炎疫情在全球范围内持续蔓延，北爱尔兰政府根据疫情

---

① "Brexit：DUP Vows to Send 'Strong Message' to Irish Government over NI Protocol", *BBC*, 2 February 2021, https：//www.bbc.com/news/uk – northern – ireland – 55910506.

② "NI Protocol：DUP Could Quit from Stormont 'Within Weeks'", *BBC*, 9 September 2021, https：//www.bbc.com/news/uk – northern – ireland – 58494209.

③ Mary McDonald, "Reckless and Irresponsible DUP in Panic Mode'-McDonald", *Sinn Fein*, 9 September 2021, https：//www.sinnfein.ie/contents/61723.

形势的变化制定了既不同于英国也不同于爱尔兰的防疫路线。虽然民主统一党和新芬党两大执政党在防控理念上存在差异和摩擦，但总体来说并没有出现严重冲突。北爱尔兰自治政府根据疫情变化调整措施，防疫政策相较于英国其他地区更为审慎。

在2020年3月疫情暴发初期，民主统一党和新芬党曾就选择英国较为宽松的防疫政策还是效仿爱尔兰立刻封闭学校产生分歧。但两党很快摒弃政治立场的差异，在防治疫情上基本保持一致。北爱尔兰一方面与爱尔兰加强合作，采取多项措施共同抗击疫情；另一方面，疫情期间英国国民健康服务体系（NHS）在北爱尔兰统一派和民族主义者中都备受认可。[①]

随着第二波疫情暴发，北爱尔兰确诊人数快速上涨。2020年10月，北爱尔兰政府宣布开始新一轮封锁；11月，北爱尔兰政府内部关于是否需要延长限制分为两派，民主统一党认为政府多次否决了其他党派延长管制措施的提议，坚持提前确定企业重新开放的时间。民主统一党成员、经济部部长戴安·多兹（Diane Dodds）认为，政府需要"为人们提供谋生途径，让大家有饭吃"，要学会与病毒共存。新芬党和社会民主工党等亲爱尔兰民族主义政党持相反观点，它们要求遵循医疗部门建议，延长两周管制期以降低新冠死亡率，缓解医院压力。最终，北爱尔兰自治机构的五个政党在管制期结束前六小时投票决定将其延长一周。[②] 2020年12月，北爱尔兰确诊病例和住院率再次激增，当地政府宣布圣诞节后开始为期六周的严格封锁。在同月举行的南北部长级会议上，爱尔兰政府表示将与北爱尔兰政府加强合作，随时提供任何形式的帮助。

鉴于疫情形势好转以及疫苗的普及，2021年3月，北爱尔兰政府发布解除封锁的五步走计划，计划逐步取消当地的疫情管制。不同于英格兰和苏

---

① Michael McBride, "Coronavirus: The New 'Heroes' on Northern Ireland's Walls", *BBC*, 29 April 2020, https://www.bbc.com/news/uk – northern – ireland – 52449747.

② Shawn Pogatchnik, "Bitter Divisions as Northern Ireland Extends Coronavirus Restrictions for One Week Only", *Politico*, 12 November 2020, https://www.politico.eu/article/northern – ireland – coronavirus – restrictions – bitter – divisions/.

格兰，北爱尔兰的方案没有设置解除限制的具体时间表。每项解封措施的进展都取决于其是否满足特定的公共卫生标准，北爱尔兰政府将定期审查其限制措施。面对公众（尤其是企业）对北爱尔兰政府方案过于保守的质疑，首席部长回应称，政府不仅关注健康数据，还关注经济和社会数据，他们会根据实际情况滚动处理疫情解封。①

五　爱尔兰统一前景

脱欧公投使爱尔兰统一问题进入北爱尔兰的公众讨论之中。随着脱欧进程的不断推进，北爱尔兰各群体的身份认同和自我归属得以强化，统一派以维护北爱尔兰在英国的宪法地位为原则，拒不接受海上边界；民族主义者则以脱欧为契机积极推动爱尔兰统一。在脱欧背景下，北爱尔兰内部分裂加剧，虽然脱欧带来的北爱尔兰政治局势和社会经济变化令爱尔兰进行统一公投的可能性上升，但考虑到民众意愿、英国的反对等现实因素，短期内举行统一公投不太现实。

民主统一党支持率下滑，新芬党有望成为北爱尔兰议会第一大党，北爱尔兰政治格局的改变提高了举行统一公投的可能性。作为北爱尔兰最大的统一派政党，民主统一党的影响力和支持率近年出现了下滑，统一派的优势逐渐丧失。2019 年大选后保守党拥有明显的议会多数席位，民主统一党失去了特雷莎·梅时期的结盟党地位，对英国政府决策的影响力有限。约翰逊政府与欧盟签订的《议定书》以及爱尔兰海上边界令统一派感到愤怒和遭背叛，民主统一党前领导人阿琳·福斯特被赶下台，普茨继任风波也引发担忧，选民对民主统一党的不满和失望在其支持率上得到体现。2021 年 5 月，Lucidtalk 一项关于北爱尔兰政党支持率的民调结果显示，民主统一党的支持率仅为 16%，与联盟党并列第二，为近 20 年来最低，比 17 个月前降低一

---

① "Covid‐19: Foster Defends Executive's 'Cautious' Approach", *BBC*, 17 March 2021, https://www.bbc.com/news/uk‐northern‐ireland‐56428311.

半。而新芬党的支持率不断上升，从 2019 年的 23% 上升到 2021 年 1 月的 24%，2021 年 5 月达到 25%，位列第一。^① 按照这个趋势，新芬党很有可能在 2022 年举行的北爱尔兰议会选举中成为第一大党，那么它也可能同时成为爱尔兰岛南北双方的第一大党。这将有助于提升统一公投的可能性。新芬党表示，未来 10 年对爱尔兰统一至关重要，现在就应该开始谋划最快在 5 年后举行的公投。新芬党领导人麦克唐纳表示，爱尔兰和北爱尔兰应该在 10 年内举行统一公投。^② 北爱尔兰新芬党领导、副首席部长奥内尔称北爱尔兰是英国或者爱尔兰经济增长最慢的地区，平均工资低于爱尔兰，南北分治令每个北爱尔兰人感到失望，爱尔兰统一对北爱尔兰民族主义者和统一派都是更好的选择。^③

最近几次民调结果显示，多数北爱尔兰人认为北爱尔兰应该留在英国，大多数爱尔兰人支持统一。"北爱尔兰生活与时代"（NILT）民调数据库 2020 年 10~12 月进行的"如果明天举行公投，你是否会投票支持爱尔兰统一"民调结果显示，53% 的北爱尔兰受访者选择留在英国，只有 30% 投票支持爱尔兰统一。在没有宗教信仰的北爱尔兰人中，有 48% 选择留在英国，32% 支持爱尔兰统一。^④ 2021 年 4 月，LucidTalk 为 BBC "聚光灯"节目所做的民调显示，49% 的北爱尔兰受访者表示如果今天举行统一公投，他们将

① Suzanne Breen, "Belfast Telegraph Opinion Poll: Northern Ireland's Changing Political Landscape as Support for Parties Revealed", *Belfast Telegraph*, 22 May 2021, https://www.belfasttelegraph.co.uk/news/northern-ireland/belfast-telegraph-opinion-poll-northern-irelands-changing-political-landscape-as-support-for-parties-revealed-40453232.html.

② Ahmet Gurhan Kartal, "This is a 'Ccritical' Decade for Irish Reunification, Says Sinn Fein", *Anadolu Agency*, 29 June 2021, https://www.aa.com.tr/en/europe/this-is-a-critical-decade-for-irish-reunification-says-sinn-fein/2288824.

③ Shane O'Brien, "Sinn Féin's Michelle O'Neill Says It's Time to Talk About United Ireland", *Irish Central*, 24 April 2021, https://www.irishcentral.com/news/thenorth/sinn-fein-michelle-o-neill-talk-united-ireland.

④ "Suppose There Was a Referendum Tomorrow on the Future of Northern Ireland And You Were Being Asked to Vote on Whether Northern Ireland Should Unify with the Republic of Ireland. Would you Vote 'Yes' to Unify with the Republic or 'No'?", *NILT*, https://www.ark.ac.uk/nilt/2020/Political_Attitudes/REFUNIFY.html.

选择留在英国，43%支持爱尔兰统一，8%无法决定。在爱尔兰进行的同一民调结果显示，55%的爱尔兰人支持爱尔兰应该统一，只有27%认为北爱尔兰应该留在英国。[①]《爱尔兰独立报》/Kantar民调发现，67%的爱尔兰人支持爱尔兰统一，只有16%反对；但在北爱尔兰，该民调显示仅有35%的北爱尔兰人支持爱尔兰统一，43%反对。尽管爱尔兰岛南北双方在爱尔兰统一问题上意见不一，但民调显示，两国约70%的受访者希望在5年内举行统一公投。以上民调表明大多数爱尔兰人和北爱尔兰人并不愿付出高昂的代价以实现爱尔兰统一。[②]

《复活节协议》规定，英国北爱尔兰事务大臣在他认为"大多数人投票表决希望北爱尔兰离开英国成为爱尔兰一部分时"发起统一公投。[③] 即北爱是否符合举行统一公投的条件是由英国中央政府决定的，并且需要在爱尔兰和北爱尔兰同时进行。但英国政府一直拒绝制定具体的公投标准，约翰逊强烈反对爱尔兰统一公投，他表示统一公投在"相当长一段时间内"都不会进行。爱尔兰总理马丁也排除了"未来几年"进行统一公投的可能性。[④] 因此，在短期内实现爱尔兰统一的可能性并不大。

结　语

2021年1月1日，英欧关系进入后脱欧时代后，尽管欧盟与英国此前就包括贸易在内的一系列合作关系达成协议，但双方在《议定书》的具体

① "LT BBC NI Spotlight Poll-project-Northern Ireland（NI）and Republic of Ireland（ROI）", *LucidTalk*, 23 April 2021, https：//www. lucidtalk. co. uk/single－post/lt－bbc－ni－spotlight－poll－project－northern－ireland－ni－and－republic－of－ireland－roi.

② Paul Cunningham, "67% in Republic Favour United Ireland Poll", *RTE*, 1 May 2021, https：//www. rte. ie/news/2021/0501/1213202－united－ireland－poll/.

③ The UK Government, "The Belfast Agreement", 10 April 1998, https：//assets. publishing. service. gov. uk/government/uploads/system/uploads/attachment_ data/file/136652/agreement. pdf.

④ Brian Hutton, "Boris Johnson：No Border Poll for 'Very Long Time to Come'", *The Irish Times*, 20 April 2021, https：//www. irishtimes. com/news/politics/boris－johnson－no－border－poll－for－very－long－time－to－come－1. 4541803.

实施及未来前景上仍存在分歧，北爱尔兰问题再次成为后脱欧时代谈判的矛盾焦点。

根据《议定书》，英国正式脱离欧盟后，北爱尔兰将留在欧盟单一市场并遵守欧盟有关农业、海关、产品标准等规则，从英国进入北爱尔兰的货物需要进行海关检查。为保护英国国内自由贸易、安抚北爱尔兰统一派的不满情绪，约翰逊政府在与欧盟就脱欧后贸易协议进行谈判时要求欧盟灵活处理北爱尔兰贸易问题，最大限度简化英国与北爱尔兰之间的海关检查程序。欧盟坚持要求严格执行《脱欧协议》，在《议定书》的框架下遵守欧盟法规。在英国撤回《内部市场法案》争议条款后，英国与欧盟就实施《议定书》达成原则性协议，通过设立英国贸易商计划、设置宽限期等措施减轻贸易商的负担，降低英国和爱尔兰之间的贸易壁垒。2020 年 12 月 24 日，英国和欧盟终于达成脱欧后以贸易为核心的未来关系协议。

然而，《脱欧协议》的达成并不意味着英国脱欧进程的彻底结束。脱欧过渡期结束后，英国运往北爱尔兰的食品、肉类等产品因新的海关检查面临供应危机，脱欧带来的爱尔兰海上贸易壁垒凸显。英国和欧盟因《议定书》的实施和爱尔兰海上边界问题互相指责不愿退让，双方开启了被称为"香肠战"的外交角力。英国三次延长针对肉类食品的宽限期，并要求重新谈判《议定书》，否则将触发《脱欧协议》第 16 条，暂停实施部分《脱欧协议》。在 2021 年 9 月英国宣布无限期延长宽限期后，英国和欧盟就海上边界问题继续谈判。漫长艰难的脱欧谈判破坏了英国与欧盟之间的相互信任和长远关系，目前双方立场仍未有软化的迹象。

脱欧带来的复杂贸易程序和长期不确定性给北爱尔兰的经济发展、社会稳定带来严峻挑战。烦琐的海关规则和贸易手续扰乱了英国与北爱尔兰的正常贸易，给原本就脆弱的北爱尔兰经济增加了新的负担。爱尔兰海上边界引发北爱尔兰统一派对于经济贸易前景和在英国未来地位的担忧，北爱尔兰暴力活动的升级给《复活节协议》签订以来的和平和解进程带来严重威胁。在脱欧背景下，民主统一党的支持率下滑，统一派大党的传统优势逐渐丧

失。推动爱尔兰统一的新芬党成为北爱尔兰支持率最高的政党，有望在下届选举中成为北爱尔兰议会第一大党。虽然北爱尔兰政治格局的变化有利于启动爱尔兰统一公投，但鉴于英国政府的反对、爱尔兰政府态度暧昧，如果《议定书》的基本内容能够得以实施，短期内爱尔兰实现统一的可能性并不大。北爱尔兰的未来发展和稳定在很大程度上仍然取决于英国、爱尔兰、北爱尔兰各方博弈的结果。如果英国和欧盟、统一派和英国之间的矛盾没有得到有效解决，那么北爱尔兰很有可能长期处于不稳定的状态。

B.13

英国安全防务政策的调整

张 飚 王国伟*

摘 要： 2020～2021年，英国的安全防务活动非常活跃。一是英国发布
了因疫情而耽误的国家安全战略，即《竞争时代中的全球英
国：安全、防务、发展与外交政策综合评估》。二是英国在
欧洲、印太、中东开展了多项活动，如在北约框架内参与欧
洲地区的军事演习，积极开展"印太倾斜"（tilt）并和日本
等国家强化安全、防务合作，以及在中东解决伊朗核危机。
三是在武器贸易方面和安全防务力量扩张方面获得了明显进
展，这主要包括确保英国武器出口大国的地位，建立起用于
网络攻击的"国家网络部队"，以及用于确保太空安全的
"太空司令部"。展望未来，英国为了追寻"全球英国"的宏
伟目标，会越来越倚重防务安全手段。

关键词： 英国安全政策 英国防务政策 英国对外关系 北约

2020～2021年，英国的安全防务活动非常活跃。一是英国发布了因疫
情而耽误的国家安全战略——《竞争时代中的全球英国：安全、防务、发
展与外交政策综合评估》。二是英国在欧洲、印太、中东开展了多项活动，
如在北约框架内参与欧洲地区的军事演习，积极开展"印太倾斜"（tilt）并

* 张飚，博士，中国政法大学政治与公共管理学院副教授；王国伟，中国政法大学政治与公共
管理学院硕士研究生。

和日本等国家强化安全防务合作，以及在中东解决伊朗核危机。三是在武器贸易方面和安全防务力量扩张方面获得了明显进展，这主要包括确保英国武器出口大国的地位，建立起用于网络攻击的"国家网络部队"，以及用于确保太空安全的"太空司令部"。展望未来，英国为了追寻"全球英国"的宏伟目标，会越来越倚重防务安全手段。

一 英国的国家安全战略

2020～2021年，英国安全防务领域发生的最重要变化是出台了国家安全战略。约翰逊政府上台后，表明要延续卡梅伦时代开创的每五年进行一次大的安全战略评估的传统，对英国面临的国际政治环境和安全威胁进行审视，并制定相应的战略加以应对。由于此次安全战略评估时逢诸多重大变化，如英国脱欧、特朗普政府奉行单边主义、逆全球化、中国的"挑战"等，因此约翰逊政府希望提出一套战略来应对深刻变化的国际政治和安全挑战。因此，该安全战略评估号称是"冷战后最大规模"的国家安全战略调整。

从内容上看，此次安全防务战略的主要内容有以下几点。

第一，2030年的愿景展望。该愿景展望由首相亲自提出，主要包括希望在10年之后，将英国建成一个"更强大、更安全、更繁荣和更具韧性的联合王国"，成为"解决问题、分担负担、有全球视野的国家"，以及"为繁荣创造新的基础"，并"通过综合手段适应一个新的竞争世界"四大愿景。这些愿景虽然看起来更像是政治宣传辞令，但是表明了英国政府希望在未来10年内将英国打造成更有全球影响力国家的目标。①

---

① The UK Government, "Global Britain in a Competitive Age: The Integrated Review of Security, Defence, Development and Foreign Policy", March 2021, pp. 6 - 7, https: //assets. publishing. service. gov. uk/ government/uploads/system/uploads/attachment_ data/file/975077/Global_ Britain_ in_ a_ Competitive_ Age - _ the_ Integrated_ Review_ of_ Security_ _ Defence_ _ Development_ and_ Foreign_ Policy. pdf.

第二，总结了未来 10 年内的国际"大趋势"。这包括"地缘政治和经济变化""系统性竞争""快速的技术变化""跨国挑战"。① 一是"地缘政治和经济变化"包括了诸多趋势：中国被视为"系统竞争者"（systemic competitor），即由于中国的经济发展、人口数量和技术能力，其将会塑造国际秩序；全球经济权力的变化，如财富从西方转移到东方，特别是"印太"地区；经济全球化受冲击，国家可能会采取保护主义的政策。二是"系统性竞争"，主要包括政治体系之间的竞争、为塑造国际秩序的竞争、在多领域的竞争。三是"快速的技术变化"，包括科学与技术成为系统性竞争的一部分。四是"跨国挑战"，包括气候变化、全球医疗危机、金融、恐怖主义。在跨国挑战中，气候变化和生物多样性成为"最难的挑战"。

第三，确立了"战略框架"。作为整个安全战略最重要的部分，战略框架的主要内容包括以下几点：一是通过科学与技术延续战略优势；二是塑造未来开放的国际秩序；三是强化本土和海外的安全与防务；四是在国内和海外构建韧性。

对比以往的两次安全战略评估的内容，此次安全战略延续了一些政策传统。例如，英国重申了诸多原有的安全防务原则，如强调独立核防务的重要作用；重申了北约作为英国防务安全的基石作用，称"北约仍将是我们欧洲—大西洋地区集体安全的基础"，并"重申我们对北约领导地位的承诺"。②

然而，此次综合评估更多表现出创新性。

第一，将大国竞争和冲突的风险、国际体系的多极化发展作为正式的命题提出。在英国政府看来，这种竞争不仅存在于传统的政治、军事领域，而且开始向网络等新兴技术领域扩展。这种公开表明大国在各个领域的竞争会成为发展趋势，以及英国会为大国竞争而准备的表态，在英国安全战略的表述中非常罕见。

---

① The UK Government, "Global Britain in a Competitive Age: The Integrated Review of Security, Defence, Development and Foreign Policy", March 2021, p. 24.

② The UK Government, "Global Britain in a Competitive Age: The Integrated Review of Security, Defence, Development and Foreign Policy", March 2021, pp. 20, 74.

第二，突出强调了科学与技术的重要性。此次综合评估一改以往较少关注科技发展对安全防务造成影响的风格，开始将新兴技术作为重点关注对象。例如，量子计算机、人工智能、网络空间都成为英国安全战略的重中之重。

第三，突出强调了"民主、人权、价值观"的重要作用。此综合评估高度强调英国的身份认同，反复强调其民主、人权价值观；鲜明提出要捍卫媒体自由、宗教自由，以及应对来自中国的"挑战"。①

第四，突出了"灰色地带冲突"和"经济胁迫"等问题。国家造成的"灰色地带冲突的恶意活动"，如非法金融或胁迫性经济措施、虚假信息、网络攻击、选举干预，甚至是使用化学或其他大规模杀伤性武器，构成了未来的主要威胁。② 有关"经济胁迫"的问题，特别提到了中国，认为中国对英国的经济安全构成了明显的"国家威胁"。

二 英国在欧洲地区的安全防务行动

2020年6月至2021年6月，英国在欧洲地区的安全防务行动主要围绕以北约组织为核心的集体安全机制展开。此外，后脱欧时代的英国也通过其他双边或多边合作最大限度地实现自身的安全利益，并且多次将矛头指向俄罗斯。

第一，在北约组织框架下，英国主要开展了以下活动。一是参与北约峰会。2021年6月14日，北约成员国在布鲁塞尔举行峰会，并发表了峰会公报。公报分析了当前复杂的安全环境，指出北约仍是成员国集体防御的基础，重申了其团结和凝聚力以及《华盛顿条约》第五条承诺的效力。③ 二是积极参与北约框

① The UK Government, "Global Britain in a Competitive Age: The Integrated Review of Security, Defence, Development and Foreign Policy", March 2021, pp. 47 – 48.

② The UK Government, "Global Britain in a Competitive Age: The Integrated Review of Security, Defence, Development and Foreign Policy", March 2021, p. 6.

③ NATO, "Brussels Summit Communiqué Issued by the Heads of State and Government Participating in the Meeting of the North Atlantic Council in Brussels", 14 June 2021, https://www.nato.int/cps/en/natohq/news_ 185000. htm? selectedLocale = en.

架内一系列的军事部署及演习行动。2020 年 6 月 7 日，包括英国在内的 19 个北约盟国的约 3000 人参加了在波罗的海的年度海军演习。[①] 6 月 29 日，英国参加了北约在冰岛雷克雅未克附近举行的名为"活力猫鼬"（Dynamic Mongoose）的演习。包括英国在内的 6 个盟国的舰船、潜艇以及飞机和人员在冰岛海岸附近进行反潜战和反水面战训练。[②] 2021 年 5 月 12 日至 6 月 22 日，英国参加了北约的"坚定捍卫者 2021"（Steadfast Defender 2021）演习。此次演习是北约当年最大规模的演习，汇聚了来自北美和欧洲的 20 多个北约盟国，被视为对北约改造后的指挥结构的首次大规模测试。在参加演习的 20 艘舰艇中，英国"伊丽莎白女王号"航空母舰进行了首次部署。

第二，英国与欧盟及其成员国的安全防务合作。一是与欧盟的安全防务合作。退出欧盟虽然使英国失去了深度参与"共同安全与防务政策"（The Common Security and Defence Policy，CSDP）的机会，但也使其战略自主权得到回升。英国也在尝试与欧盟在诸如公共卫生、移民、恐怖主义等非传统安全议题上维持原有的合作。[③] 二是与法国的双边合作。英法两国决定以 2010 年签署的《兰开斯特宫协议》为基础，在联合远征军（Combined Joint Expeditionary Force，CJEF）框架下深化合作。三是与德国的双边合作。2021 年 6 月 30 日，英国外交大臣拉布和德国外长马斯签署了一项联合声明，阐述了英德在一系列问题上的共同优先事项和抱负，包括气候变化、中国、印太地区以及共同价值观等问题。这是英国和德国就外交和安全政策问题达成的首个此类双边协议。

第三，英国针对俄罗斯的安全防务活动。英国认为俄罗斯仍然是对其安全最严重的威胁。[④] 不论是参与北约组织框架下的活动，还是其他双多边的

---

① NATO，"NATO Navies and Air Forces Exercise in the Baltic Sea"，7 June 2020，https：//www. nato. int/cps/en/natohq/news_ 176191. htm? selectedLocale = en.

② Allied Maritime Command，"Exercise Dynamic Mongoose Underway in High North"，29 June 2020，https：//mc. nato. int/media − centre/news/2020/exercise − dynamic − mongoose − underway − in − high − north.

③ The UK Government，"Global Britain in a Competitive Age：The Integrated Review of Security, Defence, Development and Foreign Policy"，March 2021，p. 8.

④ The UK Government，"Global Britain in a Competitive Age：The Integrated Review of Security, Defence, Development and Foreign Policy"，March 2021，p. 20.

安全防务合作，英国在欧洲地区的安全防务行动均与应对俄罗斯的威胁有着密切联系。近一年来，英国针对俄罗斯的活动集中在以下几个议题。一是网络攻击问题。例如，2020年10月22日，英国宣布对部分俄罗斯军事情报人员实施资产冻结和旅行禁令，原因是他们应对2015年对德国议会的网络攻击负责。① 二是新兴破坏性技术问题。例如，在2021年3月24日举行的北约部长级会议上，英国外交大臣拉布阐述了俄罗斯不断变化的侵略性质——部署威胁世界各地民主国家和开放社会的新的和破坏性的技术，呼吁北约盟国团结应对来自俄罗斯的威胁。② 三是乌克兰问题。例如，2021年6月2日，英国与美国、乌克兰等14个国家发表关于乌克兰问题的联合声明，该声明呼吁俄罗斯立即停止对乌克兰的"侵略"，结束对克里米亚的占领及其对克里米亚人民造成的"严重侵犯人权"的行为。③

总之，欧洲地区依然是英国安全防务行动的重心所在，英国坚持以北约组织框架为基石，通过多层次的合作来维护欧洲和跨大西洋地区安全与稳定。

三 英国在印太的安全防务活动

2020~2021年，英国继续开展"印太倾斜"。④ 这主要表现在以下几个方面。第一，英国第一次在国家安全战略中明确提出"印太倾斜"的重要

---

① The UK Government, "UK Enforces New Sanctions Against Russia for Cyber Attack on German Parliament", 22 October 2020, https：//www. gov. uk/government/news/uk – enforces – new – sanctions – against – russia – for – cyber – attack – on – german – parliament.

② The UK Government, "Foreign Secretary：Russia must Face Cost for Malign Activity", 24 March 2021, https：//www. gov. uk/government/news/foreign – secretary – russia – must – face – cost – for – malign – activity.

③ The UK Government, "Calling on Russia to Immediately Cease Its Aggression Against Ukraine and End its Occupation of Crimea", 2 June 2021, https：//www. gov. uk/government/speeches/calling – on – russia – to – immediately – cease – its – aggression – against – ukraine – and – end – its – occupation – of – crimea.

④ "印太倾斜"首次由智库"政策交流"（Policy Exchange）在其报告中提出，但是由于该报告的主要起草者约翰·比由（John Bew）也负责了英国国家安全战略文件的起草，因此该概念顺利进入政府话语，并成为英国官方的正式口号。

性。2021 年，英国政府用了两页的篇幅专门介绍"印太倾斜"的重要性、目标和手段。一是英国介入印太的重要性。英国政府认为，介入印太主要是"为了经济机遇、为了安全、为了价值观"。二是英国的目标。这主要包括试图做印太地区"最广泛和最真诚的存在"的"欧洲伙伴"。"在能领导的地方发挥领导力，而在其他情况下支持盟友"。三是英国使用的手段，主要包括强化防务和安全合作等手段。①

第二，英国和日本的安全防务合作。这方面最重要的活动是 2021 年 2 月初举办的"2 + 2"会谈。2021 年 2 月初，英日双方继续开展第 4 次"2 + 2"会谈，并达成一系列协定。这包括就联合军事演习进行协调，签署《海上安全协议》（Maritime Security Agreement），承诺为实现自由开放的印太而共同努力；在南海问题上"强烈反对使用武力单边改变现状"；强化了在网络领域的防务合作；为"人类安全"而进一步协作。②

第三，英国和东南亚国家的安全防务合作。2021 年 5 月 4 日更新的《英国—东盟情况说明书》强调，英国政府在东盟方面的"优先事项"首先包括防务、安全等问题，其次涵盖了贸易和投资、发展和基础设施、旅游和教育、科学与创新等领域。③ 在防务方面，英国通过国防武官和国防顾问网络，与 8 个东盟成员国（文莱、印度尼西亚、马来西亚、缅甸、菲律宾、新加坡、泰国和越南）保持着双边防务关系。在安全方面，英国在整个地区与东盟伙伴合作，就国家、地区和国际共同关心的领域进行经验分享和能力建设。

第四，英国强化了与印度的防务合作关系。2021 年 5 月 4 日，英印两

① The UK Government, "Global Britain in a Competitive Age: The Integrated Review of Security, Defence, Development and Foreign Policy", March 2021, pp. 66 – 67.

② The UK Government, "Japan-UK Foreign and Defence Ministerial Meeting 2021: Joint Statement", 3 February 2021, https：//www. gov. uk/government/publications/japan – uk – foreign – and – defence – ministerial – meeting – 2021 – joint – statement/japan – uk – foreign – and – defence – ministerial – meeting – 2021 – joint – statement.

③ The UK Government, "UK-ASEAN Factsheet", 4 May 2021, https：//www. gov. uk/government/ publications/uk – asean – factsheet/uk – asean – factsheet.

国发布了《英印未来关系 2030 路线图》，旨在为下一个十年的合作制定纲要。该路线图提出了一系列重要的安全防务合作举措，包括强化英国和印度在印太的合作，为开放自由的印太而努力；大幅升级 2015 年双方缔结的《防务和国际安全伙伴关系》；签署《物流和训练备忘录》（Logistics and Training MoUs）；开展在西印度洋的合作，开展海上安全对话；努力增加联合军演；在武器的研发、网络安全方面开展专门的对话；在空间领域强化合作，在核能领域特别是核安全、核不扩散方面努力。①

总之，英国在印太的安全防务活动表现得非常积极，比以往有了更为突出的活跃性，印证了其国家安全战略中指出的印太地区日益增长的重要性。

四　英国在中东的安全防务活动

2020 年 6 月至 2021 年 6 月，英国在中东地区的安全防务行动主要围绕叙利亚、伊朗和阿富汗展开。

第一，英国继续参与在叙利亚的行动。英国政府表明，其武装部队将继续为在叙利亚打击"伊斯兰国"的全球联盟做出贡献。② 2021 年 5 月 3 日，由"伊丽莎白女王号"运载的英国 F－35B 战斗机加入"着色器"作战行动（Operation Shader），共同对抗"伊斯兰国"。这是英国战斗机自 2010 年以来首次被部署于作战航空母舰，并且是有史以来在海上航行的 F－35B 数量最多的一次。③

第二，致力于伊朗核问题的解决回到正轨。自 2020 年 6 月起，英国参

---

① The UK Government, "2030 Roadmap for India-UK Future Relations", https：//www. gov. uk/
government/publications/india－uk－virtual－summit－may－2021－roadmap－2030－for－a－
comprehensive－strategic－partnership/2030－roadmap－for－india－uk－future－relations.

② The UK Government, "Global Britain in a Competitive Age：The Integrated Review of Security, Defence,
Development and Foreign Policy", March 2021, p. 65.

③ The UK Government, "F－35B Jets to Join the Fight Against Daesh from the Carrier Strike Group",
3 May 2021, https：//www. gov. uk/government/news/f－35b－jets－to－join－the－fight－
against－daesh－from－the－carrier－strike－group.

与了一系列关于伊朗核问题的行动。一是联合法德两国，对美国的单边制裁行为做出消极回应。2020 年 8 月 20 日，美国致函联合国安理会，要求启动"回弹机制"，该机制允许"联合全面行动计划"（The Joint Comprehensive Plan of Action，JCPoA）的参与者寻求重新对伊朗实施 2015 年根据联合国第 2231 号决议解除的多边制裁。随后，英法德联合声明称，由于美国已退出伊核协议，因此其行动的效力与合法性有待商榷。① 二是英国参加了 2020 年 12 月 2 日举办的多方会谈。"联合全面行动计划"的参与者中国、俄罗斯、英国、法国、德国、伊朗、欧盟外交和安全政策高级代表举行部长级会议，各参与者再次强调了其维护协议的承诺，并强调了各自在这方面的努力。虽然美国退出协议令人遗憾，但是各国仍将共同努力积极解决这一问题。② 三是联合法德就伊朗浓缩铀问题发表联合声明。2021 年 1 月 6 日，英法德三国就伊朗将铀浓缩至 20% 发表声明，认为此举破坏了此前各参与者的共同承诺，还冒着损害与新的美国政府恢复外交关系的风险，敦促伊朗停止行动。③ 四是 2021 年 2 月 18 日，英法德美四国外长举行线上会议，表达了他们在维护核不扩散制度和确保伊朗永远不能发展核武器方面的共同安全利益，英法德三国对美国表示打算恢复与伊朗的外交以及美欧间关于伊朗议题的对话表示欢迎。④ 五是持续通过外交合作和制裁两种手段来推进伊核问题的解决。2021 年 4 月 14 日，英国联合法国、德国政府发表声明，对伊朗宣布将启动高达 60% 的铀浓缩活动做出回应，声明反对任何行为体采取的

---

① The UK Government, "E3 Foreign Ministers' Statement on the JCPoA", 22 August 2020, https：//www. gov. uk/government/speeches/e3 – foreign – ministers – statement – on – the – jcpoa.

② The UK Government, "Joint Ministerial Statement on the JCPoA", 21 December 2020, https：//www. gov. uk/government/news/21 – december – 2020 – joint – ministerial – statement – on – the – jcpoa.

③ The UK Government, "E3 Foreign Ministers' Statement on JCPoA", 6 January 2021, https：//www. gov. uk/government/news/e3 – foreign – ministers – statement – on – jcpoa – 6 – january – 2021.

④ The UK Government, "Iran and Other International Issues：Statement from E3 and the United States", 18 February 2021, https：//www. gov. uk/government/news/statement – by – the – foreign – ministers – of – france – germany – the – united – kingdom – and – the – united – states – of – america.

所有升级措施，并呼吁伊朗不要使外交进程复杂化。① 除持续进行外交谈判外，英国也并未放弃对于伊朗的制裁措施。《2019 伊朗制裁（欧盟退出）条例》于 2020 年 12 月 31 日起全面生效，旨在确保与伊朗有关的某些制裁措施继续有效运作。该制裁机制旨在鼓励伊朗政府放弃核武器计划，限制伊朗发展核武器和核武器运载系统的能力。还有另一个与人权有关的伊朗制裁机制，旨在鼓励伊朗政府遵守国际人权法并尊重人权。②

总之，英国在中东的安全防务活动呈现出三个特点。第一，在活动内容方面，兼顾适度参与地区实际行动和高度关注地区热点问题的双重性；第二，在活动手段方面，综合使用军事、外交、制裁等手段的系统性；第三，在活动目的方面，彰显出英国行动力和影响力的全球性。

五 英国的武器贸易与安全防务力量的发展

2020～2021 年，英国贸易部公布了其过去一年内的武器贸易额。根据 2020 年 10 月英国贸易部公布的统计数据，英国仍然保持着仅次于美国的世界上第二大武器出口国的地位。仅 2019 年一年，英国就获得了 110 亿英镑的订单，并在全球武器出口市场中获得了 6% 的市场份额。2019 年，英国安全类产品出口达到了 72 亿英镑。从地区来看，中东仍然是英国武器出口的主要购买方。从领域来看，英国的台风战斗机占据了出口的首要位置。

英国安全防务力量也有了发展。

第一，在网络力量方面，英国组建起"网军"。2020 年 11 月，英国政府宣布，正式建立起由通信总部、国防部组成的"国家网络部队"。国家网

---

① The UK Government, "Iran to Start Uranium Enrichment up to 60%: E3 Statement", 14 April 2021, https://www.gov.uk/government/news/iran - to - start - iranian - enrichment - up - to - 60 - e3 - statement.

② The UK Government, "UK Sanctions Relating to Iran (Nuclear Weapons)", 31 December 2020, https://www.gov.uk/government/collections/uk - sanctions - on - iran - relating - to - nuclear - weapons.

络力量的核心任务是组织网络攻击，负责防御、侵扰或威慑敌方。

第二，英国的太空力量也取得了进展。2021 年 4 月 1 日，英国正式成立了太空司令部（Space Command）。英国的太空司令部将会有多种用途，兼顾军用和民用（商用）。太空司令部的主要组成人员是皇家海军、陆军、空军、文官和商业领域的人士，主要负责英国空间领域的安全问题。英国国防部太空指挥部（MoD Space Directorate）与英国太空署（UK Space Agency）共同开展工作。英国太空司令部将提供对国防部所有太空能力的指挥和控制，包括英国太空作战中心（SpOC）、天网卫星通信（SKYNET Satellite Communications）、英国皇家空军菲林代尔斯基地（RAF Fylingdales）和其他赋能能力。英国太空作战中心的任务是了解和监控太空领域，以保护、捍卫和确保对英国在轨资产或附属物的访问。[①]

结论与展望

总之，在过去一年中，英国的安全防务仍然保持了非常活跃的状态。在欧洲地区，英国持续以参与北约组织框架下的活动为中心，兼顾其他双边和多边安全防务合作，并积极应对俄罗斯的威胁；在印太地区，英国在不同程度上保持和发展与日本、东南亚国家、印度等国的安全防务关系，通过更深入地参与印太地区的事务来平衡中国的区域影响力；在中东地区，英国也保持着活跃的存在，通过参与叙利亚行动、推动伊核问题解决等途径来实现自身的安全利益。在武器出口和安全防务力量发展方面，英国也取得了诸多进步。

展望未来，英国会继续发展目前的活跃状态。新的国家安全战略《竞争时代中的全球英国：安全、防务、发展与外交政策综合评估》凸显出英国越发关注大国竞争和新兴技术重要性的特点。随着新的安全战略的出台，

[①] The UK Government, "UK Space Command", https：//www. gov. uk/guidance/uk - space - command.

今后英国的安全防务活动会越来越参与到大国间竞争中；英国会逐渐放弃原有脱欧后试图和各方保持良好关系、寻求"平衡方式"（balanced approach）的对外政策，转而在大国竞争中确定好自己的位置，做好准备。此外，英国还会越来越关注新兴科技在安全防务中的重要作用，发展包括网络力量、空间对抗、量子计算机等前沿技术。在欧洲、中东、印太等地区，英国会继续开展活动，积极介入地区事务。

B.14
英国在美国与欧盟的战略竞争关系中的位置与角色的新发展[*]

忻 华^{**}

摘　要： 2021年初，拜登政府上台使美国和欧盟的关系得到一定程度
的修补，但美欧在经济和安全领域的战略竞争并未减轻。同
时，英国脱离欧盟的过渡期结束，痛苦的脱欧进程得以完
成，美欧之间和英欧之间的双重"信任赤字"促使英国在美
欧之间进一步靠拢美国、疏离欧盟。在经济领域，针对新兴
技术和高端产业的英美双边合作研发机制得到增强和完善，
同时约翰逊内阁在强化外资监管与审查架构之时对美国体制
也多有借鉴和吸收；在安全领域，英国更是明显倒向美国，
接受美国的政策架构与战略布局，全力追随和支持美国的印
太战略，积极加入美英澳三边"印太安全伙伴关系"，但对
欧盟希望英国继续参与"欧洲共同安全体系"的意向则态度
冷淡，未做实质性回应。当前英国希望充分利用脱欧后带来
的决策自由和国际空间，施展"全球英国"的愿景规划，既
与美国建立更密切的联系，同时也将构建对外自由贸易架构
的聚焦点转向亚太地区，这将给中英关系带来新的变数。

* 本文为上海市哲学社会科学规划中青班专项课题（项目登记号为2012FGJ001）和上海市教委
"阳光计划"项目（项目编号为102YG06）的阶段性研究成果。
** 忻华，国际关系学博士，区域国别研究博士后，上海外国语大学欧盟研究中心主任，上海欧
洲学会学术研究部主任，上海全球治理研究院研究员，主要研究领域为欧美关系和欧洲对外
战略等。

关键词: 战略竞争　美欧关系　美英关系　双重"信任赤字"

　　从 2020 年下半年至今，美国和欧盟的关系处于持续不断的调整和变化之中。特朗普在其离任前的半年里连续出台强硬政策，导致中美战略竞争迅速加剧，进而深刻影响了世界经济与国际战略格局的总体走向。而欧洲政治精英则对美国持观望态度。2020 年 11 月底，美国总统大选尘埃落定，欧盟决策层和欧洲战略研究界松了口气，对拜登政府寄予期待，但也认识到美欧跨大西洋关系不可能再回到奥巴马时代。① 2021 年初，拜登政府上任后一再提到欧盟和欧洲主要大国是美国"最重要的战略资产"②，强调美欧拥有共同的价值观，在应对中国快速发展的问题上也与欧盟取得了某种程度的共识，因而美欧的战略合作与协调也有所加强。但与此同时，新兴尖端技术的研发与应用不断取得重大突破，美欧对技术与产业变革的主导权的争夺仍在加剧，而西方社会反对全球化和地区一体化的民粹主义力量继续保持着重要影响力，迫使美国和欧洲决策层的经济民族主义和贸易保护主义倾向不断增强，美欧贸易对抗并未得到根本解决。形势的变化，再加上特朗普时期美欧关系持续紧张所导致的"信任赤字"，使美国和欧盟在经济与安全两个层面的战略竞争持续发展，美欧关系愈加微妙。

　　2020 年底英国脱欧的过渡期结束，英国正式脱离欧洲一体化架构，英欧经济往来不再享有经济一体化架构的便利。但此时英国与欧盟仓促签订的《欧盟—英国贸易与合作协定》明显带有临时救急的意味，对英欧双方的经济关系和人员流动难以做出详细而明确的界定，英国与欧盟的双边关系至今仍处于模糊而摇摆的状态，存在相当多的不确定性。而拜登政府上任后将决策重心置于国内疫后经济恢复和与应对中美战略竞争，英国约翰逊内阁原本

① Louise van Schaik and Ties Dams, "No Way Back: Why the Transatlantic Future Needs a Stronger EU", European Parliament Think Tank, 25 November 2020, pp. 5 – 10, https://www.europarl. europa. eu/thinktank/en/document. html? reference = EXPO＿ IDA（2020）653619.

② Joseph R. Biden, Jr. , "Interim National Security Strategic Guidance", The White House, March 2021, p. 10, https://irp. fas. org/offdocs/inssg. pdf.

寄予厚望的美英自由贸易协定在近一两年内难以达成。因而在美国和欧盟之间，英国处于相当尴尬的位置。但在美欧之间存在"信任赤字"的同时，英国与欧盟之间也存在相当突出的"信任赤字"。长达四年的脱欧谈判、欧盟对待英国决绝强硬的态度、英国脱欧后欧盟在北爱尔兰货物与人员流动问题上的僵硬立场，都使英国决策者和政治精英们对欧盟和法德等欧洲主要大国愈加防范和不信任。经过两相权衡，英国向美国靠拢的倾向愈加明显，尤其是在战略安全领域，明显表现出对美国的认同和追随。

一 英国在美欧战略竞争中的总体位置与决策动向

2019～2020 年，英国在战略安全领域对美国有较多的配合和支持，但在经济领域，尤其是在技术与产业领域，则在美国和欧盟之间灵活转圜，并未明显地靠拢美国。2020～2021 年，由于不得不脱离欧洲单一市场和关税同盟等经济一体化架构，再加上疫情的刺激，英国不仅在战略安全领域继续紧密地追随美国，在经济领域也希望与美国建立更多的联系与协作，对其表现出更多的认同与仿效。在美国和欧盟之间，英国明显更加接近前者而疏远后者。表 1 展示了过去一年间美欧各自的决策层在主要领域的战略动向以及英国相应的研判与决策。

实际上，跌宕起伏的脱欧过渡期在 2020 年底结束后，英国政治精英乃至社会各界多少表现出一种与欧盟"离婚"之后的"欣快感"，希望能更加自由地与全世界打交道，进而拥抱全新的生活。2021 年初以来约翰逊内阁和国会的各项政策文件多次谈到，脱欧使英国拥有了前所未有的决策自由度，获得了更大更灵活的战略空间，能够更好地按照自己的意愿在国际社会纵横捭阖，斡旋腾挪。[①] 在经济领域，一方面，英国在经济与产业结构、技术

---

① The UK Government, "Global Britain in a Competitive Age: The Integrated Review of Security, Defence, Development and Foreign Policy", 2 July 2021, https://www.gov.uk/government/publications/global-britain-in-a-competitive-age-the-integrated-review-of-security-defence-development-and-foreign-policy.

表1 2020～2021年的美欧战略竞合态势和英国在美欧之间的决策

政策领域		1. 美国对欧盟的战略决策动向	2. 欧盟对美国的战略决策动向	3. 英国在美欧之间的研判与决策
I. 尖端技术与新兴产业领域	美欧英三方各自的决策	2021年初出台"Build Back Better"计划，借助疫后重建的过程，争夺新兴技术与战略型产业的主导权。2021年7～8月力推《创新与竞争法案》和《基建投资与工作法案》，打算未来投入上万亿美元。2021年6月以来考虑制定系统详细的新产业战略。	2020年12月推出《数字市场法案》和《数字服务法案》，强化对数字平台业的引导与管制，意在制约美国数字平台巨头企业。2021年4月欧委会产业总司显露意向，打算在半导体芯片领域投资数十亿欧元，5月推出更新"产业战略"的系列文件，列出了欧盟打算打算投入大量资源的新兴技术与产业领域清单，意在与美国竞争。2021年3月以来在多个场合表示，希望欧联盟主导美的技术标准制定，但认为应主导发挥最主要作用；9月组建"美欧贸易与技术理事会"。	2020年9月出台《英美人工智能研发合作宣言》。2021年1～3月约翰逊内阁出台了《应对大挑战：产业战略新框架》等十余份文件，不仅对2017年梅内阁的产业战略进行了修正和增补，还制定了关于绿色能源、数字平台、技术创新和标准制定等领域的战略纲领。2021年6～7月下院围绕"新兴技术对英国外交政策的影响"的议题开展了调查。
	美欧共同关注的议题和英国的态度	疫后重建的政策工具，关键领域与运作节点。以人工智能和量子计算为代表的新兴技术与产业的主导权。对数字产业的相关数据流动的管理。在新兴技术与产业领域制定标准与规范的主导权。		约翰逊内阁有意模仿拜登政府，推出了自己的增长计划。决策层认为英国在新兴技术领域的高科技企业数量、服务贸易额等指标均优于欧洲大陆，与美国接近，希望加强美英合作。同意与美国实现相关数据自由流动。在新兴技术的标准制定上，希望英国占有一席之地。

续表

政策领域	1. 美国对欧盟的战略决策动向	2. 欧盟对美国的战略决策动向	3. 英国在美欧之间的研判与决策
美欧英三方各自的决策	2021年3月，拜登政府出台首份总统贸易政策议程，表示要加大供应链弹性，维护工人利益以增强贸易公平性，恢复美国对欧洲推崇的国际体系和共同价值观的领导。2021年2~6月，拜登出台行政命令和评估报告，提出要降低关键性产业供应链的对外依赖性。	2021年2月，欧委会出台贸易政策评估文件，提出加快欧盟在数字化与绿色经济两方面的转型，建设美望欧盟自主。改革WTO，希望维护"战略自主"。2021年5月制定了针对"扭曲市场"的"外国补贴"更为强硬的法规。2021年上半年修改了一系列法规，促使欧盟层面的投资审查机制充分运转起来。	2020年10月签订英国脱欧后第一份自贸协定《英日全面经济伙伴关系协定》。2021年3月英国贸易委员会出台报告，强调维护全球自由贸易，提出"全球英国，本土工作"的口号。2021年6月出台文件，提出了英国加入《全面与进步跨太平洋伙伴关系协定》(CPTPP)的总体方案。2021年7月下旬，产业和贸易部联合调研后，推出了《国家安全与投资法案》，意在收紧投资审查。
II. 贸易与投资领域 美欧共同关注的议题和英国的态度	如何改革WTO和国际多边贸易体系以维护多边主义体系。如何实施更严格的贸易保护的投资审查机制，以保护国内的利益。如何减少供应链的"过度对外依赖"。如何化解美欧之间的贸易争端和特朗普时期留下的钢铝高关税。		在政策以WTO为代表的国际多边贸易体系问题上，英国的态度和关注焦点与美欧相近。美欧都有强化贸易保护的倾向，但英国更倾向于维护贸易自由化，对投资审查问题关注较少。当前英国关于投资审查的法规草案与美国的架构相似，与欧盟的架构有较大差异。英国脱欧后英欧贸易关系难以理清，美英自贸架构难以建立，英国目前更关注与亚太经济体发展自贸关系。

续表

政策领域	1. 美国对欧盟的战略决策动向	2. 欧盟对美国的战略决策动向	3. 英国在美欧之间的研判与决策
美欧英三方各自的决策	2021年2~3月拜登政府出台《临时国家安全战略指针》，发表演说，阐述了外交政策基本框架，表示要加强北约和跨大西洋关系。2021年6月拜登政府借助美英、美欧双边峰会，北约和G7的峰会，巩固与英国的跨大西洋战略盟友关系。	对新上任的拜登政府寄予厚望，在2021年上半年的各种场合，表示希望加强跨大西洋战略同盟关系。同时在系列政策文件里继续强调"欧洲战略自主"的重要性，着手建设北约之外的由欧盟和法德自主掌控的"共同安全体系"，并于2021年9月提出建立"欧洲防务同盟"。	2021年3月底出台《安全、防务、发展与外交政策综合评估》报告，视美国为最重要的战略盟友，视欧盟为不可忽视的邻居，强调脱欧使英国在外交与安全领域拥有更大自主性。2021年初以来在"印太战略"上追随美国，派军舰进入南海。2021年9月参与组建对中国的美英澳三方"安全伙伴关系"。
III. 跨大西洋安全战略合作领域 美欧共同关注的议题和英国的态度	美欧在战略安全领域的"信任赤字"问题。在欧洲安全与防务领域北约架构与欧盟主导的安全战略之间如何协调。在针对"印太"的安全战略上如何协调。	美欧共同关注安全领域的"信任赤字"问题。欧盟希望英国脱欧后继续在欧盟主导的"欧洲共同安全体系"中发挥重要作用，英国未做回应。	英国脱欧后在战略安全领域不断向美国靠拢，不关注美欧"信任赤字"问题。英国完全追随美国，在安全战略上"向印太倾斜"。

资料来源：作者自制。

研发与应用的机制与路径、推动经济运行的社会文化、经济决策的机制与偏好等方面与美国的相似之处较多。虽然美英之间难免出现经济竞争，但因彼此经济体量差异巨大，开展合作具有相当大的潜力。毕竟从经济与社会发展模式的角度看，英美同属"盎格鲁－撒克逊模式"，与欧洲大陆的"莱茵模式"存在鲜明的差别。另一方面，从 2016 年英国正式宣布脱欧之后，欧盟决策层对待英国的态度一直强硬决绝，英国原本希望留在单一市场等经济一体化架构内，欧盟坚决迫使英国彻底退出，使英国经济几乎孤悬于欧盟庞大体系之外。因而从 2020 年底以后，英国在经济领域对美国的认可、模仿和支持在增多，对欧盟和法德等欧洲大陆国家更加疏离。

而在战略安全领域，英国也在更进一步地倒向美国，对欧盟和欧洲大陆持冷淡态度。虽然拜登政府上任后缓和了美欧关系，重申了美欧战略同盟的价值，但美国将对外战略重心转向"印太"地区，将维系其全球安全战略的资源向亚太尤其是向中国周边集中，欧洲大陆在美国对外战略布局中的地位下降，仍是不变的趋势。在此形势下，英国也一再强调"印太"的地缘战略重要性，派军舰追随美国进入"印太"海域，并与美国和澳大利亚缔结三方"印太安全伙伴关系"。与此同时，欧盟决策层从推进"欧洲战略自主"的宏观考量出发，着手建设由欧洲自主掌控的"欧洲共同安全体系"，希望能与英国在安全和外交领域密切合作，让英国在"欧洲共同体系"中发挥作用，英国则显得兴味索然，始终不做回应。

二 英国在经济领域的美欧战略竞争中的考量与决策

2020 年疫情的强烈冲击导致世界经济出现急速下滑，迫使美国、欧盟和英国都将经济决策的主要注意力放在国内疫后的经济恢复与社会重建的事务上。同时在人工智能、量子计算、物联网与工业智能制造、与疫苗研发相关的生物科技等领域，陆续出现新的突破与应用，这促使各国更加激烈地争夺新兴尖端技术与前沿产业的"制高点"和相应的标准与规范的制定权。疫情的影响和经济的衰退导致西方社会内部的矛盾更为尖锐，民粹主

义的影响力进一步增强，美国和欧盟的决策者都表现出经济民族主义、贸易保护主义和重商主义的强烈倾向，彼此在经济领域的战略竞争进一步加剧。尽管拜登政府一再强调美欧共同的价值观和基本的战略认同，美欧决策层在治理气候变化、改革国际多边贸易体系、联合应对中国的发展等议题上找到了共同语言，以2021年6月中旬的七国集团、美欧和北约三场峰会为契机，努力寻找新的合作领域，但美国和欧盟的政治精英与战略研究界都意识到，美欧跨大西洋关系已不可能回到过去，彼此间已经形成的"信任赤字"难以在短期内弥合。在美欧经济竞争中，英国更多地站在美国的一边，积极推动双边合作，模仿美国的决策思路与政策架构，美英关系在过去一年间更加密切。

（一）英国在技术与产业领域的美欧竞争中的决策走向

新兴技术的迅速发展促使美欧双方都在不断出台新的战略构想和政策架构，意图抢在对方之前占据尖端技术与前沿产业的领先地位，主导技术更新与产业升级的节奏与速度，进而力图按照自己的偏好确立世界通用的新的技术标准与行业规范。特朗普政府离任前出台了《关键性和新兴技术的国家战略》和《美国国家太空政策》两份纲领性文件，拜登政府上任后，在2021年3月推出了756页的《人工智能国家安全委员会最终报告》，6月推出了关于美国供应链现状的评估报告，7～8月推动参议院通过了预算总金额达到上万亿美元的《创新与竞争法案》和《基建投资与工作法案》两项法律文本，以及一系列相关的行政命令，意在确保美国长期垄断对尖端技术与前沿产业的主导权。欧盟在2020年12月推出了《数字市场法案》和《数字服务法案》两项法规，希望加强对新兴数字平台产业的引导与监管，2021年上半年又出台了《2030欧洲数字指南针》《更新2020新产业战略》《2021战略远见报告》等40多份产业政策文件，欧委会贸易总司还考虑在未来投入数十亿欧元以发展欧洲半导体芯片产业。欧盟意识到在新兴技术研发的国际竞争中，欧洲大陆整体上已经落后于中美，因而反复强调要在欧盟框架内整合欧洲内部资源，强化欧盟的决策与行动能力，建设欧洲自己的

"技术与数字主权"。

面对美欧的竞争，英国政治精英希望充分利用脱欧后获取的决策自主权，在技术与产业领域为英国占据重要的一席之地。2021年上半年约翰逊内阁陆续出台了十多份产业政策文件，呈现出英国决策层应对国际经济竞争的总体布局。一方面，约翰逊内阁修改了2017年2月特雷莎·梅内阁制定的产业战略，指出英国必须妥善因应世界经济的长期走势中出现的四项重大挑战，即人工智能与数据流动、老龄化社会、绿色清洁的增长和交通体系的智能移动；同时，英国决策层又在绿色能源、碳排放机制、数字市场、尖端技术研发与创新等领域制定了具体而详细的政策架构，打算增加在基础设施和技术研发上的投入，推动英国经济向数字化和环保节能的方向加快转型。另一方面，约翰逊内阁又在2021年3月出台了比美国和欧盟更加系统的疫后增长计划，希望借助疫后经济恢复的机会，调整英国经济的产业结构、地理布局和基建投资方向，提升英国技术与产业的发展水平。

由于英美社会文化、经济结构、发展路径的相似性，英国与美国一样存在经济金融化、产业空心化等弊病，但同时也拥有与美国相似的技术与产业优势，即技术研发的资本支持较强，技术的应用与转化较快，高科技企业融资便利、发展迅速。在2020~2021年国际技术与产业竞争加剧的形势下，约翰逊内阁越来越多地仿效美国的决策思路和政策架构，与美国的沟通愈加频繁，关系更趋密切，美英之间远比美欧之间走得更近。早在2020年6月，美英就签订了太空产业合作协定，吸引美国航天企业参与英国航天发射计划，实现双方在卫星发射等领域的协同运作和技术交流。2020年9月，美英又发布了《美英人工智能研发合作宣言》，指出双方在人工智能领域拥有共同的愿景，因而将共同运作研究项目，促进科研人员的密切交流。2021年6月10日，约翰逊与拜登会晤后发表了名为《新大西洋宪章》的联合公报，表示要建立"里程碑性的双边技术伙伴关系"，在人工智能、量子计算、新型电池等领域密切协同，联合研发，共同占据世界领先地位。而2021年7月20日出台的《英国创新战略》文件则表示，美国拥有"世界上

最好的"、比英国规模大得多的国家实验室体系,英国必须要向美国学习。①
与此形成对照的是,英国在 2021 年初退出了欧盟旨在推动欧洲高校学术研
究协作的"伊拉斯莫斯"项目体系,而美国与欧盟在 2021 年 6 月双边峰会
上提出建立的"美欧技术与贸易理事会"迄今尚未启动运转。在技术与产
业领域,英欧之间逐渐疏离,美欧关系也显冷淡。

此外,2020~2021 年里英国决策层也几次表露出意向,在新兴技术与
产业的标准和规范的制定中,英国应当占据重要的一席之地,甚至应发挥主
导性的作用。而美欧也均在其各自政策文件里显露出这样的意图。当前新兴
技术与前沿产业的升级在不断加速,美英欧三方围绕标准与规范制定而展开
的博弈乃至斗争,更趋复杂。

(二)英国在贸易与投资领域的美欧竞争中的决策走向

英国经济体量相对较小,产业空心化严重②,制造业对英国经济的推动
作用有限。但英国是世界第二大服务贸易出口国,运用专业知识来提供无形
产品的服务业,尤其是金融和法律服务业,对英国意义重大,影响深远。因
此,当前英国决策层比美国更关注和支持贸易自由化,在美欧贸易对抗中处
于相对中立的位置。在投资领域,英国决策层正在逐步收紧对外资的审查与
监管。由于美英的文化背景、经济结构与政治运作机制相似,而欧盟构筑于
"多层治理机制"之上的兼具"超国家"与"国家间"色彩的权力分配与
决策运行机制与英国迥然相异,因而英国当前强化外资审查机制的政策步
骤,对美国有不少模仿和借鉴,与欧盟相比则有较大差异。

---

① The UK Government, "UK Innovation Strategy: Leading the Future by Creating It", 22 July 2021,
https://www. gov. uk/government/publications/uk – innovation – strategy – leading – the – future –
by – creating – it.

② 美国对外关系委员会(CFR)在 2021 年 3 月发布的一份研究报告显示,2020 年英国制造业
产出占国内生产总值的比例不足 1/10,而美国的这一比例不低于 11%,高于英国。详见
Anshu Sirpurapu, "Is Industrial Policy Making a Comeback?", Council on Foreign Relations,
Backgrounder, No. 100, 16 March 2020, p. 4. 一般认为,英国的制造业(仅指大批量制造有
形产品的部门,不包括第二产业里的其他行业部门)占国内生产总值的比重为 8%~11%,
与美国不相上下。

特朗普政府从 2018 年 5 月开始对欧盟输入的钢铝和汽车等产品征收惩罚性的高额关税，随后又在 WTO 多次提起诉讼，指控欧盟和法德等国对空中客车公司提供补贴，并在 2020 年 3 月对空中客车公司的产品大幅度抬高关税。美欧贸易关系的持续紧张使双方在 2020～2021 年里不断增强以"两反一保"为核心的贸易保护主义的法规与政策架构。拜登政府上任后秉持维护国际多边贸易体系和全球治理架构的态度，因而在 2021 年 6 月 15 日与欧盟达成了谅解协议，暂时互相中止对民航飞机产品征收高额进口关税，美欧的贸易竞争有所缓和。① 但因内部反对自由贸易的利益集团和民粹主义力量的掣肘，拜登政府迄今未能改变特朗普时期确立的针对欧盟的高额关税。过去一年里，约翰逊内阁并不认同美欧不断增强的保护主义和民族主义倾向，仍然强调自由贸易的重要性，并未采取更强硬的抵制进口产品的贸易保护措施，并不断提及希望扩大服务业出口渠道的意向。2021 年 3 月 10 日，英国贸易委员会出台的《全球英国、本土工作》报告，指出英国在自由贸易的理论与实践方面，百余年来一直走在世界的前列，认为贸易对抗破坏了已经延续了 70 多年的多边主义的国际秩序，强调当前"不能屈服于保护主义"。② 6 月 7 日，时任英国国际贸易大臣特拉斯（Liz Truss）也指出，英国在服务业出口方面有比较优势，应为国际自由贸易和市场自由化确立标准。③

随着民粹主义和民族主义力量的不断壮大，美欧双方也在不断强化针对

① The White House, "Statement by President Joseph R. Biden, Jr. on Agreement with the European Union on Boeing-Airbus", 15 June 2021, https：//www. whitehouse. gov/briefing – room/ statements – releases/2021/06/15/statement – by – president – joseph – r – biden – jr – on – agreement – with – the – european – union – on – boeing – airbus/; European Commission, "EU and US Take Decisive Step to End Aircraft Dispute", 15 June 2021, https：//ec. europa. eu/ commission/presscorner/detail/en/IP_ 21_ 3001.

② The UK Government, "Global Britain, Local Jobs：A Board of Trade Report", 10 March 2021, pp. 11 – 12, https：//www. gov. uk/government/publications/board – of – trade – report – global – britain – local – jobs.

③ Liz Truss, "Speech at DLA Piper about the UK's Future outside the European Union", The UK Government, 7 June 2021, https：//www. gov. uk/government/speeches/secretary – of – state – for – international – trade – speech – at – dla – piper.

外来投资的审查机制。2020 年 2 月，美国的《外国投资风险评估现代化法案》（FIRRMA，H. R. 5841）正式生效，大幅度扩展了"美国投资审查委员会"（CFIUS）的权限，将房地产开发、基建和特定技术领域的外资并购置于更严密的监控之下。2020 年 10 月，欧盟将有史以来第一个全欧洲层面的投资审查机制投入运转，为此不惜修改《欧洲地平线 2020 计划》等法律文本，同时在过去一年间先后出台了近 10 份政策文件，着力防范"扭曲市场的外国补贴"和打算并购"欧洲战略资产"的外国资本，不断细化相关法规。夹在美欧之间的约翰逊内阁一直在观察和仿效美国，着手建设更加精细和严密的外资监管与审查体系。2021 年上半年，英国下议院和约翰逊内阁展开了频繁的政策讨论，下议院围绕"外资对国家安全的影响"这一主题推出了多份评估报告，最终由内阁产业战略部公布了《2021 国家安全与投资法案》的草案文本。① 该文本列出了从高端机器人、人工智能研发、新材料、量子技术、太空产业、合成生物技术到交通设备的 17 个大类的新兴高端产业，要求外资对这些产业的并购必须上报政府批准，目前该草案仍在面向社会公众征询意见的阶段。目前来看，约翰逊内阁拟议中的新的投资审查架构具有详细的产业清单和严格的上报审查的程序，明显借鉴和吸收了美国现有体制的成分与要素。

特朗普政府多次直言 WTO 已经"陈旧过时"，国际多边贸易体系陷入停滞②，因而一直意图绕开甚至拆解这一体系，以"美国优先"的单边主义政策取代国际多边主义秩序。拜登政府上台后则多次表示要对 WTO 体系进行改革，尤其是要改革其争端解决机制，以维护多边主义秩序，增强

① The UK Government, "National Security and Investment Act 2021: Consultation on the Statement for the Purposes of Section 3", 20 July 2021, https://www.gov.uk/government/consultations/national - security - and - investment - act - 2021 - statement - on - the - use - of - the - power - to - call - in - acquisitions.

② Office of the United States Trade Representative, "2019 Trade Policy Agenda and 2018 Annual Report of the President of the United States on the Trade Agreements Program", March 2019, p. 5, https://ustr.gov/sites/default/files/2019_ Trade_ Policy_ Agenda_ and_ 2018_ Annual_ Report.pdf.

国际多边贸易体系的公平性与运作效率。2021 年 6 月中旬的美英、美欧和 G7 这三场峰会上，美英欧在关于 WTO 和国际多边贸易体系改革的问题上已取得共识。2021 年初以来英国出台的贸易政策文件，甚至《竞争时代中的全球英国：安全、防务、发展与外交政策综合评估》报告，都谈到了改革 WTO 体系和维护国际多边主义架构的必要性①，表明英国决策层认可美欧的意向，美英欧三方未来将会加强磋商与协作，共同致力于改造国际多边主义秩序。

三　英国在安全领域的美欧战略竞争中的位置与作用

美国和欧盟一直在战略安全领域进行微妙的博弈。表面上双方都表示认同和重视北约的集体防御体系，将其视为欧洲赖以应对周边地缘政治碎片化的动荡形势的基础架构与核心机制，但在暗中，美欧之间争夺欧洲安全与防务的战略主导权的算计与斗争持续不断。在欧盟内部，围绕北约与欧盟主导的欧洲共同安全体系的关系、美国在欧俄对峙中的作用等问题，中东欧国家与法德轴心之间也存在意见分歧。美国不希望欧盟和法德等欧洲大国绕开北约自行其是，因而对欧盟先后推出的"共同外交与安全政策"（CFSP）和"共同安全与防务政策"（CFDP）这两项架构态度冷淡，对欧盟从 2016 年以来致力于推进的独立于北约之外的"欧洲共同安全体系"和"欧洲共同军事力量"这两项构想暗中抵制。而欧盟为了抗衡和制约美国，阻止其过多地控制欧洲安全事务，不仅坚守"欧洲共同安全体系"的构想，而且从 2020 年初以来致力于构建意在实现"欧洲战略自主"的政策体系，希望进一步强化欧盟的自主权与独立性，2021 年 9 月，欧委会主席冯德莱恩还在

---

① The UK Government, "Global Britain in a Competitive Age: The Integrated Review of Security, Defence, Development and Foreign Policy", 16 March 2021, p. 12, https://www.gov.uk/government/publications/global – britain – in – a – competitive – age – the – integrated – review – of – security – defence – development – and – foreign – policy.

盟情咨文演讲中重申了欧盟打算建立"欧洲防务联盟"的设想。①

为此，欧盟一直试图拉拢英国，支持搭建法德英三方协商沟通的"E3"非正式合作架构，以便在涉及欧洲周边安全形势和欧洲共同防务的领域加强协作，提升欧洲作为一个整体在国际外交与安全热点问题上的话语权与影响力。然而，英国对欧盟超国家层面的安全与防务架构的实质作用一直持怀疑态度，2020年英国脱欧过渡期谈判进展艰难，使英国对欧盟的疑虑更重，对英欧安全合作的态度更加模糊和冷淡。2020～2021年的英国政策文件对英国与欧盟的安全关系没有做出任何实质性的阐述或具体的界定。英国决策层倾向于与德国等欧洲大国开展国家层面的双边合作，2021年6月底，英德两国外长发表了《英德联合宣言》，阐述了两国对世界和欧洲的外交与安全事务的共同观点和今后合作的意愿。②

2020～2021年，英国在对外安全战略的总体规划上更加明显地倒向美国，认同美国的总体研判和宏观考量，接受美国全球安全战略的核心概念、话语体系、战略布局和政策架构，并在外交和军事的实际行动上追随美国。2021年3月3日拜登政府的《临时国家安全战略指针》公布后，3月30日约翰逊内阁公布了《竞争时代中的全球英国：安全、防务、发展与外交政策综合评估》报告文件，不仅全盘接受了前者对"印太"地区的战略定位与总体研判，表示要成为"在印太地区活动最广泛、与该地区联系最密切的欧洲国家"，而且多次直言美国是"北约和五眼联盟等集团架构的关键核心"，同时也是英国"最大的贸易伙伴"、"最主要的外资来源国"和"最重要的战略盟友"，"对英国公民而言没有什么比美英关系更有价值的了"。③2021年7月，英国海军派遣以"伊丽莎白女王号"为首的航母战斗群进入南海，并决定在印太地区常驻两艘军舰。9月15日，英国又加入了美英澳

---

① European Commission, "2021 State of the Union Address by President Von der Leyen", 15 September 2021, https：//ec. europa. eu/commission/presscorner/detail/en/SPEECH_ 21_ 4701.

② The UK Government, "UK-Germany Joint Declaration", 30 June 2021, https：//www. gov. uk/ government/publications/uk – germany – joint – declaration – june – 2021.

③ The UK Government, "Global Britain in a Competitive Age：The Integrated Review of Security, Defence, Development and Foreign Policy", 16 March 2021, pp. 6, 8, 20, 60.

三边"印太安全伙伴关系",而法国对此举感到愤怒,认为欧洲大陆国家被美国完全排除在印太安全战略合作架构之外,法国外长勒德里昂(Jean-Yves Le Drian)指出美英这样"是在法国背后捅了一刀"。① 这些变化表明,过去一年里英国在战略安全领域对美国的追随愈发紧密,而与欧盟和欧洲大陆的关系更趋疏远。

结语:英国在美欧之间进一步倒向美国

2020 年底,随着过渡期的结束,英国完全脱离欧盟。过渡期里关于英欧双边关系的《欧盟—英国贸易与合作协定》谈判久拖难决,欧盟对英国始终抱着近乎敌视的强硬态度,使英国对欧盟感到心灰意冷。英欧双方在旷日持久、迁延不定的脱欧进程积累了大量负面感受,对于对方的疑虑日渐加重,形成了沉重的"信任赤字",在短期内难以弥合。另外,虽然拜登政府上台后致力于修补和恢复美国的战略同盟体系,2021 年 6 月的美欧、G7 和北约三场峰会使美国与欧盟的跨大西洋关系得到一定程度的修复,但双方在新兴技术与产业领域的竞争仍在加剧,拜登政府尚未取消特朗普时期留下的针对欧盟的高额关税,美欧内部尖锐的社会矛盾和民粹主义力量的强势存在使双方决策层都表现出更强硬的贸易保护主义和经济民族主义的倾向,美欧之间的"信任赤字"依然存在,并随时可能继续增强,2021 年 8 月美国在阿富汗撤军引起欧洲的疑虑就是例证。美欧之间和英欧之间的双重"信任赤字",促使美英之间更加接近,而英欧之间更加疏离。在美国和欧盟之间的天平上,英国选择进一步倒向美国。

随着 2021 年伊始《欧盟—英国贸易与合作协定》的签署,脱欧得以完成,英国各界终于体验到了旧时代翻篇带来的轻松感。2020～2021 年里英国出台的各项政策文件,不论是包含大量技术细节的对外经济政策文件还是

---

① Alice Tidey, "Stab in the Back: France Blasts New UK-US-Australia Security Pact in Indo-Pacific", *Euro News*, 15 September 2021, https://www.euronews.com/2021/09/16/us－uk－and－australia－announce－new－security－pact－to－counter－china－in－indo－pacific.

阐述宏观形势研判的安全战略文件，都反复提到英国要充分利用脱欧带来的决策自由和更便于纵横捭阖的国际战略空间，向全世界施展"全球英国"的愿景规划，使英国越过具有狭隘地区性的欧洲—体化架构，成长为经济强国，在新兴尖端技术发展上占据领先地位，能够参与甚至主导新一轮技术与产业的标准制定，进而发展成国际安全事务中的大国。在此设想的指引下，鉴于英国与欧盟和美国的双边深度自由贸易架构在近几年内都难以成形，英国从 2020 年下半年开始将发展对外经济联系的聚焦点转向亚太地区，在 2020 年 10 月与日本签订了双边《全面经济伙伴关系协定》，2021 年初正式申请加入"全面与进步跨太平洋伙伴关系协定"（CPTPP）。当前英国更加紧密地追随和支持美国的印太战略，更加积极地发展与亚太主要经济体的经贸合作关系，其种种举措将给中英关系带来更大的不确定性，使其受到深远的影响。

后脱欧时代英国的"印太倾斜"

刘 晋[*]

摘 要： 英国的印太活动在后脱欧时代进入了新阶段。约翰逊政府在2021年3月出台的《综合评估》报告中首次提出了英国的印太政策框架。这个框架以及英国的活动表明，英国既致力于强化与印太行为体的经贸科技联系，也有意逐步增加在该地区的海上军事活动与常态化存在。应对脱欧经济挑战的需要以及对其繁荣与印太安全不可分割的看法是推动英国强化印太活动的关键因素。对中国认知的负面转变则是英国强化与区域内其他行为体及出台印太政策框架的重要背景因素。在确保对其更为重要的欧洲—大西洋区域的安全、脱欧后强化对北约欧洲盟友安全承诺以及有限资源的限制下，英国在防务层面的印太"倾斜"存在明显限度，经贸议题将占据更为优先的地位。

关键词： 印太 脱欧 中英关系 综合评估

从英国脱欧公投开始，如何应对脱欧挑战就成为英国政府除脱欧进程本身外最为关注的议题。几乎从一开始，英国主要领导者就明确拒绝让英国变得更内向、孤立和保守，提出了"全球英国"理念，致力于让英国更加外

---

* 刘晋，法学博士，中国国际问题研究院欧洲研究所助理研究员，研究领域为英国外交与战略、海洋战略与安全。

向和开放，更积极主动发展与欧洲之外地区的关系。作为重要性不断增长、被普遍视为未来全球地缘政治与经济重心的地区，印太地区自然成为英国希望重点加强接触的地区。在后脱欧时代，英国的印太活动进入了新阶段。在各界要求政府阐明其印太政策的长期呼吁下，约翰逊政府终于在 2021 年 3 月出台的综合性战略评估《竞争时代中的全球英国：安全、防务、发展与对外政策》①（以下简称《综合评估》报告）中提出了"向印太倾斜"的政策框架，将该框架作为后脱欧时代英国接触印太地区的指导方针。英国加强接触印太的表现有哪些？具有哪些特点？主要原因有哪些？英国对中国认知的变化怎样影响其印太政策？本文试图结合上述战略文件及对过去一年相关事态的观察回答上述问题。

一 向印太倾斜

向印太倾斜，强化与该地区的政治、经济及军事联系被英国领导者视为落实"全球英国"理念、应对脱欧挑战的关键解决方案之一。自 2016 年脱欧公投以来，英国在各领域积极发展与东南亚国家的关系，深化与日本、印度、澳大利亚的经贸、安全与防务合作，提升海上军事存在感。其中较为引人注目的是英国军舰 2018 年的印太巡航及其在南海对中国领海主张的挑战。②

进入后脱欧时代，英国的印太活动进入了新阶段。所谓"新"阶段，

---

① The UK Government, "Global Britain in a Competitive Age: the Integrated Review of Security, Defence, Development and Foreign Policy", 16 March 2021, https://assets.publishing.service.gov.uk/government/uploads/system/uploads/attachment_ data/file/975077/Global_ Britain_ in_ a_ Competitive_ Age - the_ Integrated_ Review_ of_ Security_ _ Defence_ _ Development_ and_ Foreign_ Policy.pdf.

② 英国公投脱欧以来的印太动向（尤其是在防务与安全方面）已经得到不少国内学者的注意和研究，关于 2020 年中以前英国在印太地区活动的概述，可见胡杰《"全球英国"构想在印太的投射》，《边界与海洋研究》2020 年第 4 期，第 98～101 页；张飚《英国安全防务的新发展》，载王展鹏主编《英国发展报告（2019～2020）》，社会科学文献出版社，2020，第 232～233 页。关于英国 2018 年南海活动的专论，可见刘晋《英国南海政策的演变、原因与潜在影响》，《中国—东盟研究》2018 年第 4 辑，第 37～48 页。

主要体现在三个方面。第一，很大程度出于上述战略评估的直接需要，英国政府内部加快了制定印太活动指导方针的步伐，并终于在 2021 年 3 月出台的《综合评估》报告中提出了明确的政策框架，决心"深度介入印太，成为该地区拥有最广泛、最综合性存在的欧洲伙伴"。① 该综合评估启动于 2020 年 2 月，尽管后来因为疫情及英欧谈判一度中断，但并不影响英国各界积极向政府建言献策。事实上，从 2018 年开始，英国国内呼吁政府出台印太政策文件的声音就从未中断。其中最引人注目的是英国智库——政策交流（Policy Exchange）在 2020 年 11 月发布的一份报告。该报告由汇聚了英美及印太多国政、军、学界人士的印太委员会撰写，并由日本前首相安倍晋三作序，建议英国政府采取"双轨接触"的方式强化其印太存在。②

第二，以贸易谈判为抓手和着眼点，进一步强化与印太行为体的经济、政治甚至安全关系。首先，加大了与印太主要经济体的贸易与投资谈判力度，将与日本、澳大利亚、新西兰等达成自贸协定，加入《全面与进步跨太平洋伙伴关系协定》（CPTPP）列为优先事项。其中，英国与日本的贸易谈判极为迅速，2020 年 6 月正式启动后仅 3 个月就达成了自贸协定。③ 到目前为止，英国也已经与韩国、新加坡、越南、澳大利亚达成了自贸协定，并于 2021 年 6 月 22 日正式启动了加入 CPTPP 的谈判。④ 其次，提升了与印度的合作关系。印度在英国的印太考量中占据重要地位。2021 年 5 月，英国

① The UK Government, "Global Britain in a Competitive Age: The Integrated Review of Security, Defence, Development and Foreign Policy", 16 March 2021, p. 6.

② 双轨分别指聚焦贸易、经济与技术问题的"繁荣议程"，以及包括传统与非传统安全问题的"安全议程"，见 Policy Exchange, "A Very British Tilt: Towards a New UK Strategy in the Indo-Pacific Region", 22 November 2020, https://policyexchange.org.uk/wp - content/uploads/A - Very - British - Tilt.pdf, pp. 29 - 30。

③ UK Department for International Trade, "UK and Japan Agree Historic Free Trade Agreement", 11 September 2020, https://www.gov.uk/government/news/uk - and - japan - agree - historic - free - trade - agreement.

④ UK Department for International Trade, "The UK's Trade Agreements", 1 June 2021, https://www.gov.uk/government/collections/the - uks - trade - agreements; British Embassy Tokyo, "UK and CPTPP Nations Launch Formal Negotiations", 22 June 2021, https://www.gov.uk/government/news/uk - and - cptpp - nations - launch - formal - negotiations.

成为印度首个欧洲"全面战略伙伴",两国达成了将在未来10年指导两国关系,强化经贸、防务安全与健康卫生等领域合作的所谓"2030路线图",启动了"贸易伙伴关系增强计划",表达了达成全面自贸协定的意愿。① 最后,强化与东盟及其成员国的关系。外交大臣拉布即便在疫情期间也多次访问东南亚,致力于强化与东盟成员国的经贸关系及它们对英国加入 CPTPP 的支持。② 作为2021年G7峰会主席国,英国专门邀请澳大利亚、韩国、印度及东盟代表出席外长会议。这是东盟代表首次应邀出席 G7 峰会。

第三,充分运用海上军事活动显示英国的印太存在。2021年5月,以英国"伊丽莎白女王号"航母为核心,包括美国和荷兰舰艇在内的航母打击群正式开始了以印太为重要环节的巡航,这既是该航母服役后的首次远航,也是时隔20年后再有英国航母打击群部署到印太地区,象征性意味浓厚。在预期7个半月的巡航中,英国航母打击群将会访问超过40个国家,执行70多次各类行动或演习。此外,英国政府还有意在未来10年内逐步增加在印太地区的常态化海上军事存在。③

二 英国繁荣与印太安全

作为曾经的欧洲乃至世界性海洋强国与殖民大国,英国对印太这个地区乃至以"印太"命名的战略并不陌生,脱欧后的英国会对印太地区"重新"

① UK Prime Minister's Office, "Prime Minister Welcomes New Era in UK-India Relationship", 4 May 2021, https://www.gov.uk/government/news/prime‐minister‐welcomes‐new‐era‐in‐uk‐india‐relationship.

② UK Foreign, Commonwealth & Development Office (FCDO), "Foreign Secretary Visits South East Asia to Usher in 'New Era' of UK-Indo Pacific Security Cooperation", 7 April 2021, https://www.gov.uk/government/news/foreign‐secretary‐visits‐south‐east‐asia‐to‐usher‐in‐new‐era‐of‐uk‐indo‐pacific‐security‐cooperation.

③ UK Ministry of Defence, "Defence in a Competitive Age", 22 March 2021, https://assets.publishing.service.gov.uk/government/uploads/system/uploads/attachment_data/file/974661/CP411_‐Defence_Command_Plan.pdf, p.31.

产生浓厚兴趣也不特别令人奇怪。[①] 重要的问题是：推动脱欧后的英国向印太地区倾斜的原因主要有哪些，和脱欧之前有哪些区别？了解这些才能掌握英国所谓"印太倾斜"的侧重点。

笼统来说，可以从经济与安全两个层面来理解推动英国介入印太的原因。首先，英国领导者视印太地区为未来全球地缘经济重心。约翰逊政府希望运用"印太倾斜"来应对的最为紧迫和直接的挑战集中于经贸与科技领域（即所谓"繁荣议程"）。"经济机遇"是约翰逊政府深度介入印太地区的首要原因。《综合评估》报告中写道："印太是世界的增长引擎……已经占据英国全球贸易的 17.5% 以及对英外国直接投资的 10%"，英国将进一步扩大这种联系。[②] 在约翰逊政府将要重点关注的九大领域中，"繁荣议程"同样占据优先地位，包括达成新的双边贸易协定、加入 CPTPP、强化供应链韧性，而深化科技合作将成为"我们与印太总体伙伴关系的中心，是我们未来在所有这些领域（即这九大领域）取得成功的基础"。[③]

其次，英国亦视印太为未来的全球地缘政治重心。在英国与国际环境的关系方面，冷战后的英国一贯持有一种不可分割的观点，即一个开放和外向的英国的经济繁荣离不开世界范围内的自由贸易、和平与稳定。英国最为看重欧洲大陆及其周边、美国及印太地区。[④] 就印太地区而言，在英国与该地区的贸易主要仰仗海上航线，英国认为印太已经成为网络安全这类不受地理边界限制的新安全挑战"前沿"时，英国繁荣与印太安全的紧密关系就愈加突出。例如，《综合评估》报告认为在印太地区"维护航行自由对英国利

---

① 早在 20 世纪 60 年代，英国政府即提出过以统筹地区防务、英美权力移交为中心思想的所谓"印太战略"。关于这方面的研究，见彭永福《英国印太战略的缘起、演变及结果（1964～1968）》，《史林》2019 年第 5 期，第 186～199 页。

② The UK Government, "Global Britain in a Competitive Age: The Integrated Review of Security, Defence, Development and Foreign Policy", 16 March 2021, p.66.

③ The UK Government, "Global Britain in a Competitive Age: The Integrated Review of Security, Defence, Development and Foreign Policy", 16 March 2021, p.67.

④ The UK Government, "The Strategic Defence Review", London: The Stationary Office, 1998, pp.18 – 20.

益至关重要"。然而，该报告亦认为印太当前处于不断加剧的地缘政治竞争中心，在领土争端、核扩散与误判、气候变化及非国家威胁等领域的不安定状态不容忽视。因此，英国将"向印太持续投入武装力量、非军事性安全力量及发展援助，促进印太的开放，支持有助于该地区自由贸易、安全与稳定的国际规则与规范"。①

尽管印太地区在经贸上对英国所具有的重要程度仍有争论，很少有人质疑英国脱欧后在该地区寻求自贸协定、强化经贸联系的努力。② 但是，不少人对英国强化印太军事存在，尤其是脱欧后要投入"持续性武装力量"的计划和行动感到不解。该动向也与脱欧之前英国在印太地区的活动方式存在较为明显的区别。

本文认为，可以从以下两个方面来理解这一点。第一，这与英国对当前国际环境愈益悲观的认知密切相关。纵观冷战后英国的五份战略评估，可以明显感受到英国对国际环境的认识日趋悲观。这些评估形容国际环境的用词从"不断变化""相互依赖""不确定"一直演变到2021年的"竞争性时代"。③ 具体而言，《综合评估》报告认为，"今天的国际秩序更加破碎，国家之间在利益、规范和价值观上的竞争更加激烈"。有鉴于此，英国政府决定对其冷战后参与国际活动的传统路径做出重大调整，不再仅仅着眼于维持所谓"基于规则的国际体系"，而是要去"适应更具竞争性和流动性的国际环境，采取行动强化受到威胁的部分国际架构，联合具有类似观念的力量塑造未来的国际秩序"，并将这种"开放和民主的国际秩序延伸到网络空间和

① The UK Government, "Global Britain in a Competitive Age: The Integrated Review of Security, Defence, Development and Foreign Policy", 16 March 2021, pp. 66 – 67.

② Patrick Wintour, "Why Britain is Tilting to the Indo-Pacific Region", *The Guardian*, 15 March 2021, https://www.theguardian.com/politics/2021/mar/15/why – britain – is – tilting – to – the – indo – pacific – region.

③ The UK Government, "The Strategic Defence Review, 1998; The National Security Strategy of the United Kingdom: Security in an Interdependent World", March 2008; "A Strong Britain in an Age of Uncertainty: The National Security Strategy", October 2010; "National Security Strategy and Strategic Defence and Security Review 2015: A Secure and Prosperous United Kingdom", November 2015.

太空"。① 在印太地区持续部署海上力量以"保卫航行自由"即被视为这种调整的具体表现。

第二，作为老牌海洋强国，英国深谙海军部署所具有的外交与经济价值。向印太地区部署海军力量有利于满足美、日、澳等国协同需求，强化双边政治与经贸关系。无论是相对轻视欧洲的特朗普政府，还是强烈主张协同盟友的拜登政府，都鼓励欧洲盟友向印太地区部署海军力量。日本政府则一贯呼吁欧洲国家强化在印太（尤其是东亚）的海上军事存在，以期在特定议题上对中国和朝鲜形成压力。在 2021 年 2 月中国《海警法》颁布实施后，多有不满和忧虑的菅义伟政府多次向包括英国在内的多个国家表达意见，希望取得国际支持。② 希望在加入 CPTPP 过程中取得日本关键支持的英国自然无法忽视对方的关切。此外，近年与中国多有矛盾的澳大利亚亦以经贸合作与防务订单吸引英国加强印太军事活动。再有，英国当前的海军力量无法支撑在印太地区的常态化部署。为实现这个目标，就有必要扩大防务投资并新建海军舰艇，而这本身亦被视为有益于英国经济与就业的举动。③ 事实上，为了更新武装力量，支撑将要强化、增多的军事活动，约翰逊政府已于 2020 年 11 月大幅增加了防务投入，而海军正是这"冷战以来最大防务投资"的主要受益者之一。④

---

① The UK Government, "Global Britain in a Competitive Age: The Integrated Review of Security, Defence, Development and Foreign Policy", 16 March 2021, pp. 11 – 12.

② Mari Yamaguchi, "Japan Expresses Concern to UK Over New Chinese Coast Guard Law", *The Diplomat*, 4 February 2021, https://thediplomat.com/2021/02/japan – expresses – concern – to – uk – over – new – chinese – coast – guard – law/.

③ UK Ministry of Defence, "How Defence Contributes to the Prosperity of the UK and Supports the Economy", 17 June 2021, https://www.gov.uk/government/collections/how – defence – contributes – to – the – prosperity – of – the – uk.

④ UK Ministry of Defence, "Defence Secures Largest Investment Since the Cold War", 19 November 2020, https://www.gov.uk/government/news/defence – secures – largest – investment – since – the – cold – war; Malcolm Chalmers, "The Integrated Review: The UK as a Reluctant Middle Power?", *RUSI Paper*, 21 March 2021, p. 14, https://rusi.org/explore – our – research/publications/occasional – papers/integrated – review – uk – reluctant – middle – power.

三 "成熟且平衡的关系"

近 10 年印太概念的兴起与中国国际影响力的增强密不可分。尽管"印太"这个概念本身包括地缘经济、政治与战略等多方面的内容，但在其主要推动者日、澳、美、印（尤其是日、美）的政策中，针对中国、稀释中国国际影响的内容却具有相当重的分量。因此"印太"对中国来说从来都不是中立性概念。[1] 对中国决策者来说，所谓"印太战略"更几乎是遏华联盟的代名词，因而充满疑虑，非常反感和抵触。国务委员兼外长王毅便将"印太战略"斥为"推行集团对抗，是要打造地缘争夺的'小圈子'，是冷战思维的复辟，是历史的倒退，应该被扫进垃圾堆"。[2]

英国政府当然对中国的疑虑心知肚明。作为拥有明确地缘政治含义的用语，"印太"概念在 2016 年以前并不是英国常用的政治或外交用语。然而，中英关系近年不断走低，英国舆论批评政府迟迟不出台明确的"中国政策"或地区政策，而且法、德、荷也已经出台了专门的印太政策文件。在这种背景下，英国政府开始密集使用"印太"一词来指代其地区政策，并在《综合评估》报告中明确提出了印太政策框架。作为对英国过去 10 年在区域政策中"以中国为中心"做法的纠正，"框架"本身突出的自然是中国之外的国家和实体，但如何认识中国影响力的增长，如何处理与中国的关系却是英国印太政策的关键内容和重要背景。

《综合评估》报告清楚表明，英国对中国的认知出现了消极的转变。在2015 年的《国家安全战略评估》中，卡梅伦政府视中国的发展为巨大经济机遇，不断强调深化英中经贸关系的重要性，并有意成为中国"在西方的

---

① 中国学者对"印太"概念的研究，可见赵青海《"印太"概念及其对中国的含义》，《现代国际关系》2013 年第 7 期，第 14~22 页；林民旺《"印太"的建构与亚洲地缘政治的张力》，《外交评论》2018 年第 1 期，第 16~35 页；顾全《"印太"的兴起：从概念到政策》，《世界经济与政治论坛》2018 年第 6 期，第 82~98 页。

② 《守护世界和平，推动人类进步——王毅国务委员在第九届世界和平论坛开幕式上的主旨演讲》，外交部，2021 年 7 月 4 日，https://www.fmprc.gov.cn/web/wjbzhd/t1889634.shtml。

主要伙伴”。① 当年两国领袖用“黄金时代”来形容双边关系的蓬勃发展。不幸的是，到 2021 年，《综合评估》报告已经将中国界定为“系统性竞争者”（systemic competitor），是英国经济安全“最大的国家威胁”。② 从“黄金时代”到“最大威胁”，英国在短短 5 年多时间里对中国认知的这种转变不可谓不重大。

与这种认知相对应，英国政府亦要在处理对华及印太地区关系时采取与以往不同的方式。这种不同将主要表现在两个方面。第一，英国不会像过去那样特别侧重于中国的经济机遇，而是会根据不同的议题领域分别将中国界定为合作伙伴、竞争对手或威胁，并据此采取不同的行动。正如英国财政大臣里希·苏纳克（Rishi Sunak）所言，在对华关系方面，英国将追求一种“成熟且平衡的关系”。③ 具体而言，在应对气候变化、生物多样性损失等跨国性挑战时，英国视“与中国的合作至关重要”。在经贸领域，英国将继续追求“积极的贸易与投资关系，对中国的贸易和投资开放”，与此同时要“确保英国的国家安全与价值观念不受冲击”。在应对中国不断增强的国际影响力方面，英国既要积极“适应，强化对中国及其人民的理解”，也要“提升应对中国对英国及其盟友和伙伴安全、繁荣与价值观带来的系统性挑战的能力”。④ 在“人权”和香港问题上，英国则“无法与中国达成一致或妥协”。⑤ 从 2020 年 6 月至 2021 年上半年，英国政府因《香港国安法》及涉疆问题而采取的一系列动作即这方面的具体表现。

① The UK Government, "National Security Strategy and Strategic Defence and Security Review 2015", pp. 58, 71, https：//assets. publishing. service. gov. uk/government/uploads/system/uploads/attachment_ data/file/478933/52309_ Cm_ 9161_ NSS_ SD_ Review_ web_ only. pdf.

② The UK Government, "Global Britain in a Competitive Age：The Integrated Review of Security, Defence, Development and Foreign Policy", 16 March 2021, pp. 26, 62.

③ The UK Treasury, "The Chancellor's 2021 Mansion House Speech", 1 July 2021, https：// www. gov. uk/government/speeches/mansion – house – speech – 2021 – rishi – sunak.

④ The UK Government, "Global Britain in a Competitive Age：The Integrated Review of Security, Defence, Development and Foreign Policy", 16 March 2021, pp. 21, 26.

⑤ House of Commons Foreign Affairs Committee, "A Brave New Britain? The Future of the UK's International Policy：Government Response to the Committee's Fourth Report", The UK Parliament, 13 January 2021, https：//publications. parliament. uk/pa/cm5801/cmselect/cmfaff/380/38005. htm.

第二，强化与印太地区除中国之外行为体的经贸与安全关系。英国舆论对政府以往印太地区政策的批评集中在两个方面，一是过于关注中国而忽视了区域其他行为体；二是过于关注经济议题而忽视了可能具有长远影响的安全议题。[①] 作为对第一种批评的回应以及对过去倾向的纠正，英国政府自脱欧公投以来显著加强了与区域内其他行为体的互动，其中占据突出位置的是日本、印度、澳大利亚与东盟。在经济议题与安全议题的平衡方面，作为传统海洋强国的英国尤其注意安全合作所具有的经济价值，其中最突出的是海洋安全方面的合作。

中英两国具有不同历史文化和政治体制，对人权、民主、国家安全等许多问题具有不同看法或解释，会产生争论甚至冲突。王毅说，中英之间"存在分歧是客观事实"。[②] 但在双方对彼此存在合作需求的情况下，尽可能不让这些冲突扩散到能够合作的领域对两国来说都是最佳选择。即便在双边关系受到"逆风"困扰的情况下，中国政府也有意"推动中英经贸关系向前发展"。[③] 中英关系的"黄金时代"在很大程度上正是建立在这种"求同存异"的默契之上的。从这个意义上来说，英国政府追求"成熟且平衡的关系"实际上是务实主义之举。

然而，《综合评估》报告反复强调"英国的利益与价值观紧密相连"，"经济与国家安全之间的区别越来越多余"，又突出强调两国价值观的差异会带来"严峻挑战"，要使用"综合性手段"回应"系统性挑战"。这种认知实际上在一定程度上与其追求"成熟且平衡关系"的做法形成了矛盾。[④]

---

① 关于这方面的批评，上述政策交流报告中的评论可被视为典型，见 Policy Exchange, "A Very British Tilt", 22 November 2020, p. 18, https://policyexchange.org.uk/wp-content/uploads/A-Very-British-Tilt.pdf。

② 《王毅同英国首席大臣兼外交发展大臣拉布通电话》，外交部，2021 年 5 月 28 日，https://www.fmprc.gov.cn/web/wjbzhd/t1879203.shtml。

③ 《抓住机遇，砥砺前行，推动中英经贸关系向前发展——郑泽光大使在"在英中资企业成果展"发布会上的主旨演讲》，中国驻英大使馆，2021 年 6 月 29 日，http://www.chinese-embassy.org.uk/chn/dsxx/dshd/t1887737.htm。

④ The UK Government, "Global Britain in a Competitive Age: The Integrated Review of Security, Defence, Development and Foreign Policy", 16 March 2021, pp. 14, 19, 28, 49.

四 "倾斜"的限度

在形容其印太政策时，约翰逊政府官员和《综合评估》报告统一使用的是"倾斜"（tilt）这样一个含义较弱的词，而不是"重回"（return）、"再平衡"（re-balance）或"转向"（pivot）等含义更强的词。[①] 这意味着英国介入印太的方式和程度都会存在明确的限度，既因为无论在情感上还是在实际利益上"欧洲—大西洋"区域都更加重要，也因为英国实际可用的资源不允许它向印太地区"过度伸张"。

脱离欧盟并没有改变英国的地理位置，也不会淡化其欧洲身份。尽管在过去的几年中，英国和欧盟之间围绕脱欧谈判分歧甚多、矛盾频出，但双方依然看重彼此。作为将在未来五到十年指导英国战略方针的重要文件，《综合评估》报告对欧盟的淡化、对印太的关注和突出吸引了很多注意力。但它并未淡化欧洲，即便"拥有特别的全球利益"，英国也始终是个"欧洲国家"。[②] 与此相对应，2月发布的一项民意调查显示，相当比例的英国民众（37%）并不了解印太，仅少数民众（8%）认为政府应将印太地区视为其对外政策的中心。[③]

出于缓解后脱欧时代经济挑战的需要，经贸议题在英国印太政策议程中占据着优先地位。以海洋安全为重点的防务与安全议题是英国印太政策的重要组成部分。英国在印太地区增多的海上军事活动，即为其增强地区防务安全存在、调整传统路径并采取行动"塑造未来国际秩序"的突出表现。然

---

① 参见曾长期担任英国外交部常务次官和公务员领导的西蒙·麦克唐纳受访时的评论，"Brexit Interview: Simon McDonald", 26 March 2021, https://ukandeu. ac. uk/brexit – witness – archive/simon – mcdonald/。

② The UK Government, "Global Britain in a Competitive Age: The Integrated Review of Security, Defence, Development and Foreign Policy", 16 March 2021, p. 60.

③ Sophia Gaston and Evie Aspinall, "UK Public Opinion on Foreign Policy and Global Affairs: Annual Survey – 2021", British Foreign Policy Group, 16 February 2021, p. 55, https://bfpg. co. uk/wp – content/uploads/2021/02/BFPG – Annual – Survey – 2021. pdf.

而，由于这类议题对英国来说实际上并没有那么紧迫，在得不到舆论持续且密切关注的情况下，英国政府想要把并不那么宽松的财政资源和较为稀缺的军事资源持续性地投入印太地区的防务安全事务之中将面临显而易见的困难和限制。

印太地区的防务安全议题之所以对英国来说没有那么紧迫则主要是由该地区在英国国家战略中的排序，以及英国在欧洲面临的实际安全形势所决定的。在英国的战略优先次序中，印太地区的重要性尽管不断上升，但仍旧无法取代欧洲—大西洋区域。在脱欧导致北约欧洲盟友担忧其安全承诺可信度下降，且英国仍然认定俄罗斯是其"最严重安全威胁"的情况下，英国实际上非但不能削弱，反而要强化在欧洲的安全存在和承诺。① 在中美激烈竞争的背景下，美国政府固然鼓励、欢迎英国加强在印太地区的军事活动，但更需要其将有限的资源"用在刀刃上"，分担欧洲及其周边的安全负担，以便美国将更多的资源和精力集中到印太地区。②

因此，英国在印太地区的军事活动不会大幅增加。在南海问题上，英国可能会继续挑战中国，但这种挑战不太可能是持续性和常规性的。在台海问题上，约翰逊政府则更加谨慎，不会轻易介入。就目前来看，穿越台湾海峡已经被排除在"伊丽莎白女王号"航母打击群的巡航活动之外。③ 鉴于英国已于2020年7月效仿美国建立英版"马格尼茨基"全球人权制裁体制并频频使用，而中国也于2021年6月通过了《反制裁法》，两国更需要注意防止这方面的分歧和冲突扩大到其他领域，进而冲击广泛的双边关系。

---

① The UK Government, "Global Britain in a Competitive Age: The Integrated Review of Security, Defence, Development and Foreign Policy", 16 March 2021, p. 18.

② 美国防长7月在新加坡关于"英国将在世界其他地方更有用"的罕见公开评论可视为这种考虑最直接和典型的反映，"Britain 'More Helpful' Closer to Home than in Asia, Says US Defence Chief", *Financial Times*, 28 July 2021, https://www.ft.com/content/7fb26630 - a96a - 4dfd - 935c - 9a7acb074304。

③ 可见英国国防大臣在议会对航母打击群部署情况的陈述，UK Parliament, "The Secretary of State for Defence Oral Statement: Carrier Strike Group Deployment", 26 April 2021, https://hansard.parliament.uk/commons/2021 - 04 - 26/debates/B031A667 - 3FCC - 47C9 - 8185 - 4BA6A6B8AF9A/CarrierStrikeGroupDeployment。

B.16
英国后疫情时代的气候政策与气候外交[*]

李慧明[**]

摘　要：　2021年在全球气候治理进程中具有重要意义，作为 COP26的主
办国，英国承担着重要的国际责任。从2020年下半年开始，约
翰逊政府在抗击新冠肺炎疫情的同时，推动绿色复苏，于2020
年12月提出了英国的"国家自主贡献"目标——2030年比1990年
减排68%；2021年4月通过了第6次碳预算，提出到2035年减排
78%。约翰逊政府采取了一系列积极措施来推动这一目标的实
现，试图推动英国引领绿色工业革命。在气候外交方面，英国
2020年12月与联合国一起主办了气候雄心峰会，2021年5月与德
国一起主办了彼得堡气候对话会。为推动2021年11月举行的
COP26取得成功，英国开展了积极气候外交，利用担任七国集
团（G7）和意大利担任二十国集团（G20）轮值主席国的机会
推动国际社会强化气候行动，并在双边关系上利用英美特殊关
系，加强与美国拜登政府的气候合作。

关键词：　英国　后新冠疫情时代　COP26　气候变化　气候外交

在新冠肺炎疫情冲击下，原定于 2020 年 11 月在英国格拉斯哥召开的

* 本文是国家社科基金一般项目"构建人类命运共同体背景下中国推动全球气候治理体系改革
和建设的战略研究"（项目编号：18BGJ081）的阶段性成果。
** 李慧明，法学博士，山东大学政治学与公共管理学院教授、山东大学环境政治研究所副所
长，主要研究领域为全球气候治理、欧盟气候政策和环境政治。

《联合国气候变化框架公约》（以下简称《公约》）第 26 届缔约方大会
（COP26）被推迟到 2021 年 11 月举行。作为大会主办国的英国可谓责任重
大，为这次特别的会议准备了近两年的时间。格拉斯哥气候大会是 2015
年《巴黎协定》签署以来最重要的一次会议。鉴于全球气候变化影响加
剧、美国拜登政府重返《巴黎协定》并采取了一系列高调且积极的气候政
策，气候变化问题已成为 2021 年国际议程中的"超级"议题。可以说，
2021 年无论是对国际社会还是对英国而言，都是一个特殊的年份。因而，
2020 年下半年以来，英国持续推动国内气候行动，并开展积极的气候外
交，以期推动格拉斯哥气候大会取得成功。那么，在新冠肺炎疫情冲击持
续的背景下，英国的气候政策有哪些调整和变化？对英国的减排行动及气
候外交将产生什么影响？在准备格拉斯哥气候大会的进程中，英国开展了
哪些气候外交，成效如何？这些都是当前观察英国内政与外交所亟须回答
的问题。

一　英国的气候变化政策：延续与推进

2020 年下半年，英国仍经受着新冠肺炎疫情的严重冲击，但气候变化
议题并没有受到过多影响，在积极应对疫情的情况下，仍对气候变化问题保
持了积极的政策立场。原因在于，英国的气候政策已被纳入法治的轨道，而
COP26 对全球气候治理进程具有重要意义，作为东道国，英国希望把气候
议题保持在国内和国际政治议程的优先位置。

（一）气候变化政策的延续

约翰逊政府在按照既定程序完成脱欧进程的同时，未对气候变化政策进
行大幅调整，在很大程度上延续并积极落实之前提出的净零排放政策，且行
动力度有了更大的提升，主要集中在以下三个方面。

第一，通过了第六次碳预算，提出新的、力度更大的 2030 年减排目标，
确保到 2050 年实现净零排放，并制定了具体措施推动这一新目标的落实。

2020 年 12 月，英国气候变化委员会（Committee on Climate Change，CCC）提出了第六次碳预算的建议，覆盖时间从 2033 年到 2037 年，建议到 2035 年在 1990 年的基础上减排 78%，包括国际航空和海运排放。该建议接近两年前英国提出的 2050 年减排 80% 的目标，表明英国把这一减排目标提前了 15 年，与《巴黎协定》将全球变暖控制在 2℃ 以下并努力实现 1.5℃ 的目标一致。第六次碳预算首次包括了国际航空和海运的排放，将其也纳入了法律轨道。2021 年 4 月 20 日，英国政府正式接受了这一建议，同意了气候变化委员会提出的减排目标。英国是第一个将具有法律约束力的长期碳预算纳入立法的国家。碳预算最初作为 2008 年《气候变化法》的一部分出台。从那时起，已经有五个碳预算已被纳入法律，使英国走上实现其目标的法治轨道。第六次碳预算将确保英国到 2050 年实现净零排放，消除对气候变化的影响。英国气候变化委员会还于 2020 年 12 月建议英国政府在 2030 年之前将国家自主贡献（NDC）至少定为 68%（不包括国际航空和航运排放）。政府接受了这一建议，并于 12 月 12 日向《公约》秘书处正式递交。这是英国脱欧之后正式提出的独立国家自主贡献目标。在其国家自主贡献文件中，英国提出全经济范围的温室气体排放减少至少 68%（2030 年与 1990 年水平相比），执行时间为 2021 年 1 月 1 日至 2030 年 12 月 31 日。温室气体共包括 7 种，其中 CO_2、CH_4 和 N_2O 的减排参考年是 1990 年；HFCs、PFCs、SF_6 和 NF_3 的减排参考年是 1995 年。第六次碳预算延续了《公约》建议的到 21 世纪 30 年代的雄心勃勃的减排计划。

第二，提出推进"绿色工业革命"的十点计划和工业去碳化战略。2020 年 11 月，英国首相约翰逊提出了雄心勃勃的"绿色工业革命"十点计划。该计划涵盖清洁能源、建筑、交通、自然和创新技术等领域，政府投资 120 亿英镑，将创造和支持多达 25 万个高技能的绿色就业岗位，到 2030 年预计将撬动私营部门的投资增加 3 倍。到 2025 年，每年植树 3 万公顷，并通过重新铺设约 3 万个足球场的乡村土地，利用大自然吸收碳的能力，恢复大自然的丰饶。十点计划的内容如表 1 所示。

表 1 英国促进"绿色工业革命"的十点计划

名称与领域	主要政策行动	政策目标	气候效应
促进海上风电发展	支持风力涡轮机产业扩大,将投资1.6亿英镑用于现代化港口和制造业基础设施建设,为沿海地区提供优质就业。通过差价拍卖合同对供应链采取更严格的要求,实现行业规定的海上风电项目在英国占比60%。	2030年生产40GW的海上风电,包括在英国海上风力最大的地区生产1GW的创新型浮动海上风电。2030年将海上浮动风电场规模扩大12倍。在未来10年内,就业岗位翻番。	2023～2032年节省2100万吨二氧化碳当量碳排放,相当于2018年英国排放量的5%。
驱动低碳氢能的增长	创设2.4亿英镑的净零氢能基金,提出氢能商业模式和财税机制,带动私营部门投资。开创氢气加热试验的先河,从一个氢气社区开始,并在21世纪第二个10年扩大到一个潜在的氢气城镇。	于2030年形成5GW的低碳氢气生产能力,创造8000个就业岗位。至2050年,在高氢能净零排放的情景下,创造10万个就业岗位。	2023～2032年将节省4100万吨二氧化碳当量碳排放,相当于2018年英国排放量的9%。
提供新的先进核能	在发展大规模核电的同时,进一步投资小型模块化反应堆和先进模块化反应堆。设立3.85亿英镑的先进核基金,进一步投资下一代核技术,使对小型模块化反应堆的投资达到2.15亿英镑,以开发一种国内规模较小的发电厂技术设计。提供1.7亿英镑用于研究和开发先进模块化反应堆。为将这些技术推向市场,将额外投资4000万英镑用于制定监管框架和支持英国供应链。	最迟于21世纪30年代初建造一个演示器,以证明这项技术的潜力,并使英国在国际竞争中处于领先地位。一座大型核电站将在建设期间提供约1万个就业岗位,促进英国的创造和维持高技术就业。	核能与可再生能源和其他技术一起,在电力系统深度脱碳方面发挥着关键作用,每GW核能发电足以维持200万家庭的清洁电力使用。
加速向零排放汽车转型	自2030年起,将停止销售新的汽油和柴油汽车和面包车,比计划提前10年。2035年之前允许销售混合动力汽车和面包车。英国中西部、威尔士和北部作为英国汽车制造业的支柱,将得到28亿英镑的支持。投资13亿英镑,加快推广充电基础设施,重点支持高速公路和主要道路上的快速充电点,并在家庭和工作场所附近安装更多的街道充电点。将5.82亿英镑的插电式汽车、面包车、出租车和摩托车补助金,延长至2022～2023年,降低消费价格。投资2000万英镑在货运中率先采用氢气等零排放货车,支持行业发展性价比高、零排放载重车辆。	汽车和面包车的排放量约占1/5,因而必须采取果断行动,至2030年结束新型汽油和柴油汽车、面包车的销售。自2030年起,所有车辆都必须具备显著的零排放能力(例如插电式和全混合动力车)。自2035年实现100%零排放。至2030年,支持4万个新型就业岗位。	到2032年将节省约500万吨二氧化碳当量碳排放,到2050年节省约3亿吨二氧化碳当量碳排放。

续表

名称与领域	主要政策行动	政策目标	气候效应
绿色公共交通、自行车和步行	投资铁路和公共汽车服务,采取措施帮助行人和骑自行车的人,加快向更加积极和可持续的交通过渡,并资助数千辆零排放公交车。投资 42 亿英镑用于改善城市公共交通,在自行车和步行方面投资 50 亿英镑。投资 1.2 亿英镑引进 4000 多辆英国造的零排放公交车。从本财政年度开始资助至少 2 个全电动公交城镇,以及发展首个完全零排放的市中心。	至 2025 年创造 3000 个就业岗位,将有 4000 多辆零排放公交车运行,占英国当地运营公交车队的 12%。至 2025 年,英格兰每个城镇和城市都有超过 1000 英里安全、直接的自行车和步行道路网络。	2023~2032 年绿色公共汽车、自行车和步行节省 300 万吨二氧化碳当量碳排放。
零排放飞机和绿色轮船	推动利用可持续航空燃料,投资零排放飞机研发、机场和海港未来基础设施。在国际上,继续带头努力寻找解决全球航空和海洋排放的办法,包括利用 2021 年 COP26 主席的职能制定一个以部门为主导的目标。成立了零排放飞机理事会,以加快新技术的开发和采用。投资 2000 万英镑用于清洁海运示范项目,发展清洁海运技术。	国内的可持续航空燃料产业支持 5200 个就业岗位,未来航空产业带来 120 亿英镑产值。	至 2032 年从清洁海运节省 100 万吨二氧化碳当量碳排放。至 2050 年从可持续航空燃料节省 1500 万吨二氧化碳当量碳排放。
更绿色的建筑	制定明确的路线,在未来 15 年内,随着个人更换家用电器,提供低碳、更高效的替代品,逐步摆脱化石燃料锅炉。争取在最短的时间内实施未来住宅标准,并就提高非住宅建筑标准进行磋商,使新建筑具有高能效和低碳供暖水平。绿色家园补助金再延长 1 年,以提高住宅的能源效率,取代化石燃料供暖。进一步资助公共部门的脱碳计划,以减少学校、医院和公共建筑的碳排放。	至 2030 年支持约 5 万个就业岗位。至 2028 年,每年安装 60 万台热泵。	2023~2032 年节省 7100 万吨二氧化碳当量碳排放,或者是英国 2018 年碳排放的 16%。
投资与碳捕获、利用与封存(CCUS)	投资 10 亿英镑支持在 4 个产业集群中建立 CCUS,在东北、亨伯、西北、苏格兰和威尔士等地区建立"超级地点"(Super Places)。在 2021 年制定财税机制的细节,以便将私营部门的投资引入工业碳捕获和氢项目,并通过新商业模式支持这些项目。10 亿英镑基础设施基金将为特定产业提供部署 CCUS 所需的资金。	于 21 世纪 20 年代中期在 2 个产业集群建立 CCUS。至 2030 年,在 4 个产业集群建立 CCUS,每年捕获 1000 万吨二氧化碳。至 2030 年将支持 5 万个就业岗位。	2023~2032 年节省 4000 万吨二氧化碳当量碳排放,或者是英国 2018 年碳排放的 9%。

续表

名称与领域	主要政策行动	政策目标	气候效应
保护自然环境	通过创建新的国家公园和具有突出自然美景的地区（AONB）保护自然环境。利用4000万英镑第二轮绿色复苏挑战基金，创造更多的绿色就业岗位。保护珍稀景观，致力于自然生态系统恢复。未来4年内通过开发10个长期景观恢复项目，加快恢复自然生态系统。创建环境土地管理试点，投资洪水防御项目。将对1项为期6年的防洪和沿海防御项目投资52亿英镑，其中包括利用自然力量开展工作的创新方法。	至2027年,提高洪水防御能力项目将创造2万个就业岗位。绿色复苏挑战基金增至8000万英镑。在英格兰各地共支持2000个洪水防御系统建设。	气候和生物多样性从保护国家景观获益。
绿色金融与创新	为加速电力、建筑和工业部门的创新性低碳技术、系统和过程的商业化,设立10亿英镑的净零创新项目,将集中该计划提出的10个相应的优先领域,并提供1亿英镑用于能源存储等。	2027年,总体研发资金将提升至占GDP的2.4%,创造几十万个就业岗位。政府在净零创新领域投资10亿英镑,私营部门的潜在资金为25亿英镑。	整个低碳部门碳节省。

资料来源：根据英国政府发布的《促进绿色工业革命的十点计划》整理，参见 https://www.gov.uk/government/publications/the–ten–point–plan–for–a–green–industrial–revolution。

第三，实施工业脱碳战略（Industrial Decarbonisation Strategy），加速推进2050年实现净零排放的工业和技术基础建设。2019年，英国政府提出至2050年实现净零排放。工业部门是实现这一战略的核心之一。为实现这一战略，工业部门至2035年排放量至少要减少2/3，2050年至少要减少90%。为推动绿色工业革命，2021年3月，英国政府通过了一项工业脱碳战略，对整个工业部门进行了详细规划。该战略涵盖了英国工业的全部领域——金属和矿产、化学品、食品和饮料、造纸和纸浆、陶瓷、玻璃、炼油厂和其他能源密集型制造业。该战略旨在展示，在不将排放和产业推向国外的情况下，英国如何拥有一个与净零目标相一致的高效的工业部门，以及政府如何采取行动来支持这一目标。从英国中西部的陶瓷产业集群，到英格兰东北部的蒂赛德（Teesside）化工厂是英国的工业中心地带。这些产业集群对英国经济极为重要，为英国每年贡献 1700 亿英镑，提供了 260 万个就业岗位。工业脱碳战略主要推动产业集群的脱碳，对实现净零排放目标作用重大。该战略确定的目标是，确保到 2030 年至少有 4 个低碳集群，到 2040 年至少有 1 个净零集群。[①] 工业脱碳战略基于上述推进"绿色工业革命"的十点计划，是英国绿色工业革命宏伟计划的核心部分。从这一战略的核心目标、政策举措和具体计划来看，其最为核心的战略考量是确保英国在未来的低碳经济时代具有强大的竞争力，占据先行者优势，为英国以及世界其他国家发出一个清晰的信号——低碳转型已成为不可逆转的全球性潮流，必须转变发展战略，投资于未来。

（二）气候变化政策的推进及成效

2021 年 6 月 24 日，气候变化委员会发布了英国气候变化政策进展的评估报告，包括减排、适应气候变化进展报告和联合政策建议。根据该报告，因新冠肺炎疫情采取的封锁措施导致英国 2020 年的排放量比上一年下降了 13%，创下了历史纪录。纵向比较来看，英国一直保持着减排的领先纪录。1990～2019 年温室气体排放减少了 40%，为二十国集团（G20）中的最大的减排量；与此同时，经济持续增长，1990～2019 年，国内生产总值增长了 78%。自 2012 年以来，减排率（每年约 2000 万吨二氧化碳当量）与未来需求的减排相当。虽然迄今为止英国在某些方面的记录很好，但在适应不断变化的气候方面已经落后，而且没有为未来关键的十年制定一个连贯的减排计划。在适应战略方面，虽然已采取了一些措施（特别是在应对洪水和水资源短缺方面），但在规划和提供应对措施方面的总体进展尚未跟上日益增加的风险。在气候资金方面，英国有所进展，但仍需进一步加强。英国一直是国际气候资金的有力贡献者，最近又将其对气候变化的资金承诺增加了 1 倍，2021～2026 年总计达 116 亿英镑。该资金分为

---

① HM Government, "Industrial Decarbonisation Strategy", March 2021, https：//assets. publishing. service. gov. uk/government/uploads/system/uploads/attachment_ data/file/970229/Industrial_ Decarbonisation_ Strategy_ March_ 2021. pdf.

支持减排和支持适应两部分。鉴于全球适应资金严重不足，这一点非常重要。然而，最近英国削减海外援助正在弱化这些承诺。总体而言，与其他国家相比，英国在气候变化方面取得了良好进展。不过，尽管政府最近表示要提高减排量，且一直强调英国在全球气候治理方面发挥着领导作用，但政策在一些领域的实施持续拖延。① 根据气候行动追踪（Climate Action Tracker，CAT）组织对英国气候行动成效的分析，英国政府 2020 年底提出的至 2030 年减排 68% 的目标远高于此前的 57%，并与英国 2050 年温室气体净零排放目标保持一致。该目标一旦实现，英国将成为全球首批将国内排放量与《巴黎协定》提出的 1.5℃ 全球温升控制目标保持一致的国家之一。然而，英国尚未制定和实施实现 2030 年新目标所需的雄心勃勃的政策，也没有坚定地走上净零增长的道路。② 对此，气候变化委员会主席德本勋爵（Lord Deben）在 2021 年 6 月 24 日气候变化委员会发布英国气候政策的进展报告时表示，英国要发挥领导作用就必须加强行动，提高自己的国际信誉，"政府必须实实在在地履行诺言。英国必须证明，它可以在我们对待这个星球的方式上引领全球变化。正确对待，英国的行动将得到广泛的反响。行动继续缓慢和怯懦，机会将从我们手中溜走"。③ 净零排放目标意味着需要持续连贯的减排政策。英国政府在过去一年里确实做出了历史性的气候承诺，值得肯定。然而，要获得实实在在的成效，英国的政策实施有些缓慢，一系列新的气候政策仍存在诸多不确定性和拖延。

① Committee on Climate Change, "Progress in Reducing Emissions – 2021 Report to Parliament", 24 June 2021, https：//www. theccc. org. uk/wp – content/uploads/2021/06/Progress – in – reducing – emissions – 2021 – Report – to – Parliament. pdf.

② Climate Action Tracker, "United Kingdom", 15 September 2021, https：//climateactiontracker. org/ countries/uk/.

③ Committee on Climate Change, "Time is Running out for Realistic Climate Commitments", 24 June 2021, https：//www. theccc. org. uk/2021/06/24/time – is – running – out – for – realistic – climate – commitments/.

二 新冠肺炎疫情冲击下的英国气候外交：责任与雄心

2021年是全球气候治理进程自2015年《巴黎协定》达成以来最重要的一年。根据《巴黎协定》的新一轮国家自主贡献需要更新，要动员世界各国加大力度。英国作为COP26的主办国（与意大利联合），肩负着促进大会取得成功的重要使命。

（一）为促进COP26的成功积极开展气候外交

国际气候谈判和制度落实都是在联合国的框架内进行的。为推动全球气候治理取得积极进展，2020年12月12日，英国与联合国和法国共同主办了"气候雄心峰会"（Climate Ambition Summit），邀请来自世界各地的75位领导人与会，所有与会领导人都宣布了有关气候行动的新承诺。在此次峰会上，英国敦促其他国家不要退缩，强调在COP26召开之前的几个月内制定重大政策，终止煤电、逐步淘汰污染车辆、解决不可持续的农业问题以及通过气候融资支持发展中国家。① 2021年5月，英国还与德国一起主办了第12届彼得堡气候对话（Petersberg Climate Dialogue），动员各国加大国家自主贡献力度。与此同时，自2020年下半年起，英国一边紧张抗击新冠肺炎疫情，一边利用各种渠道开展气候外交。2021年5月4日，英国首相约翰逊和印度总理纳伦德拉·莫迪（Narendra Modi）召开视频会议，双方签署了一份新的共同路线图，其中包括帮助限制全球气温上升和支持最易受气候变化影响的社区的措施。双方还承诺将共同努力，争取在11月举行的COP26上取得重大成果，并持续采取行动。② 5月10~11日，COP26候任主席阿洛克·

---

① HM Government, "Foreword Alok Sharma-COP President Designate", https://together - for - our - planet. ukcop26. org/cop26 - presidents - foreword/.

② The UK Government, "UK-India Deepen Work on Climate Change on the Road to Successful COP26", 4 May 2021, https://www. gov. uk/government/news/uk - india - deepen - work - on - climate - change - on - the - road - to - successful - cop26.

夏尔马（Alok Sharma）专程访问 COP26 的联合主办国意大利以及梵蒂冈，加强与意大利的沟通。双方在联合声明中强调，致力于将气候和自然置于2021 年多边议程的核心，通过担任七国集团（G7）、二十国集团（G20）和COP26 主席国密切合作，在这个时代最重要的问题上取得进展，并鼓励各国为实现共同的气候目标采取具体行动。① 夏尔马还通过"英国—孟加拉国气候伙伴关系论坛"（UK-Bangladesh Climate Partnership Forum）网络会议等方式，加强与受气候变化影响最严重国家的协商和沟通。5 月底，夏尔马访问越南、印度尼西亚和孟加拉国，加强与这些国家的协调，寻求对英国COP26 气候优先事项的支持。

（二）利用七国集团轮值主席国身份开展气候外交

英国是 2021 年七国集团（G7）的轮值主席国，利用这一机会英国开展了积极的气候外交。在 5 月 10～12 日的 G7 工商峰会（Business7，B7）之前，英国要求成员国有关企业在 4 月 30 日之前积极开展"净零排放竞赛"（Race to Zero）运动，做出实现净零排放承诺，以便在峰会期间展示。超过2100 家企业参加了这一活动，而且数量还在迅速增加。最后通过的 B7 峰会联合声明呼吁成员国政府设定目标，在可行的情况下，在 2040 年前逐步淘汰发电中有增无减的煤炭，作为政策的一个基准，向各国工商业发出重要信号。声明还强调各国政府必须与企业合作，提供明确的部门脱碳途径和路线图，从而在 2050 年实现净零排放。② 5 月 20～21 日，英国组织召开了 G7 气候和环境部长会议，会后通过的联合声明承诺将气候变化、生物多样性和环境保护置于应对新冠肺炎疫情、经济复苏政策和投资的核心位置，并呼吁通过加大 2030 年减排力度，确保 1.5℃温升限制目标在可实现的范围，与尽

---

① The UK Government, "Joint Statement from COP26 President Alok Sharma and Italian Ecological Transition Minister Roberto Cingolani", 11 May 2021, https：//www. gov. uk/government/news/joint - statement - from - cop26 - president - alok - sharma - and - italian - ecological - transition - minister - roberto - cingolani.

② Business 7, "B7 Summit 2021 Joint Statement", May 2021, https：//www. cbi. org. uk/media/ 6632/b7 - communique. pdf.

早（最迟至 2050 年）实现净零排放的目标相一致。①

在 2021 年 6 月 11～13 日召开的 G7 领导人峰会上，英国还邀请澳大利亚、印度、韩国和南非参加，并将应对气候变化议题置于整个峰会的重要位置。峰会通过的大部分政策文件强调了应对气候变化的重要性和紧迫性。峰会通过的《七国集团 2030 年自然公约》则强调了积极应对气候变化和生物多样性损失问题，以及保持全球温升 1.5℃的重要性。峰会最后通过的领导人联合声明专门强调了应对气候变化的重要性，"我们承诺努力加快减少温室气体排放，保持全球变暖 1.5℃的门槛在可及的范围，加强适应能力和复原力以保护人们免受气候变化的影响，制止和扭转生物多样性的丧失，调动资金和利用创新来实现这些目标"。②

（三）加强与美国拜登政府的气候合作

鉴于英国脱欧以及英美之间的特殊关系，加强与美国的气候合作是英国 2021 年气候外交中的关键步骤。2021 年 1 月 20 日，美国拜登政府成立，拜登在第一时间签署重新加入《巴黎协定》的行政命令，并宣布任命前国务卿约翰·克里担任总统气候特使。1 月 21 日，英国 COP26 候任主席夏尔马与克里通电话，他们一致认为，应对气候变化刻不容缓，两国在确定面对这一共同挑战的优先次序方面应再次保持一致，并在 11 月 COP26 之前促进全球共同努力。他们还表示，全世界出现了向可再生能源转变的令人鼓舞的增长。双方同意各自的官员应密切合作。他们期待在七国集团（G7）峰会和 COP26 之前定期沟通并尽快会晤，以加强英美气候合作。③

① G7, "Climate and Environment Ministers' Meeting Communique", 21 May 2021, https：//www. g7uk. org/g7 – climate – and – environment – ministers – communique/.

② The European Commission, "G7 2030 Nature Compact", 13 June 2021, https：//www. consilium. europa. eu/media/50363/g7 – 2030 – nature – compact – pdf – 120kb – 4 – pages – 1. pdf.

③ The UK Government, "Call between COP26 President Designate Alok Sharma and US Special Presidential Climate Envoy John Kery", 21 January 2021, https：//www. gov. uk/government/news/call – between – cop26 – president – designate – alok – sharma – and – us – special – presidential – climate – envoy – john – kerry.

2021 年 6 月 10 日，美国总统拜登在参加 G7 领导人峰会前访问英国，与英国首相约翰逊会谈。会谈后双方发表了《新大西洋宪章》与《英美联合声明》，强调将共同努力，团结所有国家努力实现《巴黎协定》的目标，实现将全球平均气温上升限制在比工业化前水平不超过 1.5℃ 的目标。

三　结论与展望

虽然新冠肺炎疫情仍在英国蔓延，但并未影响英国应对气候变化的行动。2020 年 12 月，英国接受气候变化委员会的建议，正式向《公约》秘书处提交了其脱离欧盟之后新的国家自主贡献目标，提出到 2030 年在 1990 年水平的基础上温室气体排放减少至少 68%。于英国而言，2021 年可以说是一个典型的"气候政治年"。一方面，在国内气候政策方面，英国政府接受了气候变化委员会于 2020 年底提出的第六次碳预算法案，并在工业、能源和金融等方面采取了较为积极的气候政策，力图推进英国的低碳转型，实现"绿色工业革命"；另一方面，在国际上，利用各种双边和多边渠道积极开展气候外交，推动 COP26 取得预期效果。鉴于 2020 年的 COP26 推迟至 2021 年 11 月举行，英国把格拉斯哥气候大会的成功视为其 2021 年政府内政和外交的核心目标。许多重大的气候政策措施就是基于这一目标采取的，包括加强与美国的气候合作，利用 G7 轮值主席国的身份提升 G7 各成员国的气候雄心，以及利用英国与一些发展中国家之间的特殊关系（比如与印度和孟加拉国），加强与发展中国家的气候合作。2021 年 11 月召开的 COP26 被认为是自 2015 年《巴黎协定》达成以来国际气候进程中最重要的一次会议。一方面，由于《巴黎协定》达成以来世界各国虽然采取了许多重大行动，但离《巴黎协定》的减排目标还有较大差距。虽然 2020 年新冠肺炎疫情导致经济放缓，2020 年的温室气体排放有所下降，但未能遏制气候变化驱动因素。2019 年和 2020 年全球主要温室气体的浓度仍在继续增加，气候变化带来的影响仍在扩大。[1] 另一方面，2021 年是《巴黎协定》正式开始实施之年，也是各缔约方提交新一轮国家自主贡献之年。各缔约方能否在格拉斯哥气候大会之前提交力度更大的国家自主贡献，或者格拉斯哥气候大会能否促进各缔约方实施力度更大的国家自主贡献，将是衡量《巴黎协定》确立的以国家自主贡献为核心的"自下而上"治理模式成效的重要标志。就此而言，作为主办方的英国无疑承受着巨大的国际压力，也肩负着重要的国际责任。在很大程度上，CDP26 将是英国脱欧后展现其国家力量和外交力量最重要的国际舞台，也是实现其国家雄心最为关键的机会。

---

① World Meteorological Organization，"State of Global Climate 2020（WMO - No. 1264）"，2021，https：//library. wmo. int/index. php？lvl = notice_ display&id = 21880#. YVqvY5pBw2w.

资 料 篇
Data and Statistics

B.17
统计资料

沈 毅[*]

表1 英国内阁成员名单

首相兼第一财政大臣兼公务员事务部部长	鲍里斯·约翰逊 Boris Johnson	财政大臣	里希·苏纳克 Rishi Sunak
外交、英联邦及发展事务大臣兼第一国务大臣	多米尼克·拉布 Dominic Raab	内政大臣	普丽蒂·帕特尔 Priti Patel
内阁府大臣兼兰卡斯特公爵大臣	迈克尔·戈夫 Michael Gove	大法官兼法务大臣	罗伯特·伯克兰 Robert Buckland
国防大臣	本·华莱士 Ben Wallace	卫生和社会关怀大臣	赛义德·贾维德 Sajid Javid
联合国气候变化会议（COP26）主席	阿洛克·沙玛 Alok Sharma	商务、能源和产业战略大臣	夸西·克沃滕 Kwasi Kwarteng
国际贸易大臣、贸易委员会主席兼妇女事务及平等大臣	伊丽莎白·特拉斯 Elizabeth Truss	就业和养老金事务大臣	泰芮丝·科菲 Thérèse Coffey

---

* 沈毅，硕士，北京外国语大学英语学院英国研究中心副教授，主要研究领域为英国经济。

教育大臣	加文·威廉姆森 Gavin Williamson	环境、食品和农村事务部大臣	乔治·尤斯蒂斯 George Eustice
住房、社区和地方政府大臣	罗伯特·詹里克 Robert Jenrick	交通大臣	格兰特·沙普斯 Grant Shapps
北爱尔兰事务大臣	布兰登·刘易斯 Brandon Lewis	苏格兰事务大臣	阿利斯特·杰克 Alister Jack
威尔士事务大臣	西蒙·哈特 Simon Hart	上议院领袖兼掌玺大臣	伊万斯女男爵 Baroness Evans of Bowes Park
数字、文化、媒体和体育大臣	奥利弗·道登 Oliver Dowden	国务大臣	洛德·弗罗斯特 Lord Frost
不管部部长(无薪)	阿曼达·米林 Amanda Milling		

资料来源：根据英国政府网（https：//www.gov.uk/government/ministers）发布的名单编译，28 July 2021。

表2 英国国内生产总值（GDP）增长率（2019年至2021年第二季度）

单位：%

时间段	2019年全年	2020年全年	2020年第一季度	2020年第二季度	2020年第三季度	2020年第四季度	2021年第一季度	2021年第二季度
对比期	比上一年	比上一年	比上一季度	比上一季度	比上一季度	比上一季度	比上一季度	比上一季度
增长率	1.4	-9.8	-2.8	-19.5	16.9	1.3	-1.6	4.8

资料来源：Office for National Statistics，*Economy*，*Gross Domestic Product*（*GDP*），https：//www.ons.gov.uk/economy/grossdomesticproductgdp/timeseries/ihyp/qna；https：//www.ons.gov.uk/economy/grossdomesticproductgdp/timeseries/ihyq/pn2。

表3 2021～2022财政年度英国政府公共支出预算

单位：10亿英镑，%

序号	项目	金额	占总支出百分比
1	社会保障	302	28.68
2	个人社会服务	40	3.80
3	债务利息	45	4.27
4	住房和环境	33	3.13
5	工业、农业和就业	70	6.65
6	医疗	230	21.84

续表

序号	项　目	金额	占总支出百分比
7	公共秩序和安全	41	3.89
8	交　　通	51	4.84
9	教　　育	124	11.78
10	国　　防	60	5.70
11	其　　他	57	5.41
	预计总支出	1053	100

注：总支出百分比小数点保留至第二位，第三位四舍五入，总和略低于100%。

资料来源：HM Treasury，"Chart 1：Public Sector Spending 2021 – 22"，in *Budget 2021*，https：// www.gov.uk/government/publications/budget – 2021 – documents。

表4　2021～2022财政年度英国政府公共收入预算

单位：10亿英镑，%

序号	项　目	金额	占总收入百分比
1	所得税	198	24.15
2	增值税	151	18.41
3	国民保险	147	17.93
4	消费税	48	5.85
5	公司税	40	4.88
6	营业税	24	2.93
7	市政税	40	4.88
8	其他税种	84	10.24
9	其他非税收入	88	10.73
	预计总收入	820	100

注：总支出百分比小数点保留至第二位，第三位四舍五入，总和等于100%。

资料来源：HM Treasury，"Chart 2：Public sector current receipts 2021 – 22"，in *Budget 2021*，https：//www.gov.uk/government/publications/budget – 2021 – documents。

表5　英国国际贸易收支平衡（2018年第二季度至2021年第二季度）

单位：10亿英镑

时间段	货物贸易（贵金属除外）	总贸易平衡（贵金属除外）	总贸易平衡	服务贸易
2018年第二季度	－32.2	－4.8	－6.0	27.3
2018年第三季度	－31.8	－3.5	－4.3	28.4
2018年第四季度	－37.6	－9.8	－9.8	27.8

时间段	货物贸易（贵金属除外）	总贸易平衡（贵金属除外）	总贸易平衡	服务贸易
2019 年第一季度	-38.3	-13.8	-24.7	24.5
2019 年第二季度	-34.9	-8.3	-9.5	26.7
2019 年第三季度	-29.3	-4.3	-5.4	25.0
2019 年第四季度	-27.0	0.1	12.1	27.1
2020 年第一季度	-30.0	-3.8	-4.0	26.2
2020 年第二季度	-23.3	2.6	11.9	25.9
2020 年第三季度	-31.4	-4.6	-5.1	26.8
2020 年第四季度	-39.9	-11.4	-14.9	28.4
2021 年第一季度	-29.8	-1.7	-1.8	28.2
2021 年第二季度	-33.5	-5.2	-4.4	28.3

资料来源：Office for National Statistics，"Figure 5：The Total Trade Deficit Widened in Quarter 2（Apr. to June）2021，UK Trade Balances，Excluding Precious Metals，3 - month on 3-month，Quarter 2（Apr. to June）2018 to Quarter 2（Apr. to June）2021"，in "4. Total trade，Three-monthly and Annual Movements"，*UK Trade：June 2021*，https：//www. ons. gov. uk/economy/nationalaccounts/balanceofpayments/bulletins/uktrade/june2021。

表 6　英国进出口货物（贵金属除外）贸易收支（2019 年 6 月至 2021 年 6 月）

单位：10 亿英镑

时间段	对欧盟出口	对非欧盟出口	从欧盟进口	从非欧盟进口
2019 年 6 月	13.8	15.2	22.2	17.7
2019 年 7 月	14.3	16.9	22.3	18.8
2019 年 8 月	14.1	16.6	22.1	18.7
2019 年 9 月	14.1	16.8	22.2	18.0
2019 年 10 月	14.4	16.5	23.0	19.0
2019 年 11 月	12.5	15.9	20.0	17.1
2019 年 12 月	13.6	16.2	19.9	17.1
2020 年 1 月	13.5	14.7	19.8	17.9
2020 年 2 月	13.2	13.5	19.6	17.0
2020 年 3 月	11.2	13.4	18.9	16.4
2020 年 4 月	9.1	10.7	13.9	13.5
2020 年 5 月	9.9	10.4	14.5	12.5
2020 年 6 月	11.1	11.8	17.2	14.7
2020 年 7 月	11.6	12.5	18.4	15.6
2020 年 8 月	11.8	12.7	18.6	15.1

续表

时间段	对欧盟出口	对非欧盟出口	从欧盟进口	从非欧盟进口
2020 年 9 月	11.9	12.9	19.6	17.5
2020 年 10 月	12.8	12.8	20.1	17.6
2020 年 11 月	13.3	13.5	22.3	18.2
2020 年 12 月	13.9	13.3	22.9	18.4
2021 年 1 月	7.9	13.5	15.6	16.0
2021 年 2 月	11.9	12.6	16.7	17.6
2021 年 3 月	12.9	14.1	17.8	19.1
2021 年 4 月	13.0	13.6	18.4	20.1
2021 年 5 月	14.1	13.9	18.7	19.4
2021 年 6 月	14.3	13.1	19.2	19.9

资料来源：Office for National Statistics, *UK Trade Statistics*, https：//www. ons. gov. uk/visualisations/dvc1515/fig1/datadownload. xlsx。

表 7　CPIH、CPI 和 OOH 指数及年、月变化率（2020 年 7 月至 2021 年 7 月）

时间	CPIH 指数 （2015 年 =100）	CPIH 年变化率 （%）	CPIH 月变化率 （%）	CPI 指数 （2015 年 =100）	CPI 年变化率 （%）	CPI 月变化率 （%）	OOH 指数 （2015 年 =100）	OOH 年变化率 （%）
2020 年 7 月	109.2	1.1	0.4	109.1	1.0	0.4	108.0	1.1
2020 年 8 月	108.8	0.5	−0.3	108.6	0.2	−0.4	108.1	1.1
2020 年 9 月	109.2	0.7	0.4	109.1	0.5	0.4	108.3	1.2
2020 年 10 月	109.2	0.9	0.0	109.1	0.7	0.0	108.4	1.2
2020 年 11 月	109.1	0.6	−0.1	108.9	0.3	−0.1	108.6	1.2
2020 年 12 月	109.4	0.8	0.2	109.2	0.6	0.3	108.8	1.3
2021 年 1 月	109.3	0.9	−0.1	109.0	0.7	−0.2	109.0	1.3
2021 年 2 月	109.4	0.7	0.1	109.1	0.4	0.1	109.1	1.4
2021 年 3 月	109.7	1.0	0.2	109.4	0.7	0.3	109.1	1.3
2021 年 4 月	110.4	1.6	0.7	110.1	1.5	0.6	109.2	1.4
2021 年 5 月	111.0	2.1	0.5	110.8	2.1	0.6	109.4	1.5
2021 年 6 月	111.4	2.4	0.4	111.3	2.5	0.5	109.6	1.6
2021 年 7 月	111.4	2.1	0.0	111.3	2.0	0.0	109.8	1.6

注：CPIH（Consumer Prices Index including owner occupiers' housing costs）：含业主住房费用之消费者价格指数/家庭消费价格指数；CPI（Consumer Prices Index）：消费者价格指数；OOH（Owner Occupiers' Housing Costs）：业主住房费用。

资料来源：Office for National Statistics, "Table 1：CPIH, OOH Component and CPI Index Values, and 12-month and 1-month Rates UK, July 2020 to July 2021", in "2. Annual CPIH Inflation Rate", *Economy, Inflation and Price Indices*, https：//www. ons. gov. uk/economy/inflationandpriceindices/bulletins/consumerpriceinflation/july2021。

表8 消费类产品对家庭消费价格指数（CPIH）年变化贡献率（2021年6~7月）

消费类产品	2021年6~7月	消费类产品	2021年6~7月
食物和非酒精饮料	−0.01	交通	0.05
烟酒	−0.03	通信	−0.02
服装和鞋类	−0.09	娱乐和文化	−0.19
住房和家政服务	0.00	教育	0.00
业主住房费用	0.01	餐饮和住宿	−0.04
家具和家用产品	−0.02	其他商品和服务	−0.02
保健	−0.02		

资料来源：Office for National Statistics，"Figure 4：Downward Contributions from Recreation and Culture，and Clothing and Footwear Reduce the Headline Inflation Rate，Contributions to Change in the CPIH 12-month Inflation Rate，UK，Between June and July 2021"，in "4. Contributions to Change in the Annual CPIH Inflation Rate"，*Economy*，*Inflation and Price Indices*，*Consumer Price Inflation*，*UK*：*July 2021*，https：//www. ons. gov. uk/economy/inflationandpriceindices/bulletins/consumerpriceinflation/july2021。

表9 个人所得税和税阶

税阶	应纳税收入	税率
个税起征线	至12570英镑/年	0%
基本税率	12571~50270英镑/年	20%
较高税率	50271~150000英镑/年	40%
附加税率	150000英镑/年以上	45%

资料来源：英国政府官网，https：//www. gov. uk/income − tax − rates。

表10 英国16岁及以上人口失业率（2016年第一季度至2021年第二季度）

单位：%

季 度	失业率	季 度	失业率
2016年第一季度	5.1	2018年第一季度	4.2
2016年第二季度	4.9	2018年第二季度	4.0
2016年第三季度	4.8	2018年第三季度	4.1
2016年第四季度	4.7	2018年第四季度	4.0
2017年第一季度	4.6	2019年第一季度	3.8
2017年第二季度	4.4	2019年第二季度	3.9
2017年第三季度	4.3	2019年第三季度	3.8
2017年第四季度	4.4	2019年第四季度	3.8

续表

季　　度	失业率	季　　度	失业率
2020 年第一季度	4.0	2020 年第四季度	5.2
2020 年第二季度	4.1	2021 年第一季度	4.9
2020 年第三季度	4.8	2021 年第二季度	4.7

资料来源：Office for National Statistics，"Unemployment Rate（Aged 16 and over, Seasonally Adjusted）"，in "People not in Work"，*Employment and Labour Market*，https：//www. ons. gov. uk/ employmentandlabourmarket/peoplenotinwork/unemployment/timeseries/mgsx/lms。

表 11　2020 年工时和收入年度调查及劳动力调查

单位：%

	带薪每周工作时间年变化（基于工时和收入年度调查）	实际每周工作小时数年变化（基于劳动力调查）	每周总收入中位数年变化（基于工时和收入年度调查）
公共管理和国防；社保	1	−4	1.7
金融保险和房地产	−1	−6	0.3
健康和社会工作	0	−8	3.7
信息和通信	0	−10	3.9
专业科学和技术	−2	−14	−5.3
制造业	−2	−22	−2.7
教育	0	−23	0.6
交通和仓储	−3	−23	0.8
行政和支助服务	−4	−24	−0.5
批发和车辆修理	−2	−25	−2.4
建筑	−4	−29	−7.3
其他服务	0	−38	−0.1
住宿和餐饮	−12	−54	−18.1
所有行业	−2	−20	0

资料来源：Office for National Statistics，"Annual Survey of Hours and Earnings（ASHE）and Labour Force Survey（LFS）"，in "People in Work"，*Employment and Labour Market*，https：//www. ons. gov. uk/ employmentandlabourmarket/peopleinwork/earningsandworkinghours/bulletins/annualsurveyofhoursandearnings/2020。

表 12　英国最近三年房价（2018 年 5 月至 2021 年 6 月）

单位：英镑

时间	英格兰	威尔士	苏格兰	北爱尔兰
2018 年 5 月	243445	154756	148621	132095
2018 年 6 月	244962	156864	149960	132095
2018 年 7 月	247981	158626	151777	134619
2018 年 8 月	248620	161024	152138	134619
2018 年 9 月	248248	160265	151446	134619
2018 年 10 月	247757	160955	151528	136764
2018 年 11 月	246940	160158	149556	136764
2018 年 12 月	246380	162234	148269	136764
2019 年 1 月	244641	158548	149769	135434
2019 年 2 月	244427	159018	146892	135434
2019 年 3 月	242982	159904	149625	135434
2019 年 4 月	244662	161456	150794	136960
2019 年 5 月	244928	161628	151417	136960
2019 年 6 月	245846	162908	152680	136960
2019 年 7 月	248468	164440	154776	139838
2019 年 8 月	249221	168215	154195	139838
2019 年 9 月	249637	164414	154874	139838
2019 年 10 月	248842	166281	153953	140141
2019 年 11 月	247867	168516	152528	140141
2019 年 12 月	248097	166433	150287	140141
2020 年 1 月	247898	163205	153518	140722
2020 年 2 月	246739	165953	149582	140722
2020 年 3 月	249121	167040	150625	140722
2020 年 4 月	246424	160039	151779	140841
2020 年 5 月	247499	162701	152914	140841
2020 年 6 月	250739	167384	155329	140841
2020 年 7 月	253215	168406	154512	143723
2020 年 8 月	256197	173139	154724	143723
2020 年 9 月	258581	170532	160709	143723
2020 年 10 月	259955	176641	163187	147557
2020 年 11 月	263187	179304	164497	147557
2020 年 12 月	266255	182145	162671	147557
2021 年 1 月	266541	182097	164640	149196

续表

时间	英格兰	威尔士	苏格兰	北爱尔兰
2021 年 2 月	269191	180978	162527	149196
2021 年 3 月	272988	186479	168460	149196
2021 年 4 月	270119	184205	162543	153449
2021 年 5 月	270788	186682	169868	153449
2021 年 6 月	284029	195291	173961	153449

资料来源：Office for National Statistics，"Figure 3：England House Prices Remain the Highest in the UK"，in "3. House Prices by Country"，*People*，*Population and Community*，https：//www. ons. gov. uk/ economy/inflationandpriceindices/bulletins/housepriceindex/june2021。

表 13　英国各地区人口变化

单位：人，%

地区	2020 年中人口	2020 年较 2019 年变化之百分比	2019 年中人口	2019 年较 2018 年变化之百分比
英国全境	67081000	0. 43	66797000	0. 54
英格兰	56550000	0. 47	56287000	0. 55
威尔士	3170000	0. 53	3153000	0. 45
苏格兰	5466000	0. 05	5463000	0. 46
北爱尔兰	1896000	0. 10	1894000	0. 64

资料来源：Office for National Statistics，"Table 2：Drivers of Population Change for UK Countries：Mid - 2020"，in "Population Change for UK Countries"，*National Records of Scotland*，*Northern Ireland Statistics and Research Agency-Population Estimates*，https：//www. ons. gov. uk/peoplepopulationandcommunity/ populationandmigration/populationestimates/bulletins/annualmidyearpopulationestimates/mid2020。

表 14　英国人口变化分类

单位：人

	2020 年中	2019 年中	5 年平均
出生	700700	721700	756900
死亡	669200	593400	602100
自然变化（出生减去死亡）	31500	128300	154700
国际移民（移入）	622100	609300	618500
国际移民（移出）	374900	378800	337200
净国际移民	247200	230500	281300

	2020 年中	2019 年中	5 年平均
其他变化	5700	2500	4000
总变化	284400	361300	440000
变化之百分比(%)	0.43	0.54	0.67

资料来源: Office for National Statistics, "Table 1: Components of UK Population Change", in *National Records of Scotland*, *Northern Ireland Statistics and Research Agency-Population Estimates*, https://www. ons. gov. uk/peoplepopulationandcommunity/populationandmigration/populationestimates/bulletins/annualmidyearpopulationestimates/mid2020。

表 15 英国人口年龄结构

地区	中值年龄(岁)	65 岁及以上人口比例(%)	85 岁及以上人口比例(%)
英国全境	40.4	18.6	2.5
英格兰全境	40.2	18.5	2.5
英格兰东北部	41.7	20.1	2.5
英格兰西北部	40.3	18.8	2.4
英格兰约克郡和亨伯郡	40.2	18.9	2.4
英格兰中东部	41.4	19.6	2.5
英格兰中西部	39.6	18.7	2.5
英格兰东部	41.8	20.0	2.8
伦敦	35.8	12.2	1.7
英格兰东南部	41.9	19.7	2.8
英格兰西南部	44.1	22.4	3.1
威尔士	42.4	21.1	2.7
苏格兰	42.1	19.3	2.3
北爱尔兰	39.2	16.9	2.1

资料来源: Office for National Statistics, "Table 3: National and Regional Age Structure of UK, Mid-2020", in "10. Age Structure of the UK Population", *National Records of Scotland*, *Northern Ireland Statistics and Research Agency-Population Estimates*, https://www. ons. gov. uk/peoplepopulationandcommunity/populationandmigration/populationestimates/bulletins/annualmidyearpopulationestimates/mid2020。

表 16　英国人口自然变化

单位：千人

年份	出生	死亡	净国际移民和其他	自然变化 （出生减去死亡）
1982	722.2	669.4	-119.5	52.8
1983	722.1	660.2	-36.9	61.9
1984	718.0	652.4	28.1	65.6
1985	744.9	659.4	59.2	85.5
1986	754.4	670.0	45.5	84.4
1987	763.5	634.5	-8.9	129.1
1988	787.6	651.4	-23.7	136.2
1989	777.5	638.7	21.0	138.9
1990	781.9	664.2	43.3	117.7
1991	798.4	645.1	47.8	153.3
1992	792.7	635.4	-11.4	157.3
1993	762.4	633.6	0.5	128.8
1994	763.1	650.8	36.0	112.3
1995	737.2	630.4	55.8	106.9
1996	722.3	645.0	62.2	77.3
1997	739.9	637.1	47.0	102.8
1998	717.5	617.1	60.3	100.4
1999	710.5	633.9	132.8	76.6
2000	688.0	625.7	139.3	62.3
2001	673.5	599.2	153.2	74.3
2002	663.3	601.5	190.9	61.7
2003	681.7	604.9	194.3	76.7
2004	707.1	603.3	209.5	103.8
2005	717.6	590.6	335.6	127.0
2006	734.2	575.3	254.4	159.0
2007	757.6	570.5	304.7	187.1
2008	790.5	569.9	283.6	220.6
2009	786.6	570.0	219.8	216.7
2010	796.8	553.4	255.4	243.3
2011	811.1	556.0	270.3	255.2
2012	813.2	558.8	165.5	254.4
2013	792.4	580.3	188.5	212.1
2014	777.4	551.2	264.9	226.2

续表

年份	出生	死亡	净国际移民和其他	自然变化 （出生减去死亡）
2015	775.5	603.6	341.4	171.8
2016	781.0	588.1	345.2	192.8
2017	762.2	602.5	232.4	159.8
2018	743.9	622.9	274.3	121.0
2019	721.7	593.4	233.0	128.3
2020	700.7	669.2	252.9	31.4

资料来源：Office for National Statistics，"Figure 3：A large Decrease in Natural Change in the Year to Mid-2020 has Contributed to Population Growth Falling to its Lowest Level Since Mid-2003"，in "6. Natural Change in the UK Population"，*National Records of Scotland*，*Northern Ireland Statistics and Research Agency-Population Estimates*，https：//www. ons. gov. uk/generator? uri =/peoplepopulationandcommunity/populationandmigration/populationestimates/bulletins/annualmidyearpopulationestimates/mid2020/70a6c2d7&format =xls。

表17　英格兰人口种族占比统计

单位：%

种　族	根据2016年 行政统计	2016年6月年度 人口调查	2011年 人口普查
亚洲人	7.6	8.0	7.8
孟加拉国人	0.9	0.9	0.8
中国人	0.4	0.6	0.7
印度人	2.4	2.9	2.6
巴基斯坦人	2.5	2.3	2.1
其他亚洲人	1.5	1.3	1.5
黑人	3.7	3.6	3.5
非洲人	1.9	2.3	1.8
加勒比海人	1.1	1.2	1.1
其他黑人	0.7	0.2	0.5
混血	2.2	1.8	2.3
白人和亚洲人	0.5	0.5	0.6
白人和非洲黑人	0.3	0.2	0.3
白人和加勒比海黑人	0.6	0.6	0.8
其他混血人	0.9	0.5	0.5
白人	84.3	84.8	85.4
英格兰人/威尔士人/苏格兰人/北爱尔兰人/其他英国人	78.2	78.4	79.8

续表

种　族	根据 2016 年行政统计	2016 年 6 月年度人口调查	2011 年人口普查
吉卜赛人或爱尔兰流浪者	0.1	0.0	0.1
吉卜赛人/东欧吉卜赛人	0.1	—	—
爱尔兰流浪者	0.0	—	—
爱尔兰人	0.5	0.6	1.0
其他白人	5.5	5.8	4.6
其他	2.1	1.8	1.0
阿拉伯人	x	0.4	0.4
其他任何种族	2.1	1.4	0.6

资料来源：Office for National Statistics，"Table 2：Proportion of the Population in Each Ethnic Group by Data Source，England"，in "4. Ethnicity Comparisons"，*Admin-based Ethnicity Statistics for England*，*Feasibility Research*：*2016*，https：//www. ons. gov. uk/peoplepopulationandcommunity/culturalidentity/ethnicity/articles/adminbasedethnicitystatisticsforenglandfeasibilityresearch/2016。

表 18　英国出入境人数统计

单位：千人

年份	英国居民出境	外国居民入境
2000	56837	25209
2001	58281	22835
2002	59377	24180
2003	61424	24715
2004	64194	27755
2005	66441	29970
2006	69536	32713
2007	69450	32778
2008	69011	31888
2009	63513	31072
2010	64647	30398
2011	67493	31886
2012	66858	32221
2013	68959	33567
2014	72204	35337
2015	77619	36792
2016	81757	39129

年份	英国居民出境	外国居民入境
2017	87242	41080
2018	90571	40283
2019	93086	40857
2020	23827	11101

资料来源：Office for National Statistics, "Figure 1：Visits to the UK by Overseas Residents Decreased by 73% in 2020 Compared with the Same Period a Year Earlier, Visits to and from the UK 2000 to 2020", in "3. Visits to the UK by Overseas Residents and Visits Abroad by UK Residents：2020", *International Travel and Tourism*, https：// www. ons. gov. uk/peoplepopulationandcommunity/leisureandtourism/articles/overseastravelandtourism2020/2021 –05 –24。

表 19　英国境内外游客消费统计

单位：百万英镑

年份	英国人海外消费	外国游客入境消费
2000	24251	12805
2001	25332	11306
2002	26962	11737
2003	28550	11855
2004	30285	13047
2005	32154	14248
2006	34411	16002
2007	35013	15960
2008	36838	16323
2009	34455	17594
2010	37128	17802
2011	37917	18973
2012	38475	19780
2013	41369	22238
2014	43065	23423
2015	46480	23839
2016	50864	25415
2017	54426	28396
2018	58128	26508
2019	62325	28448
2020	13764	6210

资料来源：Office for National Statistics, "Figure 2：Spending in the UK by Overseas Residents Decreased by 78% in 2020 Compared with the Same Period a Year Earlier, Spending on Visits to and from the UK, 2000 to 2020", in "3. Visits to the UK by Overseas Residents and Visits Abroad by UK Residents：2020", *International Travel and Tourism*, https：// www. ons. gov. uk/peoplepopulationandcommunity/ leisureandtourism/articles/overseastravelandtourism2020/2021 – 05 – 24。

表20　海外居民入境英国目的调查

单位：千人

年份	度假	商务	探亲访友	其他原因
2000	9302	7322	5834	2750
2001	7585	6778	5898	2574
2002	7735	7158	6398	2888
2003	7973	6967	6978	2797
2004	9275	7470	7861 ·	3149
2005	9713	8168	8687	3401
2006	10566	9019	9406	3722
2007	10758	8845	9720	3456
2008	10923	8124	9727	3113
2009	11989	6900	8960	3222
2010	11897	6999	8488	3015
2011	12413	7575	9069	2829
2012	11972	7722	9238	3289
2013	12973	8114	9558	2922
2014	13929	8496	10023	2888
2015	14173	8983	10573	3063
2016	14719	9399	11843	3167
2017	16596	8996	12249	3240
2018	16337	8789	12328	2829
2019	16905	8670	12427	2855
2020	4362	2469	3447	823

资料来源：Office for National Statistics, "Figure 3: Overseas Residents' Holiday Visits to the UK Decreased by 74% in 2020 when Compared with the Same Period a Year Earlier, Overseas Residents' Visits to the UK by Purpose, 2000 to 2020", in "Overseas Travel and Tourism", *People, Population and Community, Leisure and Tourism*, https: //www. ons. uk/peoplepopulationandcommunity/leisureandtourism/articles/overseastravelandtourism2020/2021 - 05 - 24。

表21　英国居民出国目的调查

单位：千人

年份	度假	商务	探亲访友	其他原因
2000	36685	8872	7178	4102
2001	38670	8220	7727	3664
2002	39902	8073	7870	3532

年份	度假	商务	探亲访友	其他原因
2003	41197	7892	8527	3807
2004	42912	8140	9799	3343
2005	44175	8556	10648	3063
2006	45287	9102	11963	3184
2007	45437	9018	12214	2781
2008	45531	8920	12392	2168
2009	41218	7699	12817	1778
2010	41415	8244	13056	1933
2011	42723	8632	14255	1883
2012	41735	8704	14494	1925
2013	43104	8639	15325	1891
2014	45044	8719	16582	1858
2015	48547	9041	18008	2022
2016	50848	8762	19733	2415
2017	54433	8802	21846	2161
2018	57346	9299	22142	1784
2019	58668	8979	23523	1916
2020	14183	2335	6859	449

资料来源：Office for National Statistics，"Figure 3：Overseas Residents' Holiday Visits to the UK Decreased by 74% in 2020 when Compared with the Same Period a Year Earlier，Overseas Residents' Visits to the UK by Purpose，2000 to 2020"，in "Overseas Travel and Tourism"，*People*，*Population and Community*，*Leisure and Tourism*，https：// www. ons. gov. uk/ peoplepopulationandcommunity/ leisureandtourism/ articles/ overseastravelandtourism2020/ 2021 −05 −24。

表22　英国新冠肺炎死亡统计

单位：人/周

年份	周序	所有死亡	新冠肺炎死亡
2021	1	20039	6594
2021	2	20035	7771
2021	3	20709	9056
2021	4	20489	9013
2021	5	19160	7823
2021	6	17148	6115
2021	7	15583	4448

续表

年份	周序	所有死亡	新冠肺炎死亡
2021	8	14290	3199
2021	9	13115	2280
2021	10	12471	1637
2021	11	11678	1045
2021	12	11449	800
2021	13	9461	450
2021	14	10401	422
2021	15	11858	402
2021	16	11358	290
2021	17	11023	232
2021	18	9210	139
2021	19	11566	164
2021	20	11221	115
2021	21	10991	106
2021	22	9115	108
2021	23	11619	93
2021	24	10826	116
2021	25	10064	118
2021	26	10175	132
2021	27	11137	217
2021	28	11055	268
2021	29	11176	392
2021	30	11583	468
2021	31	11602	611
2021	32	11793	652

资料来源：Office for National Statistics, "Figure 4：Deaths Involving COVID – 19 Increased in the UK in Week 31, Number of Deaths Registered by Week, UK, Week Ending 8 January 2021 to Week Ending 13 August 2021", in *National Records of Scotland*, and *Northern Ireland Statistics and Research Agency*, https：//www. ons. gov. uk/peoplepopulationandcommunity/birthsdeathsandmarriages/deaths/bulletins/death sregisteredweeklyinenglandandwalesprovisional/weekending13august2021。

表 23 英国（预算责任办公室）主要经济数据预测

单位：%（与上一年相比）

经济数据分类	2019 年	2020 年	2021 年	2022 年	2023 年	2024 年	2025 年
GDP 增长率	1.4	−9.9	4.0	7.3	1.7	1.6	1.7
人均 GDP 增长	0.9	−10.4	3.8	6.9	1.4	1.3	1.5
GDP 主要构成							
家庭消费	1.1	−11.0	2.9	11.1	1.2	1.8	1.3
一般政府消费	4.0	−5.7	12.0	1.4	0.8	2.3	2.1
固定投资	1.5	−8.7	3.7	10.8	2.6	−0.5	3.3
企业投资	1.1	−10.7	−2.2	16.6	3.0	−2.3	5.1
一般政府投资	4.0	3.8	17.8	4.2	1.9	1.4	1.2
私人住房消费	1.2	−11.7	6.1	4.9	2.3	1.9	1.4
存货变动	0.1	−0.7	2.4	−1.6	0.0	0.0	0.0
净贸易	−0.1	0.7	−3.6	−0.4	0.3	0.0	−0.1
CPI 通货膨胀率	1.8	0.9	1.5	1.8	1.9	1.9	2.0
就业人数（百万）	32.8	32.7	32.3	32.4	32.8	33.1	33.2
失业率	3.8	4.5	5.6	5.9	5.1	4.5	4.4
每小时生产率	0.2	0.5	−0.6	1.2	1.1	1.2	1.6

资料来源：Office for National Statistics and Office for Budget Responsibility，"Table 1.3：Summary of the OBR's Central Economic Forecast"，in *Budget 2021：Protecting the Jobs and Livelihoods of the British People*，https：//assets. publishing. service. gov. uk/government/uploads/system/uploads/attachment_ data/file/966868/BUDGET_ 2021_ −_ web. pdf。

B.18
英国大事记
（2020年7月1日～2021年6月30日）

于艾岑*

2020年

7月

1日　首相鲍里斯·约翰逊称将为持有英国国民（海外）护照（BNO）的香港居民及家属提供更多居留权利。

首相鲍里斯·约翰逊在以色列《新消息报》发表文章，呼吁以色列政府停止针对约旦河西岸部分地区的吞并计划，希望以色列与巴勒斯坦通过谈判来解决问题。

4日　英格兰解除了相当一部分"封城"措施，允许电影院、画廊、理发店、酒店、酒馆、餐馆和主题公园等重新开放。

7日　英国政府宣布将恢复对沙特阿拉伯的武器销售。

8日　财政大臣里希·苏纳克公布了一项总额高达300亿英镑的财政计划，以缓解新冠肺炎疫情对英国就业市场的冲击。

10日　苏格兰地区实施"购物口罩令"，在商店和超市佩戴口罩成为强制性规定。

英国政府取消了针对75个国家和地区的入境隔离限制。

14日　英国数字、文化、媒体和体育大臣奥利弗·道登宣布，英国移动供应商必须在2027年前从移动网络中移除华为的5G设备。

---

* 于艾岑，硕士，新华社国际部编辑，主要研究领域为英国政治与外交。

英国政府公布脱欧后的新积分制移民方案细节，科学家、工程师和学者等高技能人士成为英国吸引移民的重点目标。

17日　首相鲍里斯·约翰逊宣布进一步放宽防疫封锁限制，并计划在圣诞节前"大幅恢复正常"。

20日　外交大臣多米尼克·拉布宣布"立即并无限期"暂停与香港的引渡条约。

29日　英国政府与葛兰素史克和赛诺菲签署协议，预定两家制药公司生产的6000万剂新冠疫苗。

30日　杰克逊·卡劳辞去苏格兰保守党领袖一职。

31日　英国政府宣布，为防控新冠肺炎疫情，将暂缓执行此前计划于8月1日起实施的"解封"措施。

8月

12日　苏格兰发生一起客运列车脱轨事故，造成至少3人死亡、多人受伤。

国家统计局数据显示，2020年第二季度英国国内生产总值下降20.4%，这是1955年有记录以来的最大降幅，也是同期G7国家中最差的经济数据。

18日　英国政府宣布重组三个公共卫生机构，逐步把它们的功能并入新成立的"国家卫生防护研究所"，从而加强应对新冠肺炎疫情及未来重大传染病的能力。

25日　一位诺丁汉郡的75岁妇女被认定为英国"零号病人"，她于2020年2月21日被检测出新冠阳性。

27日　爱德·戴维以63.5%的得票率当选自由民主党领袖。

28日　英国政府表示，拟采取包括修改有关法规在内的一系列新措施，以允许监管机构临时授权紧急使用安全有效性已获证明的新冠疫苗。

9月

6日　首相办公室表示，首相鲍里斯·约翰逊认为英国与欧盟需要在10月15日前达成贸易协议，以便协议在年底前生效。外界普遍认为这一日期

是约翰逊为英欧谈判设定的截止日期。

伯明翰市发生多起持刀伤人事件，共造成 1 人死亡、7 人受伤。

8 日　政府法律部门负责人乔纳森·琼斯因脱欧问题决定辞职。据媒体报道，琼斯辞职是因不满首相鲍里斯·约翰逊想要修改 2019 年英国脱欧协议中有关北爱尔兰部分的内容。

北爱尔兰事务大臣布兰登·刘易斯表示，《内部市场法案》可能会以"非常具体和有限的方式违反国际法"。

9 日　政府向议会下院提交《内部市场法案》。

英国政府网站发布公告称，英国高级贸易官员已与《全面与进步跨太平洋伙伴关系协定》11 个成员国的首席谈判代表进行首次对话，讨论英国加入该协定的相关事宜。

10 日　首相鲍里斯·约翰逊宣布疫情防控新举措，包括禁止社交场合 6 人以上聚集。新措施仅适用于英格兰地区。

14 日　议会下院在二读阶段以 340 票赞成、263 票反对通过了《内部市场法案》。

15 日　英国驻伊拉克大使馆一车辆在巴格达市区遭路边炸弹袭击，未造成人员伤亡。

16 日　英国国家统计局发布的数据显示，8 月消费价格指数同比涨幅为 0.2%，远低于央行 2% 的通胀目标，为 2016 年 1 月以来最低水平。

24 日　财政大臣里希·苏纳克宣布，政府将采取"冬季经济计划"，具体措施包括：从 11 月 1 日起推出为期 6 个月的新的薪酬补贴政策，以帮助企业留住员工；将原有餐饮、旅游业减税计划延长至 2021 年 3 月底；将应对疫情而发放的企业贷款期限从 6 年延长到 10 年等。

29 日　《内部市场法案》以 340 票赞成、256 票反对在下议院获得通过，提交上议院进行辩论。

10 月

1 日　欧盟委员会主席冯德莱恩宣布，由于英国没能按要求删除《内部市场法案》中的争议条款，欧盟正式启动针对英国的违约司法程序。

4 日 英国新冠肺炎感染病例累计超过 50 万。

9 日 财政大臣里希·苏纳克宣布，如工人因政府的新冠肺炎疫情应对政策而被迫停工，其工资的 2/3 将由政府支付。

12 日 政府针对英格兰地区发布了一套三级防控措施。新方案将英格兰各地划分为"中等"风险、"高"风险和"非常高"风险地区，并分别采取相应措施。

20 日 议会上院否决了《内部市场法案》，并以 395 票赞成、169 票反对通过了该法案的修正案。

21 日 首相办公室宣布，英国与欧盟未来关系谈判将于次日重启，但不排除双方无法达成协议的可能性。

23 日 英国和日本正式签署《英日全面经济伙伴关系协定》，这是英国脱欧后签署的首份重大自贸协定。

29 日 英国平等与人权委员会发表报告，认为工党在反犹太种族主义问题上存在"严重失败"，相关歧视行为违反了平等法。工党前领导人杰米·科尔宾被暂停职务，并被从党鞭名单中除名。

31 日 英国新冠肺炎确诊病例累计超过 100 万。

首相鲍里斯·约翰逊宣布，鉴于本国疫情形势，计划在英格兰再次实施大范围防疫限制措施。除某些特定原因外，人们应尽可能留在家中。

11月

3 日 内政部宣布将英国恐怖威胁等级从第三等级"高"上调至第二等级"严重"，这意味着英国发生恐怖袭击的可能性极高。

5 日 财政大臣里希·苏纳克宣布，政府的就业纾困计划将延长至 2021 年 3 月底。

7 日 首相鲍里斯·约翰逊祝贺乔·拜登当选美国总统。

9 日 议会上院以 433 票赞成、165 票反对，删除了《内部市场法案》中允许政府违反国际法的部分。

11 日　英国因新冠肺炎造成的死亡人数累计超过 5 万。

首相鲍里斯·约翰逊的传媒总监李·凯恩宣布辞职。

12 日　首相鲍里斯·约翰逊的高级顾问多米尼克·卡明斯宣布辞职。

英国政府公布的新冠肺炎疫情数据显示，英国新增确诊病例 33470 例，创疫情暴发以来的新高。

17 日　工党前领袖杰里米·科尔宾恢复党籍。

19 日　政府宣布在未来 4 年内增加 165 亿英镑国防开支，以"扩大英国的影响力"，主要用于太空、人工智能等领域。这是 30 年来英国政府最大规模的军事投资计划。

20 日　亚历克斯·艾伦爵士辞去首相顾问一职。

英国政府宣布将设立国家基础设施银行，以拉动基础设施领域的投资。

21 日　首相办公室宣布，由于英国新冠肺炎疫情形势趋缓，英格兰地区的"封城"措施将于 12 月 2 日按时解除，随后将实施"新版"三级防疫措施。

英国政府宣布已与加拿大达成延续性贸易协议，以确保在脱欧过渡期结束后两国贸易关系维持稳定，两国还同意自 2021 年起就新的贸易协定展开谈判。

26 日　首相鲍里斯·约翰逊任命丹·罗森菲尔德自 2021 年 1 月 1 日起为唐宁街办公厅主任。

12月

1 日　议会下院以 291 票赞成、78 票反对，通过在英格兰地区实施三级防疫措施，55 名保守党后座议员投反对票。

2 日　辉瑞疫苗在英国获得紧急使用授权，并将在全国推广。

4 日　英国和欧盟宣布，由于尚不具备达成协议的条件，双方暂停以贸易协议为核心的未来关系谈判。

7 日　首相鲍里斯·约翰逊和欧盟委员会主席冯德莱恩再次就英欧未来关系谈判通电话，双方表示，由于在公平竞争环境、履约管理和渔业三个关键问题上仍存在重大分歧，英欧最终达成贸易协定的条件尚不存在。

议会下院以 357 票赞成、268 票反对恢复了《内部市场法案》中与《北爱尔兰议定书》有关的争议部分。

8 日　英国和欧盟宣布，双方已就执行脱欧协议有关遗留问题原则达成一致，尤其是爱尔兰和北爱尔兰边界相关事宜。

9 日　首相鲍里斯·约翰逊到访布鲁塞尔欧盟总部，与欧盟委员会主席冯德莱恩举行会谈。双方未能弥合贸易协议谈判中的重大分歧。

12 日　首相鲍里斯·约翰逊在气候雄心峰会上宣布温室气体减排新目标，并表示英国将大力发展清洁能源，力争成为风能大国。

14 日　卫生大臣马修·汉考克宣布出现了变异新冠病毒，这一变异病毒被命名为"VUI‑202012/01"，可能与英格兰东南部病毒传播速度加快有关。

英国政府宣布，自 16 日起，伦敦的新冠防控级别从二级提升至最高的三级。

17 日　首相鲍里斯·约翰逊与欧盟委员会主席冯德莱恩就未来关系谈判通电话。约翰逊说，目前谈判形势严峻。除非欧盟立场发生重大改变，否则很可能无法达成协议。

19 日　英国政府宣布，伦敦、英格兰东南部和东部的新冠肺炎疫情防控级别自次日起从第三级升至第四级，为期两周。

20 日　英国当日新增新冠肺炎确诊病例 35928 名，创日增病例数新高。

法国政府宣布，由于英国出现变异新冠病毒，自当天午夜起 48 小时内暂停来自英国的人员旅行。

23 日　英国当日新增新冠肺炎确诊病例 39237 名，再创日增病例数新高。

英国发现另一种源自南非的变异新冠病毒，该变异病毒传播性更强。

24 日　英国与欧盟以贸易为核心的未来关系谈判结束，双方就包括贸易在内的一系列合作关系达成协议，为英国按照原计划在 2020 年结束脱欧过渡期扫清障碍。

英国政府宣布禁止来自南非的旅客入境。

29 日　欧盟理事会宣布，经由书面程序批准欧盟签署日前与英国就未

来关系达成的协议，并允许从 2021 年 1 月 1 日起临时执行该协议。

英国当日新增新冠肺炎确诊病例 53135 例，创日增病例数新高。

30 日 欧洲理事会主席米歇尔和欧盟委员会主席冯德莱恩代表欧盟签署了与英国就未来关系达成的协议。协议随后被送往英国，由首相鲍里斯·约翰逊在伦敦签署。

议会下院以 521 票赞成、73 票反对通过英欧未来关系法案，为英国与欧盟达成的未来关系协议于 2021 年生效铺平道路，上院当晚也完成法案各项程序，随后呈送女王伊丽莎白二世批准成为法律。

阿斯利康制药公司与牛津大学联合开发的新冠疫苗在英国获得批准，首批疫苗于 2021 年 1 月 4 日开始接种。

31 日 英国当日新增新冠肺炎确诊病例 55892 例，创日增病例数新高。

脱欧过渡期正式结束。

2021年

1月

2 日 英国当日新增新冠肺炎确诊病例 57725 例，创日增病例数新高。

4 日 英国民众开始接种阿斯利康制药公司与牛津大学联合开发的新冠疫苗。

伦敦中央刑事法院做出判决，不同意美国政府引渡"维基揭秘"网站创始人朱利安·阿桑奇。

首相鲍里斯·约翰逊发表电视讲话，宣布自当晚起在英格兰地区实施大范围"禁足"措施，并表示"禁足"将持续至 2 月中旬。

5 日 当日新增新冠肺炎确诊病例 60916 例，创日增病例数新高，这是疫情暴发后日增病例数首次超过 60000 例。

6 日 教育大臣加文·威廉姆森宣布，2021 年夏天英格兰的 GCSE 和 A-Level 考试将由教师评估取代。

8 日　药品与保健品管理局发布消息，批准美国莫德纳公司研发的新冠疫苗投入使用。这是英国批准的第三款新冠疫苗。

伦敦市市长萨迪克·汗宣布伦敦进入"重大事故"状态。他警告说，如果政府不采取紧急行动延缓病毒蔓延速度，国民健康服务体系将不堪重负，将会有更多人死亡。

11 日　英国政府发布了完整的新冠疫苗接种计划，将在数月内设立更多疫苗接种点，让疫苗接种服务覆盖更多人群。

14 日　英国政府宣布，为防止新的变异新冠病毒传入英国，次日起禁止来自巴西、阿根廷和智利等南美洲国家以及葡萄牙等国的旅客入境。

15 日　首相鲍里斯·约翰逊宣布，为降低新的变异新冠病毒传入风险，英国从 18 日起暂停"旅行走廊"措施，所有入境旅客必须按规定进行自我隔离。

20 日　当日新增新冠肺炎死亡病例 1820 例，创日增死亡病例数新高，累计死亡病例超 9 万例。

22 日　伦敦中央刑事法院做出判决，判处埃塞克斯郡货车惨案 4 名共犯 13 年 4 个月至 27 年不等的有期徒刑。

26 日　英国当日新增新冠死亡病例 1631 例，累计死亡病例超 10 万例。

29 日　中国外交部发言人宣布，自 1 月 31 日起，中方不再承认所谓英国国民（海外）护照（BNO）作为有效旅行证件和身份证明，并保留采取进一步措施的权力。

欧盟委员会批准阿斯利康制药公司与牛津大学联合开发的新冠疫苗附条件上市。

30 日　英国政府宣布将于 2 月 1 日正式申请加入《全面与进步跨太平洋伙伴关系协定》。

2月

3 日　英国接种疫苗人数超 1000 万。

5 日　伦敦南部克罗伊登地区接连发生 5 起持刀伤人事件，造成 1 人死

亡、至少 10 人受伤。

19 日　首相鲍里斯·约翰逊承诺将英国的大部分剩余疫苗捐赠给贫困国家。

22 日　首相鲍里斯·约翰逊在议会公布"解封路线图",计划分四步逐渐放宽英格兰地区的新冠肺炎疫情防控措施。

28 日　英格兰公共卫生局发布信息称,英国累计确诊 6 例最早在巴西发现的变异新冠病毒感染病例。

英国接种疫苗人数超 2000 万。

3 月

3 日　财政大臣里希·苏纳克在议会公布新财年预算案,其中承诺增加 650 亿英镑支持企业渡过难关。政府为因疫情无法工作的员工提供的工资保障计划将延至 9 月底。

10 日　警方在肯特郡的林地里发现失踪的 33 岁妇女萨拉·埃弗拉德的遗骸,一名伦敦警察因涉嫌绑架和谋杀被逮捕。

12 日　国家统计局公布数据显示,英国 1 月对欧盟货物贸易额环比显著下降,其中对欧盟出口额下降 40.7%,自欧盟进口额下降 28.8%。

13 日　在伦敦南部举行的悼念萨拉·埃弗拉德的守夜活动中,民众与警方发生冲突,警方逮捕 4 人,并因使用暴力受到舆论批评。

16 日　英国政府发布了一份综合报告,题为《竞争时代中的全球英国——安全、防务、发展与外交政策综合评估》,全面阐述了英国未来十年的外交政策和国家安全的基本原则,被认为是冷战结束以来英国对其世界地位最彻底的一次重新评估。

卫生部门公布的统计数据显示,英国已有 25273226 人接种了第一剂新冠疫苗,超过总人口的 1/3。

18 日　英格兰银行表示,新冠肺炎疫情下的英国经济仍然面临不确定性,央行决定将基准利率维持在 0.1% 的历史低位。

19 日　首相鲍里斯·约翰逊接种了第一针阿斯利康制药公司与牛津大

学联合开发的新冠疫苗。

25 日　议会下院以 484 票赞成、76 票反对，将授予政府应对新冠疫情相关事项的紧急权力再次延长 6 个月。

27 日　英国新冠肺炎死亡病例超过 15 万。

英国卫生部数据显示，已有超过 3015 万人完成第一剂新冠疫苗接种，约占英国成年人口的 57%。

29 日　英国政府在英格兰地区逐步放宽为防控新冠疫情而实施的"禁足"措施，包括调整户外聚会人数限制以及重新开放户外体育设施等。

30 日　北爱尔兰地区发生一系列骚乱，支持北爱尔兰留在英国的"效忠派"与支持北爱尔兰脱离英国的民族主义者发生冲突。骚乱随后蔓延到北爱尔兰首府贝尔法斯特。

4 月

7 日　由莫纳德公司开发的新冠疫苗在英国获得批准，并开始推广。

9 日　女王伊丽莎白二世的丈夫菲利普亲王当天上午在温莎城堡去世，享年 99 岁。

12 日　英国政府进一步放宽英格兰地区为防控新冠疫情而实施的"禁足"措施，不少零售店铺恢复营业。

14 日　丹麦宣布将阿斯利康制药公司与牛津大学联合开发的新冠疫苗从国家新冠疫苗接种计划中移除。

17 日　菲利普亲王葬礼在温莎城堡内的圣乔治教堂举行。

19 日　卫生大臣宣布，为防范变异新冠病毒德尔塔毒株，印度被列入"红色名单"。从印度出发的国外旅客被禁止入境。

23 日　英国累计接种新冠疫苗超过 4550 万剂，过半人口已接种至少一剂新冠疫苗。

28 日　欧洲议会批准欧盟与英国 2020 年底达成的《欧盟—英国贸易与合作协定》，为英国脱欧后的双方贸易关系提供了行动框架和法律依据。

选举委员会开始对首相鲍里斯·约翰逊翻修唐宁街公寓的资金问题展开

调查，称"有合理的理由怀疑存在犯罪行为"。

30 日 2021 年"第三届中国旅游文化周"以在线形式在英国启动。

5月

3 日 外交大臣多米尼克·拉布与美国国务卿布林肯、日本外相茂木敏充分别举行双边会晤。

七国集团外长会议在伦敦开幕，这是近两年来七国集团代表首次举行面对面会议。

5 日 七国集团外长会议在伦敦闭幕。会后，七国外长同欧盟代表发表联合声明。

6 日 英国地方议会选举开始，这是英国正式脱欧后首次举行地方选举。

法国渔民组织数十艘渔船在英属泽西岛首府圣赫利尔附近海域举行示威活动，抗议英国政府对进入泽西岛海域的法国渔船采取限制措施。

8 日 英国地方议会选举结果公布。保守党继续在英格兰保持优势；工党赢得威尔士议会 30 个议席，维持其在威尔士的多数席位优势；苏格兰民族党赢得苏格兰议会 64 个议席，距离绝对多数仅差一席，党魁斯特金连任苏格兰政府首席大臣；伦敦市市长萨迪克·汗击败其主要对手、保守党候选人肖恩·贝利，成功连任。

9 日 工党领袖基尔·斯塔默完成对工党影子内阁的改组，首席党鞭尼克·布朗被解职。

卫生部表示，英国超过 3500 万成年人已接种第一剂新冠疫苗，占英国成年人口的 2/3。

10 日 首相鲍里斯·约翰逊表示，随着疫情形势好转，政府将按照路线图自 17 日起进一步放宽英格兰地区为防控新冠疫情而实施的"禁足"措施。

15 日 有 240 多年历史的德本汉百货商店关闭了最后一家线下门店，但将继续通过互联网进行交易。

25 日 国家统计局公布的数据显示，自 2020 年第二季度以来，英国从中国进口的商品数量超过了从任何其他国家进口的商品数量，并持续上升。

26日 布鲁塞尔民事法院开庭审理欧盟起诉阿斯利康制药公司违反新冠疫苗采购合同一案。

28日 药品与保健品管理局批准美国强生公司旗下杨森制药公司研发的新冠疫苗在英国投入使用。

6月

1日 英国当天新增新冠肺炎死亡病例为零，这是自2020年3月新冠肺炎疫情开始以来，英国首次出现零增长。

英国政府发布的数据显示，截至6月首日，英国超过3958万成年人已接种第一剂新冠疫苗，超过本国成年人口的3/4。

6日 卫生大臣马特·汉考克向媒体透露，最早在印度发现的变异新冠病毒德尔塔毒株传播性提高了40%，政府可能因此推迟执行最后阶段的"解封"措施。

9日 美国总统拜登抵达英国，开始他就任总统后的首次出访。

10日 首相鲍里斯·约翰逊与美国总统拜登在英国康沃尔郡举行会晤，并签署旨在巩固两国特殊关系的合作宣言。

英国政府发布第48份《香港问题半年报告》。

11日 七国集团峰会在英国西南部康沃尔郡卡比斯贝开幕，这是近两年来七国集团领导人首次举行面对面会议。

13日 为期三天的七国集团峰会闭幕。七国集团在会后发表的联合公报中称，将在2022年底前为全球提供10亿剂新冠疫苗，以推动新冠肺炎疫情尽快结束。

14日 首相鲍里斯·约翰逊宣布，鉴于变异新冠病毒正在快速传播，英格兰地区将推迟4周执行最后阶段的"解封"措施。

15日 英国政府宣布，英国与澳大利亚达成一份自由贸易协议，为英国加入《全面与进步跨太平洋伙伴关系协定》铺平了道路。

17日 保罗·吉文成为新任北爱尔兰首席大臣。

19 日　前保守党议员、下议院议长约翰·伯考加入工党，称保守党是"反动的、民粹的、民族主义的，有时甚至是仇外的"。

23 日　英国政府发布的数据显示，英国当天新增新冠确诊病例 16135 例，为 2 月初以来单日最高新增确诊病例数。

26 日　卫生大臣马特·汉考克向首相鲍里斯·约翰逊递交辞职信，并在信中为自己违反防疫规定道歉。

30 日　英国政府发布的数据显示，英国当日新增新冠确诊病例 26068 例，再创 2021 年 1 月底以来单日新增确诊病例最高纪录。

B.19
后　记

王展鹏*

　　2021 年的英国发展报告继续追踪脱欧和疫情的影响。随着 2020 年底《欧盟—英国贸易与合作协定》的完成，英国脱欧的法律框架得以落地。2021 年以来，英国政治、经济、社会和对外关系的形势整体平稳，脱欧问题看似不再是英国国内政治争论的核心问题，但其影响却正在逐渐显现，并与新冠肺炎疫情相互叠加，在一些领域甚至超出我们的预期，诸多危机和挑战的复杂性和不确定性仍在增加。

　　我们所直观感受到的是移民限制引起的医护人员和卡车司机的不足，给抗击疫情带来不便，也在产业链、供应链上引发了更广泛的问题。而经济学者可能更加关注的是英国金融业进入欧盟市场面临的诸多不确定性，是否会因英欧关系不及预期而损害伦敦全球金融中心的地位；2021 年上半年，英欧贸易额大幅下降、英国预算办公室做出的脱欧导致 GDP 损失 4% 的预测也提示我们不应低估脱欧的后续影响。

　　而在政治层面，脱欧公投以来，英国民粹政治、选举政治借助主流政党得以强化。约翰逊政府以"拉动地区平衡"为口号，在产业政策、地区政策乃至绿色、数字等领域加强政府角色的调整，面对疫情带来的财政压力和保守党内的意见分歧能否如愿以偿；围绕苏格兰和北爱尔兰问题的博弈仍充满变数。在这个脱欧但无法脱钩的世界，美国等西方国家为应对疫情采取宽松货币政策导致通胀上升、能源短缺是否会演化成债务和金融危机，进而传

　　* 王展鹏，博士，北京外国语大学英语学院英国研究中心教授，主要研究领域为英国政治与外交、爱尔兰研究、欧洲一体化。

导到英国，考验着英国、欧盟和整个世界。

在"后脱欧时代"国际角色的调整过程中，英国与欧盟关系的疏离及其"印太倾斜"间的联系，"全球英国"与英国向"盎格鲁文明圈"回归间的悖论，中英政治和经济关系呈现出的背离，也令人费解和困惑。这些会成为长期的趋势还是短期国内政治博弈的结果，也都需要进一步观察。

即便当前看似已尘埃落定的脱欧结局，在未来一定时间内仍受到上述因素的左右。这一方面是英国仍有占近一半人口留欧派的存在使然，另一方面也受到英国人实用主义天性的影响。英国前欧洲事务大臣麦克沙恩（Denis Macshane）在脱欧结局看似难以避免时曾说："许多英国人不会接受国家与欧洲分割开来的结果。一些人将继续斗争，使我们热爱着的这个国家成为欧洲国家大家庭的一部分。"

在这些变与不变之间，我们身处这个只争朝夕的时代，数字化带来的运算动辄以数十亿次计，但与人类历史、社会、制度的复杂、精细相比，基于模型、运算的预测仍面临不小的困难。《英国发展报告》从政治、经济、社会、对外关系等维度记录现实的变化，从英国自身及其更广泛的外部世界思考这些变化的根源，力求把微观的数据与宏观的判断结合起来，为我们观察、思考、判断英国的现状和未来走向提供了一些依据。

本书是"英国蓝皮书"课题组完成的第八本《英国发展报告》。国内外同行的热情关注、支持和无私帮助是我们克服诸多制约得以前行的动力。除北京外国语大学英国研究中心的师生外，来自中国社会科学院欧洲研究所、中国现代国际关系研究院、中国国际问题研究院、中国人民大学、中国政法大学、中国传媒大学、上海外国语大学、山东大学、西交利物浦大学、温州大学等高校和研究机构的专家学者承担了大量撰稿工作，使我们的研究更加全面、专业。马振岗大使、黄平研究员、冯仲平研究员担任编委会顾问；编委会的专家们在《英国发展报告》的选题和编写过程中给予了很多富有启发的指导和建议。中国社会科学院欧洲所刘绯、李靖堃研究员和北京外国语大学英国研究中心徐瑞珂副教授与我一起对稿件做了审读和编辑工作。

教育部国际司、高校国别和区域研究工作秘书处、北京外国语大学的领导，学校科研处、区域与全球治理高等研究院、英语学院等单位的同行和同事对《英国发展报告》的立项与编写给予了许多热情的关心和帮助。特别是《英国发展报告》加入了北京外国语大学区域与全球治理高等研究院"区域和国别研究蓝皮书系列"，得到了研究院的资助和多方面的支持。

河北大学外国语学院教师杨光杰，北京外国语大学爱尔兰研究中心教师张放、张珺涵，英国研究中心博士生孙稼宝、徐梓红、吕大永、刘赢和、张传玮、刘婷、古力加马力·阿不力孜，硕士生史晓丹、张文硕、杨君卓等承担了大量的资料收集、编务和统稿阶段体例、文字处理工作。在此一并致谢。

感谢社会科学文献出版社当代世界分社社长祝得彬和责任编辑仇扬在本书出版过程中给予的支持和帮助。

2021 年 9 月 30 日

Abstract

Under the dual impact of the agreed Brexit withdrawal deal and the prolonged COVID – 19 pandemic, from July 2020 to July 2021, the UK's domestic and foreign policies underwent further transformation. During this year, the Johnson government made frequent moves and continued to make major adjustments to the British domestic and foreign policies, which profoundly affected the future direction of the British economy, politics, diplomacy, security and social culture. With the signing of *The EU-UK Trade and Cooperation Agreement* at the end of December 2020, the UK officially entered the "post-Brexit era" on January 1, 2021, which has become a key turning point in the development of the country. However, in the post-Brexit era, the Johnson government's domestic and foreign policies have encountered many difficulties. Under the double pressure of the sequelae of Brexit and repeated outbreaks of COVID – 19, the Johnson government is struggling to deal with the overlapping of the old problems and new conflicts in the UK.

In the domestic political sphere, Brexit and the prolonged COVID – 19 pandemic still largely dominate the UK domestic politics. In the second half of 2020, the United Kingdom suffered a second wave of COVID – 19, and the Johnson government was forced to implement new national lockdown. Its ability to respond to the epidemic was widely criticized by the opposition parties and the public. The mass COVID – 19 vaccination in the first half of 2021 gradually improved COVID – 19 containment situation in Britain, but the lockdown lifting in July 2021 once again triggered huge domestic disputes, and the support rate of prime minister Johnson hit a record low. Nevertheless, with a stable majority in parliament, the Conservative Party's position in the UK politics remains strong.

The political pattern of the Conservative Party's "one party dominance" is expected to continue in the next few years, and the Labour Party has little hope of replacing the Conservative Party. Regarding the relationship between the central and sub-national governments, the Johnson government and the devolved governments of Scotland, Wales and Northern Ireland have been in constant disagreement over issues such as Brexit and the fight against the epidemic. The threat of national separatism is far from being lifted.

In foreign affairs and security spheres, the Johnson government continued to promote the "Global Britain" strategy and issued *Global Britain in a Competitive Age: the Integrated Review of Security, Defence, Development and Foreign Policy*, which made in-depth adjustments to the British foreign and security policy in the post-Brexit era. One major change is that the Johnson government put forward the policy framework of the UK's "tilt" to the Indo-Pacific for the first time. Due to the serious mismatch between strength and ambition, the post-Brexit Britain is bound to continue to encounter setbacks in the process of advancing the "Global Britain" strategy. The Johnson government's excessive emphasis on and reliance on the UK-US "special relationship" limited the breadth and strength of Britain's performance on the international stage, leading to the relative estrangement of the UK-EU relations and the turning of China-UK relations. The double "trust deficit" between the United States and the EU and between the UK and the EU has prompted Britain to move closer to the United States and alienate the European Union. Britain's wrong practice of cooperating with the United States to contain China has sent China-UK relations to the deep freeze. China-UK relations not only face many difficulties in the political and security fields, but are also disrupted in the fields of trade, investment, and people-to-people and cultural exchanges. The opportunistic tendency of the Johnson government in diplomacy is likely to lead to Britain becoming an insignificant broker between China, the United States and Europe, while missing the opportunity to establish a friendly interaction with major powers such as China and the European Union.

In the economic sphere, Britain is still hit by the coronavirus and Brexit, which had both positive and negative impacts in the past year. On the bright side, from the third quarter of 2020 to the second quarter of 2021, the negative impact

of the coronavirus on the British economy has gradually diminished. The British economy has shown a strong momentum of recovery, and its performance in some aspects is even better than that of the United States, Germany, France and other developed economies. In response to the epidemic, the Johnson government used fiscal, monetary, and employment policy tools, to stimulate consumption and investment, and expand employment. What is alarming is that the negative impact of Brexit on the British economy is showing a long-term trend, dragging it down, and making the British economic growth face the risk of slowing down in the next decade. In order to boost the British economy, the Johnson government proposed a new path to industrial upgrading. It not only highlights factors such as infrastructure, skills, and innovation in industrial policy, but also combines domestic and international objectives such as levelling up the whole of the UK, supporting transition to net zero, and supporting the vision for Global Britain. In addition, in order to promote a green recovery of the economy, the British government has published *Ten Point Plan to Promote for a Green Industrial Revolution* and an *Industrial Decarbonization Strategy*.

In social, educational and cultural spheres, the impact of the coronavirus is still manifest, in which multiple downsides are reflected in the overload of the National Health System, increase in the number of shutdowns of British companies, high unemployment rate, and the long-term downturn in cultural, entertainment, leisure and tourism sectors. Such severity aggravates the overall anxiety of the British society. In addition to the changes in teaching models, the coronavirus has accelerated the upgrading and optimization of the testing and assessment methods of British universities in the digital age, prompting the government to increase scientific research funding to cement its global high-tech leadership. In the past year, the British film industry and media industry were still substantially hit by the coronavirus. The total box office and film audiences in the market have become even more bleak. The sales of newspapers and magazines, as well as the advertising revenue of print media, radio and television, have shown a downward trend.

Contents

I General Report

Abstract: Since the second half of 2020, the negotiations on the UK-EU trade agreement, the final opening of the "post-Brexit era" and the ups and downs of the COVID −19 pandemic have still been the main clues to understanding the trend of British political, economic and social life. *The EU-UK Trade and Cooperation Agreement* has established the basic legal framework for Brexit, but the UK-EU relations still face some unresolved issues and challenges. The domestic and foreign policy issues temporarily shelved due to the epidemic in 2020 have accelerated adjustments in 2021. The British government has put forward a series of reform programmes of industrial policy and regional policy, but it faces doubts about the feasibility. The expansionary policy has encountered financial constraints, and the existing problems of the NHS have been further revealed due to the epidemic. The pressure brought by Brexit to the UK's industrial chain, supply chain and labor supply has gradually emerged along with the reopening of the UK economy, which has intensified public's distrust of the Johnson government. In terms of foreign policy, the British government has actively promoted the implementation of the " Global Britain " strategy and issued *Global Britain in a*

Competitive Age: the Integrated Review of Security, Defence, Development and Foreign Policy. After Brexit, the coordination of UK-EU strategic relations has not reached the expected level of closeness, and the drawbacks of excessive reliance on the US in its foreign strategy have gradually emerged. The shift of British foreign policy towards China has been further strengthened, and China-UK relations are at a low point. How to balance the relationship between domestic politics, geopolitics and practical economic cooperation has become a challenge for Britain's policy decision-making on China.

Keywords: Post-Brexit Era; the COVID – 19 Pandemic; Political Situation; Economic and Social Situation; Foreign Policy

Ⅱ   Reports on UK Trends

B.2   Trends in British Party Politics

Sun Jiabao, Wang Zhanpeng / 058

Abstract: During 2020 −2021, the Conservative Party ruled under the dual pressure of the COVID − 19 pandemic control and the UK-EU trade deal negotiations. Despite the public discontent and intraparty disparities caused by some of its policies, the Conservative Party secured more seats in the 2021 local elections thanks to the conclusion of a post-Brexit trade deal with the EU and the successful rollout of the vaccination program. The Labour Party criticized the government over issues like COVID −19 pandemic response, economic recovery and trade deal negotiations, but failed to propose a well-defined Labour route of governing. The Labour Party intentionally blurred the ideological differences between itself and the Conservative Party, which to some extent, led to its defeat in the local elections. The Scottish Nationalist Party reproposed a second referendum on Scottish independence, and was very much likely to push for it by coalition with the Green Party after the 2021 Scottish Parliament election. With Brexit being settled, the Liberal Democratic Party weakened its pro-EU position and won more seats in the local elections. Using the potential party coalition as a bargaining chip, the Green

Party tried to shape the policies of the Scottish Nationalist Government in a bid to achieve its climate and environment policy goals.

Keywords: Conservative Government; Labour Party; SNP; Liberal Democrats; Green Party; Party Politics

B. 3　The UK Economic Situation and Prospect　　*Yang Chengyu* / 078

Abstract: Since the third quarter of 2020, the negative impact of the COVID −19 pandemic on the British economy has gradually diminished. The UK economy has gained a strong momentum of recovery, and its overall performance is even better than that of other developed economies, such as the United States, Germany, and France. Consumption and investment play an important role in boosting economic growth while the latter is slightly insufficient. The service industry, construction industry, and labor market are close to or approaching their pre-pandemic level, but the financial and automotive industries, which previously had strong competitive advantages, showed obvious signs of recession. In the long run, the future growth of the UK economy mainly depends on the efficiency of economic recovery, the competitiveness of core industries, and the development of foreign relations. The negative impact of Brexit may exist for long, and the British economy is still in considerable uncertainty.

Keywords: United Kingdom; Economic Situation; COVID −19; Economic Recovery; Brexit

B. 4　Trends of British Foreign Policy　　*Xu Ruike* / 090

Abstract: The Johnson government continued to push forward its "Global Britain" strategy actively. It clearly defined the specific means and ends in the *Integrated Review* in March 2021. Between July 2020 and July 2021, the Johnson

government made some strides in terms of its "Global Britain" foreign policy. The UK improved its special relationship with the US, and the special relationship regained its vitality after Biden took office. The close coordination and cooperation remained the major theme of the UK-EU relations in the post-Brexit era, but the process of finding new positions waxed and waned. To facilitate the UK's tilt towards the Indo-Pacific region, the Johnson government strengthened its cooperative relationships with its allies and partners in the region. In particular, the UK enhanced its defense ties with Japan, India and Australia. The UK's relation with China, by contrast, further deteriorated over the last year. It would be unlikely for China and the UK to return to the "Golden Era" in the short term.

Keywords: "Global Britain"; Post-Brexit Era; Indo-Pacific Region; Anglo-American Special Relationship; Sino-British Relation

Ⅲ   Economy and Society

B.5   Impacts of the COVID−19 Pandemic on British Society

Song Yunfeng / 115

Abstract: In view of the first wave of the COVID−19 pandemic in the period of March to May 2020, the British government adopted strict pandemic prevention measures, including lockdown, restricting aggregation and keeping social distance. As a result, the number of people infected with COVID−19 in the UK dropped sharply in the period of July to September 2020, and the pandemic seemed to be brought under control. However, from October 2020 to March 2021, the number of people infected with COVID−19 in the UK rebounded drastically, showing a more serious second wave of pandemic. In April and May 2021, confirmed cases experienced considerable drop again. Considering the growing vaccination rate in the UK, the gradual mitigation of the pandemic and the voice of the British society calling for lifting lockdown as soon as possible, the British government decided to lift the lockdown order in June 2021, and then postponed it to July 19. The outbreak of the COVID−19 pandemic and the strict prevention and control measures adopted by the British government have had great impact on all aspects of the British society over the past year, including the results of about 5 million people infected with COVID −19 and 130, 000 deaths, the enormous pressure on the NHS, and the consequence of the shutdown on British economy, particularly the huge financial burden of the furlough pay scheme on the government. Impacts of lockdown and restrictions on aggregation and socializing activities are also obvious on tourism, hotel and catering, culture and entertainment industries in the UK. With the increase of vaccination rate and the lifting of lockdown on 19 July 2021, British society is expected to gradually return to a "normal" state. Although the number of new infection cases increased before decreasing after the lifting of the lockdown, the number of infections per day is still tens of thousands. The mobility after the lifting and the Delta variant and other possible variants are the two biggest uncertain factors in the future. In the forthcoming year of 2022, Britons will still have to live with COVID −19.

Keywords: COVID −19 Pandemic; Social Impacts; NHS; Economy and Employment; Culture and Recreation

B. 6 Adjustment of Johnson Government's Industrial Policy
under the Impact of Pandemic Situation *Zhang Bei* / 128

Abstract: After a year-long delay, the Johnson government finally made an important move on industrial policy, releasing its first document *Build Back Better: our plan for growth*. The document continues to highlight the three elements of industrial policy emphasized by Boris Johnson after he came to office, namely, infrastructure, skills, and innovation. Meanwhile, it sets such goals as "levelling up", achieving "net zero", and seizing the opportunity of "Global Britain", while making some important policy innovations. However, the document shows clear signs of swinging back to "neoliberal tradition" and fails to provide adequate guidance for the long-term strategic development of the British economic industry, which has aroused criticism and worries from the industry and research circles. All

indications are that this document is only the basis and starting point of the Johnson government's industrial policies. In the coming years, the government will continue to use such policies to promote balanced regional development, realize low carbon transformation, seek opportunities out of the shock and devastation from Brexit and COVID – 19, and cope with the new international geopolitical environment. In a word, the industrial policies of the UK will continue to evolve.

Keywords: Industrial Policy; Infrastructure; Brexit; COVID –19 Pandemic

B.7　The New Energy Strategy of the UK　　　　　　*Wang Peng /* 141

Abstract: The UK government's energy policy has always been centered on the three goals—security, affordability and decarbonization. In recent years, under the influence of the UK's own economic and social development needs, breakthroughs in new energy technologies and changes in the international situation, the British government has successively issued a number of strategic plans and white papers on promoting the development of new energy. This paper first briefly introduces the basic framework of energy governance in the UK, then reviews the major new energy strategies and schemes introduced by the Johnson Government in the past year, sorts out their core content and current progress, and makes preliminary research and prediction on the future development of the UK's new energy industry.

Keywords: New Energy Strategy; Hydrogen Energy; Infrastructure Construction

B.8　China's FDI in the UK During 2020 –2021

Hu Dan, Zhou Li / 154

Abstract: During 2020 – 2021, Chinese investment in the UK further shrank, consistent with the pattern across FDI destinations. Without mega deals and with dampened interest in areas that had long attracted Chinese investment, the UK was only ranked the fifth in 2020 among European destinations for Chinese capital, while smaller-sized deals were concentrated in the fields of mineral resources, manufacturing, technology and medicine. On April 29, 2021, The *National Security and Investment Act 2021* got royal assent, marking that the UK has established a formal screening mechanism to block investment that may pose "national security" risks. The government has established a special investment agency to implement a combination of mandatory and voluntary declarations for investigations in the UK, and has granted the government the power of ex post "active intervention" in transactions. Even greater uncertainty is expected for the coming years in the implementation of the Act, Britain's relations with China and geopolitical shifts. Therefore, it is recommended that companies that seek to invest in the UK closely follow the guidelines and enforcement of the Act as well as the state of international affairs, and decide based on proper due diligence and wise choice of timing.

Keywords: Sino-UK Relations; M&A; Foreign Investment Review; National Security

B.9 Current Trends and an Outlook for British Higher Education Institutions in the Post-Pandemic Era *Hu Wan* / 166

Abstract: Since the outbreak of the COVID −19 pandemic, as in other countries around the world, universities in the UK have adjusted and changed accordingly their overall operation, teaching, research and professional services, and student support. In the field of teaching and learning, universities and academics have accumulated experience on large-scale online teaching, but they are also confronted with shortcomings and problems. In the post-pandemic era, governments and universities need to fully consider the quality of digital online teaching and learning and ensure equal access to digital resources for students. In the field of research, due to the COVID −19, the submission plan of research

evaluation (i. e. , REF 2021) at national level has been revised and some research funding has been cut. Despite this, the government has taken measures and launched new research agencies (i. e. , ARIA) to help cement the UK's position as a global science superpower. For most universities in the UK, student tuition fees, especially that of the international students, are an important guarantee for maintaining the operation of the schools. The decline in the number of students is putting pressure on the financial situation of many universities. In the post-pandemic era, both the British government and the higher education sector need to think about how to maintain the UK's competitive position in the international education market in the future. The government should also recognise the central role of the higher education sector in the UK's economic recovery and support its sustainable development.

Keywords: COVID −19; Post-Pandemic Era; Digital Teaching and Learning; Research Excellence; University Finance

B. 10   British Media Under the Epidemic Normalization:

Coping with Challenges and Highlighting News Values

Wang Yue , Li Danlin ∕ 178

Abstract: The impact of COVID − 19 on British media continued from 2020 to 2021. The sales of newspapers and magazines fell further. Some media had financial difficulties and more printed newspapers were closed. Advertising revenue from print media and broadcasting continued to decline. During the pandemic lockdown, people rediscovered the value of reading. As a result, the sales of physical books in Britain reached a record high in the past eight years. The pandemic intensified people's dependence on the Internet, and the number of views of online audiovisual content increased sharply. In terms of news consumption, the ratings of radio and television soared with COVID − 19 news programs. At the same time, Internet became the most popular news acquisition platform second only to television. Accurate and reliable professional media, such as public broadcasting and digital versions of traditional media, became reliable news sources. In the field of media regulation, the focus of British media, Internet and advertising regulation gradually shifted from responding to challenges brought by the pandemic to helping restore the growth of media industry and achieving "better reconstruction" of people's trust in the media and the order of information dissemination. Maintaining high news standards, controlling harmful Internet content and protecting interests of audience, especially those of the vulnerable, have become important issues for British media regulation in 2020.

Keywords: British Media; Post-Pandemic Period; News Standards; Data Protection; Internet Governance

B. 11   British Film Industry: 2020 −2021   *Shi Tongyun* / 202

Abstract: The UK film industry during 2020 − 2021 was severely hurt by the COVID −19 pandemic. In 2020, the UK box office and cinema admission fell sharply. Fortunately, the box office shares of the UK films (46%) and the UK independent films (14%) were the second highest in the 21st century. However, the UK films' global box office share dropped to 9%. The Top 20 Films continued to be dominated by Hollywood movies as well as UK-US co-productions. The number of films produced and the total UK production expenditure were lower than in previous years. British film talents won a high percentage (20%) of key international awards. The UK box office and cinema admission in the first half of 2021 were further damaged by cinema closure, though production expenditure enjoyed considerable rise. *1917* and *Tenet* became box office hits, and *The Father* and *Promising Young Woman* were honoured with artistic awards.

Keywords: British Film Industry; Box Office; COVID −19; UK Image

英国蓝皮书

IV Politics and Diplomacy

B.12 New Challenges to Northern Ireland in the Post-Brexit Era

Zhang Xi, Wang Zhanpeng / 225

Abstract: As part of the Brexit agreement, the *Northern Ireland Protocol* avoids the re-emergence of a hard border on the island of Ireland after Brexit by setting up an Irish Sea border. However, in future relationship negotiations focusing on economic and trade issues, the UK and the EU could not reach an agreement on the specific implementation plan of trade arrangements for Northern Ireland in the *Protocol*. The UK requested to renegotiate the *Protocol* while the EU took a strong stand and refused to compromise, resulting in negotiation deadlocks for several times. The Irish Sea border issue has aroused the dissatisfaction among the unionists in Northern Ireland, and violent riots broke out there as well. The Democratic Unionist Party demanded the abolition of the *Protocol*, and the political and social stability of Northern Ireland was severely challenged. The difficulties encountered in the smooth implementation of the *Northern Ireland Protocol* have become an important cause for the tensions between the UK and the EU and between the UK and Northern Ireland in the Post-Brexit era. Although changes in the political landscape of Northern Ireland after Brexit is conducive to holding a border poll, it is unlikely to realize the Irish reunification in the short term. The future economic development and social stability of Northern Ireland largely depend on the successful implementation of the *Protocol* between the UK and the EU.

Keywords: Brexit; *Northern Ireland Protocol*; Irish Maritime Border; UK-EU Relations; Irish Reunification

B. 13   The Development of UK's Security and Defence Activities

Zhang Biao, *Wang Guowei* / 245

Abstract: Between 2020 and 2021, the UK was highly active in security and defence activities. First, the UK released the national security strategy delayed by the pandemic, *Global Britain in a Competitive Age*: *the Integrated Review of Security*, *Defence*, *Development and Foreign Policy*. Second, the UK carried out several operations in Europe, the Indo-Pacific and the Middle East, such as participating in military exercises in the European region within the framework of NATO, actively carrying out the "Indo-Pacific tilt" and strengthening defence security cooperation with Japan and other countries, as well as resolving the Iran nuclear crisis in the Middle East. Third, significant progress has been made in the UK's arms trade and expansion of security and defence forces. This mainly includes ensuring Britain's position as a major weapon exporter, establishing a National Cyber Force for cyber-attacks, and a Space Command for space security. Looking ahead, the UK will increasingly rely on defence measures to achieve its national goals in pursuit of its ambitious goal of "Global Britain".

Keywords: UK Security Policy; UK Defence Policy; British Foreign Relations; NATO

B. 14   The Evolution of the UK's Role in the

US-EU Strategic Competition   *Xin Hua* / 257

Abstract: Since Biden administration's inauguration at the beginning of 2021, the U. S. -EU relations have been repaired to some degree, but their bilateral strategic competitions in the fields of economy and security have not been mitigated. In the meantime, the painful transition period of Brexit ended and the UK finally completed its withdrawal from the EU. Pushed by the profound "trust deficits" in U. S. -EU and EU-UK relations, the UK gradually approached the

United States and alienated itself from the European Union. In the fields of economy, more improvements have been made on the U. S. -UK bilateral cooperation for joint research and development on emerging technologies and advanced manufacturing. At the same time, the Johnson's cabinet has also been learning from the United States during its legislative work for a more sophisticated system of investment screening and review structure. In the fields of security, the UK has even been more apparently tilting itself toward the United States. It has accepted the U. S. policy framework and strategic arrangement, supported and followed the American Indo-Pacific strategy in full effort, and has actively participated in the "U. S. -UK-Australia Indo-Pacific Security Partnership". On the other hand, however, it indicates disinterest in the EU's proposal that UK shall become part of the "Common European Security System". At present, the UK attempts to take full advantage of the policy-making discretions and the international maneuvering space newly created from its formal exit from the EU, endeavoring to strengthen its connections with the United States and shift its focus of foreign economic relations to the Indo-Pacific region, which will inevitably bring more uncertainties to the China-UK relations.

Keywords: Strategic Competitions; U. S. -EU Relations; U. S. -UK Relations; Dual "Trust Deficits"

B.15　The UK's Indo-Pacific "Tilt" in the Post-Brexit Era

Liu Jin / 273

Abstract: The UK's engagement with the Indo-Pacific region entered a new phase in the post-Brexit era. The Johnson Government put forward an Indo-Pacific policy framework for the first time in the *Integrated Review* which was issued in March 2021. This framework, and the UK's actual activities demonstrate the UK's commitment to strengthening its economic, trade and scientific and technological ties with players in the Indo-Pacific region, as well as its intention to gradually increase its naval deployment and regular maritime presence in this region. The need to address the economic challenges of Brexit and the perception of its prosperity as inseparable from Indo-Pacific security and stability are the key factors driving the UK's intensification of Indo-Pacific activities, in the context of its increasingly negative view of China's rising international influence or the so-called "international assertiveness". In ensuring the security of Euro-Atlantic region, which is more important to the UK, strengthening the security commitments to NATO's European allies after Brexit, and restricting limited resources, the UK's Indo-Pacific "tilt" has obvious limits in areas of defence and security. Economic and trade issues will take a higher priority.

Keywords: Indo-Pacific; Brexit; Sino-UK Relations; Integrated Review

B.16   UK's Climate Change Policy and Climate Diplomacy in Post-COVID −19 Era   *Li Huiming* / 285

Abstract: 2021 is of great significance in the process of global climate governance. As the host country of COP26, the UK bears important international responsibility. In the second half of 2020, the Johnson administration launched a green recovery while fighting COVID −19. In December 2020, it proposed the UK's "Nationally Determined Contributions" target-a 68% reduction of emissions in 2030 than that of 1990. In April 2021, the sixth carbon budget was passed, and it was proposed to reduce emissions by 78% by 2035. A series of positive measures were taken to promote the realization of this goal, trying to promote the UK to lead the green industrial revolution. In terms of climate diplomacy, the UK hosted the Climate Ambition Summit with the United Nations in December 2020 and hosted the Petersburg Climate Dialogue with Germany in May 2021. In order to promote the success of COP26 in November 2021, the UK carried out positive climate diplomacy, and used the opportunity of serving as the rotating presidency of the Group of Seven (G7), and the Group of Twenty (G20) with Italy to promote the strengthening of climate action by the international community. As for bilateral relations, the UK used the special Anglo-American

relations to strengthen climate cooperation with the Biden administration of the United States.

Keywords: United Kingdom; Post-COVID − 19 Era; COP26; Climate Change; Climate Diplomacy

社会科学文献出版社

皮 书

智库报告的主要形式
同一主题智库报告的聚合

❖ 皮书定义 ❖

皮书是对中国与世界发展状况和热点问题进行年度监测，以专业的角度、专家的视野和实证研究方法，针对某一领域或区域现状与发展态势展开分析和预测，具备前沿性、原创性、实证性、连续性、时效性等特点的公开出版物，由一系列权威研究报告组成。

❖ 皮书作者 ❖

皮书系列报告作者以国内外一流研究机构、知名高校等重点智库的研究人员为主，多为相关领域一流专家学者，他们的观点代表了当下学界对中国与世界的现实和未来最高水平的解读与分析。截至2021年，皮书研创机构有近千家，报告作者累计超过7万人。

❖ 皮书荣誉 ❖

皮书系列已成为社会科学文献出版社的著名图书品牌和中国社会科学院的知名学术品牌。2016年皮书系列正式列入"十三五"国家重点出版规划项目；2013~2021年，重点皮书列入中国社会科学院承担的国家哲学社会科学创新工程项目。

中国皮书网

（网址：www.pishu.cn）

发布皮书研创资讯，传播皮书精彩内容
引领皮书出版潮流，打造皮书服务平台

栏目设置

◆ 关于皮书
何谓皮书、皮书分类、皮书大事记、
皮书荣誉、皮书出版第一人、皮书编辑部

◆ 最新资讯
通知公告、新闻动态、媒体聚焦、
网站专题、视频直播、下载专区

◆ 皮书研创
皮书规范、皮书选题、皮书出版、
皮书研究、研创团队

◆ 皮书评奖评价
指标体系、皮书评价、皮书评奖

◆ 皮书研究院理事会
理事会章程、理事单位、个人理事、高级
研究员、理事会秘书处、入会指南

◆ 互动专区
皮书说、社科数托邦、皮书微博、留言板

所获荣誉

◆ 2008年、2011年、2014年，中国皮书
网均在全国新闻出版业网站荣誉评选中
获得"最具商业价值网站"称号；
◆ 2012年，获得"出版业网站百强"称号。

网库合一

2014年，中国皮书网与皮书数据库端口
合一，实现资源共享。

中国皮书网

权威报告·一手数据·特色资源

皮书数据库
ANNUAL REPORT(YEARBOOK)
DATABASE

分析解读当下中国发展变迁的高端智库平台

所获荣誉

- 2019年，入围国家新闻出版署数字出版精品遴选推荐计划项目
- 2016年，入选"'十三五'国家重点电子出版物出版规划骨干工程"
- 2015年，荣获"搜索中国正能量 点赞2015""创新中国科技创新奖"
- 2013年，荣获"中国出版政府奖·网络出版物奖"提名奖
- 连续多年荣获中国数字出版博览会"数字出版·优秀品牌"奖

成为会员

通过网址www.pishu.com.cn访问皮书数据库网站或下载皮书数据库APP，进行手机号码验证或邮箱验证即可成为皮书数据库会员。

会员福利

- 已注册用户购书后可免费获赠100元皮书数据库充值卡。刮开充值卡涂层获取充值密码，登录并进入"会员中心"—"在线充值"—"充值卡充值"，充值成功即可购买和查看数据库内容。
- 会员福利最终解释权归社会科学文献出版社所有。

数据库服务热线：400-008-6695
数据库服务QQ：2475522410
数据库服务邮箱：database@ssap.cn
图书销售热线：010-59367070/7028
图书服务QQ：1265056568
图书服务邮箱：duzhe@ssap.cn

社会科学文献出版社 皮书系列
SOCIAL SCIENCES ACADEMIC PRESS (CHINA)
卡号：845516435833
密码：

S 基本子库
SUB DATABASE

中国社会发展数据库（下设 12 个子库）

整合国内外中国社会发展研究成果，汇聚独家统计数据、深度分析报告，涉及社会、人口、政治、教育、法律等 12 个领域，为了解中国社会发展动态、跟踪社会核心热点、分析社会发展趋势提供一站式资源搜索和数据服务。

中国经济发展数据库（下设 12 个子库）

围绕国内外中国经济发展主题研究报告、学术资讯、基础数据等资料构建，内容涵盖宏观经济、农业经济、工业经济、产业经济等 12 个重点经济领域，为实时掌控经济运行态势、把握经济发展规律、洞察经济形势、进行经济决策提供参考和依据。

中国行业发展数据库（下设 17 个子库）

以中国国民经济行业分类为依据，覆盖金融业、旅游、医疗卫生、交通运输、能源矿产等 100 多个行业，跟踪分析国民经济相关行业市场运行状况和政策导向，汇集行业发展前沿资讯，为投资、从业及各种经济决策提供理论基础和实践指导。

中国区域发展数据库（下设 6 个子库）

对中国特定区域内的经济、社会、文化等领域现状与发展情况进行深度分析和预测，研究层级至县及县以下行政区，涉及省份、区域经济体、城市、农村等不同维度，为地方经济社会宏观态势研究、发展经验研究、案例分析提供数据服务。

中国文化传媒数据库（下设 18 个子库）

汇聚文化传媒领域专家观点、热点资讯，梳理国内外中国文化发展相关学术研究成果、一手统计数据，涵盖文化产业、新闻传播、电影娱乐、文学艺术、群众文化等 18 个重点研究领域。为文化传媒研究提供相关数据、研究报告和综合分析服务。

世界经济与国际关系数据库（下设 6 个子库）

立足"皮书系列"世界经济、国际关系相关学术资源，整合世界经济、国际政治、世界文化与科技、全球性问题、国际组织与国际法、区域研究 6 大领域研究成果，为世界经济与国际关系研究提供全方位数据分析，为决策和形势研判提供参考。

法律声明

"皮书系列"（含蓝皮书、绿皮书、黄皮书）之品牌由社会科学文献出版社最早使用并持续至今，现已被中国图书市场所熟知。"皮书系列"的相关商标已在中华人民共和国国家工商行政管理总局商标局注册，如LOGO（▤）、皮书、Pishu、经济蓝皮书、社会蓝皮书等。"皮书系列"图书的注册商标专用权及封面设计、版式设计的著作权均为社会科学文献出版社所有。未经社会科学文献出版社书面授权许可，任何使用与"皮书系列"图书注册商标、封面设计、版式设计相同或者近似的文字、图形或其组合的行为均系侵权行为。

经作者授权，本书的专有出版权及信息网络传播权等为社会科学文献出版社享有。未经社会科学文献出版社书面授权许可，任何就本书内容的复制、发行或以数字形式进行网络传播的行为均系侵权行为。

社会科学文献出版社将通过法律途径追究上述侵权行为的法律责任，维护自身合法权益。

欢迎社会各界人士对侵犯社会科学文献出版社上述权利的侵权行为进行举报。电话：010-59367121，电子邮箱：fawubu@ssap.cn。

社会科学文献出版社